SOUVENIRS, SOUVENIRS…

CATHERINE NAY

SOUVENIRS, SOUVENIRS…

Robert Laffont

Ouvrage édité par Jean-Luc Barré

ISBN : 978-2-266-31265-3
Dépôt légal : janvier 2021

Pour A.

L'INCONNUE DU TRAIN

Elle a surgi du compartiment voisin, a entrouvert la fenêtre d'un geste délicat et s'est accoudée à la barre d'appui en cuivre, une cigarette allumée au bout des doigts.

Assise côté couloir, j'avais la meilleure place pour l'observer : une liane dans sa robe bleu marine, bras et jambes nus hâlés, chaussée de ballerines. Ses cheveux mi-longs, châtain doré, ondulaient avec le roulis du train, masquant son profil que je devinais gracieux.

Épaules en arrière et menton relevé, elle expira d'un bref mouvement de tête sur le côté la fumée qu'elle venait d'aspirer. J'apercevais le mouvement de ses lèvres boudeuses. Humant avec délice le parfum de tabac blond qui se répandait dans le wagon, je l'admirais. Indifférente au va-et-vient des voyageurs qui la frôlaient, insensible au vacarme du train, *tatactatoum*, *tatactatoum*… Elle demeurait figée, perdue dans ses pensées, le regard fixé vers l'horizon qui défilait. Je n'y décelais aucune mélancolie mais au contraire une sorte de contentement intérieur paisible.

Mon imagination s'enfiévrait, j'étais fascinée. Je voyais une femme indépendante, libre d'aller et venir, qui maîtrisait sa vie. J'ouvrais grands les yeux pour mieux la cerner. Quel âge avait-elle ? Vingt-deux ans peut-être. Qui était-elle ? Où allait-elle ? D'où venait-elle ? Mystère ! Que faisait-elle ? Là pour moi, aucun doute, elle était journaliste.

Elle a écrasé son mégot dans le cendrier fixé à la paroi du wagon, disparue comme elle était venue. Je ne l'ai plus revue. Mais cette apparition allait changer ma vie. Embarquée dans ces rêveries, une évidence s'imposait à moi : je serais moi aussi journaliste.

C'était aux alentours du 20 juillet, au milieu des années 1950. Avec ma mère et trois de mes frères, nous partions comme chaque année passer le mois d'août en Touraine, à Richelieu, chez ma grand-mère. Mon père nous rejoindrait plus tard. Nos transhumances rituelles étaient toujours folkloriques. « La famille Fenouillard », moquait François, mon aîné de trois ans, toujours encombré de ses filets à papillons, de ses herbiers d'où s'échappaient fleurs et feuilles séchées. Les jumeaux avaient hissé dans le porte-bagages une cage où couinait un couple de souris. Il s'en échappait des effluves malodorants. Mais nous étions seuls dans le compartiment.

Gagnée par l'euphorie, j'avais sur-le-champ prévenu ma mère : « Plus tard, je serai journaliste. — Quelle bonne idée, ma chérie ! » avait-elle répondu sans m'en demander davantage. Au fait, pourquoi choisir ce métier ? Par goût de l'écriture ? Pour partir en reportage et raconter le monde ? Pour défendre une cause ? Rien de tout cela, je l'avoue. Non, pour être libre, comme elle, mon inconnue du train. Ma réflexion n'allait pas plus loin.

L'admiration que ma grand-mère portait à Louise Weiss, grande féministe et européenne convaincue, qu'elle était allée entendre à Tours et qui l'avait tant impressionnée, ainsi qu'à la grande voyageuse Alexandra David-Neel, « captivante mais pas très soignée », selon son amie Thérèse qui l'avait connue dans le Midi, n'était pour rien dans ma décision. « Des femmes capables », disait d'elles mon aïeule, accompagnant sa sentence d'un hochement de tête approbateur. Curieusement, elle convoquait dans sa petite cohorte de « capables » les femmes qui avaient eu cinq maris – « mais comment font-elles ? » – et aussi… les Hongroises. Oui, les Hongroises, et ça je n'ai jamais su pourquoi.

PREMIÈRE PARTIE

I

LA MAISON OÙ LE MALHEUR N'ENTRAIT PAS

J'ai quitté Périgueux parce que j'étais trop grande. « Tu devrais commencer un livre par cette phrase », m'avait lancé, moqueur, un confrère. Chiche ? Tope là !

Nous évoquions ce jour-là à la rédaction d'Europe 1 les événements marquants de nos enfances respectives. Je racontai ma communion solennelle, la sortie de la messe à la cathédrale Saint-Front où je fermais la marche, dépassant de deux têtes mes petites camarades. « Vive la mariée ! » hurlaient des garçons sur le parvis. Les gens avaient ri, pas moi. Cette épreuve devait définitivement ruiner chez moi toute envie d'un mariage avec une robe à traîne.

En vérité, le plus désagréable avait été les préparatifs de la cérémonie. Trois mois à l'avance, il avait fallu commander une aube sur mesure et des chaussures plates, taille 40, des « babies » blanches. La mode des ballerines est arrivée plus tard. Je n'ai pas oublié le regard éberlué de la vendeuse. Pas courant une commande pareille ! Durant l'adolescence, j'en ai entendu des quolibets sur ma taille, « Il fait chaud là-haut ? » étant le moins désobligeant. De quoi vous donner des complexes, c'est sûr. Encombrée de moi-même, j'étais. Il m'en reste encore aujourd'hui une sensation de gêne parfois.

N'exagérons rien non plus. Héritée de mon grand-père maternel (il mesurait près de 1,90 mètre), cette taille inhabituelle pour l'époque a façonné mon caractère. J'ai toujours été adulte. À quatre ans, j'avais l'air d'en avoir six et ainsi de suite. Je n'ai jamais cru au Père Noël, jamais joué à la poupée – les jumeaux, de quatre ans mes cadets, étaient ma distraction préférée et mon occupation favorite. Ma taille m'a beaucoup servi aussi pour créer une distance salutaire avec les importuns et surtout pour convaincre mes parents – n'était-ce pas un signe de maturité ? –, de me laisser partir pour la capitale alors que j'aurais dû, à l'instar de mes frères, une fois le bac en poche, aller faire mes études à Bordeaux. Mes chers parents, je vole !

À Paris, nous y étions allés plusieurs fois avec maman visiter des cousins ou faire du shopping. Paris pour moi rimait avec « euphorie ». J'y respirais avec avidité le parfum enivrant d'une liberté sans limites et j'en revenais toujours la tête pleine de rêves et les poches emplies de ce pouvoir magique qu'on appelle la « confiance ». Je voulais être journaliste. Je serais journaliste puisque je le voulais, et à Paris forcément ! D'ailleurs, pourquoi aurais-je douté d'y parvenir ?

Je viens d'une enfance où l'on ne parlait pas la langue d'aujourd'hui. Tous ces mots anxiogènes : chômage, insécurité, immigration, intégration, réchauffement climatique, Internet, réseaux sociaux, portables, sida et même cancer ne faisaient pas partie de notre vocabulaire. Misère non plus. Des SDF, il n'y en avait pas dans les rues de Périgueux. Parfois un clochard devant l'église mendiait à la sortie de la messe. La pauvreté existait bien sûr, mais on ne la voyait pas. Alors, hormis des araignées, je n'avais peur de rien, l'inquiétude métaphysique ne me torturait pas. C'était le temps de l'insouciance, mot que l'on ne prononçait pas non plus puisqu'elle était aussi naturelle que l'air que l'on respirait.

À Périgueux, jusqu'à la fin des années 1960, les portes des maisons n'étaient jamais fermées à clé durant la journée. Les voitures ne l'étaient pas non plus la nuit. Je n'ai pas le souvenir d'un cambriolage dans le quartier ni de conflits de voisinage. Les soirs d'été les enfants jouaient au jokari dans notre rue qui n'était guère passante. Tout le monde se parlait. Sans être familières, les relations y étaient paisibles et cordiales. On échangeait un panier de framboises du jardin contre un bouquet de roses multicolores.

Nous étions cinq enfants, et moi la seule fille avec deux frères aînés et les jumeaux, Pierre et Dominique, des enfants désopilants. À eux seuls, un État dans l'État. « Je n'ai jamais autant ri qu'avec tes frères », témoigne Xavier Darcos, notre ami d'enfance (j'étais liée avec ses sœurs). Mon père, ma mère et ma grand-mère formaient une trinité protectrice et aimante. Leur éducation était suffisamment stricte et souple pour inculquer les usages sans entraver la liberté, assez chaleureuse et attentive pour prévenir toute envie de rupture.

Mon père, nous l'appelions Pago (une invention des jumeaux) : de taille moyenne, le regard vert, jeune il avait un faux air de l'acteur Charles Boyer, ressemblance qu'il avait perdue en s'arrondissant avec l'âge. Gadzarts, il dirigeait les ateliers SNCF. Je l'aimais assurément mais il avait l'âme orageuse et j'exécrais ses tempêtes. On les voyait venir au rictus qui soudain lui pinçait les lèvres : Jean Gabin revisité ! Alors, la foudre tombait, Jupiter tonnait, la nichée s'aplatissait comme une théorie d'hirondelles. Mais jamais il n'a levé la main sur nous. Sa fureur s'exprimait par des vociférations qui m'arrachaient les oreilles. Le calme revenait assez vite et la vie reprenait son cours. Entre deux colères, Pago redevenait un père effusif, un homme d'une affabilité exquise avec nos amis qui l'adoraient : rieur, spirituel, poli jusqu'à l'obséquiosité avec les fournisseurs, le facteur, le pompiste, ce qui avait aussi le don de m'exaspérer.

Pago surveillait nos études et nous a beaucoup fait travailler en maths et en physique. Très exigeant avec Jean-Gérard, l'aîné, dit « Nono », il ambitionnait pour lui Polytechnique et fut contrarié qu'il entrât à Centrale – reçu second tout de même ! Il fut moins directif avec ses autres enfants : François choisit médecine ; les jumeaux, dentaire, alors que leur ambition véritable était de faire plus tard de la scène, d'être des humoristes et ils en avaient le talent. Pago n'a jamais contrarié mes projets. Il m'a guidée dans mes lectures en m'ouvrant sa bibliothèque qui recelait tous les grands classiques : Balzac, Flaubert, Victor Hugo – « Lis donc *Choses vues*, c'est une belle leçon de journalisme » –, Stendhal, Jules Verne, Alexandre Dumas, Chateaubriand. Il m'a fait découvrir les *Mémoires d'Hadrien* de Marguerite Yourcenar, « un pur chef-d'œuvre », selon lui. Et pour moi un indispensable *vade-mecum* pour les politiques. Plus tard, Soljenitsyne. Il m'avait téléphoné : « Il faut que tu lises *L'Archipel du goulag*, la meilleure démonstration de la réalité du régime soviétique. » Deux ouvrages m'étaient interdits : *La Religieuse* de Diderot – craignait-il que mon éducation chez les sœurs ne me détourne de la religion ? – et *L'Amant de lady Chatterley*, de D. H. Lawrence, que j'avais réussi à dénicher et dévoré – mon premier grand émoi sensuel. Je l'avais fait lire à mes amies qui, elles aussi, en avaient été pour le moins troublées.

Dans ces années-là, la vie culturelle était assez restreinte à Périgueux. Il y avait un musée, plusieurs fois visité et dont je garde en souvenir quelques vestiges gallo-romains sinistres à mes yeux. Nous avions un théâtre, une troupe locale s'y produisait, non sans talent. Nous y allions avec maman. Chaque année les Jeunesses musicales de France honoraient Périgueux avec un invariable programme : *Les Quatre Saisons* de Vivaldi, que je ne supporte plus d'entendre aujourd'hui. Overdose. Nous étions aussi allées entendre les Chœurs de l'Armée rouge. Leur puissance vocale, le bruit de leurs bottes sur le plancher du théâtre m'avaient anéantie de frayeur. J'avais l'impression que les chars soviétiques me labouraient le ventre.

Il y avait aussi trois cinémas. Nous y avons vu tous les Walt Disney, les Jacques Tati : *Jour de fête* et *Les Vacances de monsieur Hulot*, une série de films insipides dont l'acteur principal était Fernandel, qui nous faisait beaucoup rire. Deux films m'avaient marquée : *Les Mines du roi Salomon*, une production hollywoodienne. Mon père nous y avait accompagnés, je devais avoir dix ans. Les danses africaines avec des hommes à moitié nus, armés de lances, le visage caché par des masques effrayants m'avaient terrifiée. J'en ai fait des cauchemars pendant des semaines. Mes frères, qui le savaient, me lançaient le soir ce défi : « T'es pas cap d'aller au fond du jardin dans le noir et d'en revenir sans courir. » J'y allais, saisie de vertige, j'en revenais secouée de sanglots. Plus tard : *Michel Strogoff*, tiré du roman de Jules Verne que mon père m'avait fait lire, avec dans le rôle du héros Curd Jürgens. Pour moi, un condensé de tous les charmes masculins. Chavirée j'étais par son regard d'azur et sa mâle assurance. J'avais vu le film trois fois. J'y avais même traîné ma grand-mère.

Le dimanche après-midi, profitant du silence à la maison – mes frères crapahutaient avec les scouts et moi avec les guides, je n'ai jamais été jeannette, rapport à ma taille ! –, enfin au calme, Pago s'offrait un concert privé. Le plus souvent une symphonie de Beethoven – musicien qu'il plaçait au-dessus de tous –, choisie parmi ses coffrets de disques. Maman préférait Mozart : le *Requiem*, la *Grande Messe en* ut *mineur* qui lui arrachait des larmes comme le *Concerto pour piano et orchestre* de Schumann et celui de Mendelssohn.

Mon père se délectait en feuilletant ses beaux livres de peinture : des reproductions de tous les grands musées du monde. Afin de les préserver de nos mains barbares, il achetait pour nous instruire des petits fascicules édités par Hachette sur la vie et l'œuvre des peintres qui l'enchantaient. Nicolas Poussin, selon lui « le plus grand coloriste », tous les impressionnistes. Il aimait beaucoup Manet, « à ne pas confondre avec Monet », Caillebotte, dont le nom m'amusait, Van Gogh, Picasso qu'il préférait à ses débuts, sa période bleue, Brueghel et ses patineurs sur les canaux gelés en Hollande.

Pago était lui-même un peintre du dimanche. Nous possédons tous, mes frères, mes neveux, quelques œuvres de lui de bonne facture : des paysages champêtres, des natures mortes. Chaque été, à Richelieu, il peignait un bouquet de dahlias ou d'iris. Son morceau de bravoure : un pêcheur debout dans une barque sur la Loire. Il avait si fidèlement restitué la lumière translucide qui nimbe le fleuve, l'été au petit matin, que nous lui en avions tous passé commande. Encouragé par nos compliments, il s'était exécuté. Quelquefois il peignait des nus. Sortes de Vénus callipyges allongées sur des coussins. François Boucher n'avait qu'à bien se tenir. Des tableaux que maman n'appréciait pas vraiment.

Ma grand-mère, que nous appelions « Maman Nane », était venue vivre avec nous à la naissance des jumeaux pour seconder sa fille. Un petit bout de femme de 1,55 mètre. L'avez-vous remarqué ? Les hommes très grands épousent en général des femmes de petite taille. Toujours très soignée et à l'énergie dominatrice, elle avait une passion du rangement – chose assez peu partagée par le reste de la famille – qui allait jusqu'à la manie. Chaque jour, mon père rentrait pour déjeuner, posait son chapeau sur la console de l'entrée, mais il n'avait pas tourné le dos que le chapeau disparaissait dans une armoire ainsi que ses gants en hiver, ce qui le mettait hors de lui au moment de repartir. Nous-mêmes, les enfants, passions notre temps à l'interroger : « Maman Nane, où as-tu rangé mon pull, mon livre, mon cartable ? », car la passion de ma grand-mère n'obéissait, hélas, à aucune logique. Mais les fulminations de son gendre ne l'ont jamais découragée de traquer le désordre. « Voyez-vous, se moquait-il devant nos amis, avec ma belle-mère vous vous levez la nuit pour un besoin pressant, vous revenez, votre lit est fait. » Une image, bien sûr. La femme de ménage venait chaque jour.

Maman Nane, je l'admirais. Lorsque mon grand-père était parti à la guerre, où il allait perdre la vie à Douaumont, en mars 1916, à l'âge de trente-six ans, elle avait repris l'entreprise. Une vingtaine d'ouvrières fabriquaient des édredons recouverts de satin surpiqués à la main. De grands rideaux de perse dont j'ai retrouvé des liasses d'échantillons sublimes, lorsque nous avons vendu la maison. C'était de la belle ouvrage. Il y avait aussi trois menuisiers qui fabriquaient des fauteuils. Avant la guerre, les commandes venaient de la France entière. Après guerre, elle avait tenu l'entreprise pendant plusieurs années, puis elle dut arrêter. Est-ce la crise qui s'amorçait ? Les clients, une fois leur commande reçue, oubliaient de payer. Maman m'avait souvent raconté une scène qui la heurtait encore : elle avait accompagné sa mère, qui livrait avec sa voiture à cheval une commande dans un château proche de Richelieu. On les avait reçues à la cuisine comme des moins-que-rien, et elles s'étaient entendu dire au bout de vingt minutes que « Madame la comtesse ne paierait qu'après avoir reçu ses fermages ». L'humiliation !

Ce que j'aimais le plus : être seule avec elle. La première semaine de septembre, quand mes parents et mes frères avaient regagné Périgueux, nous prolongions de quelques jours les vacances à Richelieu. Elle me racontait la vie dans le village avant la guerre de 14, l'animation qui y régnait, les commerces prospères. Elle me parlait de mon grand-père Auguste, si beau et « attentionné », qu'elle avait tant aimé, de leur voyage de noces à Paris où ils avaient rendu visite au patron qui avait formé son mari et des clients qui tous l'avaient félicitée pour ses toilettes, ce dont elle était très fière. Elle évoquait leurs projets, tout ce qu'ils auraient pu construire ensemble s'il avait vécu. Elle n'a jamais voulu refaire sa vie, ni se séparer de ma mère qu'elle avait beaucoup trop couvée. Elle avait néanmoins des idées bien arrêtées sur les hommes, toujours objets de sa condescendance navrée : « Des bêtes à chagrin ! », reprenant là une expression de son amie Thérèse qui, elle, en revanche, avait pas mal bourlingué. Elle me donnait ce conseil : « Si tu te maries, arrange-toi pour que les fiançailles soient longues afin de bien cerner le caractère de ton futur époux. Sache qu'avec le temps, les défauts s'accusent et les qualités s'émoussent. » Combien de fois l'ai-je entendue me dire cela ! Je l'interrogeais : et pourquoi prendre son temps ? « Parce que ensuite tu ne pourras pas attendre de ton mari ce qu'il ne pourra pas t'apporter. » Je n'ai jamais osé lui demander s'il fallait tout tester. Mais il me semblait que dans son conseil, ce « tout » était implicite.

Stricte sur mes sorties à Périgueux, à Richelieu Maman Nane m'autorisait à rejoindre mon groupe d'amis après dîner au motif qu'elle les connaissait tous. « Permission de minuit, pas une minute de plus ! » « Promis, juré ! » « C'est notre pacte de responsabilité », ajoutait-elle. Des années plus tard, un président de la République emploiera ce terme ; quand certains saluèrent son audace réformatrice, moi je pensais à ma chère grand-mère. Une grande bouffée de nostalgie !

Je fais entrer en dernier ma mère, comme le Saint-Esprit de la Trinité. En réalité elle a toujours été la première dans mon cœur. L'Essentielle ! Jusqu'à sa mort, nous nous sommes parlé chaque jour. Je l'appelais à 17 heures. Une heure avant notre rendez-vous, elle s'installait dans un fauteuil près du téléphone et n'en bougeait plus. Elle m'attendait. François me l'a révélé après sa mort et cela m'émeut encore au plus profond. Aujourd'hui, en fin d'après-midi, il m'arrive de me dire « je vais l'appeler ». J'aurais tellement envie d'entendre sa voix, lui parler. Maman, que nous appelions « Miette », gouvernait sa famille par la douceur, la tendresse, la bienveillance. Elle n'a jamais manifesté de préférence entre ses enfants et a donc évité les jalousies, les rivalités et favorisé notre entente. Elle était aussi celle qui apaisait les tensions entre mon père et ma grand-mère, ces deux fichus caractères qui s'exaspéraient mutuellement. Un rôle non négligeable dont elle s'acquittait avec beaucoup de finesse. Moi, je l'aimais par-dessus tout, d'un amour infini, définitif, inconditionnel. En sortant de classe, j'avais hâte de la retrouver, si par malheur elle était absente, la maison me semblait désespérément vide. J'allais guetter son retour sur le trottoir, plantée comme un piquet au coin de la rue, saisie par l'angoisse qu'elle ne revienne pas.

J'avais besoin de son regard, de sa chaleur, de l'embrasser. Je lui racontais tout de ma vie, tout ce qui me passait par la tête. Elle me conseillait, me mettait en garde : surtout pas de bêtises ! Une grossesse hors mariage lui semblait être le comble du malheur. Je me souviens de son effroi : un jour, à Richelieu, la fille d'une famille amie allait accoucher et l'on ne connaissait pas le père. Elle venait de l'apprendre. Bien sûr, elle plaignait « ce pauvre enfant » mais bien plus les parents, comme si l'opprobre allait s'abattre sur eux pour des générations. À l'en croire, le genre de honte dont on ne se remettait pas. Et encore : « Il y a deux choses que tu dois coûte que coûte éviter : *Back Street* et *Le Puits de solitude.* » *Back Street*, je savais ce qu'elle entendait par là. J'avais lu le livre : à savoir ne pas dépendre financièrement d'un homme marié et travailler pour avoir son indépendance économique. Message reçu. Et *Le Puits de solitude* ? « Tu verras plus tard », me répondait-elle. Livre que j'ai découvert vingt ans après chez une amie en Corse. Un ouvrage admirable de la romancière anglaise Radclyffe Hall publié en 1928 et qui avait fait scandale à Londres : l'histoire d'une jeune fille de la haute société britannique qui découvre son attirance pour les femmes, au grand désespoir de sa famille. Rejetée par sa mère, elle va vivre à Paris. Sa vie sentimentale relève du fiasco. Dans les conseils de maman, la morale n'était pas en cause. Elle jugeait qu'il me serait impossible à l'âge adulte d'être heureuse avec ce mode de vie. Pire même, que ce serait pour moi le malheur assuré. Arrêt sur image : homosexualité. Voilà encore un mot que je ne connaissais pas avant de venir à Paris. Personne ne l'employait autour de moi. Non parce que la question était taboue. C'était comme si cela n'existait pas autour de nous. On était en province. Il y avait bien dans nos bandes d'amis des garçons qui ne flirtaient pas avec des filles, ou des filles qui n'avaient pas envie d'avoir un copain. Mais personne ne s'interrogeait sur leurs préférences sexuelles, ni ne faisait de réflexions. C'était comme ça.

Causer de la peine à ma chère maman m'étant insupportable, je faisais ce qu'il fallait pour éviter de la contrarier : travailler en classe, être serviable à la maison, polie avec mes professeurs auxquels elle donnait toujours raison, même s'il ne nous était pas interdit de nous livrer à des imitations. Ce dont mes frères et moi ne nous privions pas, pour son plus grand plaisir d'ailleurs. Il fallait toujours dire « merci », « bonjour madame » ou « bonjour monsieur », « jamais bonjour tout court ! ». Et avec le sourire. Je l'ai rarement entendue hausser le ton. Il suffisait que dans son regard noisette passe une petite lueur pointue et désapprobatrice pour qu'aussitôt je rentre dans le rang.

J'avais aussi envie de la protéger. Je percevais chez elle un fond de mélancolie hérité de l'enfance qui renforçait mon amour. Combien de fois l'ai-je entendue me dire : « Mon père m'a beaucoup manqué, il était si bon avec moi. » Orpheline à neuf ans, sa mère, qui l'avait envoyée à Tours chez les sœurs à Saint-Martin, l'avait rapatriée à Richelieu une fois passé son certificat d'études pour l'avoir auprès d'elle, alors que, très bonne élève, maman aurait aimé aller plus loin. Beaucoup plus loin. Elle s'était ennuyée à Richelieu, avait joué du piano tous les jours, peint, lu, voyagé un peu, en Bretagne et au Pays basque avec sa mère, toujours très occupée par son entreprise, mais jamais à l'étranger. Une vie étriquée.

Le mariage avec mon père qu'elle adorait – même si elle le jugeait un peu trop casanier –, ses enfants, lui apportaient la gaieté qui lui avait tant manqué. Nous étions son paradis. Mais moi, pour rien au monde je n'aurais voulu avoir sa vie. Surtout pas. Sans doute jeune fille ambitionnait-elle autre chose : être pianiste dans un grand orchestre. Un métier qui l'aurait fait voyager. Oui, elle aurait beaucoup aimé. Elle m'en avait parlé plusieurs fois. N'ayant pas réalisé ses rêves, maman entendait que nous accomplissions les nôtres. Elle croyait en nous : « J'ai des enfants originaux », se réjouissait-elle devant des proches. Si une bonne note à l'école la comblait, une note médiocre nous valait plus d'encouragements que de réprimandes. Elle nous interrogeait : « Que s'est-il passé ? Tu es capable de faire tellement mieux. » Et elle accompagnait sa sentence d'un sourire qui donnait envie d'aller de l'avant. Elle n'ambitionnait pas que nous soyons toujours premiers. Non, juste parmi les meilleurs.

Miette, pour moi, était évidemment la plus belle. Mes amis vantaient son charme, son sourire, sa chevelure abondante et légère qui avait grisonné avant la quarantaine. De taille moyenne, la silhouette et les jambes fines, elle avait du chic. Un jour, elle était venue me chercher à la sortie de l'école vêtue d'une robe-chemisier en cotonnade, des carreaux verts et violets, avec ceinture et sandales en lézard vert. Une apparition qui m'avait éblouie. Je la vois encore.

Sujette au rhume des foins, Miette avait la phobie des courants d'air. Il fallait toujours que les portes soient fermées, y compris celles des placards. Une lubie pour laquelle les jumeaux la mettaient en boîte. Tout plutôt qu'un coryza. La grippe étant à ses yeux le danger absolu pour ses enfants. Par chance, nous étions rarement malades. Lorsque mon frère aîné était parti en Algérie comme sous-lieutenant – il avait fait les EOR à Saumur –, il commandait une harka à cheval et patrouillait dès l'aube dans les montagnes où il risquait sa vie chaque jour. Nous étions fous d'inquiétude. Dans ses lettres ma mère lui recommandait néanmoins de « ne jamais sortir sans son cache-col dans le froid ».

Nous habitions une grande maison de ville, sans charme. La façade ornée d'une glycine faisait un bel effet au printemps. À l'arrière, une terrasse fermée par une balustrade en pierre dominait un grand jardin clos de murs où trônait un tilleul imposant. Je garde en mémoire la fragrance entêtante de ses fleurs que l'on faisait sécher dans le grenier pour les tisanes du soir. Elle se mêlait à celle de la tarte aux pommes. Un dessert quasi quotidien que confectionnait maman. Très bonne pâtissière, elle décrétait que « ce qui est fait à la maison ne fait pas grossir ».

Dix minutes de marche suffisaient pour atteindre les prés et les bois. L'été, après dîner, Pago nous y entraînait pour une longue promenade. Dès que la nuit tombait, les vers luisants balisaient notre chemin, les lucanes voletaient au-dessus de nos têtes et les crapauds sonneurs nous gratifiaient de leur chorale flûtée. La construction de lotissements, le goudron et l'usage des pesticides ont hélas depuis longtemps eu raison de toute cette faune. Dans la nuit étoilée, François, passionné d'astronomie – on lui avait offert une longue-vue pour sa communion solennelle –, nous montrait la Grande Ourse, la Petite Ourse, l'étoile Polaire, la constellation de la Lyre avec son étoile Véga, Arcturus. Pour moi, c'était de la poésie.

Aux odeurs familières de la maison et de la campagne s'ajoutent les réminiscences de l'incessant va-et-vient de mes frères, les portes qui claquent, les rires, les cris et la musique. Le piano dans le salon était un peu le neuvième membre de la famille car toujours occupé par l'un d'entre nous. Ma mère jouait chaque après-midi. Sur une petite table s'empilaient les partitions. Elle en tirait une au hasard. Son répertoire était varié : Bach, Chopin, Mozart, Debussy, Satie, Tchaïkovski. J'aimais son jeu délié. Mon frère aîné, Jean-Gérard, excellait dans le jazz ; ses improvisations étaient vraiment dignes d'un Erroll Garner. Il jouait aussi très bien de la guitare. Étudiant à Paris à Centrale, il faisait partie d'un orchestre. François était le mozartien de la famille. Je jugeais son interprétation serrée, nerveuse, manquant de fluidité. « Tu as un style crotte de bique », lui disais-je. Ce qui le vexait. En rentrant le soir, mon père s'asseyait lui aussi devant le clavier. Son répertoire était assez restreint : deux ou trois morceaux qu'il interprétait le nez en l'air sans regarder le clavier. Pour lui, un simple exercice de détente. Moi-même, qui regrette aujourd'hui de n'avoir pas persévéré, j'avais remporté un deuxième prix à un concours de piano en interprétant *Le Petit Nègre* de Debussy. Les plus doués étaient les jumeaux. Ils reproduisaient n'importe quel air pour accompagner leurs chants alors qu'ils étaient les seuls à ne pas avoir bénéficié de leçons de piano. Maman avait fini par les en priver parce qu'ils séchaient les cours. De même, ils jouaient d'instinct de la trompette ou de la guitare.

Chaque réunion de famille était l'occasion de chanter. Chacun avait sa spécialité. Moi, à l'adolescence, j'imitais Barbara, « Dis, quand reviendras-tu ? », mon frère François, Tino Rossi. Maman avait un morceau favori, « Pigalle » de Georges Ulmer, dont elle aimait la mélodie. Nous entonnions en chœur les paroles.

« C'est une rue, c'est une place, c'est même tout un quartier… on y vient du monde entier… petites femmes qui vous sourient en vous disant : "Tu viens, chéri ?" – Et Prosper qui dans un coin discrètement surveille son gagne-pain. » J'en connaissais toutes les paroles.

Enfant, j'allais à l'école à l'Institution Sévigné, une école libre dirigée par Mlle Marguerite Roulier. Les professeurs étaient des civils, et aussi des religieuses. Des prêtres du collège Saint-Joseph, où étaient mes frères, venaient nous dispenser des cours. Chaque année, nous recevions la visite de Mgr Urtasun. Un évêque charmant. Il ressemblait à Jiminy Cricket, la conscience de Pinocchio. On s'amusait beaucoup à le voir faire la ronde avec les plus petites dans la cour, car il n'était pas beaucoup plus haut qu'elles. Sa soutane dansait au-dessus de ses mollets chétifs.

« Qui veut chanter une chanson pour monseigneur ? » avait interrogé la directrice. Téméraire, j'avais levé la main – je devais avoir six ans –, je montai sur une chaise et entonnai à pleine voix le « Pigalle » familial. On m'avait vite fait redescendre et taire. Monseigneur avait souri. Mlle Roulier avait fait savoir à ma mère, un peu sèchement, que ça n'était pas un répertoire pour une enfant de mon âge.

Je viens de cette famille où l'harmonie régnait, car rien de ce qui crée la discorde ne pouvait l'entamer.

L'argent ? Nous n'en parlions pas. Pour mes parents, devenir riche ne devait pas être le moteur de l'ambition. Choisir un métier que l'on aime, réussir notre vie personnelle, respecter les valeurs familiales correspondaient à leurs souhaits. Bien sûr, tous nos désirs n'étaient pas comblés. Ce qui pour moi n'était pas un souci. J'en avais la certitude : plus tard je m'offrirais tout ce dont j'avais envie. Je me promettais surtout de couvrir ma mère de cadeaux.

Nous n'étions pas des enfants frustrés. La société de consommation n'aiguisait pas encore les tentations. La télévision est arrivée chez nous au tout début des années 1960. À cette époque, personne dans notre entourage ne partait aux sports d'hiver. Ouverts et tolérants, nos parents nous ont immunisés contre ces deux poisons de l'âme : l'envie et la détestation d'autrui.

La religion ? Nous étions catholiques, je ne me posais aucune question. Une évidence ! C'était la religion de nos ancêtres. Autour de nous, tout le monde allait à la messe le dimanche, respectait les fêtes carillonnées. J'aimais beaucoup le mois de mai, le mois de Marie. Je dressais dans un coin du jardin un autel avec une statue de la Vierge et des bouquets que je renouvelais chaque jour. La paroisse organisait des processions dans la campagne. On y partait en famille (sans Pago), en chantant au milieu de la foule. À l'arrivée, il y avait une messe en plein air et une kermesse où l'on servait de la limonade et des gâteaux, c'était très gai. À la maison, on mangeait du poisson le vendredi et de la brandade de morue le vendredi saint. On allait aussi porter une douzaine d'œufs aux clarisses – il y avait un couvent près de la maison – pour que leurs prières nous garantissent le beau temps lors des grandes occasions : baptême, mariage ou pique-nique. Ma grand-mère réservait ses dévotions à sainte Thérèse de Lisieux, ma mère à sainte Catherine Labouré. Quand elle venait à Paris, elle se rendait à la chapelle

Notre-Dame-de-la-Médaille-miraculeuse, rue du Bac. Et elle a toujours accroché des médailles à ses vêtements, y compris sa chemise de nuit.

Nous étions tous élevés dans des écoles libres. Je n'en garde que de bons souvenirs, ceux de professeurs merveilleux : Mlle Salarnier, qui nous avait appris à lire avec la méthode syllabique.

Dès l'âge de cinq ans, je me débrouillais très bien. Cette petite dame en chignon gris et lunettes de myope était affligée d'une denture très ajourée. Elle postillonnait. « Elle chante en mouillant », avais-je dit à mes parents qui s'étaient esclaffés. J'avais cru qu'ils se moquaient de moi, ce qui ne m'avait pas plu. Mère Scolastique, professeur de français, elle, nous expliquait les ressorts de l'âme humaine en nous faisant lire Racine et Corneille. Elle aimait beaucoup ces deux chantres de la Provence Giono et Henri Bosco dont j'avais été chercher les ouvrages à la bibliothèque municipale : le merveilleux *Mas Théotime* dont l'écriture m'avait éblouie. L'abbé Mazelaygue, un géant plein d'humanité qui avait pris la suite. Mme Éluard, qui enseignait la langue de Shakespeare avec un fort accent vosgien, nous faisait chanter. « *To and fro in the wind, we go, waving our branches down.* » Sa voix de crécelle martyrisait nos tympans. J'adorais l'imiter. Quand je rêvassais, elle me réveillait avec un tonitruant « Catherine Nay ! Vous avez l'air d'arriver de Pontoise par Rambouillet ! ». À l'époque, je ne comprenais pas ce qu'elle voulait dire.

Chaque semaine, il fallait se confesser. Un prêtre venait l'après-midi, souvent le mardi, toujours au milieu d'un cours, pour nous une petite récréation. On s'y rendait de bonne humeur avec la promesse d'en revenir purifiées. Une divine remise des compteurs à zéro. Personnellement, j'avais du mal à croire que Dieu, là-haut, puisse s'intéresser à mes misérables petits secrets : j'ai menti, j'ai désobéi, j'ai piqué 10 centimes pour acheter un roudoudou… La liste de mes péchés était courte et rituelle. « Vous réciterez trois *Notre-Père* et trois *Je vous salue Marie* et un acte de contrition » : « Mon Dieu, j'ai un très grand regret de Vous avoir offensé, parce que Vous êtes infiniment bon, infiniment aimable et que le péché Vous déplaît. Je prends la ferme résolution, avec le secours de Votre Sainte Grâce, de ne plus Vous offenser et de faire pénitence. » Personnellement, je jugeais bien surdimensionné de devoir passer par un prêtre qui en référerait au Seigneur, alors que ma mère, elle, m'avait déjà pardonnée. En plus, devoir se confesser chaque semaine m'apportait la preuve que nos faiblesses étaient inhérentes à la nature humaine, et que la Sainte Grâce de Dieu n'était d'aucun secours puisqu'il y avait toujours rechute. Ma conception de la vie était que l'on pouvait pécher comme on conseille aujourd'hui à d'autres de boire : avec modération. Car je n'avais pas l'ambition d'être une sainte.

J'ai menti, j'ai désobéi… Un jour que je ne savais plus quoi dire au bon père dont je percevais l'haleine chaude et vinaigrée derrière le grillage, il m'avait interrogée d'un ton doucereux : « Avez-vous péché contre la pureté ? » J'avais répondu par un « Oui » franc pour enrichir notre dialogue et faire l'intéressante. Un silence. « Que voulez-vous dire ? » Je ne savais quoi répondre. Il insistait : « Des attouchements, le soir ? » Je n'avais pas compris le mot. J'étais sortie du confessionnal emplie d'un malaise. Ses questions ne me semblaient pas très catholiques. Heureusement, ce prêtre n'était pas notre confesseur habituel.

J'avoue m'être beaucoup ennuyée à la messe dans mon enfance. Mon esprit vagabondait. Et cela a été bien pire quand on ne l'a plus chantée en latin. Les sermons agissaient sur moi comme un somnifère puissant. Je me souviens de ceux du curé de Richelieu, un brave homme qui nous promettait chaque dimanche, si nous étions de bons chrétiens, de passer l'Éternité assis sur un nuage à la droite de la Vierge Marie, selon lui le comble de la félicité. Cette perspective d'immobilité longue durée me donnait envie de rester encore longtemps sur terre. J'aimais bien la messe de minuit quand les églises étaient pleines avec les parents, les enfants. Il y avait les chants, la crèche avec le petit Jésus. Une atmosphère conviviale et joyeuse et des lendemains pleins de promesses au pied du sapin.

Avais-je la foi ? L'ai-je encore ? Il me plaît d'appartenir à cette communauté. Pago m'avait confié qu'il regrettait beaucoup de ne pas avoir été touché par la grâce : « Car, vois-tu, l'existence de Dieu ne se prouve pas, elle s'éprouve… »

J'ai connu deux grands moments mystiques dans ma vie : le premier lors d'un pèlerinage à Lourdes où nous étions allés avec ma mère, ma grand-mère et mon frère François, j'avais une dizaine d'années. La ferveur des fidèles dans la basilique, leur compassion pour les malades, leur espérance étaient contagieuses. Transportée par l'ambiance, j'avais tenu à accomplir à genoux une partie du chemin de croix – il m'en reste une petite cicatrice. Je voulais remercier la Vierge d'être venue sur terre parler à Bernadette Soubirous, d'y accomplir des miracles, de guérir de grands malades. Je lui demandai de protéger notre famille. Et pour moi, j'avais osé quémander : « Sainte Vierge, je voudrais aimer un homme. » En somme – mais en étais-je vraiment consciente ? –, je ne lui demandais pas un mari pour fonder une famille mais de connaître un jour la passion. J'ai été exaucée… Deux fois. Merci !

Deux ou trois ans plus tard, à Richelieu, Mlle Madeleine, une infirmière qui s'occupait du presbytère et de monsieur le curé – une grande femme qui se tenait très droite, toujours vêtue d'une cape bleu marine, la tête couverte d'un voile clair –, était venue demander à ma grand-mère si je pouvais l'aider à préparer l'église pour le 15 août : balayer, épousseter les bancs et les chaises, faire des bouquets sur les autels. Ayant acquiescé, j'y avais passé la journée entière. Mission accomplie, j'étais rentrée à la maison, à l'heure du dîner, fourbue mais avec la sensation de marcher sur un nuage, légère, heureuse, comblée. Une douce chaleur envahissait mon être. Mon âme s'envolait vers Dieu. Je comprenais soudain ce que signifiait cet embrasement intérieur dont parlent les grandes mystiques. J'étais ce soir-là une petite cousine éloignée de sainte Thérèse d'Avila. Cette sensation délicieuse m'étreignait encore le lendemain, jour de messe que nous n'aurions raté pour rien au monde. Mon père lui-même y assistait – c'était la seule fois de l'année – car le 15 août, ma mère tenait l'orgue à l'église.

À l'époque, cet instrument imposant n'étant pas électrifié, il fallait activer le soufflet à l'aide d'un gros manche en bois et pomper pour que l'air arrive dans les tuyaux. Moyennant récompense, maman avait chargé les jumeaux de cette tâche ingrate. Comme les Shadoks, ils pompaient donc. Seulement, au bout de quelques minutes, ils se disputaient : l'un lâchait le manche et l'autre lui courait après sur le palier. Le son de l'orgue hoquetait avant de s'abîmer dans un bruit de sac de noix qui dégringole l'escalier. L'assistance, stupéfaite, se retournait, maman se fâchait, les jumeaux revenaient et la musique repartait. Entre-temps Jean-Sébastien Bach avait dû se retourner dans sa tombe.

J'aimais beaucoup les sorties de messe, ces moments ensoleillés où l'on se retrouvait entre familles amies sur le parvis de l'église, où il fallait parler fort à cause du bruit des cloches. On échangeait des nouvelles, on se complimentait, les mères portaient des robes à fleurs et les pères en costume, rasés de près, affichaient souvent sur la joue la balafre d'un rasoir persécuteur. Après quoi, tout le monde se dirigeait vers la grand-rue chez M. Legeay pour acheter des gâteaux. Je choisissais toujours une tête-de-nègre, cette meringue ronde, constellée de pépites de chocolat, sans songer qu'en la dégustant je pouvais commettre un acte présumé cannibale et raciste. François préférait une tête de grenouille vert amande. Cette sculpture de crème au beurre, nappée d'un glaçage sucré, coiffait un biscuit aux amandes. « Donnez-moi s'il vous plaît une *Rana ridibunda* », demandait-il à la vendeuse. Car François était aussi spécialiste des grenouilles ! Il expliquait que, dans la nature, seule cette espèce était de cette couleur-là. Avant nous, une dizaine de jeunes garçons pensionnaires de l'orphelinat, en veste bleu marine à boutons dorés, étaient venus chercher le cornet de glace que

Mme Legeay leur offrait tous les dimanches. Les jumeaux, bien sûr, en réclamaient un à maman qui le leur refusait, au motif qu'avant le déjeuner, le froid leur donnerait mal au ventre. Un dimanche, maman était rentrée de la pâtisserie, les jumeaux pleuraient à gros sanglots. « Qu'est-ce que vous avez, les jumeaux ? — On voudrait être orphelins ». La famille en avait beaucoup ri.

Les jumeaux… Encore aujourd'hui il nous arrive dans les réunions de famille d'évoquer leurs exploits, histoire de rire ensemble. Car ils étaient très créatifs. Un jour, ma mère avait descendu de sa chambre une boîte en carton qui contenait les lettres que mon père lui écrivait lorsqu'ils étaient fiancés et aussi celles qu'elle avait reçues pendant la guerre lorsqu'il était mobilisé sur le front alsacien. Estimant que cette intimité n'appartenait qu'à eux deux, elle avait décidé de les brûler. Le téléphone l'ayant freinée dans son entreprise, elle avait posé la boîte sur la table de la cuisine. C'est alors que les deux diables étaient arrivés, avaient ouvert le carton. Et que fait-on avec des lettres quand on a cinq ans ? On joue au facteur, pardi ! Et ils étaient partis sur-le-champ faire la distribution dans la rue d'à côté. Ma mère avait dû s'infliger un porte-à-porte pour les récupérer sans être sûre que le compte y soit tout à fait. Autre exemple : parce qu'ils étaient vraiment très remuants, mon père pour les calmer avait trouvé le remède miracle, il les consignait à la cave dans le noir. Au bout de quelques minutes, ils imploraient mon père en pleurant de les délivrer de leur geôle. Après quoi, ils se montraient tranquilles. Un soir où ils avaient été particulièrement fatigants, mon père en vociférant les y avait enfermés. Or, surprise, au bout de dix minutes ils ne s'étaient toujours pas manifestés. Maman commençait à s'inquiéter, quand soudain leur chant à tue-tête avait rompu le silence. Explication : ils avaient ouvert un bocal de cerises à l'eau-de-vie, s'en étaient délectés et l'alcool faisait son œuvre.

Et la politique ? Elle n'a jamais été chez nous un sujet de tensions. Mon père, ma mère, ma grand-mère étaient naturellement gaullistes. Ni militants ni inconditionnels, mais admiratifs et reconnaissants. Mon père parlait avec emphase de l'Homme du 18 Juin, de l'exploit de celui qui était parti seul, son épopée jusqu'en 1944, son combat pour s'imposer contre Vichy, contre les alliés. Son admiration n'a pas été pour rien dans mon intérêt pour les hommes politiques. Comment ils peuvent changer le destin d'un pays. Affaire de caractère, de tempérament et de circonstances. Décrire aussi comment ils s'abîment ou se subliment au pouvoir. Quoi de plus romanesque ! De Gaulle était une évidence pour ma famille. Pour moi aussi, qui n'étais pas une fille rebelle. Je me souviens combien ma grand-mère avait été choquée d'entendre Henri Tisot dans ses imitations du Général. Mes frères avaient acheté le 45 tours et mis le son à plein volume. Pour elle c'était du blasphème. Il ne fallait pas se moquer du grand homme.

Son retour en 1958 avait enchanté la famille. Pago refusait de lire *Le Monde*, trop antigaulliste selon lui, surtout pas réglo après tout ce que le Général avait fait pour le journal à la Libération. Il achetait *Le Figaro* de temps en temps, *Paris Match* chaque semaine et *Historia* chaque mois. Il appréciait Raymond Cartier et admirait sans réserve Raymond Aron, auquel il décernait le monopole de la lucidité. Il louait sa capacité à voir le monde tel qu'il était. *A contrario*, il abhorrait Jean-Paul Sartre. Prononcer son nom le rendait fou de colère. « Un esprit faux, nuisible, dangereux, qui ne voit rien. — Mais tu vois bien qu'il n'a pas les yeux en face des trous », relevaient mes frères pour faire de l'humour. Ce qui redoublait la colère paternelle. Sartre était celui qui avait dit : « Tous les anticommunistes sont des chiens ! » Il avait osé plaider que le rapport Khrouchtchev était une faute. « L'exposition détaillée de tous les crimes de Staline, un personnage sacré, qui a représenté si longtemps le régime, est une folie… Car les masses n'étaient pas prêtes à recevoir ces vérités. » Ce rapport, avait-il dit dans *L'Express*, avait trop secoué en France les intellectuels et les ouvriers communistes. Comme si ceux-ci étaient incapables d'affronter la vérité. Cette violence de mon père contre Sartre a eu pour conséquence de me détourner de Simone de Beauvoir. Contrairement aux femmes de ma génération, je n'ai pratiquement rien lu d'elle. Je n'aimais pas ce couple.

On ne parlait pas de politique à table. Parfois, Pago donnait son avis sur un événement mais personnc nc relançait la conversation, ni ne le contredisait (mon frère aîné étant parti faire ses études). Mais je percevais que l'Algérie était son grand tourment. Car l'Algérie, pour lui, c'était la France. Après l'envoi du contingent, les mois passant, son jugement avait évolué. Il se résignait à une Algérie algérienne mais unie et associée à la France. Les choses dégénérant, il acquiesçait à son indépendance mais à condition que la France garde la souveraineté sur le Sahara. Peu à peu, mon frère et aussi surtout Raymond Aron l'avaient convaincu qu'il n'y avait pas d'autre solution que de lâcher prise, pour des raisons économiques et démographiques. Il fallait surtout que la guerre cesse. Ce que de Gaulle avait fini par faire, bien qu'ayant laissé croire le contraire. Une décision qui avait été pour lui un crève-cœur. Plus tard il reconnaîtrait qu'il n'y avait pas d'autre solution. Pago exécrait le communisme en général (le stalinisme, ses cruautés), les communistes français, et en particulier la CGT et sa gréviculture. Le mot n'avait pas encore été inventé mais la chose sévissait. Il faut dire qu'à la SNCF, il était aux premières loges. Chaque automne, aux premières pluies, les forêts regorgeant de cèpes, il pestait contre les arrêts de travail de complaisance. Il n'y avait plus personne dans les ateliers.

Un jour, je lui parlai d'un article que j'avais lu dans *Historia* et qui m'avait horrifiée : « Le massacre de Katyn au printemps 40 par la police politique de Staline », quand 20 000 officiers, médecins, enseignants, ingénieurs polonais, toute l'élite du pays, avaient été exterminés d'une balle dans la tête.

Pago m'avait raconté qu'il avait vu des ouvriers de la SNCF sangloter à la mort de Staline, une réaction à ses yeux incompréhensible, inconcevable. Comment pouvait-on être aveuglé à ce point par l'idéologie ?

Cela peut paraître à peine crédible mais jusqu'à mon arrivée à Paris, je dirais même jusqu'en 1967, je n'avais jamais entendu parler de l'Holocauste. Mes parents ne nous en avaient rien dit. Nos professeurs non plus. Et aucun de mes amis à Périgueux n'y avait fait un jour référence. Jusqu'à cette date, je n'avais pas lu un seul article sur le sujet dans *Historia*. Le grand père d'une camarade de classe avait été déporté à Auschwitz, il en était revenu. Mais ce n'est pas elle qui aurait pu m'alerter puisqu'il ne disait rien, ne racontait rien et refusait de répondre aux questions de ses enfants. J'ai découvert la rafle du Vel d'Hiv avec le livre de Claude Lévy et Paul Tillard[1], l'horreur des camps de concentration, l'extermination des juifs avec ceux de Christian Bernadac. Pour moi un choc immense !

À l'époque, je passais souvent avenue Victor-Hugo devant une petite boutique qui vendait en vrac des bijoux d'occasion en or. En vitrine, il y avait une multitude de petites chaînes, des bagues, dont certaines étaient un peu usées, qui racontaient l'histoire d'une vie. Mais laquelle ? Du coup j'imaginais derrière cette accumulation le recel de quelque docteur Petiot (il n'habitait pas loin jadis). Je voyais dans cette profusion les familles dépouillées et leurs insondables malheurs. Tout d'un coup, cette boutique m'inspirait de l'horreur. Je traversais pour ne plus passer devant.

Et je n'ai jamais acheté de bijoux d'occasion. Car je percevais qu'il y avait derrière une histoire qui avait toujours mal fini. Manque d'argent, divorce, maladie, décès. Pour moi, les pierres et le métal conservaient la mémoire de ces malheurs.

Je saisissais combien l'histoire récente avait été tragique pour des millions de gens et qu'elle risquait de l'être à nouveau. Pour la première fois, je ressentais une forme d'intranquillité.

La vie à Périgueux, le climat familial nous avaient jusque-là préservés du pire et portés à l'optimisme. Mais soudain je pressentais que ce n'était qu'une

1. *La Grande Rafle du Vel d'Hiv*, Robert Laffont, 1967.

parenthèse et que le malheur pouvait frapper à tout moment chacun d'entre nous. Ce qui est arrivé.

Le 23 mai 1970, Pierre, notre Pierre adoré, un des jumeaux, est mort à Bordeaux des suites d'un accident de voiture. Il avait vingt-trois ans. Le fait de l'écrire à cet instant ravive une blessure profonde, jamais cicatrisée. Un voile noir est tombé sur notre famille. Plus rien n'a jamais été pareil. Pago ne s'est plus jamais mis en colère.

II

APPRENTISSAGES

Partir à Paris… Mes parents n'y avaient pas mis d'obstacle car nous étions deux. Avec mon amie Monique, nous allions préparer l'entrée à HEC-JF, à l'Institut des sciences et techniques humaines. Nous avions un logement : deux chambres rue Saint-Lazare, à côté de l'église de la Trinité, dans un appartement vide dont le propriétaire vivait à l'étranger. À l'école, nos professeurs nous expliquaient sur un ton gourmet : « Demain vous serez des femmes cadres dans l'entreprise. » Une perspective qui n'aiguisait pas mon appétit et encore moins mon ardeur. Je travaillais mollement. Parmi les matières enseignées, l'anglais, l'histoire, la géographie me plaisaient, l'économie un peu moins. Ma préférée était la contraction de texte car j'y obtenais les meilleures notes. Resserrer quinze pages en une. J'aurais pu en faire toute la journée. Un exercice très profitable pour la suite. Je ne fus donc pas fâchée, je l'avoue, de rater le concours. Pas question pour moi de le tenter une nouvelle fois. À mes parents, forcément déçus, je confirmai ma vocation : le journalisme. L'essentiel pour moi était de rester à

Paris. Ils ne m'ont pas sommée de rentrer. Je m'inscrivis en fac de droit à Assas, en attendant l'occasion de rejoindre ce monde qui me fascinait.

L'Express dans son nouveau format *news magazine*, lancé en septembre 1964 – suivi de près par *Le Nouvel Observateur* –, incarnait à mes yeux la forme la plus moderne du journalisme, la plus attractive. On y trouvait un résumé de l'actualité française et internationale, de la vie économique, scientifique, culturelle, les faits de société. Un produit très esthétique avec sa couverture de papier glacé. En plus, on ne se salissait pas les mains en le lisant. Travailler dans un journal dirigé par Jean-Jacques Servan-Schreiber et Françoise Giroud, le couple mythique fondateur, représentait pour moi le summum du professionnalisme et le comble du chic. *L'Express*, voilà où je voulais entrer. Mais comment y parvenir ?

À la fac, je rencontrai Bernard et Michèle Cahen, aujourd'hui célèbres avocats devenus des amis, auxquels je confiai mes désirs d'avenir. « Tu pourrais, faute de mieux, déjà participer au journal électoral d'un de mes proches, Jean de Préaumont, député UNR du XVIIe arrondissement de Paris, ça te donnera des idées », m'avait suggéré Bernard. Pourquoi pas ? Il fallait, autour de l'éditorial que l'élu écrivait lui-même, remplir quatre pages déjà truffées de publicité. J'ai le vague souvenir d'y avoir glissé des recettes périgourdines, une ou deux critiques de romans. Ce n'était pas du journalisme. Mais au moins était-ce ma première rencontre avec un élu parisien. Un personnage pittoresque. Avec sa voix haut perchée, sa crête de cheveux roux, il ressemblait à un coq de bruyère. Un homme joyeux, affable, bavard, toujours flanqué de son épouse mutique, aux cheveux de jais et au regard noir. « Qu'en pense Mme de Préaumont ? » l'interrogeait-il sans jamais attendre sa réponse. Il me parlait de son admiration pour le Général, pour le Premier ministre, Georges Pompidou, qu'il jugeait « excellent pour le pays ». Une affirmation qu'il ne craignait pas de répéter plusieurs fois sur un ton sec comme on donne un ordre. Il n'avait pas l'âme frondeuse. Je lui sais gré de m'avoir ouvert une première petite porte sur cet univers à mes yeux si romanesque.

Souvent, le mercredi, je me rendais rue du Faubourg-Saint-Honoré, face aux grilles de l'Élysée pour regarder le défilé des DS noires à la sortie du Conseil. Ces longs suppositoires lugubres abritaient des hommes qui venaient de quitter le Général. J'en frissonnais. Je tentais de reconnaître des visages à travers les vitres. André Malraux, une fois. De tous, Roger Frey, le ministre de l'Intérieur, avec ses airs de prince italien canaille, son regard translucide et sa chevelure de neige, était celui qui m'impressionnait le plus. Il avait conspiré au retour du Général, était le réceptacle de tant de secrets d'État. Oserais-je l'aborder un jour si je devenais journaliste ? Cette perspective me semblait vraiment hors de portée.

Je mesurais la chance de vivre dans une époque où il n'était pas ridicule d'admirer des hommes valeureux qui avaient fait la guerre, risqué leur vie, grandi dans l'ombre du Général. Pour moi, des géants. Ce qui amplifiait mon désir d'être journaliste. Les rencontrer, raconter leur parcours, déchiffrer les caractères, explorer les passés, deviner les destins. Voilà l'idée que je me faisais de ce métier dont je rêvais.

Je me souviens, si j'ose dire, de ma première rencontre avec Roger Frey, dans le *Capitole* ! Train mythique que je prenais souvent pour aller rendre visite à mes parents[1]. On y croisait des célébrités politiques du Sud-Ouest : maître Roland Dumas, élu socialiste de Corrèze, qui se promenait d'un air avantageux dans les couloirs en reluquant les jolies femmes avec un œil de maquignon ; André Chandernagor, député socialiste de la Creuse, un petit homme moustachu aux joues pleines et au sourire malicieux. Et en majesté, Yves Guéna, avec son physique d'Argentin de Carcassonne. Député (et futur maire de Périgueux), grand résistant, il avait rejoint de Gaulle au lendemain du 18 Juin. À l'évidence, lui aussi aimait beaucoup les dames.

Il y avait un wagon-restaurant qui méritait encore cette appellation. Les tables étaient recouvertes d'une nappe blanche en coton damassé assortie aux serviettes. Des serveurs en tenue, chahutés par le roulis du train, nous proposaient dans des postures d'équilibristes du café à volonté dans de grandes cafetières en argent, qu'ils versaient dans des tasses de porcelaine blanche épaisse, accompagné de tranches de pain de mie grillé et de marmelade d'orange. On s'y retrouvait entre Périgourdins. Venir y prendre son petit déjeuner, l'hiver surtout quand la Sologne était recouverte de givre – il n'était pas rare d'apercevoir une harde de biches –, était un moment magique et un rêve abordable.

Un jour que je m'y rendais, justement, je reconnais, seul dans un compartiment (donc sans garde du corps),

1. Il me plaisait de constater que beaucoup de voyageurs lisaient *L'Express*.

qui ? Je vous le donne en mille : Roger Frey, perdu dans ses pensées ! Un choc. J'ignorais bien sûr que deux voitures plus loin, la baronne Guichard (épouse d'Olivier) était elle aussi du voyage. Le couple partait incognito en week-end dans le Lot où le ministre possédait une maison. Je passais et repassais dans le couloir, éperdue de curiosité mais groupie timide. Mon cœur battait la chamade. Et soudain que vois-je ? L'homme qui m'impressionnait tant sortir de sa serviette en cuir un petit paquet, le poser sur ses genoux et l'ouvrir. Il contenait des Petits Lu et des carrés de chocolat qu'il s'est mis à grignoter en regardant le paysage. Sur-le-champ, mes appréhensions s'effondrèrent. Oui, un jour j'oserais l'aborder !

L'Express devenait une obsession. J'avais un plan pour y accéder : rencontrer quelqu'un qui y travaillait. Par son entremise, j'obtiendrais un stage et n'en repartirais plus. CQFD. Le tour serait joué. Le hasard, dont au fond je n'ai jamais douté, a fini par exaucer mes vœux.

Un soir, j'accompagnai un ami agent immobilier à un dîner chez le directeur artistique de *L'Express* auquel il venait de vendre son appartement : André Gobert. Sa femme, Monique Gilbert, journaliste, écrivain, y travaillait elle aussi. Grâce à eux, j'allais obtenir ce soir-là ce que je désirais tant : un stage de six mois au service politique. Huit jours plus tard, j'avais rendez-vous avec Jean Ferniot, le rédacteur en chef politique. J'arrivai haletante rue de Berri, m'engouffrai en courant dans l'ascenseur pour me retrouver, stupeur, face à Françoise Giroud en personne. Je ne l'imaginais pas aussi menue. Je la saluai d'un : « Bonjour madame » le plus respectueux possible. Pour toute réponse, elle a planté son regard droit, à hauteur de ma poitrine, faisant comme si elle n'avait rien entendu. Glaciale. En se retournant, la femme de Loth avait été changée en statue de sel. Moi, en m'inclinant devant Françoise, j'étais devenue invisible. Rien, du vent. Ce premier contact me laissait craindre qu'avec elle les relations ne soient malaisées. À tort, heureusement.

J'arrivai chez Jean Ferniot. Homme de belle prestance, portant costume et chemise de bon faiseur. Ce jour-là cravaté (je l'avais noté, il arborait toujours un nœud papillon lorsqu'il avait un déjeuner avec un ministre). Le cheveu noir coupé en brosse, la moustache drue et le regard vert intense. L'âge venant, il ressemblerait à un cousin de Raymond Souplex. Aimable ? L'accueil fut plutôt rude, presque désobligeant : « Alors, comme ça vous voulez faire un stage au service politique ? » me lança-t-il en me toisant de haut en bas plusieurs fois. En sortant de son bureau, je me heurtai à une dame rousse et gironde, aux lèvres carmin, vêtue d'une robe ample de couleur Granny Smith, chaussée de richelieus vernis peu féminins, et qui riait bruyamment : Christiane Collange, la patronne de *Madame Express* (vingt pages du journal, presque un État dans l'État), sœur de JJSS, et à la ville épouse de Jean Ferniot. On m'informa vite qu'elle le surveillait de près, ce que j'avais saisi d'emblée. Plus tard, j'entendrais Françoise moquer d'une voix douce : « Ce qui ne va pas bien chez Christiane, voyez-vous, ce sont les couleurs. »

Arriver à *L'Express* impliquait qu'il fallait vite savoir qui était qui et qui faisait quoi au journal dans la dynastie familiale. Car outre Christiane, il y avait Brigitte Gros, sœur préférée de JJSS, maire de Meulan-en-Yvelines (et future sénatrice). Pendant la guerre, elle était agent de liaison dans le maquis de l'Ain. Lorsque le 25 août 1944 le général de Gaulle s'est adressé aux Parisiens depuis le balcon de l'Hôtel de Ville, la photo est connue du monde entier, on aperçoit sur la droite une jeune fille aux joues rondes coiffée d'un béret. C'était elle, Brigitte, engagée dans l'armée du général de Lattre de Tassigny. Elle avait participé à la campagne d'Alsace, ce qui lui valut d'être décorée de la croix de guerre. Mais de cela, elle ne parlait jamais. Pas du genre à se vanter.

On la croisait dans les couloirs, toujours vêtue de tailleurs aux teintes pastel, ses cheveux auburn coiffés d'un inamovible chignon, boucles d'oreilles en or, toujours les mêmes, l'air en permanence concentrée, voire préoccupée, elle gratifiait tout le monde sur son passage, jeunes et vieux, d'un « Bonjour mon p'tit » de sa voix sèche et pointue. Sa spécialité : l'urbanisme et les transports[1]. Pour sa ville, elle se donnait un mal de chien, y déployait une puissance de travail hors normes, ce qui ne lui laissait guère de temps pour sa vie familiale. Lorsque ses enfants étaient en vacances, elle chargeait sa secrétaire de leur écrire car elle n'en avait pas le temps. Une fois par semaine, elle organisait chez elle des dîners dont se gaussaient les invités. Toujours le même menu commandé chez le traiteur :

1. En 1970, elle publiait un livre, *4 heures de transport par jour*, où elle décrivait les difficultés quotidiennes des Franciliens. Ouvrage qui serait adapté au cinéma sous le titre *Elle court, elle court la banlieue* par Gérard Pirès.

truite en gelée – plat insipide par excellence – et salade de fruits en dessert. « Ah ! on ne vient pas dîner chez nous pour se taper la cloche », plaisantait son mari, l'affable Émeric Gros (il détenait 22 % du capital du journal). D'origine hongroise, industriel dans la maroquinerie, il faisait aussi commerce de peaux de crocodile et avait des contrats privilégiés avec l'Éthiopie ainsi que, paraît-il, l'amitié de l'empereur Haïlé Sélassié, ce qui renforçait son mystère et son prestige. Il vendait à la rédaction des sacs « prix sortie d'usine ». Une bonne affaire, donc ! Moi, je lui avais acheté une peau de zèbre. Un homme sympathique, béat d'admiration devant sa femme.

Jean-Louis, le petit frère, à qui l'on devait la transformation du journal en *news magazine*, s'était rendu aux États-Unis au début des années 1960 pour y faire le tour des groupes de presse : *Time*, *Newsweek*, *Life*. Il s'était convaincu que *L'Express* devait emprunter cette voie. Pour lui, le *Time* était le modèle. Il avait adressé à son frère un *vade-mecum* de trente pages. Voilà ce qu'il fallait faire : changer de maquette, articles plus courts et mieux écrits. « L'importance du style », soulignait-il. Il préconisait une relative dépolitisation (en février 1953, *L'Express* avait été pensé, conçu et lancé par JJSS et Françoise pour défendre les idées de Mendès France). Pour bien se vendre, le journal ne devait rebuter ni les lecteurs de gauche, ni ceux de droite, plaidait-il. « Nous écrivons pour l'ingénieur de Grenoble et le pharmacien de Carpentras qui n'ont pas le temps de lire un quotidien. Si un sujet n'est pas traité chez nous, le lecteur doit être convaincu qu'il n'en valait pas la peine », théorisait devant nous JJSS, qui ajoutait : « Dans vos papiers, il faut prendre de la hauteur par rapport à l'événement. » Autrement dit, il faut savoir extirper d'un fait, d'un événement, un enseignement de portée générale. Telle était sa consigne.

Jean-Louis, nous le surnommions « le canard laqué », en raison non seulement de sa chevelure lisse et plaquée, mais aussi parce qu'il se montrait toujours plus sérieux qu'un pape. Pas le genre d'homme que l'on vient chercher pour mettre de l'ambiance. On l'admirait aussi. Il avait lancé le magazine économique *L'Expansion*, qui était un grand succès. C'était un créatif. Son épouse gérait le service documentation, rouage essentiel quand Internet n'existait pas et qui occupait un étage entier du journal. La ravissante Claude, à l'exquise politesse. Si féminine, si soignée, si bon genre[1]. Nous admirions ses mains manucurées de rose, toujours impeccables. Une dragée ! Un couple modèle, tiré à quatre épingles, ordonné, on devinait que chez eux, les tiroirs étaient rangés et la poussière absente, que dans le jardin les feuilles de lierre poussaient dans le même sens. Ils incarnaient l'harmonie pasteurisée, sans histoire autre que celle que Jean-Louis racontait pour une fois drôlement : il lui avait offert en cadeau de mariage, un chalet à Megève, et voulait accrocher au fronton LOVE. Quatre lettres en majuscules qu'il avait fait sculpter en Autriche, en demandant au charpentier qui les recevrait de bien

1. Dans ma famille, on distinguait différentes nuances de genre : le grand genre (c'est-à-dire la grande classe), le bon genre (bien élevé et distingué), le petit genre (pour ceux et celles à qui l'on trouvait un petit quelque chose), le mauvais genre (mauvaises manières, infréquentable).

vouloir les clouer pour leur retour de voyage de noces. Lequel, ne parlant pas anglais, avait inscrit VELO !

Pas d'histoire donc, jusqu'au jour où Claude a largué les amarres pour aller vivre avec la députée socialiste Françoise Gaspard. Pour fêter ses quarante ans, « à mi-vie », comme il l'avait écrit (c'était le titre du livre), Jean-Louis lui avait offert un journal bien dans l'air du temps : *F Magazine*. F comme femme, féministe à la pointe du combat. Claude nous avait demandé à Michèle Cotta et à moi de faire des papiers sur les hommes politiques et les femmes. Qu'ils nous disent donc, histoire de les tester, leur vision de la femme idéale. J'étais allée voir Jacques Chirac qui m'avait déclaré, sans rire : « Pour moi, la femme idéale est la femme corrézienne, celle de l'ancien temps, dure à la peine, qui sert les hommes à table, ne s'assied jamais avec eux et ne parle pas ! » Une phrase passée à la postérité qui lui vaudrait aujourd'hui une sacrée volée de bois vert, les associations féministes organiseraient une marche. Sa carrière serait peut-être compromise. Heureusement pour lui, on était en 1978. Pareille insanité était encore pardonnable. Donc pardonnée.

Question : était-ce un message caché, un tacle envoyé en douce à son épouse pour la rappeler à l'ordre ? À l'époque, Mme Chirac était en train de se muer en Bernadette, celle des pièces jaunes de la Mairie de Paris, l'élue de Corrèze qui commençait à parler dru, à exister politiquement. Celle qui allait chasser Marie-France Garaud. « Jacques, ce sera elle ou moi ! » Et Jacques s'était exécuté. Ses jugements à l'emporte-pièce, dont les collaborateurs de son mari ou lui-même étaient souvent les victimes, avaient déjà du succès dans le microcosme. Comme les papillons sortent de la chrysalide, on voyait éclore la guerrière de la femme soumise (en apparence).

Avec Michèle, nous allions souvent à *F Magazine*. On y était entre femmes. On y parlait entre femmes. Des grandes questions qui concernaient les femmes. Comme l'avortement. Il fallait s'assurer que les députés ne modifient pas la loi en 1979 comme c'était prévu. Et surtout, question récurrente : comment se venger des hommes. Au journal, ils étaient assez maltraités, méprisés même. *F Magazine* faisait sien ce slogan des féministes de 1968 : « La femme n'a pas plus besoin de l'homme qu'un poisson d'une bicyclette. » Conclusion logique de ce postulat : avait-on besoin d'eux pour prendre du plaisir ? Grande question, dont on débattait beaucoup à *F Magazine*. On voyait certaines journalistes assises sur les genoux d'autres. Déjà une ébauche de réponse ? Une nouvelle ambiance.

Et peu à peu nous avions vu Claude se métamorphoser. Changer de look. Fini les tailleurs chics, le vernis à ongles, les talons, le brushing. Bientôt plus de maquillage, un jeans, des mocassins plats, des cheveux frisés, sans rectificatif de couleur. Naturelle ! Très. Trop à mon goût. Elle nous avait invitées à déjeuner avec Michèle pour nous lâcher au dessert, sur un ton triomphant et enjoué : « Faire l'amour avec une femme... c'est vraiment formidable. » Pour elle, une révélation. Nous en étions stupéfaites. Je me souvenais qu'à *L'Express*, Élisabeth Schemla m'avait invitée à prendre un café pour tenter de me convaincre, avec son beau regard ardent, d'avoir une expérience homosexuelle, plaidant que j'aurais grand tort de ne pas essayer.

Je vous parle d'un temps que les moins de vingt ans ne peuvent pas connaître. Durant la décennie de l'après-vote de la pilule, de l'après-Mai 68, ce furent les années de la libération sexuelle. Un grand souffle de liberté envahissait les esprits et modifiait les comportements, le langage aussi. C'était le temps où tout était permis. Chaque mois, *Marie Claire* traitait dès les premières pages du plaisir féminin. Entre autres, comment trouver son point G. Puisque, grâce à la pilule, on pouvait faire l'amour sans risque, l'orgasme, pour les femmes, devenait une exigence, un droit comme une salariée a droit à la sécurité sociale. Les hommes nous devaient bien ça. Et gare à ceux qui ne comblaient pas nos attentes. Tout cela a duré pendant plusieurs années. J'avais noté qu'après ces pages sur notre plaisir, il y avait toujours des questions juridiques : comment bien divorcer, garder l'appartement, le chien ? Preuve que l'orgasme n'était pas toujours au rendez-vous. Et puis il y avait un petit livre, dont on parlait beaucoup, *Les Cinquante Positions pour faire l'amour*. Je l'avais acheté. Pour la moitié des suggestions, il fallait être gymnaste professionnel pour ne pas risquer un lumbago. Il y a peut-être, qui sait, du vécu dans ce constat.

Le sexe sur les ondes n'était plus un sujet tabou. Pendant plus de dix ans, Menie Grégoire, sur RTL, à la fois conseillère conjugale, éducatrice et sexologue, donna tous les jours la parole aux femmes. Elles racontaient leur vie conjugale, leur vie sexuelle, parlaient du désir, souvent un lointain souvenir, de l'orgasme absent, la faute à un mari éjaculateur précoce ou à l'inverse qui leur en demandait trop. Pas synchro. Elles racontaient tout. Sans pudeur, souvent dans un langage très cru. On devinait chez beaucoup une profonde détresse. Je découvrais qu'il n'y avait pas que la misère sociale, mais aussi la misère sexuelle chez beaucoup de femmes de tous âges et de toutes conditions. Des femmes qui avaient envie d'autre chose. Je les écoutais presque tous les jours. L'émission était en direct. Parfois des hommes intervenaient, furibards, injurieux. Leurs propos étaient si scabreux que la direction de RTL décida de ne plus passer l'émission qu'en différé. Menie Grégoire a cessé ses émissions en 1982.

Les lecteurs pourront s'étonner que dans le livre je fasse parfois allusion aux confidences de certains hommes politiques qui me racontaient volontiers leurs bonnes fortunes féminines. Mais cela allait avec l'air du temps. Je n'en étais pas choquée. Je ne trouvais pas leurs propos déplacés. Je m'en amusais. Certains se confondaient en compliments un peu lourds, oui. D'autres me proposaient d'aller dîner, oui, et plus si affinités. Ils tentaient leur chance, pourquoi pas. Mais s'il n'y avait pas adéquation entre l'offre et la demande, si c'était non, ils passaient leur chemin, sans façons. Et ensuite, rien ne changeait dans les rapports. C'était un jeu sans conséquences. À l'époque, le grand tube était la chanson de Marcel Zanini, reprise par Brigitte Bardot : « Tu veux ou tu veux pas ? Tu veux c'est bien. Si tu veux pas tant pis. J'en f'rai pas une maladie. (…) C'est comme ci ou comme ça. » Eh bien oui, c'était comme ça.

Retour à la dynastie de *L'Express*. Couronnant l'ensemble, trônait la mère ! Denise, que nous appelions « Mme Émile », prénom de feu son mari. Toujours vêtue de noir depuis son veuvage, chevelure grisonnante coiffée en bandeau et chignon bas. Hiératique et distinguée. Un beau visage, des jambes un peu lourdes. Il émanait d'elle une autorité souveraine. Rarement elle répondait aux salutations des journalistes. Maire de Veulettes, en Normandie, où la famille possédait une propriété, elle rapportait chaque semaine de chez les commerçants locaux, dans sa 4L qu'elle conduisait, les vivres et victuailles nécessaires au dîner de la rédaction du jeudi, soir de bouclage du journal qui avait lieu dans la salle à manger du septième étage. Elle avait interdit au maître d'hôtel de s'approvisionner à Paris. Oubliait-elle l'huile à Veulettes ? Les carottes râpées et la salade étaient servies sans vinaigrette. Ce qui arrivait souvent.

Persuadée d'avoir enfanté un génie, Mme Émile idolâtrait Jean-Jacques (qui le lui rendait bien). Mère et fils se vouaient un culte mutuel, de l'ordre de la passion amoureuse. « Ma mère est la femme de ma vie. » JJSS le dira tout au long de son existence. Ce qui l'a d'ailleurs gravement perturbé. « Dans notre enfance, avec notre mère c'était non seulement toujours tout pour Jean-Jacques, mais pire, jamais assez pour lui », a maintes fois témoigné Christiane Collange devant nous. Elle racontait cette anecdote encore douloureuse pour elle : un jour, pendant la guerre, sa mère était revenue à la maison avec une tablette de chocolat. Elle en avait donné les trois quarts à Jean-Jacques, quelques carrés à son mari et à Jean-Louis et pour les trois filles… rien. Dans le cœur de Mme Émile, seul comptait le divin enfant. Hors norme, à l'évidence. Surdoué, sérieux, appliqué, travailleur, il avait raflé tous les prix d'excellence à l'école. Préférant la compagnie des adultes à celle des enfants de son âge, il avait manifesté très tôt un goût pour l'actualité et la politique. À dix ans, il créait son propre journal. Il avait fait Polytechnique, à vingt-cinq ans il écrivait dans *Le Monde*, où son avis comptait, avait porte ouverte chez Georges Bidault, le président du Conseil. Un phénomène ! Pro-américain, bilingue, il était aussi la coqueluche de la presse américaine. Le *Washington Post* et le *Herald Tribune* publiaient ses tribunes. En un mot, depuis sa naissance, ce fils aîné ne lui ayant apporté que des satisfactions avait sa préférence. Bon gré mal gré, chacun dans la fratrie avait dû s'incliner.

« Si vous voulez comprendre un homme politique, allez donc voir sa mère, disait souvent Françoise Giroud.

— Vous pensez à qui ? lui demandais-je, naïve.

— À Gaston Defferre, il avait une mère très ambitieuse. »

En réalité, elle pensait à Mme Émile, qui ne l'avait jamais aimée et dont le souhait le plus ardent était que Jean-Jacques fondât une famille, ait des enfants, « et pas avec la Turque ». C'est ainsi que, devant ses enfants, elle appelait Françoise, de neuf ans plus âgée que son fils chéri. Madeleine Chapsal, sa première épouse, ne lui ayant pas donné d'héritier, pas question que ce soit elle la génitrice de ses petits-enfants. *L'Express* était l'enfant de leur histoire d'amour, et cela suffisait. Dans son livre posthume, *Histoire d'une femme libre*, Françoise raconte qu'elle avait été enceinte de JJSS, et que lorsqu'elle lui en avait fait part, il lui avait seulement dit : « Faites ce que vous voulez. » Puis ne lui en avait jamais plus reparlé. Elle avait décidé d'avorter. Dur dur.

Selon sa mère, il devrait trouver une épouse jeune, en bonne santé, venue d'un même milieu social que les Servan-Schreiber. Jean-Jacques allait répondre à ses vœux en épousant en 1960 la fille d'un ami de la famille, Sabine Becq de Fouquières, de quinze ans sa cadette qui allait lui donner quatre fils, dont les trois premiers en trois ans. Un mariage que Françoise n'arrivait pas à accepter. Blessée, meurtrie, se sentant trahie dans son amour, elle avait voulu mourir et même organisé son suicide. On l'avait rattrapée *in extremis*. L'épreuve l'avait affaiblie physiquement. Elle avait été absente du journal pendant plus d'un an. Voilà ce que l'on me racontait alors. Au fil des ans, j'apprendrais que ce douloureux épisode était une affaire plus complexe.

Dynastie ou pas, pour moi, à *L'Express*, il n'y avait qu'une reine : elle, Françoise ! Crainte, admirée, respectée. L'âme du journal.

La stagiaire que j'étais a eu d'emblée le privilège d'assister le lundi matin aux conférences de rédaction. On y préparait le journal qui sortirait huit jours plus tard. Elles se tenaient dans le bureau de Jean Ferniot où se retrouvaient, assis dans les canapés, un aréopage prestigieux : tous les chefs de service, Georges Suffert, responsable du service politique, l'homme qui écrivait les *cover stories* et avec lequel je travaillerais. Un gros nounours familier, blagueur, grand fumeur de pipe, au maintien à la bonne franquette. Il avait toujours un pan de chemise qui sortait de son pantalon de velours.

Marc Ullmann était responsable de la politique étrangère, Maurice Roy, de l'économie, Henri Trinchet, des affaires sociales, Sophie Lannes du service information. Il y avait aussi Xavier Marchetti, qui nous avait tous inscrits sur les listes électorales de son village en Corse. Michèle Cotta qui œuvrait alors au service culture, Irène Allier au service politique. Et bien sûr il y avait les deux reporters vedettes qui couraient le monde : Jacques Derogy et Jean-François Kahn dont le rire explosait en cascades. Aucun des deux n'avait le permis de conduire, ni ne parlait anglais, ce qui m'avait étonnée.

Quand tout le monde était installé, Françoise arrivait. Souriant toujours, mais tellement sous contrôle, maîtrisée, comme nimbée d'une pellicule glacée. Pas naturelle. Bigrement intimidante. Elle avait une drôle de façon de se lover dans le canapé, jambes repliées sous elle. Une chatte. Le spectacle commençait. J'étais à l'école et avec quelle professeure !

« Alors ? Qu'allons-nous proposer aux lecteurs ? » interrogeait-elle de sa voix de miel liquide. Chacun dans sa spécialité intervenait, suggérait un sujet, en expliquait l'intérêt. Elle n'avait pas son pareil pour pousser son interlocuteur à aller plus loin dans ses explications, faisant part de ses conclusions, de son raisonnement. Après elle, il n'était pas interdit d'intervenir bien sûr. Mais sans jamais vouloir abuser de son autorité, elle n'était guère contredite. Car tout ce petit monde, y compris Jean Ferniot, la craignait, cherchait à la séduire, voire à la flatter. Elle n'avait qu'un seul but : l'intérêt du lecteur. Consigne à tous : l'écriture devait être alerte, pimpante, non alambiquée. Elle avait même édicté un certain nombre de règles : soigner la première phrase. L'attaque était capitale. « Inutile d'avoir du talent à la cinquième ligne si le lecteur vous a lâché à la quatrième. » Et encore : « Si on peut couper dix lignes dans un article sans en enlever une idée, c'est qu'elles étaient en trop. » Faire court, soigner la chute. La conclusion du papier devait répondre à la promesse implicite faite au lecteur dès la première ligne.

Françoise savait comme personne mettre le bonheur de l'écriture au service de la pensée. Un art dans lequel elle excellait. Chaque mercredi matin, elle s'enfermait dans son bureau pour écrire « sa chandelle ». Le papier qui ferait mouche dans le landerneau politique. Ce jour-là, il ne fallait pas faire de bruit dans les couloirs, on marchait sur des œufs. Derrière sa porte, on entendait le cliquetis de sa machine Olivetti et le bruit sec du chariot à chaque retour à la ligne. Elle tapait elle-même son édito. Cela pouvait durer plusieurs heures. Rarement contente d'elle-même, elle jetait la page entamée et recommençait. Dix fois, vingt fois parfois. Ceux qui lisaient ses éditoriaux si fluides et pertinents n'imaginaient pas la somme d'heures et de réflexion qu'ils lui avaient demandée. Tant d'efforts et de temps pour une petite colonne ! Le génie est une longue patience.

Ces réunions étaient pour moi un régal. J'apprenais le métier. Toujours élégante, Françoise portait à son poignet gauche une collection sonore de bracelets et de gourmettes en or[1] (Michèle Cotta me jure qu'il y en avait cinq, parce qu'elle-même l'avait copiée). Ce que j'aimais par-dessus tout ? La voir rire. Il y avait d'abord ce léger froncement des ailes du nez qui l'annoncait, suivi d'une myriade de petits plis autour des yeux. Et le sourire, solaire, éclatait sur des dents par-

1. Bracelets qui lui furent volés des années plus tard dans un hôtel à New York.

faites. Il n'est pas donné à tout le monde de savoir sourire. Elle quittait la réunion, laissant derrière elle un sillage de son parfum *Jicky*, de Guerlain, que bien sûr je m'étais empressée d'acheter. Comme si cette fragrance allait me garantir une onction de son talent. Un parfum qui ne m'allait pas du tout.

Et Jean-Jacques ? On le voyait rarement. On le croisait dans les escaliers car il ne prenait jamais l'ascenseur. Toujours vêtu d'un costume bleu marine, chemise blanche, cravate noire. Un uniforme qu'il avait choisi « une fois pour toutes », m'avait-il précisé, pour ne pas avoir à se poser de questions inutiles le matin en s'habillant. Il dégageait un magnétisme puissant que l'on appelle le charisme. Silhouette musclée, regard d'azur, sourire ravageur, mais trop rare, encadrant deux fossettes. Cheveux blonds épais comme de la moquette, je lui trouvais un faux air d'Herbert von Karajan, dont il avait le gabarit.

Parfois, le jeudi soir, il faisait une apparition au bouclage. On le voyait surgir, visage hermétique, front plissé, l'esprit toujours occupé par la question qui l'accaparait ce jour-là de façon exclusive. C'était un personnage unidimensionnel. « Il ne parlait jamais des autres. Cette attitude n'était pas hauteur d'âme mais cécité. Il ne les voyait pas[1]. » Il déboulait au milieu de nos rires. Tentait-on de lui en expliquer les raisons, c'était toujours peine perdue. Il nous renvoyait un regard vide de somnambule. Il ne comprenait pas. Et d'ailleurs, pourquoi rire ? Une perte de temps, selon lui. Jean-Jacques était réfractaire à l'humour.

---

1. Écrit Françoise Giroud dans *Une femme libre*.

Je me demandais comment Françoise avait pu éprouver une telle passion pour un homme avec qui il était impossible d'être léger, de baguenauder. À Michèle Cotta qui avait osé le lui demander, elle avait répondu : « Jean-Jacques était quelqu'un qui éclairait votre meilleure face, alors on lui donnait le meilleur. » Propos que l'on retrouve sous une forme plus élaborée dans son autobiographie *Si je mens*... « Jean-Jacques a cette façon particulière d'ignorer la face noire des autres, de jouer toujours leur face blanche, leur bon côté comme on dit. C'est le bon qu'il voit et non le mauvais et donc souvent il a mis en lumière des richesses que les intéressés eux-mêmes ne savaient pas qu'ils recelaient. C'est pourquoi les gens lui en veulent tant quand ils perdent, pour une raison ou pour une autre, le contact avec lui. C'est comme si un phare braqué sur eux cessait de les prendre dans son faisceau. D'abord, ça les repose d'être délivrés de lui mais ensuite ils ne lui pardonnent généralement ni de l'avoir connu, ni de l'avoir perdu et tout le noir remonte, comme une manière d'affirmation d'eux-mêmes contre lui. »

Une véritable confession. Françoise parle d'elle, de sa face noire, celle qui lui fit écrire des lettres antisémites à la famille de Fouquières pour qu'ils sachent qui était leur futur gendre, afin de les dissuader de donner leur fille à un juif. Des écrits incroyables, reflets d'une désespérance abyssale. Oserais-je l'avouer, cette révélation me l'avait rendue plus humaine. Sous la pellicule glacée, se nichait une grande amoureuse qui avait souffert mort et passion. Des experts graphologues ayant décelé sa patte dans ces lettres anonymes, JJSS l'avait convoquée pour lui dire que leur collaboration était terminée. Et il l'avait jetée sans ménagement, elle, Françoise, à qui il devait tant. Sans *L'Express*, sans lui, et elle venait aussi de perdre sa mère, sa vie n'avait plus de sens. Voilà pourquoi elle avait voulu se suicider. Mais le journal n'allait pas bien sans Françoise. Sabine – une sainte – l'avait bien compris. Elle avait comploté pour que Jean-Jacques la fasse revenir. Suggestion qui avait révulsé Mme Émile : « Vous n'allez pas laisser un ange noir flotter au-dessus de votre couple. » Mais Sabine avait demandé à Jean-Jacques son retour comme cadeau le jour de la naissance de leur premier fils. Il ne pouvait le lui refuser. Et il était sans doute soulagé. Françoise était revenue et avait repris sa place comme si elle n'était jamais partie. Françoise était irremplaçable.

Ce qui m'étonnait le plus était la désinvolture avec laquelle tous les journalistes parlaient de JJSS. À commencer par Jean Ferniot, le beau-frère, qui ne le citait qu'en s'esclaffant et en levant les yeux au ciel pour marquer son exaspération. À les entendre tous, le patron était un type brillant, hors du commun sûrement, génial sans doute, mais très dangereux car complètement fêlé. Chaque semaine, l'équipe s'interrogeait tout haut sur ce qu'il allait bien pouvoir inventer, manigancer dans leur dos et qui risquerait de nuire au journal. Car pour JJSS, *L'Express* devait d'abord être l'instrument de son ambition politique. Et lui n'avait qu'un but : virer de Gaulle. Une obsession. Dans la rédaction, on craignait ses lubies extravagantes. Heureusement, Françoise veillait.

La politique, JJSS s'y était essayé en 1962. Après l'attentat du Petit-Clamart, le 22 août de cette année-là, qui avait failli lui coûter la vie, de Gaulle avait décidé de précipiter le changement de la Constitution, auquel il songeait depuis si longtemps : l'élection du président de la République au suffrage universel. Une révolution ! Il allait consulter les Français par référendum. Pour ses adversaires, c'était un acte de forfaiture. La gauche, le MRP, une partie de la droite, unis dans un concert d'anathèmes, faisaient rimer gaullisme et fascisme. Ils déposèrent une motion de censure qui pour la première fois fut votée. Georges Pompidou avait présenté sa démission au Général qui l'avait refusée, pour prononcer illico la dissolution de l'Assemblée nationale. Il renvoyait les députés devant leurs électeurs.

Jean-Jacques Servan-Schreiber, qui comparait de Gaulle à Franco ou Mussolini dans ses éditoriaux, ce qui allait provoquer le départ de François Mauriac, était persuadé que les Français diraient non au Général et que l'heure de son départ allait enfin sonner. Il était allé se présenter à Yvetot en Seine-Maritime, la circonscription qui englobe Veulettes où la famille était bien implantée. Il avait trente-huit ans. Il venait de rencontrer John Fitzgerald Kennedy en tête à tête à la Maison Blanche. Il y avait eu des photos dans la presse. Rencontre qui l'avait tourneboulé. Emporté par un lyrisme étrange, il avait même osé écrire en octobre 1962 : « Kennedy, je suis dans sa peau, dans son cerveau. Je le sens, le pressens. Je pourrais vous dire comment bat son cœur, comment fonctionne son cerveau, comment il réfléchit, comment il décide. Ah, ce Kennedy ! Croyez-moi, tous les candidats y pensent. » Tous les candidats sûrement pas, mais lui oui, à coup sûr. L'identification était si transparente que François Mauriac l'avait affublé du sobriquet de

« Kennedillon », qui lui restera longtemps collé à la peau. En campagne en pays de Caux, il avait déployé la logistique d'un candidat à la Maison Blanche, mettant l'accent sur l'industrialisation de la région, les réformes à faire. Mais hélas, les vents porteurs n'étaient pas de son côté. En novembre 1962, le scrutin se soldait par un raz de marée gaulliste. Quinze jours plus tôt, les Français avaient approuvé le référendum avec 62 % de « oui ». De Gaulle avait gagné sur toute la ligne. JJSS était battu mais pas abattu. Pour lui, le départ du Général n'était que partie remise.

Quelques semaines avant le début de mon stage avait éclaté l'affaire Mehdi Ben Barka. Le leader de l'opposition au régime marocain du roi Hassan II, condamné à mort par contumace, était venu vivre à Paris. Le 29 octobre 1965, il était enlevé à Saint-Germain-des-Prés en sortant de chez Lipp. Par qui ? Pourquoi ? Était-il toujours vivant ? Jacques Derogy et Jean-François Kahn menaient l'enquête. Ils avaient rendez-vous au Café de la Paix avec un témoin important et ils m'avaient invitée à me joindre à eux (plus tard, un rapport de police relatant cette rencontre notait que les deux journalistes étaient accompagnés d'une « personne du sexe »).

Après enquête, ils en conclurent que l'enlèvement avait été fomenté par Oufkir, le ministre de l'Intérieur marocain, un ancien officier de l'armée française. Ils avaient des témoignages accablants mais leur enquête ne disait pas ce qu'il était advenu de Ben Barka. Cependant quelle ne fut pas leur surprise de voir le journal annoncer à la une avec la photo de Ben Barka : « J'ai vu tuer Ben Barka, le récit d'un témoin ». Derogy et Kahn étaient fous de rage, ils n'avaient rien écrit de tel. JJSS avait modifié leur récit au marbre pour l'adapter à sa thèse. C'est qu'il voulait surtout confondre le régime gaulliste, affirmant dans ses éditoriaux que Roger Frey, le ministre de l'Intérieur, était directement impliqué dans l'opération. Ce qui lui vaudrait des procès en diffamation à l'issue desquels il serait condamné. Pour la petite histoire, quand on lui avait annoncé que Ben Barka avait disparu, Roger Frey avait demandé : « Qui est cet Algérien ? » Ça, il me l'avait raconté lui-même plus tard.

Jean-Jacques prenait ses désirs pour des réalités et inventait des scoops chaque semaine. Le journal s'était vendu à 700 000 exemplaires. Un succès si énorme que Jean-Jacques décida de mettre Ben Barka à la une chaque semaine pendant plus d'un mois.

En juillet 1966, mon stage prenait fin. J'avais l'impression d'avoir été adoptée par la rédaction. Mais Jean Ferniot m'annonçait qu'il ne me gardait pas, et sans me dire pourquoi. Vous imaginez ma déception. En réalité, il ne voulait pas de femme au service politique. Il avait couvert avec délice les grandes heures de la IVe République, époque où les journalistes parlementaires étaient tous des hommes. Une chasse gardée qu'il ne pensait pas ouvrir aux femmes. Il avait refusé à Michèle Cotta d'entrer au service politique alors qu'elle connaissait mieux que lui Mitterrand et tous ceux qui gravitaient autour du leader socialiste. Ferniot avait aussi tenté d'évincer Irène Allier. Mais Georges Suffert, qui veillait au grain, l'en avait empêché, menaçant même d'organiser une grève de la rédaction. Françoise, de son côté, n'avait rien fait pour me retenir. Je quittai *L'Express* avec beaucoup de tristesse, mais pas complètement désespérée. Georges Suffert me laissait entendre que rien n'était perdu, que mon heure viendrait. C'étaient les vacances, j'avais une position de repli au nouveau *Candide*. Mais pas au service politique : j'intégrai le service intitulé « Rubrique parisienne » dirigé par Christian Bretagne. On envoyait la provinciale que j'étais à des inaugurations, des vernissages, au milieu de gens que je ne connaissais pas : « Racontez-nous l'ambiance », me disait-on. Je croisais de belles femmes qui y traînaient leur élégance désespérée. Mais au retour, qu'allais-je bien pouvoir dire ? Trouvant à juste raison mes écrits bien plats, Philippe Boegner, le patron, un homme charmant, m'avait fait venir dans son bureau pour me dire : « Parfois, il vaut mieux inventer que décevoir. » Je n'ai pas oublié la leçon mais je n'ai pas retenu le conseil. Il y avait des confrères prestigieux à la rédaction : Juliette Boisriveaud, Pierre Démeron, chargé de la culture, qui venait tous les matins se vanter de ses bonnes fortunes de la nuit. C'était son outing quotidien et très décomplexé. Je me demandais si ce n'étaient pas des bobards. Il y avait aussi Pascal Thomas, le futur cinéaste. Un grand garçon à la silhouette dégingandée et aux lunettes de myope. Un physique de bande dessinée. On le disait très doué.

J'étais assez déprimée. Et puis le miracle est arrivé. Fin juin 1967, je m'en souviens comme si c'était hier, j'étais restée tard au café avec des amis pour parler de la guerre des Six Jours (commencée le 5 juin). C'était le grand sujet du moment. Nous étions tous fascinés par les Israéliens, leur guerre éclair, l'aviation égyptienne clouée au sol. Comme la majorité des Français, j'étais évidemment favorable au petit État d'Israël, et ce d'autant plus que je venais juste de découvrir les abominations de l'Holocauste. Quand je suis rentrée chez moi, le téléphone sonna : c'était Georges Suffert. « Je te cherche depuis ce matin : Jean Ferniot a quitté *L'Express*, il est remplacé par Claude Imbert qui est d'accord pour t'engager au service politique. Tu as rendez-vous avec Jean-Jacques mardi à 16 heures. »

À l'heure dite, ce fameux mardi, Jean-Jacques me recevait, tout sourires : « Vous allez vous occuper des gaullistes, mais je vous préviens, c'est un mouvement sans avenir. [Les élections du mois de mars avaient en effet été un désastre pour les gaullistes qui ne disposaient que de trois voix de majorité.] De Gaulle, c'est fini, m'assura-t-il. Les Français n'en veulent plus. » Je me gardai bien de le contrarier et de lui rappeler que le Général, réélu en 1965 président de la République, devait rester à l'Élysée jusqu'en 1972. S'agissait-il d'une prophétie autoréalisatriste ? Deux ans plus tard le Général quittait l'Élysée. Moi j'étais à cent lieues de l'imaginer. Pour nourrir sa thèse, il me confiait qu'il finalisait un projet qui allait faire tomber le « vieux monde », il fallait tout changer, disait-il. Et il en connaissait les recettes. Il annonçait en fait ce qui allait être un best-seller mondial, son livre *Le Défi américain*. D'où sa bonne humeur ce jour-là. Après m'avoir souhaité bonne chance, il avait clos l'entretien par cette sentence sans appel : « À droite, il n'y a que deux hommes intéressants : Giscard et Chalandon. » Précision utile, c'était un constat personnel, et non une injonction. Je connaissais le nom du premier, bien sûr. J'entendais pour la première fois parler du second. J'intégrai le service politique. Nous étions trois, trois femmes. Irène Allier qui s'occupait de la nébuleuse centriste, Michèle Cotta de la gauche et moi des gaullistes. À chacune son cheptel.

Il faut rendre à Jean-Jacques ce qui lui revient. L'idée de mettre des femmes au service politique n'était pas une idée de Françoise, mais la sienne. Elle avait acquiescé à sa suggestion, bien sûr, comme toujours. Mais avec un fond de réticence. Toute femme qui entrait au journal étant une rivale potentielle. L'initiative ne venait donc pas d'elle, comme beaucoup le croient encore. Jean-Jacques faisait confiance aux femmes. Sa relation avec sa mère, son association avec Françoise, en portaient témoignage. Pour la politique, il jugeait qu'elles étaient plus subtiles que les hommes pour saisir et expliquer les comportements, les ressorts humains, tout ce dont les lecteurs du *news magazine* étaient friands.

Bientôt, tous les journaux allaient copier *L'Express* et envoyer des femmes pour suivre l'actualité politique à l'Assemblée.

III

LE BONHEUR EST À *L'EXPRESS*

J'ai été engagée à *L'Express* au moment où le journal connaissait une sorte d'âge d'or. Il bénéficiait de la grande faveur du public (tirage à 500 000 exemplaires, 250 000 abonnés). Y travailler ouvrait toutes les portes. Les hommes politiques, les chefs d'entreprise, la société civile, tous jugeaient gratifiant d'y retrouver leurs propos avec leurs photos. À la rédaction, l'atmosphère était joyeuse, les journalistes bien payés. Le journal n'était pas chiche sur les notes de frais et ne regardait pas à la dépense, Jean-Jacques encore moins qu'un autre, qui nous autorisait à traiter un homme politique au Taillevent – grand restaurant huppé (si son rang le justifiait). Pour la petite histoire, Michèle Cotta y avait invité Roland Leroy, le patron de *L'Humanité*. Il lui avait posé un lapin car sa secrétaire avait cru qu'il s'agissait d'un restaurant asiatique, Le Taïwan. Il n'était jamais arrivé et n'avait pu s'excuser, les portables n'existaient pas à ce moment-là ! Nous avions à notre disposition six chauffeurs et autant de véhicules. Ils nous conduisaient à nos rendez-vous et nous attendaient pour nous ramener au journal. Très commode mais pas économique du tout.

L'arrivée de Claude Imbert fut une bénédiction pour la rédaction. D'humeur toujours égale, aimant la vie et tous ses agréments, il nous narrait d'abondance – « car la rhétorique bavarde prolonge le plaisir », théorisait-il – et sur un ton gourmet le déjeuner dont il s'était délecté (il faisait partie du Club des Cent), l'opéra qu'il était allé entendre, un petit vin gris découvert lors d'une escapade en province, son dernier coup de cœur pour une exposition, un livre, une corrida, une dame. « On ne peut s'intéresser aux femmes si on ne s'intéresse pas à la mode. Je regarde tous les journaux féminins et les boutiques », me disait-il. Mélomane, il s'était mis au violon sur le tard et organisait parfois chez lui un concert et, si du quatuor à cordes il n'était pas et de loin le plus virtuose, il en était sûrement le plus heureux. « On n'a rien inventé de mieux que la vie », telle était sa philosophie, à laquelle il voulait nous convertir. Il avait trente-sept ans.

Venu de l'AFP où il avait fait carrière, longtemps correspondant en Afrique, il était un patron à la fois exigeant et d'une rare bienveillance. Sa porte nous était toujours ouverte. Sur chaque sujet traité, il voulait conjuguer les compétences et avait institué le travail en équipe, ce qui ne se faisait pas du temps de Jean Ferniot. Au retour de mes pérégrinations à l'Assemblée nationale, je venais lui raconter ce que j'avais glané dans les couloirs. J'entrais dans son bureau sans façons. Caché derrière les volutes de son cigare, il me disait : « Entrez ma petite fille ! » C'était toujours un moment merveilleux. Grand connaisseur de la politique française et du personnel politique, il riait des anecdotes que je lui rapportais. Mais grand pédagogue aussi, il me suggérait des angles pour mes papiers. Cet anticommuniste de « l'espèce primaire » comme il se définissait lui-même, plaidait que la politique est « le choix relatif entre le préférable et le détestable ». Le manichéisme n'était point son affaire.

Avec Françoise Giroud, sa relation était fluide, facile. Leur entente rejaillissait sur le climat de la rédaction. Les conférences du lundi étaient plus bavardes et l'atmosphère lumineuse. Claude Imbert s'intéressait à chacun de nous, autre différence avec Jean Ferniot, grand journaliste certes, mais qui était davantage soliste que chef d'orchestre.

Quelque chose d'autre avait aussi changé : Françoise se montrait, je ne dirais pas plus familière, en tout cas beaucoup plus expansive avec nous. Il était perceptible que les plaies du passé étaient cicatrisées. Mais à en croire Claudie de Surmont, elle était toujours jalouse de Jean-Jacques. Elle avait un nouveau compagnon : Alex Grall, patron des Éditions Denoël. Un veuf. Un grand type. Tout était rond chez lui : le nez, la bouche, les yeux… et la silhouette aussi ! Il respirait la bonhomie, la force tranquille, l'optimisme. Le genre d'homme dont une femme se dit : « C'est un terrain constructible. » On le sentait subjugué par Françoise, épaté, grisé même. Alex était-il un mâle dominé ? En tout cas, il avait été assez subtil pour la deviner, l'apprivoiser et lui apprendre le bonheur. Le plus amusant c'est qu'il était en tous points l'antithèse de JJSS. Alex aimait le foot, les bonnes bouffes, le cinéma, les expositions, les voyages, les vacances, tout ce que détestait Jean-Jacques. Et il avait converti notre patronne à ses goûts. Voilà qu'elle s'esbaudissait devant un but marqué lors d'un match ! Ou alors vantait son tour de main pour faire les foies gras ou la confiture de framboises, « qui restent entières », précisait-elle avec une pointe de fierté dans la voix.

Enfin, elle se laissait aller. Et Françoise pouvait être snob. « Voyez, Catherine, j'ai des épaules très larges et des hanches étroites, je ne peux pas m'habiller dans le prêt-à-porter, je suis obligée d'aller chez Saint Laurent Couture. » Pauvre Françoise ! J'admirais ses robes de soie qui lui allaient à merveille.

Un jour, Nicolas, son petit-fils, qui était à l'école communale, avait reçu une invitation à goûter chez un petit « Monod ». « Avec Caroline [sa fille] nous nous sommes demandé : est-il de la famille du prix Nobel ou du banquier ? Bref, d'un représentant éminent de la HSP ? Eh bien, figurez-vous que c'était le fils du charcutier ! » Et elle s'esclaffait. Elle nous prodiguait aussi des conseils personnels. En arrivant à *L'Express*, j'étais blonde très décolorée, j'avais cédé à la mode. Françoise m'avait fait venir dans son bureau pour me dire sur un ton définitif qu'il fallait toujours garder, à la nuance près, la même couleur de cheveux et la même coiffure toute sa vie. C'était la meilleure façon pour que l'on ne vous parle jamais de votre âge. Et de moquer ces femmes très brunes, au teint mat, qui au premier cheveu blanc se font teindre en blond. « Un massacre, disait-elle, elles prennent vingt ans ! »

Parfois, elle révélait un humour polisson. Chaque semaine ou presque, elle invitait des hommes politiques à déjeuner dans la salle à manger de *L'Express*. J'y étais conviée lorsqu'ils appartenaient à la majorité. Avant de les recevoir, elle me faisait venir. Elle voulait tout savoir de leur vie privée : en clair, qui couche avec qui ?, et me réclamait des anecdotes. Il y avait ceux de droite pour lesquels ses a priori étaient négatifs et le resteraient. Elle laissait alors à Claude Imbert et Georges Suffert le soin de mener la conversation. L'ambiance du déjeuner pouvait être assez froide. Parmi les pompidoliens, il y en avait au moins un qui lui agréait : Raymond Marcellin, ministre de l'Intérieur, élu du Morbihan, un célibataire. Nous avions assisté médusés à un grand numéro de séduction réciproque. Excellent conteur, plein d'humour. Françoise était sous le charme. Le ministre avait aussi des obsessions dont *Le Canard enchaîné* se moquait, à tort : la peur des attentats. Mai 68 l'avait convaincu que la France était un pays fragile et qui pourrait être un jour la proie des extrémistes et d'une violence aveugle venue d'ailleurs. Un visionnaire !

Ravi de ce bon moment, le ministre nous avait bientôt rendu l'invitation à Beauvau. Le déjeuner était servi par une dame brune, accorte et plantureuse, qui en passant les plats dévoilait un décolleté ferme et généreux. Impressionnant ! De retour à *L'Express*, Françoise décréta : « C'est évident, il couche avec elle. » Claude Imbert était de son avis : « Marcellin est le genre d'homme à avoir le goût des amours ancillaires. — Mais il dort peut-être dans des draps de soie », ajouta Françoise.

Françoise aimait beaucoup disserter sur le couple. Les difficultés pour un homme et une femme à s'entendre, se comprendre. Et elle en parlait très bien. Il y avait beaucoup de vécu dans ses propos. Chaque semaine, dans les annonces du *Nouvel Observateur*, paraissait une publicité pour l'agence matrimoniale Desachy. Je venais d'arriver à *L'Express*, elle m'avait demandé d'aller voir, c'était l'été. J'avais pris rendez-vous. En arrivant, une petite dame brune m'avait accueillie d'un « Mais je n'ai rien pour vous, vous êtes trop grande ». Je la rassurai, je ne venais pas pour moi. Elle m'avait montré ses catalogues. Il y avait beaucoup d'hommes veufs. Forte de son expérience, elle m'avait dit : « Il y a une grande différence entre les hommes et les femmes. Un homme qui perd sa femme après avoir été heureux en ménage voudra se remarier très vite car il aura gardé un bon souvenir du mariage. À l'inverse, une femme qui perd son mari très aimé sera plus réticente car elle se dira qu'elle ne retrouvera pas de bonheur équivalent. » Je me disais, quant à moi, qu'un veuf avait hâte de se remarier parce qu'il avait besoin de quelqu'un pour faire le ménage et la cuisine au logis, tandis qu'une femme hésiterait avant de se remettre au service d'un mari.

Au retour, j'étais allée voir Françoise pour l'informer des résultats de mon enquête. « Intéressant, m'avait-elle dit, vous verrez, les veufs inconsolables sont en effet très vite remariés. » Illustration. Je me souviens d'Edgar Faure, si détruit au moment du décès de son épouse Lucie. Une femme assez remarquable, directrice d'une revue, *La Nef*, qui seule avait le droit de lui préparer son irish coffee lorsqu'il devait prendre la parole lors des réunions de son association, le Nouveau Contrat social. Lorsqu'elle avait la main lourde sur le whisky, le talentueux Egdar bredouillait un peu. Il laissait alors la parole à un quadragénaire étincelant, l'avocat Jean-Denis Bredin, un associé de Robert Badinter. On imaginait qu'il serait un jour ministre. Quand j'allais le voir, Edgar Faure me faisait des confidences qui n'en étaient que plus drôles car il zozotait. « Vous voyez, Catherine, Lucie est tellement zalouze que ze ne peux plus inviter mes petites amies au restaurant, alors ze vais chez elles, ze suis obligé de les honorer et maintenant ça me fatigue beaucoup. » Deux ans après la disparition de Lucie, Edgar s'était remarié avec une jeune femme rousse resplendissante, que Giscard reluquait avec concupiscence.

Je me souviens aussi de Léo Hamon, porte-parole du gouvernement Chaban, qui avait divisé le monde politique en deux. Ceux qui lui avaient envoyé des condoléances lors de la perte de son épouse, et ceux qui n'avaient rien fait. Cela ne l'empêchait pas pour autant de se promener bras dessus bras dessous dans les couloirs de l'Assemblée nationale avec Marie-Claude, sa collaboratrice et amie très chère depuis longtemps. Ce qui pouvait choquer. Son ami le député gaulliste Jacques Mercier lui avait dit : « Écoute, Léo, maintenant tu dois conduire Marie-Claude à l'autel. » Étant de confession juive, Léo avait suivi son conseil et avait emmené Marie-Claude dormir à l'hôtel... *Se non è vero*. C'était en tout cas l'histoire qui se racontait dans les couloirs de l'Assemblée. Et Léo s'était remarié très vite avec Marie-Claude.

Travailler avec Georges Suffert était évidemment un grand plaisir, hélas doublé d'un grand souci. Il avait en charge les *cover stories*, comme on disait, ces grands papiers politiques d'ouverture du journal sur la gauche ou la majorité. Je devais lui apporter du « matériel », rencontrer des députés gaullistes, des ministres pour l'abreuver de notes. L'ennui c'est qu'il avait toujours par avance bâti une histoire dans sa tête. Si mes notes n'entraient pas dans son scénario, pas grave, il n'hésitait pas à les interpréter, voire à faire dire à mes interlocuteurs le contraire de ce qu'ils m'avaient confié. Il n'écrivait pas plume à la main, il dictait. Un rituel immuable : il s'enfermait dans son bureau avec la belle Josiane, sa secrétaire, mettait les pieds sur sa table, bourrait sa pipe et se lançait. Un premier feuillet. Hop, ça n'allait pas, hop, Josiane jetait la page. Et il recommençait trois, quatre, cinq fois ! Lorsqu'il était content de son lancement, sentait que la mayonnaise montait comme il disait, il ne s'arrêtait plus et produisait dix-huit à vingt feuillets à la volée. Un vrai talent. Malheureusement, il racontait une histoire qui avait parfois un rapport lointain avec la réalité, en tout cas avec mes notes. Michèle Cotta subissait les mêmes contrariétés que moi. « Georges a encore fait du Suffert », se plaignait-elle en rageant lorsqu'il traitait de la gauche. Ma réputation de journaliste étant en jeu, je demandais l'arbitrage de Claude. Bon prince, Georges Suffert consentait à modifier sa copie ou alors effaçait carrément les témoignages de ceux que j'avais sollicités, ce qui les décevait en lisant le journal. Et risquait tout autant de me nuire.

Quand j'étais vraiment fâchée, il m'invitait à déjeuner et me racontait son parcours. Ce chrétien de gauche, affilié à la CFDT, était un déçu de Mendès France. Pendant dix ans, il avait avec lui codirigé *Les Cahiers de la République*, revue que l'ex-président du Conseil avait fondée. C'est dire qu'il le connaissait bien et son jugement était sans appel. « Mendès ? Une tête de mule. Il se croyait lucide, il l'était sur plein de choses, sauf sur lui. Il ne reconnaissait jamais ses erreurs. Impossible de le faire changer d'avis. » En 1958, il avait dit non au Général, croyant dur comme fer qu'un dictateur s'installait à l'Élysée. Il ne lui pardonnait pas d'être revenu au pouvoir par l'insurrection d'Alger. Il ne supportait pas qu'il ait changé la Constitution et imposé (en réalité les Français lui avaient dit oui avec 62 % des voix !) l'élection du président au suffrage universel. Mitterrand, lui aussi, avait voté et prêché contre la réforme. Mais à la différence de Mendès, il avait d'emblée saisi tout le bénéfice qu'il pourrait en tirer par la suite. Car dès 1962, il savait qu'il serait un jour candidat à la présidentielle. Or justement, Georges Suffert, à l'instar de JJSS, avait été très déçu que Mendès refuse de se porter candidat face à de Gaulle en 1965. Il était allé le voir alors qu'il était en vacances, mais Mendès ne voulait rien entendre, demeurait enfermé dans ses analyses erronées. « Mendès a attendu que l'Histoire lui donne rendez-vous et elle lui a posé un lapin », déplorait-il. C'est ainsi que Georges avait viré pompidolien.

L'homme lui plaisait, son parcours de petit Auvergnat boursier reçu à Normale sup, à l'agrégation de lettres, à Sciences po. Suffert, qui avait des racines maternelles aveyronnaises, une femme originaire du Cantal, aimait comme lui les plats bien de chez nous, la poésie, la belle littérature. Ils étaient des « pays », des enfants de la maman Auvergne, tout comme Claude Imbert, natif de l'Aveyron, qui admirait lui aussi le Premier ministre. Avec lui, Matignon était devenu une sorte d'« Élysée bis ». La France s'industrialisait, n'avait plus de dettes, la croissance était de 5 % par an et il y avait moins de 200 000 chômeurs. « La France ne supporterait pas d'avoir plus de 500 000 chômeurs », répétait souvent Georges Pompidou devant ses collaborateurs. Il émanait de lui un sentiment de force peu courant. On lui aurait acheté sa santé, comme on disait sur les foirails de Saint-Flour. Le teint souvent hâlé, un nez bourbonien, les sourcils sauvages couronnant, enfoncés dans leurs orbites, d'étranges yeux clairs, de ceux que l'on dit « pers », gris-vert pailleté et ourlés de longs cils noirs. Impitoyables et changeants ces yeux-là, caressants ou cruels. Lorsqu'il arrivait dans les couloirs de l'Assemblée nationale, les députés se rapetissaient sur son passage tant ils le craignaient car il pouvait être féroce aussi. Il avait ce fluide de l'autorité dont parlait le général de Gaulle. Et quel fluide ! Je l'admirais. De toute ma vie de journaliste, je n'ai jamais rencontré d'équivalent.

La tonalité du journal ? Françoise était de gauche comme beaucoup de journalistes à la rédaction. Mais bien qu'ayant soutenu les candidats FGDS aux législatives de 1967, *L'Express*, sans le claironner, était sur le fond plutôt progouvernemental, tout en adoptant un ton très oppositionnel soulignant avec force les couacs des princes qui nous gouvernaient. Ce qui irritait beaucoup les gaullistes. Toutefois les dessins de Tim se montraient souvent plus cruels à l'égard du pouvoir que les textes des journalistes.

Françoise Giroud voulait que le journal ait une unité de ton. Elle avait engagé Jacques Duquesne pour être ce que l'on appelle un *rewriter*. En clair, pour réécrire les papiers. Ce catholique, qui avait couvert la guerre d'Algérie pour le quotidien *La Croix*, avait dénoncé la torture. Il s'était fait beaucoup d'ennemis parmi les militaires, y compris chez les lecteurs du journal. Il n'était pas un gaulliste fervent. Enfant du Nord, il avait connu la guerre à Dunkerque, ville martyre. Il m'avait raconté cette anecdote qui le hantait encore : caché avec ses parents dans une cave après un bombardement, ils avaient vu passer par le soupirail un grand cheval blanc éventré, ses tripes traînant au sol, qui marchait au pas lentement vers la mort. Un souvenir qui lui donnait encore des cauchemars.

Impressionnée par le talent de Françoise, j'étais bloquée. Impossible d'écrire. En conférence le lundi, lorsque je proposais un sujet, Claude Imbert acquiesçait. « Ma petite fille, écrivez comme vous racontez ce sera parfait. » Le jeudi, jour de bouclage, était un jour de torture. Pour Michèle Cotta également. Elle et moi partagions le même bureau. Dès notre première rencontre, nous sommes devenues amies et n'avons jamais cessé de l'être. J'aimais sa vivacité, sa gaieté, et admirais son professionnalisme. Nous arrivions à 8 heures (l'aube pour moi !), il fallait écrire ces fameux « trois feuillets costauds », selon la formule consacrée. Je commençais par lire la presse pour ne pas rater une information qui aurait pu être nécessaire à la cohérence du papier. Ensuite, avec Michèle nous allions prendre un café au Berri Bar, à côté du journal. L'heure du déjeuner arrivait vite, le papier était à peine commencé. Retour au bureau, l'angoisse montait et la fatigue avec. Il fallait vite redescendre pour prendre un autre café. Et ainsi de suite. Arrivait l'heure fatidique où il fallait rendre un papier qui n'était pas écrit. Je me précipitais à la fois honteuse et soulagée dans le petit bureau sans fenêtre de Jacques Duquesne, devenu un ami, ma bouée de sauvetage. Toujours souriant et ne demandant qu'à rire, il m'invitait à m'asseoir à côté de lui et je lui racontais mon sujet. Et là, sans la moindre hésitation, il écrivait sans rature, il m'impressionnait. Je lui disais : « Tu as le cerveau branché sur ton stylo ! » Il riait. Vingt minutes plus tard, le papier était écrit. Nombreux à la rédaction, y compris parmi les plus grands, étaient ceux qui recouraient en douce à ses services.

Autre objet de notre fierté, le succès du livre de notre patron, *Le Défi américain*, édité chez Alex Grall – ainsi se passaient les choses : en famille. Du jour au lendemain, JJSS était devenu une vedette quasi mondiale. Avec cet ouvrage, il voulait sonner le réveil de l'Europe. Pour lui éviter de passer sous le contrôle américain il avait les recettes, l'innovation devait être l'arme décisive de la concurrence. JJSS était persuadé que l'Europe pouvait gagner cette guerre à condition de s'unir, d'avoir une monnaie commune, de créer un pouvoir fédéral. Il avait envoyé son livre dédicacé chez tous ceux qui comptaient en France et à l'étranger : de Gaulle, Pompidou, Valéry Giscard d'Estaing, François Mitterrand, Robert Kennedy, Willy Brandt. Grande nouveauté marketing, JJSS avait réinvesti tous ses droits d'auteur dans la publicité. Quarante-huit heures après sa mise en vente, tous les journaux, toutes les radios faisaient l'éloge de l'ouvrage. Mieux, toute la classe politique et dirigeante venait dire à la télévision le bien qu'elle pensait du livre.

Dans la catégorie « Essais », *Le Défi américain* fut le premier best-seller en France, traduit en sept langues. Et pour le vendre, Jean-Jacques mettait le paquet, comme on dit. Il avait loué deux Mystère 20 pour se rendre en province et en Europe. Des hommes comme Willy Brandt, Robert Kennedy, Robert McNamara, le futurologue Herman Kahn, contribuaient à sa promotion internationale. Le professeur Klaus Schwab avait, paraît-il, reçu un tel choc en le lisant qu'il était allé sur-le-champ à Bruxelles rencontrer Raymond Barre, alors vice-président de la Commission européenne, pour lancer avec lui The European Economics Forum, devenu depuis le Forum de Davos. JJSS était aussi la mascotte des étudiants. À Barcelone, à Madrid, à Rome, on l'accueillait comme le Messie. Tout le monde le réclamait : les entreprises Siemens à Munich, Fiat à Turin, les jeunes patrons à Amsterdam. Un succès phénoménal. Ses idées correspondaient à un besoin de l'époque, répondaient à un état d'esprit : il fallait se moderniser. *Le Défi* devenait la bible de ceux qui appartenaient aux « forces vives du pays ». Encore une expression de JJSS. Il était au menu de tous les dîners en ville. Il fallait absolument avoir lu *Le Défi américain*.

À l'époque, Jean-Jacques passait en coup de vent à *L'Express*, pour s'enfermer avec Françoise et Claude. On l'apercevait souvent vêtu d'un survêtement immaculé qui rehaussait son teint toujours hâlé et lui donnait des airs de médaillé olympique. Parfois aussi, il arborait son blouson d'aviateur en cuir noir, qu'il portait col relevé. Son côté James Dean. Pendant la guerre, il était parti aux États-Unis, en Alabama, pour se former comme pilote de chasse. Il avait dix-neuf ans. Il avait dû se plier à une discipline de fer pour se qualifier. Et il y était arrivé. En avril 1945, il avait reçu son brevet d'aptitude à l'aviation de chasse. Las, trop tard pour combattre. La guerre était finie, le IIIe Reich vivait ses derniers jours. JJSS avait vingt et un ans.

Nous étions fiers d'avoir un patron admiré *all around the world*. Son succès rejaillissait un peu sur nous. Nous n'imaginions pas les conséquences à terme fort néfastes pour le journal. Le succès du livre l'avait convaincu qu'il était le seul capable à pouvoir convaincre les Européens. Mieux, il se rêvait en Kennedy de l'Europe et ce n'est pas Mme Émile qui aurait pu le freiner dans cette ambition. Être patron de *L'Express* ne l'intéressait plus. Jean-Jacques planait, il était déjà ailleurs. La mère et le fils irradiaient : lui de fierté, elle de bonheur.

Nous ne percevions pas que les malheurs allaient commencer pour nous.

IV

LA COCCINELLE BLEUE

« *Poco dura de matti la festa* »,
Masetto dans *Don Giovanni*

(La fête des fous ne dure jamais longtemps)

J'ai détesté Mai 68.

Il était une fois à Nanterre une poignée d'étudiants qui réclamaient le droit d'accès des garçons aux résidences des filles. Diagnostic médical : un pic hormonal bien de leur âge. Qui pouvait imaginer que ce minuscule feu de broussailles allait se muer en un gigantesque incendie qui menacerait l'existence du pouvoir gaulliste ? Je le croyais solide pour ne pas dire immuable. Je découvrais sa fragilité. L'État était ridiculisé. Mes illusions s'évaporaient, j'étais abasourdie.

À la mi-mai, avec 9 millions de grévistes au compteur, le pays était en panne générale. Du jamais vu : plus de trains, plus de métros, plus d'avions (les aéroports étaient fermés), plus d'essence donc plus de voitures, plus de taxis, bientôt plus d'école. Les grands magasins, les usines, les postes, les banques, les théâtres étaient fermés et les cinémas déserts. Les coupures d'électricité étaient fréquentes, il n'y avait plus de pain dans les boulangeries. Les Parisiens faisaient des stocks d'huile, de sucre, de riz, de pâtes, de conserves. Les épiceries étaient dévalisées. Les préfets ne recevaient plus d'ordres. Pour les joindre, Matignon devait passer par les demoiselles des Postes qui, elles aussi, avaient déserté. Les hiérarchies s'effondraient, les fonctionnaires n'obéissaient plus. On entrait dans les ministères comme dans un moulin. Les huissiers, les membres de cabinet étaient absents. Faute de transports ou parce que eux aussi étaient en grève ? Le chaos ! Des politiques changeaient de camp, tel Olivier Stirn, un rigolo celui-là. Chef de cabinet de Jacques Chirac, le parrain de son fils, il était allé faire des offres de service chez François Mitterrand. Tel Edgard Pisani, ex-ministre de l'Agriculture, député gaulliste. Le 22 mai, il votait la censure du gouvernement avec la gauche, plaidant avec emphase à la tribune, de sa voix d'archevêque byzantin, qu'il agissait ainsi pour être fidèle à l'homme qu'il avait soutenu dans la Résistance, comprenez au général de Gaulle. Je l'avais trouvé grotesque.

Mais au moins, on ne manquait pas de soleil. Pendant un mois, le ciel fut d'un bleu imperturbable. Un ciel de carte postale, vierge de nuages et de pollution. Il faisait chaud, mais pas trop. Un temps idéal pour faire la fête, oublier de dormir, piétiner toutes les pelouses, se défouler, parler, parler, en solo, à tout le monde, parler jusqu'à l'ivresse, jusqu'à tituber, tout casser, rouler sur le corps des pères, des professeurs, sur tout ce qui détenait une parcelle d'autorité. Un joli temps propice au débordement sans fin, comme on le dit des piscines, « une extase de l'histoire », selon Edgar Morin. Et si le ciel était venu doucher les insurgés, comme on les appelait, s'il avait plu, que se serait-il passé ? Les incendies sur les barricades auraient-ils été vite éteints ? Ce mois-là, les tilleuls et les lilas embaumaient dans un square près de chez moi. Délicieuse fragrance, réminiscence de l'enfance, hélas vite effacée par la puanteur des ordures qui s'amoncelèrent sur les trottoirs pendant plus de cinq semaines. Des rats gros comme des chats couraient devant nos pieds. Les soldats du contingent avaient été requis pour creuser les tombes dans les cimetières. Les croque-morts eux aussi étaient en grève.

Chaque nuit, Paris brûlait son lot de voitures. On immolait sur des bûchers ces jouets si convoités de la société de consommation. Un vandalisme qui jouera d'ailleurs un grand rôle dans le retournement des Français. En septembre, le théoricien marxiste Herbert Marcuse, dont se réclamaient certains insurgés, pourra dire à *L'Express* : « Une automobile brûlée, c'est terrible. C'est le crime suprême contre la propriété. » Lacan ajoutera : « Détruire une auto, c'est de l'autodestruction sociale. » Mais pour les soixante-huitards, brûler une voiture, c'était anéantir ce symbole méprisé de l'individualisme possessif. C'était une révolte contre l'État industriel qui exploitait la classe ouvrière. Ils n'avaient rien compris !

Pour moi, une voiture, comme pour tous ceux qui en avaient une, c'était la liberté, donc le luxe suprême. Un an plus tard, j'achetai ma première voiture, une Coccinelle bleu marine. Laissez-moi vous dire ma griserie. Au volant, j'avais l'impression de dominer ma vie, et même le monde. J'étais envahie par une sorte d'ivresse, sans alcool. La ceinture de sécurité, qui n'était pas obligatoire à l'époque, me semblait être, à tort, un accessoire bien ringard. Je fumais des Tiparillo, petits cigares amers dont je mordillais le bout en plastique. C'était cela qui me plaisait. La radio – en l'occurrence Europe 1 – passait en boucle Sacha Distel, « Toute la pluie tombe sur moi », la version française du film *Butch Cassidy et le Kid*, une voix et une musique qui portaient à l'euphorie. Aujourd'hui encore, malgré les tracas, les PV, le prix de l'essence, je n'ai pas changé d'avis : la voiture, c'est partir où l'on veut, quand on veut. La liberté. Une commodité irremplaçable.

Pour en revenir à Mai 68, au Quartier latin les riverains prêtaient main-forte à ceux qui déchaussaient les pavés et dressaient des barricades. Venus voir le spectacle, des bourgeois applaudissaient, apportaient des victuailles et même à boire. C'était la fête. « Êtes-vous derrière les étudiants ? » Un sondage pour *France-Soir*, début mai, répondait par l'affirmative : tout le monde les soutenait.

J'ai détesté Mai 68 parce que j'étais folle amoureuse d'Albin Chalandon. Difficile dans ce chaos de prévoir un rendez-vous. Il me fallait une heure de marche pour regagner mon studio, je ne le voyais plus. Lui-même était très pris. La faute à ce Cohn-Bendit. Je le maudissais.

J'avais fait sa connaissance huit mois plus tôt aux assises de l'UNR-UDT. Nous y étions partis en délégation avec Claude Imbert, Georges Suffert, Michèle Cotta et Irène Allier. Nous étions tous assis dans le hall du congrès devant une table réservée à la presse. Il était venu saluer Georges et Michèle qui le connaissaient bien. Ils me l'avaient présenté. Je garde un souvenir très vague de ce premier contact.

Quelques jours plus tard – à ma grande surprise –, il m'avait invitée à déjeuner au George-V. Il m'avait raconté sa guerre, le maquis qu'il avait organisé à Lorris, dans la forêt d'Orléans, où il avait par miracle échappé aux balles des Allemands lors d'une embuscade. Il commandait plus de cinq cents hommes. Une stèle en porte aujourd'hui témoignage. Puis il avait rejoint Paris avec la division Leclerc et investi l'Assemblée nationale aux côtés de l'écrivain Maurice Clavel et d'autres. Ils y avaient passé la nuit. Longtemps il avait refusé de faire de la politique, estimant qu'il devait d'abord acquérir les moyens d'en faire, afin d'être libre et ne dépendre de personne. Inspecteur des finances, il avait publié en 1948 un rapport sur l'aéronautique qui avait fait grand bruit. Marcel Dassault qui l'avait remarqué souhaitait qu'il vienne travailler auprès de lui, ce qu'il avait refusé : se placer sous la coupe d'un patron, pas pour lui ! Alors ils s'étaient entendus sur la création d'une banque : la Banque commerciale de Paris. Marcel Dassault, qui lui laissait les mains libres, n'avait eu qu'une exigence : qu'il offre des chéquiers en peau de croco aux clients, ce qu'Albin avait refusé, arguant de leur coût trop élevé pour une banque qui n'avait pas encore pignon sur rue. Petite brouille amicale sans conséquence.

En 1958, le général de Gaulle l'avait nommé secrétaire général de l'UNR, le premier en titre, poste qu'il devait occuper jusqu'à la fin de la guerre d'Algérie. À l'orée des années 1950, il avait vécu deux ans dans le pays et vite compris sur place que l'indépendance était inévitable. Il le disait tout haut, ce qui lui valait beaucoup de critiques dans le parti gaulliste. L'OAS avait déposé une bombe à son domicile ; par chance, elle n'avait pas explosé. Et puis, en 1967, il s'était décidé à franchir le pas – la banque l'ennuyait – en se faisant élire à Asnières aux législatives de mars. Les socialistes avaient investi contre lui Roger Hanin, le beau-frère de François Mitterrand. La majorité l'avait emporté d'une seule voix.

Lui m'avait fait parler de mon enfance, de mon travail à *L'Express*, de mes lectures. Il venait de lire *Le Désert des Tartares*, de Dino Buzzati, et me le recommandait. J'avais lu *Le Rivage des Syrtes*, de Julien Gracq, qui m'avait enthousiasmée. Deux ouvrages qui traitaient au fond du même thème : la solitude, l'attente interminable.

Un moment agréable.

Je lui trouvais beaucoup de classe, il m'intimidait un peu. Pour dire les choses, il m'avait aussi pas mal agacée en me demandant – question que j'avais jugée incongrue : « Vous aimez vous habiller comment ? » Et j'avais répondu : « J'aime bien les tailleurs. — Ah, mais vous êtes une bourgeoise ! » avait-il alors commenté sur le ton de qui relève une tare.

Non mais, et lui ? Qui était-il ? Cette remarque m'avait exaspérée. Non, je ne pensais pas le revoir. Et puis une liaison avec un député marié, double peine ! Je venais de lire avec avidité un roman de sept cents pages, *Les Horreurs de l'amour*, de Jean Dutourd, qui n'était pas encore académicien. Il relatait la liaison toxique d'un député quinquagénaire, marié, avec une secrétaire de vingt-cinq ans. Un livre subtil à travers le dialogue de deux amis qui se racontent le cheminement de cette histoire tragique : la montée des sentiments, l'explosion de la félicité, les premières déceptions, la lâcheté, le refroidissement, la désillusion, puis la décomposition des sentiments avec pour finir la jalousie, l'amant tuant la jeune femme qui lui échappait. Une somme psychologique. Un livre subtil. Pour moi, un chef-d'œuvre. J'ai essayé d'y jeter un coup d'œil, en écrivant ce livre, façon de renouer avec mes émotions d'antan, mais je confesse qu'il m'est tombé des mains…

Dix jours plus tard, Albin m'a réinvitée à déjeuner. Et j'acceptai. Et puis le rythme de nos rencontres, d'abord hebdomadaire, a bientôt doublé de fréquence. Entre nous, c'était clair, il y avait affinité. Alors un soir, il y eut plus, forcément ! Petit détail, il était marié à la princesse Salomé Murat, et père de trois garçons. Ce qui n'était pas un souci pour moi puisque je ne voulais pas l'épouser, juste vivre cette passion, sans me poser de question. Évidemment, impossible d'en parler à ma mère. « Tu ne vas pas me faire croire qu'il n'y a pas, à Paris, un célibataire de ta génération avec lequel tu pourrais t'entendre… », voilà ce qu'elle m'aurait dit. Du coup, cette relation clandestine n'en avait que plus d'attrait pour moi.

En tout cas, je n'imaginais pas une seconde qu'Albin serait l'homme de ma vie. Et ce d'autant moins que Georges Suffert n'arrêtait pas de me mettre en garde : « Tu vas dans le mur ! Je te le dis : cette liaison ne te mènera à rien. Tu vas souffrir. Albin ne divorcera jamais. Je le connais. »

L'été qui avait précédé notre rencontre, Georges Suffert, qui avait une maison à Cadaqués en Espagne, avait invité Albin et sa femme à passer quelques jours en compagnie de Jean-Jacques Servan-Schreiber et Sabine ; il y avait aussi Michèle Cotta.

Au retour, Albin lui avait rendu la politesse en l'invitant un week-end avec son épouse dans sa propriété à la campagne près de Dreux. Ce qui autorisait Georges à enfoncer le clou de la torture : « Je te le dis ! me serinait-il. Il ne partira jamais de chez lui. Je l'ai constaté, il adore trop cette campagne. »

Néanmoins, notre relation s'installait. Nous dînions deux ou trois fois par semaine (il était très pris la journée au ministère) et nous déjeunions le samedi chez moi. Il repartait vers 18 heures pour aller passer le dimanche en famille. Un rythme qui au fond me convenait. Tous les deux mois, j'avais droit à un week-end complet. L'hiver à Val-d'Isère, pour aller faire du ski – un sport où il excellait : il y avait tous les ans une compétition pour les parlementaires qu'il remportait toujours haut la main. Quand Giscard savait qu'il était là, il ne venait pas, mais envoyait sa femme concourir dans l'équipe des épouses. Aux beaux jours, c'était à Cogolin ou en Corse, chez sa grande amie Paule de Beaumont, un personnage hors norme qu'il aimait beaucoup et que j'admirais. Et puis un jour de septembre 1970, il est arrivé avec une petite valise. Lassée de ses infidélités et très au fait de notre liaison, sa femme l'avait mis à la porte. Il venait s'installer chez moi. Disons plutôt : camper. Mon studio était minuscule. Mon premier réflexe n'avait pas été de bondir de joie ; c'est même tout le contraire. Je me disais : « Il va repartir dans trois semaines. » Eh bien non, il n'est pas rentré au logis conjugal, mais il a continué à aller dîner avec ses enfants et passer le dimanche à la campagne.

Il fallait déménager. J'avais trouvé un appartement à cinq cents mètres de chez lui, boulevard Suchet, au cinquième étage, pour faciliter ses allées et venues lors du repas qu'il prenait en famille. L'immeuble donnait sur la voie désaffectée du petit train désormais envahi par la verdure et les ronces. C'était calme. Entre l'immeuble qui donnait sur le boulevard Suchet et le nôtre, il y avait un jardin. Le soir, je garais ma Coccinelle sur le trottoir d'en face, devant un square. Il y avait toujours de la place. Jamais je n'ai été sanctionnée par un PV. C'était l'époque.

Mes parents n'avaient pas tardé à venir voir ma nouvelle installation où je pouvais les loger. J'avais dissimulé les effets d'Albin dans un placard fermé à clé. Surtout pas de traces. Las, j'avais oublié une paire de chaussettes dans la salle de bains. Mon père, que je n'imaginais pas en Sherlock Holmes, l'a tout de suite repérée, en concluant que quelqu'un partageait ma vie. Il en avait informé ma mère et d'un commun accord ils décidèrent de ne me poser aucune question. Il me voyait épanouie, c'était pour eux l'essentiel. Lorsque j'ai fini par leur avouer que j'avais un compagnon, ils m'ont répondu qu'ils le savaient déjà. Quand je leur ai révélé qui il était, ils sont restés interdits. Que pouvaient-ils me dire ? C'était ma vie.

Les présentations ont eu lieu quelques années plus tard. Très vite, ma mère a adoré Albin. Ils s'entendaient très bien. Plus tard, lorsqu'elle venait à la campagne passer quelques jours, son plaisir était d'être seule avec lui à la table du petit déjeuner. Ils parlaient musique, la mère d'Albin était cantatrice, une soprano lyrique qui s'était fait une réputation dans l'Hexagone et même au-delà. Elle n'avait pas eu la carrière qu'elle aurait voulue parce que ses parents et son mari l'avaient freinée dans son ambition. Elle recevait à Lyon beaucoup de musiciens : Darius Milhaud, Ravel, son grand ami. Enfant, Albin et sa mère lui avaient rendu visite plusieurs fois dans sa maison de Montfort-l'Amaury. Ma mère lui confiait qu'elle aurait aimé étudier le piano à Paris mais que sa mère s'y était opposée. Ils roucoulaient presque.

Avec mon père, les rapports étaient plus compliqués. Je le sentais gêné, mal à l'aise. Albin et lui avaient trouvé un terrain d'entente. La peinture, qu'ils connaissaient bien l'un et l'autre. Nous étions allés voir ensemble au Grand Palais une exposition du peintre Manet, que mon père appréciait tant.

Lors d'un week-end à Périgueux, j'avais rendu visite aux parents de mon amie Monique, avec qui j'étais partie à Paris. Je les aimais beaucoup. Ils adoraient la politique. On évoquait le gouvernement et les ministres qui comptaient pour eux. « Il y en a un que je trouve formidable, c'est mon Chalandon », s'enthousiasmait Mme Lenoir. J'abondais dans son sens, lui fournissant même des informations pour conforter son jugement tout en me disant *in petto* : « Votre Chalandon, c'est le mien. »

Pour les enfants et la gouvernante, il avait été convenu de dire que leur père et Monsieur habitait au ministère, d'où l'insistance de la gouvernante pour qu'il rapporte ses chemises qu'elle avait l'habitude de laver et repasser.

Les sociologues vous apprendront que le signe tangible de la constitution d'un couple n'est pas de porter une alliance, mais de laver son linge dans une machine commune. Boulevard Suchet, une femme de ménage, la gentille Mme Plaud, s'occupait des chaussettes et des caleçons de mon compagnon, et s'étonnait du fait qu'il n'y ait jamais de chemises sales, alors que dans le placard se trouvait une pile de chemises repassées. Où passaient-elles donc ? Question intéressante. J'avais dit à Albin qu'il ferait mieux de donner tout son linge à la maison. Il ne m'avait pas répondu. Un matin, je le surpris, alors qu'il s'apprêtait à partir, en train de ramasser sa chemise de la veille et de la mettre en boule pour la cacher à l'intérieur de sa veste. J'explosai ! J'y voyais la lâcheté des hommes. Albin s'est alors redressé, m'a regardée et tandis que je vociférais, il s'est dirigé à pas très lents vers la porte d'entrée pour me lâcher, juste avant de sortir : « Tiens, quand tu es en colère, tu reprends ton accent périgourdin… » La claque ! J'étais assommée, et encore plus furieuse. Je me suis précipitée dans la chambre pour prendre la pile de chemises propres et les jeter par la fenêtre en criant : « Voilà tes chemises, tu peux les reprendre ! » Il est allé les ramasser sur la pelouse sans me lancer un regard, puis il est parti sans se retourner.

Le soir, il n'était pas là, pas plus que le lendemain ou le surlendemain. J'appelai sa secrétaire, Mme Volbart, qui était sa collaboratrice depuis la banque. Elle m'informa sur un ton neutre que le ministre était en province. Je devais comprendre qu'il refusait de me parler. Au bout de cinq jours, j'étais vraiment mal. Je rentrai à la maison, l'âme ravagée et le cœur en miettes. Mme Plaud était là. Sur la commode du salon, il y avait dans un vase un petit bouquet de fleurs jaunes comme j'en achetais de temps en temps au marché. Pas vraiment une somptueuse gerbe de chez

Lachaume. Je l'interrogeai : « Qui a mis ces fleurs ? C'est vous ? — Non, c'est Monsieur qui est passé. »

Le bonheur ! Ces fleurs jaunes demeurent le plus beau bouquet que j'aie jamais reçu. Le soir, Albin était de retour. Dans la conversation pendant le dîner, il me glissa : « Tu sais, un homme est toujours terrorisé par une femme, en général la sienne. Et lorsqu'il a une femme de chambre, cela fait deux ! » C'était du Albin tout craché. Après quoi, Mme Plaud s'est occupée de ses chemises.

Et Albin n'est jamais reparti.

Revenons à Mai 68. Qui avait vu venir ces événements ? Personne, comme on le sait. Lors de ses vœux au pays, le 31 décembre 1967, le Général se montrait confiant : « L'année 68, je la salue avec sérénité. Au milieu de tant de pays secoués par tant de saccades, le nôtre continuera de donner l'exemple de l'efficacité dans la conduite des affaires. »

Dormez braves gens. Les sondages étaient alors au zénith pour l'exécutif.

Le nom de Cohn-Bendit apparaît pour la première fois dans la presse au début du mois de janvier 1968. François Missoffe, ministre de la Jeunesse et des Sports, était venu la veille inaugurer la piscine du campus de Nanterre. Il avait été accueilli par les cris hostiles d'un petit groupe, une trentaine, et pris à partie par un petit rouquin, le plus insolent de tous. À l'entendre, la construction de cette piscine relevait d'« une méthode hitlérienne » destinée à détourner la jeunesse vers le sport, « alors que vous devriez plutôt assurer l'équilibre sexuel des étudiants ».

« Si vous avez des problèmes, vous n'avez qu'à plonger dans la piscine », avait rétorqué, moqueur, le ministre. Père de sept enfants, il n'avait pas l'intention d'accorder beaucoup d'importance à cette stupidité. Seulement, voilà : depuis plusieurs semaines, Cohn-Bendit faisait beaucoup parler de lui. Porte-voix des anarchistes libertaires anticommunistes et anticapitalistes, il organisait le chahut à l'intérieur de la fac, empêchait les cours de se tenir, apostrophait les professeurs, les tutoyait, empruntait leur ascenseur pour mieux les désacraliser aux yeux des étudiants, distribuait des tracts où l'on critiquait le principe des examens et vitupérait l'ordre établi. Le doyen de la fac, Pierre Grappin, ancien résistant qui avait connu les geôles de la Gestapo, avait signalé à Alain Peyrefitte, ministre de l'Éducation nationale, les méfaits de ce trublion dont l'insolence amusait la galerie.

Il faut admettre aussi qu'entre deux cours, on s'ennuyait ferme à Nanterre. Il y avait peu de distractions. Édifié quatre ans plus tôt sur un terrain militaire baptisé « La Folie », le complexe universitaire, adossé au plus grand bidonville de la région parisienne, recevait 11 000 étudiants, dont 1 500 résidents. Il y avait bien un restaurant, mais la bibliothèque était en cours de construction, et le centre socioculturel annoncé attendait les crédits. Le campus restait un champ de boue. Pas un seul bistrot à l'horizon, aucun cinéma. Le RER n'existait pas encore. Il fallait aller prendre le train à la gare Saint-Lazare et celle de Nanterre ressemblait à une cabane de western. La fac était une prison. Ceci explique sans doute beaucoup cela. Mais tous les étudiants ne riaient pas des facéties de Cohn-Bendit.

Et beaucoup se plaignaient de lui car il les empêchait de travailler.

Quelques jours plus tard, le provocateur recevait une lettre de convocation de la cour de discipline avec menace d'expulsion. Il avait demandé à maître François Sarda, un ami du pouvoir, de le défendre. Lequel allait plaider la mansuétude en raison d'une situation juridique particulière : né en France de parents apatrides parce que juifs réfugiés en France, son frère aîné avait, lui, la nationalité française. Daniel Cohn-Bendit avait vécu en France jusqu'à l'âge de treize ans, puis avec sa mère, ils avaient rejoint le père reparti en Allemagne. Il avait alors acquis la nationalité allemande. À la mort de ses parents, l'orphelin qui avait dix-huit ans était revenu en France où vivait son frère, pour faire ses études supérieures. Il bénéficiait d'une bourse de l'État allemand – les dédommagements de l'après-guerre – de 700 deutschemarks mensuels qui lui permettait de vivre confortablement.

Me Sarda conseilla à Cohn-Bendit d'écrire une lettre d'excuse au ministre, ce qu'il fit : « Monsieur le Ministre, Il n'était pas question pour moi de vous traiter d'hitlérien… Il est en effet connu que les régimes autoritaires ont soutenu le sport pour combattre les problèmes sexuels. Il n'y avait pas d'attaque personnelle, voire d'insulte à votre égard, je serais consterné si j'étais expulsé d'un pays où je suis né parce que mes parents y trouvèrent asile en 1933, après avoir été chassés de leur pays. »

En retour, François Missoffe fit savoir à Me Sarda qu'il n'avait jamais demandé son expulsion, mais seulement jugé idiots ses propos. L'incident était clos. Moi aussi, je les trouvais stupides. Qu'il se renseigne donc cet agité. Un mois plus tôt, l'Assemblée nationale avait voté la loi autorisant l'usage de la pilule contraceptive. Avec Michèle Cotta, nous avions suivi le débat. Il s'agissait d'une révolution dans l'histoire des hommes et des femmes. Avec la pilule, les femmes devenaient maîtresses de la procréation et donc de leur corps, une remise en cause des mentalités ancestrales. C'était « un enfant quand je le veux, c'est moi qui décide », mais aussi, implicitement, « un amant quand je le veux ». Ce qui perturbait au plus haut point les députés, en majorité des hommes – beaucoup plus que la question de l'avortement. J'en discuterai, quelques années plus tard, abondamment avec Simone Veil. Et c'est un fait : on sentait les députés frustrés, anxieux, atteints dans leur virilité. Je me souviens de cette tirade d'un député de la Manche : « Quand l'homme ne prendra plus de risque à labourer le champ de Vénus, il n'y prendra plus de plaisir. » Du machisme force 9 sur l'échelle de Richter ! La loi de 1967 libéralisant la contraception était issue d'une proposition de loi déposée par Lucien Neuwirth. Il avait réussi à convaincre le Général, alors qu'en 1965, celui-ci y était hostile : « La femme est faite pour enfanter ; si on tolère la pilule, le sexe va tout envahir. La population française, au lieu de croître, risque de diminuer. Nous n'allons pas sacrifier la France à la bagatelle. » De Gaulle avait tranché : la pilule, jamais. Tandis que le candidat Mitterrand, très influencé par Benoîte Groult, la romancière féministe épouse de son ami Paul Guimard, s'y était déclaré, lui, favorable.

Deux ans plus tard, le Général avait changé d'avis. N'était-ce pas de sa part une preuve de jeunesse ? Mme de Gaulle, paraît-il, n'y était pas pour rien :

« Oui, Neuwirth, la maîtrise de la fécondité, c'est important. »

En tout cas, difficile d'accuser le gouvernement de ne pas se préoccuper de la vie sexuelle des jeunes. Avec la pilule, quelle libération ! En 1968, les décrets d'application de la loi n'étaient pas encore sortis, mais à Paris, on pouvait déjà se la procurer chez des gynécologues. Pour dire les choses, Cohn-Bendit m'horripilait. Et vous connaissez le dicton : « Vous n'aurez jamais une deuxième chance de faire une bonne première impression. »

À l'Assemblée nationale, chez les députés gaullistes, on parlait beaucoup de cet incident. Cohn-Bendit aurait dû être expulsé, grognaient-ils, et tous étaient d'accord pour fustiger la mansuétude regrettable du ministre de la Jeunesse. Ils avaient leur explication : sa fille Françoise, future Mme de Panafieu, étudiante en sociologie à Nanterre, était la maîtresse de Cohn-Bendit, et c'est elle qui aurait obtenu la clémence de son père. Beaucoup lui en voulaient. J'ai longtemps cru à cette rumeur jusqu'au jour où j'ai tenu à la vérifier auprès de l'intéressée. « Je n'ai jamais rencontré Cohn-Bendit, je ne lui ai jamais parlé », m'a assuré Françoise de Panafieu : « Mon père en a fait une dépression : "Cela va te poursuivre longtemps", me disait-il… En bas de chez nous, des photographes me traquaient. Alors il m'a envoyée en Normandie. Mai 68, je l'ai passé là-bas. »

Les 17 et 18 mars, c'est la guerre du Viêtnam qui mobilise les étudiants d'extrême gauche : leur ennemi, ce sont les États-Unis qui maintiennent au pouvoir un gouvernement fantoche, et leur référence, c'est *Le Petit Livre rouge* de Mao. Une manifestation est organisée au Quartier latin. Les bureaux de plusieurs sociétés américaines sont plastiqués. Le lendemain, le siège de l'American Express est attaqué et le drapeau américain brûlé. Ces jeunes gens ignoraient que les premiers pourparlers de paix entre les Américains et les Nord-Vietnamiens allaient débuter à Paris un mois plus tard, le 13 mai. Une victoire diplomatique pour le général de Gaulle. Le 1er septembre 1966, dans son fameux discours de Phnom Penh, qui avait marqué le retour de la France en Asie, il réclamait le droit des peuples à disposer d'eux-mêmes, délivrés des dominations étrangères. Le Général demandait aux Américains de retirer leurs troupes du Viêtnam. Quatre ans plus tard, enfin libérés des Américains, les Sud-Vietnamiens allaient tomber sous la tutelle communiste et subir une longue et cruelle dictature, ce que n'imaginaient pas ces jeunes soixante-huitards qui défilaient avec leurs drapeaux rouge et noir.

Un étudiant avait été arrêté. Cohn-Bendit l'avait aussitôt qualifié de « martyr ». Il n'avait jusque-là jamais manifesté d'intérêt pour la guerre du Viêtnam. Mais voilà, des communistes, des militants de l'UNEF, des gauchistes étaient arrivés à Nanterre. Autrement dit, du renfort pour fracturer les portes des bureaux, casser les carreaux, envahir la salle du conseil d'administration et boire le whisky du doyen. « Tout le monde a le droit de s'exprimer », clamait Cohn-Bendit qui devenait sur-le-champ l'animateur du mouvement du 22 mars parce qu'il parlait plus fort que tout le monde. Le lendemain, le doyen ne pouvait que constater les dégâts. Les murs et les escaliers de Nanterre étaient couverts de graffitis et de slogans : « Non à l'université bourgeoise », « Professeurs, vous êtes vieux et votre culture est vieille », « Laissez-nous vivre », ou encore : « Prenez vos désirs pour des réalités ». Un amphithéâtre était baptisé Che Guevara.

Au même moment, les députés gaullistes étaient réunis à Ajaccio en journées d'études avant la session parlementaire du printemps. J'y étais. Il faisait beau. Les senteurs du maquis étaient un délice à respirer. Georges Pompidou était arrivé en majesté. Des députés m'avaient présentée à lui. J'étais très impressionnée. On n'en menait pas large devant lui. C'était le patron. Tous buvaient ses paroles : « Je n'ai pas le sentiment qu'un gouvernement aussi efficace ait gouverné la France aussi longtemps. Nous sommes dans une position ascendante. La situation politique est bonne. »

Une ballade pour députés heureux. Leur foi était contagieuse, je partageais leur optimisme, j'y croyais moi aussi. Avec Pompidou à Matignon, tous croyaient aux promesses d'un progrès infini. À l'Élysée, régnait un Jupiter tonnant qui les protégeait de toutes les intempéries politiques, une sorte d'assurance longue vie, de paratonnerre.

Je découvrais le confort d'appartenir à un parti bonapartiste. Il suffisait de s'en tenir à ce mot d'ordre : tous derrière le chef ! Pompidou reparti, il y avait l'invariable discours tempétueux de Michel Debré, et trois débats rituels. Pas un de plus : la place de la France dans le monde ; le président, clé de voûte de nos institutions ; et la participation qu'il fallait absolument mettre sur pied, mais sans jamais préciser comment. Vers 18 heures, la messe était dite. Tout le monde s'égaillait dans la nature. Les journalistes cherchaient le meilleur interlocuteur pour dîner le soir même.

Pierre Viansson-Ponté, chef du service politique du *Monde*, venait juste de publier un article au titre choc, « Quand la France s'ennuie », qui lui a assuré un avenir dans les mémoires comme s'il avait prédit le tsunami de mai : « La jeunesse s'ennuie, les étudiants manifestent, bougent, se battent en Espagne, en Italie, en Algérie, au Japon, en Pologne, en Allemagne, en Amérique. Ils ont l'impression qu'ils ont des conquêtes à entreprendre, une protestation à faire entendre, au moins un sentiment de l'absurde à opposer à l'absurdité. Chez nous, les étudiants se préoccupent de savoir si les filles de Nanterre et d'Antony pourront accéder librement aux chambres des garçons, conception malgré tout limitée des droits de l'homme. » Comment mieux dire qu'il ne prenait pas Cohn-Bendit et ses amis très au sérieux ?

Alors que tant d'autres pays ont connu au même moment des révoltes étudiantes similaires, avec les mêmes images de barricades et les mêmes jeunes en jeans et cheveux longs, seule la crise française, par sa durée, sa violence et ses conséquences politiques, est restée dans l'histoire.

Pour empêcher une nouvelle occupation des locaux, le doyen de Nanterre suspendit les cours jusqu'au 1er avril. Au moment où, à la Sorbonne, deux cents étudiants occupaient un amphithéâtre. Cohn-Bendit les avait rejoints pour constater qu'il n'était pas le bienvenu. Retour à Nanterre. Il avait continué à perturber les cours avec un nouveau slogan : « Le boycott des examens. Nous refusons d'être les futurs cadres de l'exploitation capitaliste. »

Pour moi, une ânerie de plus. À *L'Express*, j'avais de longues discussions avec un confrère, Hugues Néel, qui trouvait géniale la suppression des examens. Je lui rétorquais : « Et demain tu iras te faire soigner par un médecin qui n'a pas de diplôme ? Même chose pour un avocat, un juge ? » À quoi il me répondait : « Ça, c'est bien un raisonnement bourgeois ! »

Le 2 mai, nouveaux incidents à Nanterre. De nouveau le doyen suspend les cours. Georges Pompidou part en voyage officiel en Iran et en Afghanistan, non sans s'être interrogé sur l'opportunité de renoncer à ce déplacement, comme le préconisait Christian Fouchet, le ministre de l'Intérieur. Ses collaborateurs lui conseillaient au contraire d'honorer ses engagements. À ceux qui craignaient une épreuve de force, Pompidou avait répondu : « Lisez donc *L'Humanité* demain. » En effet, sous le titre « De faux révolutionnaires à démasquer », Georges Marchais dénonçait « les groupuscules dirigés par l'anarchiste allemand Cohn-Bendit ». De quoi rassurer le pouvoir. Les communistes ne bougeraient pas. Ce même jour, l'Assemblée examinait une proposition de loi communiste : la quatrième semaine de congés payés, qui fut votée à l'unanimité.

Ayant trouvé porte close à Nanterre le 3 mai, les enragés partirent s'installer dans la cour de la Sorbonne. Appelés par le recteur, des policiers arrivèrent armés de matraques. Le début de l'enchaînement fatal. Les étudiants décidaient la grève illimitée des cours. Première nuit d'émeutes avec barricades et voitures incendiées. Le 7 mai, ils étaient plus de 25 000 à défiler dans Paris.

À *L'Express*, personne non plus n'avait vu venir ces événements. L'agitation étudiante, nous en parlions à la rédaction. Ivan Levaï, dépêché à Nanterre par

Françoise Giroud lors de la création du Mouvement du 22 mars, avait été molesté par les étudiants et en était revenu choqué. Fin avril, l'émissaire du Parti communiste Pierre Juquin, venu discuter avec Daniel Cohn-Bendit, avait été lui-même hué et contraint de s'enfuir. Michèle Cotta en avait été le témoin. Nous étions tous convaincus que quelque chose d'absolument inédit se passait. Chaque jour, se tenait une réunion dans le bureau de Claude Imbert, chacun apportait ses informations, donnait son avis.

Ainsi, Georges Suffert, sûr de lui : « Ce Cohn-Bendit, il aurait fallu l'expulser depuis longtemps. On aurait eu la paix. » Stupeur, il se faisait rembarrer par Jean-François Bizot, le nouveau du service étranger : « Arrêtez de dire des conneries, vous ne connaissez rien aux facs ni aux ouvriers. »

« Laissez donc tranquilles les ouvriers, ils n'ont rien à faire de tout cela », rétorquait Françoise, qui avait horreur des incivilités.

Sans se démonter, Bizot la renvoyait elle aussi dans les cordes. « De quel droit vous parlez des ouvriers ? Vous ne les connaissez pas. Moi oui, j'ai passé plusieurs mois avec eux comme ouvrier à l'usine, chez Rhône-Poulenc. Je peux en parler. » Et Françoise de rester bouche bée. Nous étions tous stupéfaits. Ce Bizot incarnait bien l'esprit de Mai 68. Le non-respect de l'autorité.

Que d'insolence dans la bouche de ce rejeton du gratin lyonnais ! Fruit de l'alliance de la banque – les Bizot (des cousins d'Albin) – et de l'industrie chimique – les Gillet –, il était le produit de cette France d'en haut que Françoise décrivait toujours comme « des gens qui prennent des bains depuis des générations ». En l'occurrence, question hygiène, Bizot avait rompu avec sa famille. Le cheveu long et blond, toujours en retard de quatre shampoings, ce grand type voulait changer la vie, mais en oubliant de changer de T-shirt et de jeans. On le disait très riche. Il arrivait le matin dans sa Porsche cabossée. Au demeurant sympathique et très utile en ces circonstances. Il avait recommandé à Françoise le livre de Marcuse, *L'Homme unidimensionnel*, dont l'édition française venait de paraître : « Lisez cela et vous comprendrez ce qui est en train de se passer. » Un garçon très original, qui réinventera la radio avec Radio Nova et créera le mensuel underground *Actuel*.

Jour après jour, le Quartier latin devenait un champ de bataille. En l'absence de Pompidou, le Général, seul à la barre, réagissait en militaire : « On ne capitule pas devant l'émeute. » Il a convoqué Messmer, le ministre des Armées, qui me rapportera plus tard ses consignes : « L'État a une prérogative : celle d'abattre ceux qui veulent l'abattre. Il faut mobiliser l'armée. Vous tirez en l'air. Ils partiront comme une volée de moineaux. Et si ça ne suffit pas, vous tirerez dans les jambes. » Réponse du ministre : « Mon Général, je ne le ferai pas. C'est interdit par le règlement. Ensuite, lorsqu'ils constateront que l'on tire en l'air, les moineaux reviendront et ils auront gagné. »

Fait politique inouï : durant ce mois de mai si singulier, le couple président-Premier ministre aura été séparé pendant seize jours, à une époque où les communications entre l'Iran, l'Afghanistan et Paris n'étaient pas très aisées. Alors qu'ils auraient dû, dans une situation pareille, faire front commun. D'où les ordres et contre-ordres qui mettront en lumière le fossé qui s'était creusé entre eux et qui conduirait à leur rupture.

Le 10 mai, nouvelle escalade. Les manifestants dépavent les rues, hérissent des barricades hautes de trois mètres. « Ma petite fille, n'allez pas vous promener là-bas, vous êtes grande et vous risquez de recevoir un pavé sur la tête », me conseilla Claude Imbert. Cette nuit-là, dans le fracas des explosions de grenades et la fumée des incendies de véhicules, les policiers, jusque tard dans la nuit, tâchèrent de reprendre le contrôle. Mais les étudiants mettaient le feu à de nouveaux obstacles pour ralentir leur progression. Bilan de cette nuit dramatique : 367 blessés, dont 32 graves, 188 voitures incendiées. Jean-François Kahn qui, avec Jacques Derogy, parcourait le terrain, fut atteint au pied par un éclat de grenade et emmené à l'hôpital Beaujon où on le recousit sans anesthésie. C'est que le produit manquait, tant il y avait de blessés dans les couloirs.

La rumeur faisait état de nombreux morts. Des organisations étudiantes publièrent une liste de tués qui se révélera fausse. Le journal *Le Monde* s'en fit l'écho en bonne place sans avoir vérifié l'information, accusant le pouvoir de massacrer sa jeunesse.

À *L'Express*, nous étions sidérés !

Ces disparus, leurs morts annoncées, fournirent à la CGT et la FEN l'occasion de prendre le train en marche. Ils appelèrent aussitôt leurs adhérents à la grève générale pour protester contre une répression policière soi-disant meurtrière. Tous à la manifestation du 13 mai. Ainsi la jonction était-elle faite avec les étudiants.

Le lendemain de ce vendredi rouge, Georges Pompidou, paisible et sûr de lui, rentra de voyage dans la soirée. La force ayant fait la démonstration de sa faiblesse, il entendait lâcher du lest, jouer l'apaisement, autrement dit désavouer le Général. Il se rendit à l'Élysée pour obtenir son feu vert et annonça à 23 heures à la télévision qu'il demandait la réouverture de la Sorbonne, et la libération des étudiants arrêtés. « Le patron est rentré, le calme va revenir », se réjouissait Claude Imbert. Mais pour de nombreux gaullistes stupéfaits, c'était une capitulation.

Le lundi 13 mai, à l'aube, Jean-François Kahn s'envole pour Prague : Françoise Giroud l'a chargé d'enquêter sur le printemps communiste. À son retour, il nous racontera que les étudiants tchécoslovaques étaient stupéfaits par ce qui se passait en France. Ils ne comprenaient pas que des jeunes qui avaient la chance de vivre dans un pays libre brandissent des drapeaux rouge et noir, emblèmes des dictatures communistes, et veuillent chasser du pouvoir ce de Gaulle qu'ils admiraient tous. Trois mois plus tard, cinq mille chars russes, est-allemands et polonais envahissaient la Tchécoslovaquie. Toutes les libertés étaient étouffées. Alexandre Dubček était arrêté. C'en était fini du Printemps de Prague.

Ce matin du 13 mai, une assemblée générale se tenait au journal sur la grande terrasse du septième étage. À l'ordre du jour : fallait-il ou non aller manifester l'après-midi ? Serge Richard plaidait la solidarité avec ces étudiants qu'on disait martyrisés par la police. Il réclamait un vote à main levée. J'avais comme tout le monde levé le doigt. Pas le choix. C'est qu'au début de la réunion, Jacqueline Giraud, vieille militante du PSU et déléguée du personnel, avait foncé sur moi, l'air mauvais et le doigt pointé : « Tu vas voir : on va retrouver le corps de ces étudiants qui ont disparu flottant dans la Seine. Ce sera Charonne puissance dix ! C'est ça ton gaullisme ? » C'est tout juste si elle ne m'en rendait pas responsable. Depuis quelques jours, le climat avait changé à la rédaction. Les conciliabules succédaient aux conciliabules. Les réunions entre employés et journalistes se multipliaient. On sentait l'agressivité monter. Des gens qui travaillent dans les services, jusque-là souriants et paisibles, se montraient vindicatifs et hargneux. On ne les reconnaissait plus. Ils expliquaient qu'ils n'en pouvaient plus. Qu'il fallait tout changer.

À 14 heures, nous étions partis à pied depuis la rue de Berri avec Serge Richard en tête portant banderole : « *L'Express* solidaire ». Une heure de marche plus tard, nous nous retrouvions au milieu d'une foule compacte qui scandait sur le parcours République-Denfert-Rochereau : « Dix ans, ça suffit ». La police était invisible. Nous admirions le savoir-faire des services d'ordre de la CGT. Avec eux, pas de casseurs, pas de vitrines brisées, pas de vandalisme. Au bout d'une heure, j'en avais assez. J'avais participé à unc manif. Pour la première et la dernière fois de ma vie. Las, les bouches de métro étaient fermées, mais je réussis à m'échapper pour rentrer chez moi. Il faisait très chaud. Le trajet m'avait paru interminable.

Ce même jour, conformément à la promesse faite par Georges Pompidou, la Sorbonne était rouverte, aussitôt occupée par les étudiants et rebaptisée « Université populaire autonome ». Dans la soirée commençait la nuit de la liberté. Dans des amphis combles, des orateurs incontinents se succédaient. « Assez d'actes, des mots ! » proclamait un slogan sur les murs. Des milliers de gens affluaient de partout. Dans la cour de la Sorbonne, des orchestres jouaient sous des portraits géants de tous les grands démocrates de la planète : Trotski, Staline, Mao, Lénine, Che Guevara, Fidel Castro. Au même moment l'Odéon était occupé avec un mot d'ordre : « L'Odéon aux ouvriers » et aussi « L'imagination prend le pouvoir ». Dans la nuit, Jean-Louis Barrault, le directeur, vint expliquer aux envahisseurs que le théâtre qui avait joué Genet, Ionesco, Beckett, n'était pas le symbole de la culture bourgeoise comme le prétendait Cohn-Bendit. Ce dernier venait de moquer les « graffitis de Chagall » qui en ornent le plafond (en réalité une œuvre du peintre André Masson), et cela sous les ovations d'une foule ignare. Devant tant d'indigence et de violence, Barrault battait sa coulpe, s'applatissait, et affirmait être complètement d'accord avec ce que venait de dire « monsieur » (Cohn-Bendit). Une attitude qui lui sera violemment reprochée par André Malraux. Ce soir-là, le comédien n'était pas, c'est vrai, dans son meilleur rôle.

À *L'Express*, Jean-Jacques Servan-Schreiber prenait fait et cause pour les étudiants. Grâce à eux, croyait-il, le gaullisme ne serait bientôt plus qu'un souvenir. Claude Imbert, Georges Suffert, et même Françoise jugeaient cette contestation bien utopique, et même destructrice. « Des voyous ! » disait Suffert.

Le 14 mai débutaient les occupations d'usines, les débrayages, le mouvement ouvrier allait prendre le pas sur l'agitation étudiante. Le Général s'envolait pour la Roumanie. À son retour quatre jours plus tard, la France entière est paralysée.

Pour la première fois, Jean-Jacques Servan-Schreiber se montrait inquiet : l'imprimerie Montsouris étant en grève, le personnel des NMPP, les messageries qui distribuaient les journaux, refusaient de diffuser autre chose que les quotidiens. À *L'Express* se tint une nouvelle assemblée générale du personnel, chauffée par un Jean-François Bizot suggérant à la rédaction de prendre le pouvoir. Jacqueline Giraud, elle, préconisait la grève pour être solidaires des grévistes. Le journal ne devait plus paraître. Des employés réclamaient l'occupation des locaux, l'autogestion de l'entreprise, la destitution des dirigeants, l'exclusion du patron. Des propositions folles vivement applaudies par des gens qui n'appartenaient d'ailleurs pas tous au journal.

C'est alors que JJSS a déboulé, l'air grave, le front serré. Et là, on a tous admiré son savoir-faire. Il a commencé par rendre un hommage vibrant à la révolution de la jeunesse qui « annonce la renaissance de la France », pour aussitôt plaider que *L'Express* avait un rôle capital à jouer : « Le devoir de tout journal est de paraître pour rendre compte des souhaits de la jeunesse et des travailleurs. » Et l'assistance d'applaudir. Chacun se demandant comment il pourrait réaliser un tel miracle. Il avait un plan. *L'Express* sera composé dans une petite imprimerie à Belleville, puis imprimé à Manchester, en Grande-Bretagne. Pas en offset, mais en typo, comme pour l'ancienne formule. Des avions loués à l'étranger rapatrieront les exemplaires à Paris et on s'arrangerait pour les vendre.

Jean-François Bizot levait le doigt, il voulait savoir comment JJSS allait associer le personnel à ses décisions. « Venez avec moi, » lui répondit Jean-Jacques qui l'embarqua dans son bureau. Une heure plus tard, notre gauchiste revenait et s'exprimait comme s'il était le porte-parole du patron, demandant à chacun de faire un effort pour distribuer le journal. « Tu as vu, Jean-Jacques l'a complètement retourné », me lança Michèle Cotta, admiratrice. Quelques jours plus tard, c'est lui qui me conduisait dans sa Porsche qui sentait le chien mouillé, près de mon domicile, pour vendre une pile d'*Express* posée sur un pliant. Coût du journal : 1 franc. Les passants, surpris, avaient bien accueilli la démarche. Quand Jean-François vint me récupérer quelques heures plus tard, j'avais tout vendu.

Jacqueline Giraud avait une autre obsession : il fallait donner la parole à Cohn-Bendit. Un jour, Jean-François Kahn l'avait ramené à *L'Express* pour le laisser en tête à tête avec Françoise. Dany voulait être payé pour l'interview, Françoise avait refusé. Alors pas d'interview. Qu'importe ! Il n'avait pas besoin de *L'Express*. Il faisait la une de tous les journaux, de France, de Navarre et même du monde entier avec cette fameuse photo où on le voit narguer un CRS juste sous son nez. Pour moi une photo terrible. Une vraie tête à claques.

Cohn-Bendit sentait-il qu'il devait lever le pied ? Il était parti en Allemagne, invité comme un héros, puis à Amsterdam où il avait prononcé cette fois la phrase de trop : « Le drapeau tricolore est fait pour être déchiré et remplacé par un drapeau rouge. » Il insultait le symbole national. Le 22 mai, Christian Fouchet le décrétait interdit de territoire. L'annonce de son expulsion échauffait les esprits. À Paris, les étudiants scandaient « CRS SS », ou encore « Nous sommes tous des juifs allemands », comme si Cohn-Bendit était envoyé dans un camp d'extermination en Allemagne, comme si Hitler y était encore au pouvoir. Pendant quelques heures, la capitale tangua. La Bourse, temple du capitalisme, brûlait.

Le mouvement des revendications sociales avec occupation d'usines s'amplifiait sur tout le territoire. Les instruments de l'autorité étaient gagnés par la paralysie. Le Général, rentré de Roumanie, était de fort méchante humeur. Il allait reprendre les choses en main. Cette fois, c'était lui qui décidait : « La réforme, oui, la chienlit, non ! » À son tour, de manière à peine voilée, de critiquer son Premier ministre : « Il est possible, et même probable, qu'on aurait dû faire depuis longtemps un certain nombre de choses qu'on n'a pas faites. Tout le monde sait ce que je veux dire. » Le Général fit savoir qu'il parlerait le 24 mai à la télévision. Il entendait relancer l'idée d'un référendum. Les Français se prononceraient sur la participation et la sélection à l'université. Bref, sur tout ce que n'avait pas voulu faire son Premier ministre, et ça n'était pas faute de le lui avoir sans cesse recommandé.

Le 24 mai, voilà de Gaulle à la télévision : « Si la réponse au référendum annoncé pour le 16 juin est négative, le Président saura que sa tâche est terminée. » Une réédition de « moi ou le chaos ».

Je croisai Jean-Jacques Servan-Schreiber dans les couloirs, il exultait : « De Gaulle sera parti le 16 juin. Les Français vont lui dire non. »

À peine le Général avait-il terminé son intervention que la violence se déchaînait à nouveau dans les rues. « Dix ans, ça suffit ! De Gaulle adieu ! » La France avait écouté le grand homme, mais elle n'avait pas frémi. Cette histoire de participation était hors sujet.

Les manifs reprenaient. Les barricades ressurgissaient. « J'ai mis à côté de la plaque », devait reconnaître le Général, conscient de son impuissance. Alors Georges Pompidou prit le relais pour jouer sa dernière carte, la négociation sociale. Seule exigence, il voulait être seul. « Qu'on m'épargne Debré ! » Le ministre des Finances avait été écarté. Après vingt-cinq heures de face-à-face au ministère du Travail, rue de Grenelle, les partenaires sociaux signèrent un accord qui passerait à la postérité : les fameux accords de Grenelle. Le Smig horaire serait augmenté de 35 %, les salaires de 7 %. On indemnisait les journées de grève ; le temps de travail hebdomadaire passait de 48 à 46 heures, les prestations familiales et de la retraite augmentaient de 10 %, on créait un droit de réunion dans les entreprises pour les syndicats, etc. Pompidou avait négocié seul. « Quelle capitulation ! » maugréait la troupe gaulliste. « Il faudra bien payer », soupirait le Général. Le 27 à l'aube, quand Georges Séguy, patron de la CGT, arriva aux usines Renault à Boulogne-Billancourt pour annoncer aux grévistes les résultats de la négociation, il croyait être applaudi. Stupeur ! Il était hué par 12 000 ouvriers qui voulaient continuer la lutte.

C'est là que tout le monde s'est dit : « Tout peut arriver. » En quelques jours, le pouvoir ne contrôlerait plus rien, l'administration n'obéirait plus, le refus des accords de Grenelle allait accroître le chaos et le mouvement achever de se politiser. Le 27 mai, l'UNEF et le PSU organisèrent un meeting au stade Charléty. Trente mille personnes scandaient « Séguy démission ! ». Le héros de la fête s'appelait Pierre Mendès France, qui assistait au meeting sans prendre la parole. Son silence inquiétait les communistes, qui suspectaient la naissance d'une nouvelle force de gauche sans eux. À *L'Express*, Georges Suffert pronostiquait : « Si Mendès pointe le nez, il sera tiré comme un perdreau. »

Le plus inquiet était François Mitterrand. Mendès n'allait-il pas profiter de l'aubaine pour lui griller la politesse ? Urgent pour lui de battre le fer. Le lendemain, poussé par JJSS, il tenait une conférence de presse à l'hôtel Continental, qui allait faire sensation. Il annonçait qu'à la suite du référendum où les Français pourraient dire non à de Gaulle, ou même avant, si le pouvoir était vacant, il serait candidat à la présidence de la République et choisirait Mendès comme Premier ministre (sans avoir averti l'intéressé de sa proposition). C'était dire à de Gaulle : « Ôte-toi de là que je m'y mette ! » Michèle Cotta, présente sur place, me raconta que Mitterrand avait été applaudi par tous ses amis de la FGDS. Moi, je trouvais qu'il ne manquait pas d'air ! Plus tard, Pierre Mauroy me racontera que lorsqu'il était rentré à Lille, sa femme lui avait dit : « Mais qu'est-ce que vous avez fait ? Vous ne pouvez pas vous débarrasser du Général comme ça. C'est un putsch ! Vous verrez, ça ne va pas plaire aux Français. » Propos prémonitoires.

À Matignon s'installait un climat de fin de règne. Le Premier ministre recevait les parlementaires, tous déboussolés, hagards. Il tentait de les rassurer : « Vous allez voir, les choses vont tourner. » Tout le monde admirait son sang-froid et ses certitudes. « Toute révolution qui réussit résulte d'un effondrement du pouvoir. Or, vous le voyez, le pouvoir n'abdique pas, il ne disparaît pas, il montre à la France qu'il est là. »

Et voilà que Cohn-Bendit, le diable rouge, pourtant interdit de séjour, réapparaît à la Sorbonne. Il arrivait d'Allemagne, méconnaissable, le cheveu teint en noir, et les étudiants d'applaudir et de crier : « Dany est de retour ! De Gaulle, on t'a eu ! » Les journalistes tendaient leur micro. Les flics n'allaient pas tarder à arriver, c'est sûr. Tel l'éclair, il repartit par une petite porte au coin de la rue des Écoles. Une moto l'attendait, et il a disparu dans la nuit. On ne le reverra pas pendant dix ans. Moi je me disais : « Bon débarras ! » Son frère Gabriel n'allait pas cesser de faire campagne pour son retour. Mais c'est BHL qui obtiendrait sa grâce auprès de Valéry Giscard d'Estaing. Le 20 décembre 1974, Christian Bonnet, le ministre de l'Intérieur, signait l'autorisation de son retour en France.

Son retour, pourquoi pas ? Moi je n'avais pas changé d'avis à son sujet. Il avait publié trois ans plus tôt un livre, *Le Grand Bazar*, dans lequel l'éducateur pour enfants qu'il était en Allemagne évoquait leur sexualité. « Il m'était arrivé plusieurs fois que certains gosses ouvrent ma braguette. Leur désir me posait problème. Mais s'ils insistaient, je les laissais faire et je les caressais. » Je ne dirai jamais – parce que je ne l'ai jamais pensé – que Cohn-Bendit était un pédophile, comme cela lui a été reproché et que l'ont insinué François Bayrou ou Marine Le Pen. Je dirais de lui qu'il était juste un personnage inconséquent. À mes yeux, il illustrait bien ce qu'avait été cette génération de soixante-huitards qui revendiquaient la liberté sexuelle en dénonçant l'ordre bourgeois. Ils vivaient en communauté, militaient ensemble. Forniquaient ensemble. Offrant leur nudité à leurs enfants, témoins involontaires de cette liberté de mœurs. Cohn-Bendit parlait d'enfants sûrement très perturbés par ce qu'ils voyaient chez eux auprès de leurs parents qui les élevaient sans règles, sans horaires et sans gêne. Devenus adultes, ces enfants-là, parents à leur tour, feraient partie des adeptes de l'émission « Super Nanny »[1].

Après Mai 68, pour toute une gauche, c'était l'interdit qui était un abus sexuel. Dans les années 1978-1979, *Libération* publia des tribunes de Jacques Dugué, grand organisateur de réseaux pédophiles, tribunes dans lesquelles il faisait l'apologie de la sodomie. « Qu'on arrête de persécuter ceux qui aiment les enfants, même s'ils les aiment avec leur corps. Moi je les ai aimés et c'est pour ça que j'ai eu des relations sexuelles avec eux. C'était de l'amour. » *Libération* publiait aussi des annonces de rencontres sexuelles destinées à des mineurs. Sur Europe 1, dans ces années-là, le fils de Robert Boulin animait une émission l'après-midi sur « l'amour » entre adultes et mineurs. En mars 1979, Serge July soulignait que la pédophilie était un fait de société.

Jacques Dugué était soutenu par l'écrivain Gabriel Matzneff, lui-même grand consommateur de chair très fraîche et qui en faisait la trame de ses romans. Chaque année, il paradait le 14-Juillet dans les jardins de l'Élysée, invité par François Mitterrand. Je me souviens d'un « Apostrophe » un vendredi, où la romancière canadienne Denise Bombardier l'avait pris à parti pour lui dire combien sa conduite la choquait. Et Bernard Pivot semblait bien gêné. En 2002, Jacques Dugué fut

1. Lire sur ce sujet le livre remarquable de Virginie Linhart, *Le jour où mon père s'est tu*. Elle a recueilli de nombreux témoignages des enfants des leaders de Mai 68, qui disent tous qu'ils n'ont pas apprécié la façon dont leurs parents les avaient élevés. « Qu'est-ce qu'ils ont pu nous emmerder avec leur exhibitionnisme ! »

condamné à trente ans de réclusion criminelle. Parmi ses dix-sept victimes, il y avait une fillette et deux garçons entre trois et neuf ans !

29 mai, à l'aube, le Général, qui a perdu le sommeil, reçoit *L'Humanité* dont la une est barrée de ce titre massif : « L'exigence des travailleurs, un gouvernement populaire et une participation communiste ». La CGT appelle à une manifestation à 15 heures au motif que les concessions patronales sont notoirement insuffisantes, la grève doit continuer. Le paysage change. Le spectre de la subversion apparaît. « C'est à moi qu'on en veut », croit le Général qui s'attend à tout. Des unités de choc sont massées aux portes de Paris.

À *L'Express*, pour la première fois, on se dit que tout peut arriver. « Une marche sur l'Élysée comme il y en a eu sur Versailles ? Et on demandera la tête du Roi ? Le monarque sera prisonnier ? » s'inquiétait Claude Imbert. Georges Suffert refusait de s'alarmer : « Les Russes ne laisseront jamais faire. L'heure de la révolution d'octobre n'a pas sonné. Le Quartier latin n'est pas la France. »

Le Conseil des ministres est convoqué à 10 heures, mais à 9 h 15, coup de théâtre, le Général fait dire au Premier ministre qu'il part vingt-quatre heures se reposer à Colombey. Le Conseil est reporté au lendemain, 15 heures.

Puis à 11 heures, événement rarissime, de Gaulle appelle directement Georges Pompidou. « J'ai besoin de me retrouver moi-même, de réfléchir tranquillement, je rentrerai demain à 15 heures. Je vous embrasse. »

Cette formule si inhabituelle ne signifie-t-elle pas que de Gaulle a l'intention de quitter le pouvoir ? Pompidou commence à craindre le pire. À 14 heures, Bernard Tricot, le secrétaire général de l'Élysée, arrive à Matignon pour prévenir : « Le Général a disparu. Il n'est pas arrivé à Colombey. » Mais alors où est-il passé ? Y a-t-il eu un accident ? L'hélicoptère du Général n'est pourtant jamais perdu de vue par l'hélicoptère de sécurité.

À 14 h 30, Georges Pompidou reçoit des députés, dont Albin. Tout le monde se pose des questions. On commence à dire qu'il serait mieux que le Général s'en aille. Qu'il laisse le manche à son Premier ministre. Il n'a plus l'âge des grandes décisions, disent certains. Il est peut-être allé prier dans un couvent. Beaucoup pensent que s'il a quitté l'Élysée, c'est pour ne pas revenir. Michel Debré se lamente : « Donc cette grande aventure qui se termine par la fuite, ce serait une honte pour la France. » « Oui, j'ai eu l'intention de me retirer », avouera le Général le 7 juin.

Au milieu de tant d'incertitudes, Georges Pompidou plaide qu'il faut faire « comme si le Général revenait ». Et dans ce cas, dit-il, il faudra organiser très vite des élections générales pour créer un électrochoc dans le pays.

Pendant ce temps, des centaines de milliers de manifestants défilent de la Bastille à Saint-Lazare. Dans le cortège, Louis Aragon, Elsa Triolet, Jean-Luc Godard. Mais dans Paris court le bruit que le Général a disparu. Le Général traverserait une phase dépressive. La peur de l'inconnu et du vide s'empare du pays. À 16 heures, Pierre Messmer appelle le Premier ministre : « On a retrouvé le Général, il est à

Baden-Baden. » Ouf ! À 17 heures, il est de retour à Colombey. À 17 h 30, il appelle Pompidou : « Je reviendrai demain. Je vous verrai avant le Conseil. »

Jeudi 30 mai, Valéry Giscard d'Estaing demande la démission du gouvernement. Alors que la France attend le retour du héros tragique. Dans la matinée, Georges Pompidou appelle Bernard Tricot : « Dites au Général qu'il faut dissoudre l'Assemblée et qu'il désigne un autre gouvernement. Il faut provoquer un grand choc psychologique. Je veux m'en aller. » À 14 h 30, Pompidou arrive dans le bureau du Général, qui d'emblée lui lance : « Non, vous restez ! Nos sorts sont liés. — Si vous voulez que je reste, renoncez à votre référendum et faites la dissolution. »

Message reçu et accepté à contrecœur par le Général.

À 16 h 30, le Général s'adresse au pays à la radio. Quelques notes de Mozart et c'est la voix de Londres qui retentit, mais pour un Appel du 18-Juin intérieur. Je suis alors à l'Assemblée nationale, dans la salle des Quatre-Colonnes, avec à la main mon petit transistor. Le socialiste Roland Dumas, le président du groupe communiste Robert Ballanger, et Jean Ferniot m'entourent. « J'ai envisagé, depuis vingt-quatre heures, toutes les éventualités sans exception, j'ai un mandat du peuple, je ne me retirerai pas, je ne changerai pas de Premier ministre, dont la valeur, la solidité, la capacité méritent l'hommage de tous. Je dissous aujourd'hui l'Assemblée nationale… La République n'abdiquera pas. Le peuple se ressaisira. »

En 270 secondes, le Général venait d'atomiser la révolution de mai.

« Quel bonhomme ce de Gaulle ! » me lance, hilare, Robert Bellanger, tandis que Roland Dumas nous quitte sans dire un mot. Jean Ferniot lève les yeux au ciel. J'ai l'impression qu'il hésitait entre soulagement et dépit.

François Mitterrand, qui a compris qu'il devrait encore attendre pour prendre le pouvoir, n'en déclare pas moins : « La voix que vous venez d'entendre, c'est la voix du 18 Brumaire, c'est la voix du 2 décembre, c'est celle du 13 mai, c'est celle qui commence la marche du pouvoir minoritaire contre le peuple, la marche de la dictature. Cette voix, le peuple la fera taire. »

À 18 heures, une véritable marée humaine submerge la place de la Concorde. Un cortège se met en branle vers l'Étoile avec en tête Michel Debré, André Malraux, François Mauriac. J'y suis, bien sûr. Impressionnant ! Les gens arrivent par vagues compactes des rues adjacentes, chantent *La Marseillaise*, un cortège disparate, tous âges mêlés, beaucoup de jeunes qui brandissent des pancartes « De Gaulle n'est pas seul », « Mitterrand, c'est raté », « Liberté du travail ». Les bourgeois de Paris tournent casaque. La peur s'évanouit, la chienlit va cesser.

À *L'Express*, Claude Imbert et Georges Suffert exultaient. La politique allait reprendre ses droits. Les députés partaient dans leur circonscription pour faire campagne. Jean-Jacques avait montré son nez. « Mais qu'est-ce que c'est que ces bruits de manif sur les Champs-Élysées ? » Réponse de Claude Imbert : « Allez voir, Jean-Jacques, ce sont vos annonceurs et une grande partie de nos lecteurs qui défilent. » Il avait quitté son bureau pour le constater par lui-même.

Jacques Duquesne, qui avait fait de même, le croisa alors rue de Berri et l'entendit dire : « Cette marée humaine est un leurre. Dès que les gens arrivent en haut, ils redescendent par les rues adjacentes jusqu'à la Concorde pour remonter et faire croire qu'ils sont nombreux. » Il n'est de pire aveugle que celui qui ne veut pas voir. Jean-Jacques avait cru que de Gaulle aurait quitté le pouvoir le 16 juin. Il avait du mal à admettre ce retournement de l'histoire. Et qu'il s'était trompé.

Lors du remaniement du 31 mai, Albin entra au gouvernement comme ministre de l'Industrie (poste qu'il n'occupera qu'un mois pour changer de ministère en juillet, nommé à l'Équipement). J'en étais très fière.

En cette veille de Pentecôte, le Général avait donné un ordre. L'essence, qui avait tant manqué aux Parisiens, devait revenir dans les stations-service. Pendant les grèves, le gouvernement avait fait des stocks de carburant dans le bois de Boulogne. Ce samedi-là, les Parisiens qui possédaient des véhicules en profitèrent donc pour quitter la capitale. Ils étaient des dizaines de milliers à vouloir s'aérer, d'où des embouteillages géants. Un beau week-end qui fera sur les routes 70 morts et plus de 600 blessés graves. Georges Pompidou l'avait dit en mai : « S'il y a un mort, le régime ne tiendra pas. » Mais 70 morts sur les routes à la Pentecôte, personne ne s'en offusquait. En 1968, il y eut 16 073 morts sur les routes. Mais les événements n'y étaient pour rien.

Herbert Marcuse expliquait dans *L'Express* de septembre 1968 qu'il voyait dans cette hécatombe une soupape de sécurité pour le pouvoir dominant :

« Le petit homme qui travaille huit heures par jour à l'usine, qui fait un travail inhumain et qui s'assoit pendant le week-end derrière une grosse machine beaucoup plus puissante que lui, peut utiliser toute son agressivité contre la société. C'est absolument nécessaire. Sans cette sublimation de l'agressivité dans la vitesse, cette agressivité pourrait se diriger contre les pouvoirs dominants. » Morale de son histoire : le pouvoir laissait les gens se tuer sur les routes pour éviter qu'ils ne trucident les patrons, voire les dirigeants politiques.

Un mois plus tard, Georges Pompidou était élu député du Cantal dès le premier tour avec 82 % des voix. Au gaullisme déclinant de mai succédait le gaullisme triomphant de juin. La gauche prenait une claque mémorable. Les UDR et leurs alliés raflaient 358 sièges sur 485. Un record historique. « C'est la Chambre bleue d'Auvergne », raillait Louis Vallon, jamais à court d'un bon mot.

En juillet, surprise : Georges Pompidou, dont la popularité était au zénith, n'était pas renouvelé dans ses fonctions. Le pays était déçu. Pour les Français, il était celui qui avait tenu bon et qui avait conseillé au Général de procéder à la dissolution. Mais voilà, le mois de mai avait aussi scellé leur désaccord, leur rupture était devenue inévitable.

Le 30 mai, à la radio, le Général l'avait couvert de fleurs. Je comprendrais plus tard qu'en politique, lorsqu'on envoie des bouquets, ce sont toujours des chrysanthèmes.

Un an plus tôt en m'engageant, JJSS me prédisait la fin du gaullisme. C'est dire que cette victoire ne l'impressionnait pas. Imperturbable, il continuait de me dire : « Vous verrez, la mariée est trop belle, la roche Tarpéienne est proche du Capitole. Tout cela ne durera pas. » Avec le recul, il n'avait pas tort, puisque moins d'un an plus tard, le Général serait rentré à Colombey. Pour toujours, cette fois.

V

« DE GAULLE, C'EST FINI »

Après six ans et trois mois de présence, un record sous la Ve République, Georges Pompidou quitta Matignon le 11 juillet. Amer et vexé. C'est pourtant lui qui avait voulu partir. « Besoin de repos », prétextait-il à la fin du mois de mai. Par deux fois, au Général qui le pressait de rempiler, il avait répondu non. « Réfléchissez tout de même », lui avait-il conseillé. Et voilà que des proches le morigénaient : « Après tout ce que vous avez fait en mai pour la France, Georges, vous ne pouvez pas partir ! » Alors il s'était ravisé, avait rappelé le secrétaire général de l'Élysée pour s'entendre dire : « Vous avez trop tardé ! Votre successeur est déjà désigné. »

« Je ne voulais tout de même pas m'accrocher à ses basques », avait tonné le Général, pas fâché (c'est un euphémisme) de voir s'éloigner un Premier ministre qui, avec le temps, avait pris une assurance à la limite de la contestation courtoise. Il n'en faisait plus qu'à sa tête.

Ainsi va la Ve République. C'est une longue histoire de couple entre le Président et son Premier ministre.

La cohabitation de deux tempéraments. Leur séparation se fait toujours dans la douleur et le ressentiment. Phénomène récurrent. Je n'ai cessé de l'observer de près.

De Gaulle, le père de la Constitution, inaugurait ce feuilleton fatal. Dès 1962, le Général n'en pouvait plus de Michel Debré. Trop passionné, trop frémissant. Trop déchiré, en dépit ou à cause de sa fidélité, inconsolable de la perte de l'Algérie. Trop ancré dans ses certitudes. Un anxieux qui pensait toujours au prochain orage. « Vous êtes trop pessimiste », lui disait le Général. Citant Renan, Debré rétorquait : « Seul le pessimisme est fécond dans les grandes choses. » Forcené de la réforme, il était un drogué de travail qui abreuvait ses ministres de mots manuscrits illisibles où il leur dispensait ses avis ou ses ordres sur tous les dossiers. Et il fourmillait d'idées. À Matignon, dans la salle à manger, il avait fait installer un magnétophone derrière sa chaise auquel, entre deux bouchées, il dictait notes et pensées. Si le Général était la France, Debré, lui, était l'État. Mais un État interventionniste à l'extrême, qui jugeait que l'on n'en faisait jamais assez. « Ce pauvre Debré, toujours sur le mur des Lamentations ! » se plaignait le Général. Alors, en dépit de sa valeur et de son dévouement, après trois ans, trois mois et trois jours, il avait mis fin à leur collaboration qui tournait à l'aigre avec autant de reconnaissance que de soulagement. Mais pour Michel Debré, cette mise à l'écart ne le peinait pas. Non, elle le scandalisait, l'ulcérait, une vraie souffrance. Debré ne s'est jamais consolé d'avoir quitté Matignon.

Michel Debré m'irritait moi aussi. Aux journées parlementaires, lors des congrès, il voulait toujours avoir la vedette, parler le premier. Il trépignait pour avoir le temps de parole le plus long. « Amis, compagnons ! », pendant deux heures il s'époumonait, s'étouffait de colère. Jouet d'un tempérament trop sanguin, il dénonçait sur un ton d'imprécateur l'immobilisme gouvernemental, son invariable antienne. Les vitres tremblaient. Un caractère à la limite du supportable. Mais les militants l'adoraient. En quittant Matignon, il n'avait laissé aucun dossier à son successeur. Qu'il se débrouille ! Là-dessus, il était battu à Amboise : « C'est l'autre qui doit être content ! Dans mon échec, j'ai senti un autre homme monter en lui. Il a commencé à investir dans la carrière politique », écrit-il sans fard dans ses carnets à propos de Pompidou. Un drôle de personnage qui ne pouvait masquer ni son ambition ni un caractère jaloux quasi pathologique.

Georges Pompidou offrait un contraste saisissant. Lui, c'était l'optimisme incarné, un fortifiant de l'énergie, un « arrangeur », comme disait le Général. Pendant dix-huit ans, il avait été son confident privilégié. Peu de gaullistes estampillés pouvaient se prévaloir d'une telle intimité avec le grand homme. « Pompidou, c'est un esprit solide », disait le Général à Albin.

Entré à son cabinet en 1944 sans titre de Résistance, grâce à son ami René Brouillet, normalien comme lui, qui y travaillait et auquel il avait envoyé une missive, un vrai chef-d'œuvre de modestie : « Tu sais, je n'ai pas d'ambition. Je ne demande rien d'autre que de rendre service. Une violette sous la mousse ! » Qui aurait pu se méfier de celui qui très vite allait séduire le héros de 40 par la qualité de ses notes et son esprit ductile ? Une vraie relation s'était nouée. Le jeune couple Pompidou était invité à dîner chez les de Gaulle. Le Général aimait chambrer son collaborateur. « Dites-moi, Pompidou, c'est un nom de coureur cycliste, si vous voulez faire de la politique, il faudra en changer. » Quand on se nomme de Gaulle – ce qui est déjà tout un programme –, né à Lille, s'appeler Pompidou, né à Montboudif, Cantal, revêt forcément un fumet d'exotisme campagnard… Et les deux hommes ne s'étaient plus quittés.

Après la démission du Général en 1946, Pompidou devenait son chef de cabinet, celui qui tenait l'agenda. Et les gaullistes de la première heure devaient passer par lui pour avoir un rendez-vous, lui qui n'avait pas participé à la Résistance. Un comble ! Beaucoup ne le supportaient pas. Mais après l'échec du RPF, subodorant que l'heure du général de Gaulle était passée et qu'il ne reviendrait plus, Georges Pompidou, lassé des allers-retours à Colombey dans la journée et des humeurs peccantes du grand homme, voulait changer de vie. On lui proposait d'entrer chez Rothschild. Comment le refuser ? Jurant de sa fidélité et de son amitié éternelles, il avait quitté le Général, avec cette promesse : s'il revenait au pouvoir, il pourrait compter sur lui.

Mais en 1958, c'est peu dire qu'il n'était pour rien dans son retour. Il était trop heureux chez Rothschild. « J'espère que vous ne faites pas partie du complot pour faire revenir le Général, car il ne reviendrait pas », avait-il lancé à Michel Debré et Roger Frey, un peu interloqués. Toutefois, tenu par ce pacte, il avait accepté d'être son directeur de cabinet à Matignon jusqu'à son entrée à l'Élysée en janvier 1959. Après quoi il reviendrait à la banque. Pendant ce laps de temps, il avait remis la boutique France en marche, et impressionné tout le monde par son autorité et ses compétences. Il était le « maître » du gouvernement, l'idée du nouveau franc, c'est lui, écrivait Michel Debré à l'époque où ils n'étaient pas encore rivaux.

En 1962, leur cohabitation à la tête de l'État avait donc débuté dans l'harmonie, mais trois ans plus tard, comme c'est étrange – exactement la durée qu'il avait fallu pour défaire le tandem de Gaulle-Debré –, leurs rapports s'étaient exaspérés pour des raisons à la fois symétriques et contraires. Ulcéré par sa mise en ballottage en 1965, le Général en avait tiré une leçon : on n'a pas assez réformé. La faute à qui ? À son Premier ministre pardi ! « Pompidou, il n'aime pas bousculer les pots de fleurs », avait grogné le Général devant Albin qui lui rendait visite.

Georges Pompidou consacrait l'essentiel de son temps aux affaires économiques. Il croyait aux vertus d'un relatif libéralisme et surtout à l'entreprise. Sa prospérité permettrait de mieux rémunérer les salariés, de leur apporter le bien-vivre, ce qui serait pour le peuple la meilleure des révolutions, tel était son credo.

Le Général portait un autre rêve : changer le commandement dans l'entreprise, donner le pouvoir aux ouvriers, comme jadis on avait redistribué les terres aux paysans. Et Pompidou avait dit non, pas question, l'entreprise c'est une unité de commandement. Autre sujet de dissension, le Général aurait voulu instaurer à l'université un système de sélection et d'orientation contraignant afin d'offrir des débouchés et du travail aux étudiants. Georges Pompidou ne voulait rien entendre : « Ce n'est pas à l'État de choisir, mais aux familles », disait-il. Un double refus qui exaspérait le Général.

Au fond, il n'avait pas vu grandir celui qui, déférent et timide, l'avait rejoint en 1944, un peu comme des parents regardent, surpris, leur enfant devenir un homme et pousser le père dehors. Le hiatus des générations ! Grandir, c'est dire non. Une rébellion toujours perçue par le père comme une trahison. Dès 1967, le Général songeait à se séparer de son ami de vingt-deux ans. Pour le remplacer par qui ? Messmer ? Couve ? Mais aux législatives de mars, les deux étaient battus et la majorité n'avait qu'un siège d'avance. Attention, danger. Alors va pour continuer avec Pompidou. Mais le cœur n'y était plus et on l'a vu, Mai 68 allait marquer l'acmé de leurs divergences.

Lors du premier Conseil des ministres du gouvernement Couve le 13 juillet, « le Général était primesautier, ce qui n'était guère dans son naturel », m'avait raconté le très pompidolien ministre de l'Intérieur, Raymond Marcellin. Une impression que me confirma Albin. « Oui, il était de très bonne humeur, gai comme un pinson. » Avec Couve, il pensait avoir enfin trouvé l'exécutant de ses rêves. Ce qu'il avait été comme ministre des Affaires étrangères pendant neuf ans, en faisant siennes ses orientations, partageant la même vision du monde : l'émancipation de la France vis-à-vis des États-Unis avec pour corollaire une force de frappe indépendante, le refus de toute amputation de la souveraineté nationale au bénéfice de quelque organisation supranationale. D'où la politique de la chaise vide en Europe où Couve déroutait ses partenaires avec ses silences longue durée. Et encore, sur le fameux triptyque « détente, entente et coopération » avec Moscou. C'est lors d'un sommet en URSS que Khrouchtchev, présentant au Général son ministre des Affaires étrangères Gromyko, lui aurait dit : « Si je lui ordonne de s'asseoir sur un bloc de glace, il le fait jusqu'à ce que la glace fonde. » Et de Gaulle de rétorquer : « Vous connaissez Couve, il en fait autant pour moi, mais avec lui la glace ne fond pas. » *Se non è vero*…

Dans la famille gaulliste, on respectait celui que l'on appelait « Couve » (son père, à l'instar de celui de Valéry Giscard d'Estaing, avait rallongé le patronyme d'une particule dans les années 1925). Ce pur produit de la HSP, d'allure très british avec ses costumes croisés en flanelle rayée l'hiver et en tweed l'été, cultivait l'ennui distingué… Grand, mince, des cheveux blancs, frisés, crantés lui faisaient une tête de camomille. Le teint plutôt hâve et des lèvres charnues. « Un nègre blanc », moquait Alexandre Sanguinetti. Pendant neuf ans, Couve ne prenait la parole qu'une fois par semaine en Conseil des ministres. D'une voix chuchotée, servie par une diction parfaite et lente, comme s'il mastiquait chaque syllabe, il rendait compte de l'histoire du monde où la France, bien sûr, tenait une place prépondérante. Parfois, le Général l'apostrophait : « Monsieur le ministre des Affaires étrangères, sans être tonitruant, voudriez-vous parler plus fort », ce qui faisait rire ses collègues.

Une personnalité qui tranchait avec son prédécesseur. Couve, c'est clair, n'était pas un meneur d'hommes ni un bretteur. Avec Pompidou, pas un ministre ne bougeait sans son accord. Avec Couve, les ministres parlaient, agissaient en ordre dispersé et multipliaient les couacs. En plus il n'avait pas que des bonnes nouvelles à annoncer au pays. Le joli mois de mai, avec ses grèves et les accords de Grenelle, était un boulet très lourd pour le pays. Il fallait faire des économies. Couper dans les dépenses. Et le Général lui avait donné dix-huit mois pour redresser les comptes. Pour commencer, tout augmentait : le prix du gaz, les transports, les timbres… Cette majorité obèse n'avait pas de véritable patron. Des députés venaient-ils se plaindre ou lui faire part de leurs observations, il les écoutait sans les interrompre pour trancher à la fin de l'entretien par une de ses formules favorites : « Tout ça n'est pas très convenable » (phrase que, bizarrement, Jacques Chirac utilisera des années durant à tout propos) ou bien : « Tout ça va tourner en eau de boudin. » Les députés repartaient décontenancés. Pire, même : vexés par ce Premier ministre plus doué pour fermer la discussion que pour l'ouvrir.

Un jour, Albin était venu lui exposer avec flamme son projet de faire construire les autoroutes par des entreprises privées car l'État n'en avait pas les moyens. Il y avait seulement 500 kilomètres d'autoroutes en 1968, la France devait se moderniser. Les entreprises qui obtiendraient la concession pendant un certain nombre d'années seraient remboursées par le péage. Couve l'avait écouté sans mot dire pour lâcher à la fin, d'une voix neutre : « Certains me disent le contraire. » Mais en dépit de ce scepticisme apparent, Couve l'avait soutenu. Et le Général aussi. Alors que des gaullistes comme Michel Debré et Yves Guéna dénonçaient un projet qui allait priver l'État de ses prérogatives. Albin leur téléphonait. « Dans ce cas, il n'y aura pas assez d'autoroutes en France, c'est ce que vous voulez ? » Je l'entendais parler au téléphone, ça chauffait !

Je me souviens d'avoir accompagné le Premier ministre à Lyon, où il inaugurait la foire économique. La fine fleur des entreprises françaises y était représentée. Il avait été accueilli par Jacques Marchandise, directeur chez Pechiney, lequel s'était entendu répondre : « Eh bien, monsieur Marchandise, on peut dire qu'il y en a ici des marchandises ! », laissant son hôte interdit. Plus loin, à de jeunes Martiniquaises en costume local qui lui présentaient des bananes roses dans un panier, Couve avait lancé, avec son humour particulier : « Comme on peut le constater, les bananes sont bien toujours vertes. » Oui, Couve était déroutant. Mais avec lui, le Général semblait heureux.

Un sentiment palpable lors de sa conférence de presse du 9 septembre 1968. La première depuis les événements de mai. J'y assistais, pas peu fière, aux côtés de Claude Imbert, Georges Suffert, Michèle Cotta, Irène Allier. Sans imaginer que cette grande première pour moi serait aussi la dernière. Plus de cinq cents journalistes y participaient, la moitié étaient des représentants de la presse internationale. Il y avait très peu de femmes. La plus visible était notre consœur de RTL, Geneviève Tabouis, alors âgée de soixante-seize ans, assise au premier rang, son petit chapeau noir sur la tête voilette relevée, et qui s'était vite assoupie. Il faisait très chaud dans la salle des fêtes bondée de l'Élysée. (Cette vedette du journalisme à la voix de crécelle commençait ses causeries par la formule « Attendez-vous à savoir… ». Souvenir d'enfance : un voisin à Périgueux qui l'écoutait régulièrement prétendait que son chien n'aboyait que lorsqu'il l'entendait…)

Un événement très solennel, tout le gouvernement était présent. Et les ministres assis par ordre protocolaire. Pour les journalistes, pas question d'arriver sans cravate et en jeans. Le costume bleu marine était de rigueur. Et pour les femmes, impossible de venir en pantalon. J'avais choisi une robe noire sans manches longueur au genou, comme toujours. Sobre.

Lorsque le Général avait surgi derrière un rideau, tout le monde s'était levé. Je voyais entrer un monument, une cathédrale gothique. « Physiquement, il n'appartenait pas au monde des humains », écrirait plus tard Pompidou, et ce fut mon sentiment ce jour-là. Le Général parlait sans notes. On devinait le travail en amont. Pendant des semaines, il préparait ses interventions, écrivait à la main des phrases magnifiques dans un français qui se souvenait encore du latin. Il apprenait son texte par cœur. Pas question de lire un papier. Depuis son opération de la cataracte, ses verres de lunettes, épais comme des loupes, lui faisaient, face aux caméras, un regard de hiboux inquiétant. On percevait bien qu'il se souciait peu des questions, à moins qu'elles ne lui fournissent l'occasion d'une boutade. Outre la maîtrise de la pensée, il y avait la richesse du vocabulaire. Jouant de sa voix qu'il modulait, passant du grave à l'aigu, et pour le ton, de l'emphase à la goguenardise, quel acteur ! Aujourd'hui encore, lorsqu'on revisite ces moments d'une histoire déjà ancienne, on est frappé par leur modernité. On se dit « quel talent ! », « quel style ! ».

J'étais sortie éblouie, quand la plupart de mes confrères, habitués de la cérémonie, jouaient au contraire les blasés, les déçus, répétant comme une antienne désobligeante : « Le vieux n'a rien dit, il n'y avait rien de nouveau ! », alors que moi je n'avais envie que d'applaudir.

Dès la fin du mois de septembre, chez les gaullistes la mauvaise humeur s'était installée contre Couve et son ministre des Finances, François-Xavier Ortoli, qui voulait taxer l'héritage. C'est qu'il fallait faire rentrer de l'argent dans les caisses. « Si Ortoli m'avait consulté, je lui aurais déconseillé de le faire », avait commenté Georges Pompidou dans un aparté avec des journalistes. En arrivant aux journées parlementaires qui se tenaient à La Baule, les députés s'étaient dressés comme un seul homme pour l'ovationner longuement. J'y étais. Tous savaient qu'ils leur devaient leur élection. Il était arrivé cigarette au bec comme d'habitude, souriant, bronzé. Un peu forci, c'est vrai. Tout le monde pensait qu'il avait bien profité de ses vacances. J'avais porté peu d'attention à ce que m'avait raconté Christian Bonnet, le maire giscardien de Carnac, où Pompidou avait passé ses vacances. Un pharmacien de la ville indiscret lui avait dit : « Monsieur Pompidou a de bien mauvaises analyses sanguines. » À Michel Jobert, qui s'étonnait, lui aussi, début septembre, de sa prise de poids, l'ex-Premier ministre avait expliqué : « J'ai fait un traitement de quinze jours. » Sans en dire plus ni mettre son collaborateur en alerte. Il avait si bonne mine.

« La politique du nouveau gouvernement manque de lisibilité. Nous sommes décidés à le suivre à condition de savoir où il va. » Georges Pompidou nous faisait comprendre, ce jour-là, à nous les journalistes, qu'il n'entendait pas prendre la tête de la rébellion parlementaire (à l'époque, on n'employait pas le mot « fronde »), mais qu'il serait vigilant.

Lors de sa conférence de presse, le Général avait parlé de lui de façon fort amène : « Après avoir fait tout ce qu'il a fait au cours des six ans et demi de fonction – durée qui n'a aucun précédent depuis quatre générations –, montré au cours de la secousse de mai-juin une exemplaire et salutaire solidité et contribué si bien au succès national des élections, il était bon qu'il fût, sans aller jusqu'à l'épuisement, placé en réserve de la République. C'est ce qu'il souhaitait. C'est ce que j'ai décidé en l'invitant comme on sait à se préparer à tout mandat qu'un jour la nation pourrait lui confier. » Un propos qui avait mis bien sûr du baume au cœur de l'intéressé. Et pour l'avoir constaté moi-même à La Baule, dès qu'il entrait dans un restaurant, les clients se levaient eux aussi pour l'applaudir, signe que sa popularité était grande et intacte. Et son avenir prometteur ?

Certes, le 14 juillet, François Mauriac écrivait dans *Le Figaro* : « Georges Pompidou saura se rendre inoubliable. » Mais l'intéressé demeurait circonspect. À Georges Suffert, qui me l'avait raconté, il avait dit en confidence : « En 72, j'aurai soixante et un ans et je serai face à Giscard qui ne manquera pas d'être candidat, et lui aura quarante-six ans. Aujourd'hui, avec la jeunesse qu'il y a dans le pays, il faut être élu avant soixante ans, sinon, on dira qu'un vieux succède à un vieillard, ça ne marchera pas ; il faudrait que le Général décide de quitter le pouvoir de lui-même avant 1970. »

Qui aurait pu imaginer qu'un fait divers improbable allait accélérer l'histoire et servir son destin ?

Le 1er octobre 1968, on découvre un cadavre dans une décharge à Élancourt, dans les Yvelines. Il est vite identifié. C'est un Yougoslave, Stefan Markovic. Il était garde du corps d'Alain Delon et domicilié chez lui. L'affaire fait grand bruit. Delon est un acteur célèbre. Un frère de Stefan Markovic alors en prison raconte qu'il a été tué parce qu'il en savait trop. Une rumeur enfle. Le Tout-Paris et le Tout-État jasent. Des journaux racontent que la femme d'un ancien ministre est mêlée à tout cela. Un autre Yougoslave, emprisonné à Fresnes, affirme avoir rencontré Mme Pompidou dans une partie fine à Montfort-l'Amaury, dans les Yvelines, dans la villa d'un grand patron, Ambroise Roux, un ami des Pompidou. Des photos porno circuleraient, paraît-il, sous le manteau. À l'Assemblée nationale, des élus gaullistes s'en faisaient des gorges chaudes, nous racontaient les avoir vues avec des airs polissons. Oui, ils l'avaient reconnue. C'était Mme Pompidou ! Comment croire une chose pareille ?

Lors d'un déjeuner à la mi-novembre avec les barons, l'ancien Premier ministre les avait interrogés, l'air émoustillé : « Qui est donc cette femme ? », à mille lieues de se douter, et pour cause, que son couple était la cible de ces racontars. Les barons, d'ordinaire si bien renseignés, lui avaient répondu qu'ils ne savaient pas. Une armée d'anges était passée sur leurs têtes. Pas courageux, les amis… « Ce pauvre Georges, il ne s'en remettra pas… », diagnostiquait, faussement navré, Michel Debré.

Averti de la rumeur par Bernard Tricot, le secrétaire général de l'Élysée, lors du week-end de la Toussaint, le Général décida de demander à son Premier ministre de prévenir M. Pompidou. C'était à lui de le faire. Une mission impossible pour Couve. Son éducation protestante lui interdisait d'aborder de tels sujets, de les formuler. Ses rapports avec Georges Pompidou n'avaient jamais été bons. Comment annoncer des choses pareilles à un homme qu'il n'aimait guère et qu'en privé il appelait « l'Auvergnat » ? Couve, ce qui n'était pas son genre, avait refusé d'obtempérer, arguant d'une mauvaise grippe. Quelques jours plus tard, lors d'une réunion à l'Élysée avec René Capitant, garde des Sceaux, et ennemi héréditaire de Georges Pompidou, et Raymond Marcellin, le ministre de l'Intérieur, celui-là un ami, le Général aurait dit : « Il faut voir… » Non parce qu'il doutait de la vertu de Mme Pompidou, mais parce qu'il avait toujours pensé que le couple avait des fréquentations qui pouvaient prêter le flanc à de telles accusations. Si l'on en croit Jacques Foccart qui le relate dans ses Mémoires, le Général n'était pas tendre avec Claude : « Elle est un peu bécasse, elle s'entiche d'artistes alors que ce sont des gens dangereux qui ont toujours autour d'eux une cour de gens douteux. » Déjà en 1962, le Général jugeait inconvenant que son Premier ministre continue à prendre des vacances à Saint-Tropez, « un endroit où on fait la bamboche », disait-il. En 1965 il lui avait conseillé d'y renoncer. Une habitude contractée lorsqu'il était professeur à Marseille : il se racontait que Claude aimait prendre le soleil *topless* dans son jardin. Une frivolité incompréhensible pour le couple de Gaulle.

Quels que soient le climat et le lieu, le Général n'apparaissait jamais autrement qu'en chapeau et costume trois-pièces. Une photo célèbre le montre, l'été

1932, à Bénodet, sur la plage du Trez en Bretagne, assis dans une chaise longue, feutre noir sur la tête et costume sombre, avec sur ses genoux sa fille Anne, handicapée, âgée de quatre ans, qu'il tentait de distraire. Pas plus que son mari Mme de Gaulle ne portait de tenue de baignade. Dans ses Mémoires, l'amiral de Gaulle raconte qu'enfant, il n'avait jamais vu ses parents dans leur intimité : la porte de leur chambre lui était interdite, ainsi qu'à sa sœur. Le couple y prenait son petit déjeuner. Lorsque le Général descendait pour la promenade quotidienne, il arrivait toujours rasé, habillé, cravaté, prêt à partir.

Avec les Pompidou, c'étaient bien deux univers inconciliables…

Pour le Premier ministre, Saint-Tropez symbolisait les temps heureux de sa vie insouciante de professeur débutant. Jeune marié amoureux, il en aimait le climat et l'ambiance farniente. Et Claude raffolait du soleil. Durant l'été 1963, Albin avait eu besoin de le voir d'urgence pour je ne sais quel dossier concernant sa banque. Il avait pris l'avion pour Nice et loué – ce qui était possible à l'époque – une voiture américaine décapotable pour se rendre à Ramatuelle. Le Premier ministre y séjournait dans une villa qui s'appelait « Le Nonchaloir ». Tout un programme ! Olivier Guichard était présent. Dans la soirée, tous trois décidèrent d'aller prendre un verre chez Sénéquier, et ils étaient arrivés sur le port assis sur la banquette avant de la limousine. Une scène inimaginable aujourd'hui, mais qui à l'époque n'offusquait personne. Il est vrai que la presse people n'existait pas, et les réseaux sociaux non plus.

Premier ministre, Georges Pompidou arrivait le samedi matin à Matignon au volant de la Porsche de Claude car il refusait de faire travailler son chauffeur durant le week-end. Ensuite, le couple partait à Orvilliers dans sa maison de campagne des Yvelines. Georges Suffert m'avait raconté que lors d'un déjeuner avec des journalistes, il s'était emporté contre le ministre Pisani qui voulait limiter la vitesse routière à 90 km/h. « Il ne doit pas y avoir six mois qu'il a son permis et qu'il conduit ; et lui à 90 km/h est sûrement plus dangereux que moi à 160 », moquait-il. Pompidou ne voulait pas qu'on « emmerde les Français avec leur bagnole » !

Retour à l'affaire Markovic. Ces quelques mots du Général, « il faut voir », avaient bouleversé Pompidou. Michel Jobert me l'avait confié. Pompidou avait même été saisi d'une fureur profonde. Comment celui qui connaissait si bien son ménage, et après tout ce qu'il avait fait pour lui, n'avait-il pas repoussé d'instinct ce ragot ? Il attendait quelques lignes de sa main, qui ne sont pas venues. Pour lui il n'avait pas eu le comportement d'un homme d'honneur. Il était d'autant plus blessé que chaque jour apportait son flot de vilenies. Il voyait des gens leur tourner le dos. On ne les invitait plus. Le téléphone ne sonnait plus. Pour le Tout-Paris, les Pompidou étaient devenus infréquentables. Lors de la réception annuelle du nonce apostolique, le représentant du pape en France, Georges Pompidou, accompagné de sa femme, avait voulu saluer le cardinal Marty, l'archevêque de Paris, un Auvergnat comme lui. Chaque fois qu'ils avançaient dans sa direction, celui-ci reculait. L'archevêque, trop sensible aux rumeurs, s'était arrangé pour esquiver cette rencontre : « Je lui ai fait faire le tour de la pièce », avait raconté Georges Pompidou à Michel Jobert et Édouard Balladur, en riant jaune bien sûr.

D'où l'importance de son voyage à Rome, le 17 janvier. Invité par les officiels italiens, il allait aussi être reçu avec son épouse par le saint-père Paul VI. Les journaux à sensations italiens avaient fait grand cas de l'affaire. Pour les Pompidou, cette rencontre au Vatican était très précieuse.

Le vendredi soir, l'ancien Premier ministre recevait la presse dans son hôtel, une rencontre organisée sans préméditation. Un journaliste lui avait demandé ce qu'il ferait lorsque de Gaulle aurait quitté le pouvoir. Il avait répondu : « Ce n'est un mystère pour personne. Je serai candidat à la présidence de la République, mais je ne suis pas du tout pressé. Et puis il faut être élu. » Une banalité. Mais la dépêche de l'AFP transforma ce propos assez plat en proclamation de candidature. À la grande surprise, paraît-il, de l'intéressé. (Bien que novice, j'avais interprété son propos comme un défi subliminal au Général.) Et cette phrase avait fait l'effet d'une bombe dans le landerneau politique. Sans l'avoir cherché – c'est ce qu'il plaidera –, Pompidou venait de s'introniser dauphin, le successeur qui pourrait rassembler des espoirs que le Général ne comblait plus.

Le mercredi suivant, les ministres notaient l'air particulièrement sombre et courroucé du Général. « J'ai le devoir et l'intention de remplir ce mandat jusqu'à son terme », avait-il dit sur un ton d'une brutalité peu coutumière. Ils notèrent aussi qu'il n'avait pas ajouté, contrairement à son habitude : « Si Dieu me prête vie. » Aux Français de comprendre : le Général n'avait aucune envie de se retirer. À bon entendeur, salut ! Et pour bien montrer qu'il restait aux commandes, en voyage à Quimper le 2 février, il annonçait aux Français qu'ils devraient se prononcer par référendum le 27 avril sur la réforme régionale et celle du Sénat.

Dix jours plus tard, le 13 février, Georges Pompidou était l'invité du Cercle français de Genève. *L'Express* m'y avait envoyée et dans l'avion, je retrouvai Josette Alia, une consœur du *Nouvel Observateur* que j'admirais beaucoup. Nous étions dans la salle où le Premier ministre allait tenir une conférence. En le voyant entrer, nous avions eu ensemble cette même impression : « Regarde, il marche déjà autrement. » Interrogé par la télévision suisse sur son avenir, il avait répondu : « Je ne crois pas avoir ce qu'on appelle un avenir politique. J'ai un passé politique et j'aurai peut-être, si Dieu le veut, un destin national… Mais c'est autre chose. » Pour le locataire, c'était une récidive du crime de lèse-majesté.

À la sortie, nous avions interrogé des participants, tous le voyaient déjà à l'Élysée. Et de nouveau, le 27 février, devant les chambres de commerce et d'industrie à Paris, il faisait l'éloge du profit pour les entreprises. L'État devait selon lui diminuer son emprise sur l'économie et ne plus chercher perpétuellement à la diriger et à la contrôler. Un credo libéral et déjà un programme présidentiel ?

Pour beaucoup de gaullistes, ces déclarations successives de Pompidou allaient, c'est sûr, faire perdre beaucoup de voix au Général. Mais dans les esprits, déjà, la relève se précisait.

Après quoi les dés ont roulé très vite. « De ce jour, Matignon n'exista plus », m'avait confié Nicole

Rossolin, l'attachée de presse de Maurice Couve de Murville. C'est que le référendum se présentait mal. Le sujet était trop rébarbatif, ou obscur. Bien des gaullistes eux-mêmes se montraient tièdes, voire hostiles. Certains auraient voulu que le Général renonce au référendum. « De Gaulle ne recule pas », leur avait-il répondu. Le 14 avril, dans un article publié par *L'Aurore*, Valéry Giscard d'Estaing écrivait : « La France est devant le référendum comme quelqu'un à qui on a mis un oursin entre les doigts », avant de déclarer, le lendemain à Chamalières : « Avec regret, mais certitude, je n'approuverai pas le projet référendaire. » Ses amis républicains indépendants faisaient, eux, campagne pour le oui.

Le 23 avril, les ministres savaient qu'ils participaient au dernier Conseil avec de Gaulle. Ce matin-là, il leur avait tous serré la main un peu plus longuement que d'habitude, avec un mot pour chacun. À la fin du Conseil, il en avait retenu quelques-uns à déjeuner, dont Albin, qui était sorti bouleversé. De Gaulle, c'était toute sa vie politique. Lorsque le Général avait créé le RPF, il faisait partie de l'équipe autour de Raymond Aron qui travaillait au programme du parti en cas de victoire.

Le 27 avril, le non l'emportait avec 53,2 % des suffrages. Petite consolation, les départements et territoires d'outre-mer, eux, lui avaient dit oui à la quasi-totalité des suffrages (jusqu'à 97 %), alors que dans l'Hexagone, la moitié des départements avaient boudé les urnes. De Gaulle était battu sur un référendum aux allures de suicide.

Comme c'est étrange : ceux qui avaient instrumentalisé l'affaire Markovic dans l'espoir de casser

Georges Pompidou avaient en réalité précipité la fin du Général et fait la courte échelle à celui auquel ils voulaient nuire. À travers cette affaire, je découvrais la puissance des haines à l'intérieur d'une majorité. Les gens de gauche n'étaient pas non plus pour rien dans cette histoire. Roland Dumas, avocat du *Canard enchaîné* et ami de François Mitterrand, s'était beaucoup agité. Il s'était rué à Belgrade pour être l'avocat de la famille Markovic.

J'étais triste. Pour moi, de Gaulle, c'était l'homme qui, en 1940, par son combat, avait hissé la France dans le camp des vainqueurs, celui qui l'avait libérée de la dictature nazie et préservée des archaïsmes autoritaires communistes auxquels tant de pays d'Europe allaient succomber. Celui qui avait bataillé pour établir en France des institutions mieux adaptées au monde moderne. J'avais envie de lui écrire pour le remercier. Je ne l'ai pas fait et le regrette.

En m'engageant deux ans plus tôt, JJSS me l'avait bien dit : « De Gaulle, c'est fini ! » Le 27 avril, le prophète exultait. Il écrivait dans *L'Express* : « Pour la première fois, dans la vie d'un homme de ma génération, on peut être fier de son pays. Ce que la France vient de faire, aucun pays jamais ne l'avait fait avant elle : répondre "non" à un plébiscite. »

Dans les couloirs de l'Assemblée nationale, les élus gaullistes m'apostrophaient, indignés par la jubilation schrébérienne.

Comme moi, Claude Imbert et Georges Suffert ne partageaient évidemment pas l'avis du patron et encore moins son ton.

Alain Poher, président du Sénat, s'installait à l'Élysée pour assurer l'intérim. En avril, Claude Imbert m'avait demandé d'aller le voir pour faire un portrait de celui – un inconnu pour la classe journalistique – qui menait la fronde contre le référendum. Il m'avait reçue dans son bureau au Sénat. Un petit homme très affable, un bon père de famille. Tout était gris chez lui : le costume, le poil, la moustache. Son credo : le rassemblement des centres pour constituer une force entre le gaullisme et le communisme, et la défense du Sénat. Il s'interrogeait sur le nom du candidat à la présidentielle ; lui-même paraissait peu désireux d'y concourir. Pendant qu'il me parlait, moi je ne voyais que sa cravate sombre, sur laquelle il y avait une énorme tache jaune en relief. Je n'avais pu m'empêcher de lui dire :

« Je sais ce que vous avez mangé aujourd'hui…

— Ah oui, et quoi ?

— Une omelette.

— Cela fait au moins quinze jours que je n'en ai pas mangé. »

Au retour, j'avais écrit qu'il était « plus net dans ses propos que dans sa mise », formule que Claude Imbert avait laissée passer, mais qui m'avait valu un petit mot manuscrit très sec de JJSS pour cette « phrase inconvenante ».

Bientôt, on apprenait qu'Alain Poher serait candidat à la présidence de la République et il était déjà évident que la campagne serait dominée par son duel avec Pompidou, tant la gauche était éclatée. Mitterrand honni pour son putsch raté en 1968 était resté chez lui. Gaston Defferre était le candidat. Orateur médiocre, il se faisait accompagner à chaque émission par Mendès France qu'il choisirait, disait-il, comme Premier ministre, et Roger Priouret, éditorialiste économique à

L'Express. Pas vraiment de joyeux drilles. Un trio lugubre et hilarant malgré lui, qui avait tenté 5 % des électeurs seulement. Un désastre.

À *L'Express*, la direction était pour Pompidou, y compris Françoise, qui jugeait que le candidat Poher n'était pas crédible. En plus, sa situation de président intérimaire lui interdisait de descendre dans la mêlée. Il ne tenait donc pas de meetings, ne faisait aucun voyage, il utilisait juste son temps de parole. C'était une non-campagne.

Jean-Jacques soutenait Poher, et il était bien le seul. Tout le monde l'avait averti. « Il n'a aucune chance. » Au soir du premier tour, Georges Pompidou, avec 43,95 % des suffrages, le devançait largement (23,42 %). Son élection ne faisait guère de doute. JJSS avait disparu, on ne le voyait plus. Où était-il ?

Huit jours plus tard, il réapparaissait à la télévision aux côtés d'Alain Poher. Et pour dire quoi ? « Monsieur le président du Sénat, je ne vous connais pas et ne ferai pas votre éloge personnel. Plusieurs de mes amis et de mes collaborateurs, qui ne sont pas d'accord avec moi – et c'est leur droit –, me disent : "Comment se fait-il que vous le préfériez à M. Pompidou ?" Je leur réponds : "Je ne le préfère pas à M. Pompidou..." Si je devais exprimer une préférence personnelle, je préférerais M. Pompidou, mais je vote sans hésitation pour vous dimanche, pour des raisons morales et pour des raisons politiques : la victoire du non au référendum vous est due pour une grande part. »

Nous le regardions dans le bureau de Claude Imbert qui avait été pris d'un fou rire géant. Et communicatif. Alors qu'en réalité nous étions tous consternés.

Moins d'un an après avoir quitté Matignon, Georges Pompidou était élu le 15 juin 1969 président de la République avec 58 % des voix. Hasard heureux : il allait aussi fêter en juillet son cinquante-huitième anniversaire.

VI

UN MONDE ENCHANTEUR

En politique, Albin avait quatre amis chers : Michel Maurice-Bokanowski, Jacques Chaban-Delmas, Roger Frey et Olivier Guichard. Je les cite par ordre alphabétique pour éviter d'avoir à établir entre eux une préférence que je ne discernais pas chez lui. Quatre compagnons gaullistes, des frères d'armes au fond, avec qui nous dînions souvent (jamais avec les quatre ensemble). Pour moi, un moment enchanteur à chaque fois ! La politique était bien sûr toujours au menu – le passé se mêlant au présent – mais ce que j'aimais surtout, c'était l'atmosphère chaleureuse, légère, amicale, confiante.

Michel Maurice-Bokanowski était sénateur-maire d'Asnières, après en avoir été le député. C'est lui qui avait proposé son siège à Albin, lorsqu'il avait voulu se lancer en politique. Boka, comme nous l'appelions, ne parlait jamais de lui. C'était un homme très prude, un fin analyste politique. Une belle gueule, toujours bronzé, des cheveux blancs – « Mais je les ai eus à quarante ans », affirmait-il. « Tu as un physique de cinéma américain », lui disait Albin. Nous dînions ensemble une à deux fois par an. C'est celui que l'on voyait le moins.

Chaban m'impressionnait. Ce gaulliste historique entré en Résistance dès juin 1940, était né Jacques Delmas. Chaban était son nom de clandestinité et accessoirement celui d'un château en Dordogne. Général à vingt-neuf ans, président de l'Assemblée nationale pendant seize ans, un record qui lui a valu d'être toujours appelé « président », même quand il était Premier ministre. Sous l'ère Mitterrand, le gardien du golf de Chantaco au Pays basque indiquait aux curieux : « Le Président est sur le trou numéro 5 et Mitterrand sur le trou numéro 9. » Quant à l'autre record : il fut maire de Bordeaux pendant cinquante ans.

Chaban était un être solaire, qui irradiait de gentillesse. Un ami du genre humain. Brillant causeur, habile à lancer une formule. Faire plaisir, concilier, rabibocher, élargir les majorités étaient chez lui une vocation, alliée à une inaltérable aptitude au bonheur. « Soyez heureux », nous disait-il toujours en guise d'au revoir, heureux comme il l'était lui-même dans sa vie privée avec son épouse, la ravissante et influente Micheline, qu'il appelait Bouclette. Elle lui avait fait découvrir l'art moderne. Elle organisait aux entrepôts Lainé des manifestations très avant-gardistes qui désorientaient souvent le public bordelais. Mais sur lesquelles son mari s'esbaudissait, par principe à mon avis plus que par conviction. C'est qu'il adorait Bouclette, le proclamait et le démontrait. Pour dire les choses, il n'arrêtait pas de la peloter et de la couvrir de baisers ! « Il est beau mon mari », scandait-elle en retour.

Le journaliste Jean Mauriac, qui les avait accompagnés lors d'un voyage en Chine, m'avait narré la stupeur des Chinois devant ce couple d'étrangers qui échangeaient goulûment des *french kisses* sur les trottoirs de Pékin.

Les enfants, les petits-enfants de Micheline composaient autour du couple une cohorte animée, joyeuse, esthétique, diplômée, et lui s'en délectait et en faisait des tonnes avec eux. Mais tant de bonheur affiché, sincère à coup sûr, est toujours suspect pour les autres. Cela le privait de ce halo de mystère dont doivent se parer les grands politiques.

« J'ai toujours eu de la chance. Je me sens débiteur », disait-il aussi. Chaban savait très bien mener sa barque.

Sous la IVe République, ce gaulliste parlementaire, habile à lancer des formules et célèbre pour ses reparties, avait, après l'échec du RPF, repris sa liberté. Il cultivait une double appartenance avec le parti radical. Il avait été ministre des Travaux publics de Mendès (son rêve constant fut de réconcilier de Gaulle et Mendès. Un échec !). Ministre d'État de Guy Mollct, ministre de la Défense de son ami le radical Félix Gaillard, inspecteur des Finances comme lui, une belle carrière, que certains gaullistes lui reprochaient. Il était jalousé.

En 1958, adoubé par le Général, Paul Rcynaud était son candidat à la présidence de l'Assemblée nationale. C'était un renvoi d'ascenseur pour celui qui l'avait aidé à partir pour Londres en 1940 avec le résiduel des fonds secrets encore disponibles. Il était alors le seul à avoir compris qui il était. Mais Chaban étant le candidat naturel du groupe le plus important de l'Assemblée, l'UNR, il l'avait donc emporté haut la main. Le Général lui en avait voulu. À l'Assemblée nationale, il présidait physiquement les débats, rappelant à l'ordre, du haut du perchoir, l'opposition lorsqu'elle chahutait : « Du calme, mes chers collègues, s'il vous plaît », lançait-il de sa voix nasillarde et pincée – qui a ravi les imitateurs – tout en frappant son pupitre avec une règle de bois. C'était un spectacle de le voir arriver en séance, par la salle des Quatre Colonnes de l'Assemblée, encadré par la garde républicaine et les roulements de tambour, marchant à grandes enjambées de golfeur jusqu'au perchoir. Il grimpait l'escalier quatre à quatre, ce qui faisait danser les pans de sa jaquette. Très sexy. Chaban était un grand sportif et s'en flattait : le rugby, le foot de sa jeunesse avaient précédé le tennis et le golf. « Quand nous jouions au Racing, les femmes se ruaient sur son passage, il avait un succès fou. C'était notre grand play-boy, me racontait Albin, un peu m'as-tu-vu, aussi. » On le surnommait Charmant-Delmas.

Au fond son génie politique a toujours résidé dans son absence de sectarisme et son esprit d'ouverture. Pas d'ennemi déclaré (sauf plus tard Pierre Juillet, Marie-France Garaud et aussi Jacques Chirac lorsqu'il était Premier ministre). Car Chaban savait rendre service, faire plaisir et se créer des obligés. Ainsi, à Bordeaux – qu'il appelait « ma ville » –, il y avait le conseil municipal. Comme il ne pouvait y faire entrer tous les postulants, il avait inventé le « Grand Bordeaux », qui comptait autant de membres que le conseil. Ceux-ci pouvaient arguer de leur importance en ville et dans le monde grâce à la carte de visite estampillée « conseiller du Grand Bordeaux ». Tout le monde était content. « Il est très habile, admirait Albin, mais il ne travaille pas. »

Au début de la Ve République, Chaban organisait deux fois par mois à l'hôtel de Lassay les fameux déjeuners des barons qui réunissaient Debré, Guichard, Frey, Foccart, parfois Malraux et Pompidou. Ce jour-là, il inscrivait dans son agenda : « Le repas des fauves ». Pour les journalistes politiques, ces déjeuners de barons nourrissaient tous les fantasmes. On s'interrogeait : que tramaient-ils ensemble ? Que se disaient-ils ? Défaisaient-ils les carrières ?

Roger Frey, l'homme qui me fascinait quand j'étais étudiante – ce que je ne lui ai jamais dit –, était dans la vie très abordable, d'humeur égale, souriant et très secret. Je lui demandais s'il avait pris des notes afin de raconter ses souvenirs. Il me disait que non. Dommage !

Lorsque je l'ai connu avec Albin, il n'était plus ministre de l'Intérieur, mais ministre d'État chargé des relations avec le Parlement. Il s'acquittait de sa tâche avec une conscience qui m'impressionnait. Il connaissait dans le détail toutes les subtilités du règlement et le fonctionnement de cette drôle de machine jusque dans ses moindres rouages. Et il ne ménageait pas sa peine en se frottant chaque jour aux états d'âme à répétition des députés gaullistes. Il arpentait pendant des heures les couloirs de l'Assemblée nationale, bavardait avec tout le monde, s'armait de patience pour expliquer inlassablement le bien-fondé de la politique gouvernementale, le tout avec le sourire. À la buvette, il savait aussi s'asseoir de bonne grâce auprès de ceux qui l'y conviaient et rester le temps qu'il fallait. L'air énigmatique, un demi-sourire de Joconde aux lèvres, Frey fixait intensément ses interlocuteurs de sa prunelle couleur lagon. Les écoutait-il vraiment ? Allez savoir… Quoi qu'il en soit, les députés, une fois délivrés de leur petite confidence, gardaient une reconnaissance éternelle à ce grand baron gaulliste si chargé de secrets, auréolé de sa familiarité avec le Général et des responsabilités difficiles qu'il avait assumées au ministère de l'Intérieur pendant six ans.

Souvent il me disait : « Viens me voir, j'ai des choses à te raconter. » Je me précipitais chez lui avec gourmandise et en réalité, c'était moi qui parlais. C'était à moi qu'il faisait raconter les bruits de couloir de l'Assemblée nationale et je me laissais aller parce que je suis bavarde.

Nous dînions souvent ensemble et encore plus souvent lorsqu'il présidait le Conseil constitutionnel. L'exquise Suzanne Guichard en était l'animatrice. Elle n'avait pas son pareil pour narrer les bruits de la cour et de la vie avec drôlerie. Roger buvait les paroles de cette belle femme rieuse aux yeux de porcelaine et à la chevelure mousseuse et grisée. Elle était son rayon de soleil.

Olivier Guichard était pour moi un personnage de roman. Haut de taille, massif sans être lourd, un joli regard bleu, intime, indiscret, avec en arrière-fond une petite lueur de nostalgie indélébile, qui se posait sur vous avec une bienveillance non feinte. Il émanait de lui une sensualité nonchalante, une densité rare. Il emplissait l'espace. Il souriait volontiers mais toujours avec un air pensif. C'était un placide. Il parlait avec beaucoup de détachement des choses importantes, et s'exprimait sans gestes, sauf lorsqu'il se mouchait dans ses mouchoirs à carreaux grands comme des serviettes, qu'il achetait au marché de Guérande. Se défiant des théories et des doctrines, il se montrait subtil et plein de bon sens. Jean de Boishue, un agrégé de lettres qui fut pendant trente ans son collaborateur, évoque ces soirées à La Baule, dont Olivier Guichard fut le maire pendant trente ans, où il ne disait rien. « Mais moi, j'avais l'impression d'avoir parlé avec lui toute la nuit », dit-il joliment. Guichard était un homme très fin, à la fois rustique et raffiné. On sentait chez lui plus de scepticisme que de foi, si ce n'est pour le Général, pour lequel il nourrissait une vraie passion. En politique, il avait l'art de la vacherie aimable. Lorsque Jean-Marc Ayrault avait été élu maire de Nantes, je lui avais demandé ce qu'il pensait de lui (il présidait la région des Pays de la Loire). Après un long moment d'hésitation, il m'avait répondu : « Il est joli garçon, non ? » C'est tout. Comme à court d'idées.

Comme Pompidou, Guichard n'était pas un gaulliste de Londres ou d'Alger, ce qui les avait d'emblée rapprochés. Chargé de mission au RPF, il avait sillonné la France pour rencontrer les délégués régionaux et choisir les hommes susceptibles d'être candidats aux élections municipales et législatives, ce qui lui avait donné une vaste connaissance du personnel politique sur le terrain. « Il avait été un peu le Pasqua du Général », note un proche. Il faisait beaucoup de route en voiture, toujours assis à l'avant, à côté du chauffeur. Quand il arrivait à Colombey, le Général l'apostrophait : « Guichard, arrêtez donc de vous mettre devant, ça fait socialiste ! » Ces voyages lui avaient donné une connaissance de la France presque topographique : il parlait des fleuves, des cours d'eau, des collines, des chemins. C'était un érudit amoureux du pays.

Quand Georges Pompidou était entré chez Rothschild, c'est lui qui avait pris sa suite auprès du Général. Et tandis que tant d'autres s'éloignaient pour tenter leur chance, lui, pendant six ans, reçut, quand il ne les sollicitait pas, les visiteurs, car ceux-ci se faisaient de plus en plus rares. Il fut le dernier à supporter ses sautes d'humeur, ses sarcasmes, son amertume. Un climat pesant au quotidien. Avec aussi des moments plus agréables quand il l'avait accompagné en voyage en Afrique, aux Antilles, à Tahiti. Mais il en avait rapporté peu d'anecdotes : « Guichard, à deux, sur un mouton, ça doit être formidable. » Une phrase de De Gaulle assez surréaliste.

Contrairement à Pompidou, lui n'avait jamais cessé d'espérer de croire à son retour. Dès avril 1958, il avait participé au complot. La fameuse opération « Résurrection ». Entre Colombey, Paris et Alger, il s'était démené pour rencontrer ceux qui souhaitaient faire appel à son grand homme. D'où ce mystère. Pourquoi de Gaulle, revenu au pouvoir, ne lui a plus jamais donné signe de vie ? Pourquoi ne l'a-t-il jamais convié à l'Élysée en tête à tête ? Pourquoi a-t-il toujours rayé son nom quand Michel Debré et après lui Georges Pompidou proposaient de le faire entrer au gouvernement ? Parce qu'il avait été le témoin de ses jours sans grandeur ? Lorsqu'en 1958, Georges Pompidou s'était installé pendant six mois à Matignon comme directeur de cabinet du Général, Olivier était venu lui prêter main-forte comme chargé de mission. Alors, jusqu'en 1968, Olivier Guichard avait trouvé ses raisons de vivre et sa fierté dans l'aménagement du territoire, créé la Datar. Une sacrée gageure ! Il lui fallait vaincre deux siècles de centralisation, renverser des féodalités, rompre des préjugés. Et il avait adoré le job.

Comment expliquer cette disgrâce du Général ? Peut-être par l'inimitié que lui portait Mme de Gaulle en raison d'une vie privée mouvementée : « C'est un noceur », aurait-elle dit. Ce qui dans sa bouche valait condamnation. Lorsque Mme de Gaulle était décédée, il ne s'était pas rendu à son enterrement. « Elle ne m'aimait pas », m'avait-il expliqué.

Quand je l'ai connu, l'affaire était entendue : Olivier dînait tous les soirs avec Daisy de Galard, son grand amour de jeunesse. Ils s'étaient retrouvés après leurs mariages respectifs pour constater que les feux n'étaient pas éteints. La relation avait repris.

Directrice de *ELLE*, productrice de l'émission « Dim, Dam, Dom », Daisy, qu'il appelait « Daisai », adoptant la prononciation à l'anglaise, était une forte personnalité, grande comme moi, énergique. D'un premier abord plutôt rugueux, c'était une généreuse à la voix un peu rauque, bourrée d'idées, aimant rire, même si on la sentait toujours sur ses gardes. Avec son homme, elle était une vraie geisha ! Quand nous allions dîner chez elle, elle était souvent la dernière arrivée, parce que encore au travail. Mais tout était prêt, bien sûr. Elle avait préparé pour lui, dans un linge humecté afin d'en préserver les arômes, le mélange de tabac pour sa pipe et, dans le réfrigérateur, il y avait son cocktail favori. Très bonne cuisinière elle concoctait des plats exquis. Je me souviens d'un déjeuner au mois d'août, dans sa maison sur les hauteurs de Grimaud qui voisinait avec la villa de la célèbre designer Andrée Putman. Il faisait ce jour-là au moins 35 degrés à l'ombre. Daisy avait confectionné une tarte épaisse au thon et mitonné un cuissot de chevreuil servi avec une sauce très élaborée. Menu parfait par temps de frimas, mais peu adapté à la météo du jour. Les hommes, le feu aux joues, transpiraient à grosses gouttes et moi j'avais l'impression d'avaler des bouillottes ! « J'ai compris, tu veux tuer Olivier ! » plaisantait Étienne Garnier, futur député de Saint-Nazaire, l'homme le plus drôle que j'aie rencontré, qui faisait partie de notre bande, et avec qui nous partions en vacances.

Olivier, qui n'a jamais divorcé, bien qu'il le lui ait promis, dînait avec Daisy tous les soirs, passait avec elle une bonne partie des vacances dans le Midi, pour repartir à La Baule où il avait ses obligations, notamment être présent pour le concours hippique du 15 août. À Paris, toujours il rentrait dormir au logis conjugal… quand il n'allait pas passer la fin de la soirée ailleurs, chez une amie, ou chez Castel. Suzanne, sa femme, dînait avec Roger Frey, qui était toujours marié avec Lucienne. Ensuite, chacun rentrait chez soi. Suzanne aimait Roger mais sans être déprise d'Olivier dont elle moquait tout haut dans les dîners les vagabondages : « Je ne sais pas comment il fait. Il doit s'endormir au milieu, non ? » plaisantait-elle, et tout le monde riait.

Car si Daisy était pour Olivier celle qui comptait le plus, il y avait aussi les autres, et pour ma part, j'en connaissais deux : une senior et une junior.

Colette M., une belle femme qui ressemblait à Françoise Fabian mais dans une version blonde. Très amie de Suzanne, elles se liguaient contre Daisy.

« Elle le fait trop boire ! » Colette avait acheté un appartement à La Baule pour être près d'Olivier quand il s'y trouvait. Elle était folle de lui, tout en me confiant qu'elle aurait mieux fait de se casser la rotule le jour où elle l'avait rencontré. Elle m'avait raconté qu'une fois elle lui avait demandé ce qui lui ferait plaisir pour son anniversaire. Il lui avait répondu en toute simplicité : « Une paire de chaussures de chez Lobb » (la Rolls des chaussures !). Colette s'était donc rendue chez Hermès pour lui en commander une paire comme il les aimait. Elle avait demandé au vendeur de lui montrer la fiche de M. Guichard, ce qu'il avait fait (faute professionnelle) et elle avait lu au hasard des années :

1970 : commande de Mme B.

1972 : commande de Mme G.

1974 : commande de Mme X.

1976 : commande de, etc.

Évidemment, Colette les connaissait toutes. Il y avait aussi Caroline, journaliste, dont Colette était très jalouse, une amie des filles d'Olivier. Caroline P. m'avait raconté qu'elle l'avait emmené en voyage à New York en payant les billets d'avion et l'hôtel. Olivier se laissait aimer et gâter par toutes ces femmes tel un pacha accablé par tant de faveurs.

J'aimais beaucoup Colette, nous parlions pendant des heures du rapport entre les hommes et les femmes. Elle a été mon professeur de vie. Souvent, nous évoquions le comportement de ceux qui nous étaient proches et qui n'étaient pas des modèles de fidélité. Elle me disait : « Tu sais, ils n'ont pas eu de jeunesse, c'était la guerre. Ils ont connu des années de privation en tout genre, donc ils vivent leur émancipation adolescente à l'âge adulte. » Elle était philosophe et bienveillante.

C'est probablement ce comportement intime baroque qui valait à Olivier Guichard l'inimitié de Mme de Gaulle, elle-même très jalouse – elle ne plaisantait pas avec ces choses-là.

Lors de chaque dîner avec Roger, Olivier et Chaban, nous parlions du Général. Grâce à lui leur vie avait pris un sens, chacun avait un souvenir à rapporter à son sujet. Il y avait aussi ce grand débat récurrent : de Gaulle était-il un homme à femmes et avait-il trompé tante Yvonne ? En clair, était-il un homme comme les autres ? Chaban rapportait cette anecdote : son ami le général Corniglion-Molinier, gaulliste de la première heure, qui avait aussi fait la guerre d'Espagne avec Malraux, s'était rendu au Liban après la guerre et était allé prendre un verre à Beyrouth dans une maison où il y avait des dames. Il avait interrogé la patronne : « Vous avez connu le Général quand il était à Beyrouth (en août et septembre 1942) ? » Et la dame, en rougissant et baissant les yeux, lui avait répondu : « Oui, monsieur, deux fois. » Et autour de la table, tout le monde avait éclaté de rire.

Mon ami Franck Ferrand m'a raconté s'être rendu à Beyrouth il y a une dizaine d'années pour présenter un livre. Le soir il avait été reçu à dîner chez l'architecte El Khoury, représentant de la haute société des chrétiens du Liban. On lui avait raconté que le Général avait eu plusieurs enfants illégitimes. Une rumeur tenace à Beyrouth, mais qui n'est pas une preuve non plus. Quelque temps plus tard, Franck participait à Europe 1 à une émission de Jean-Marc Morandini ; sujet du jour : « Les hommes politiques et les femmes ». On évoquait les succès féminins de MM. Giscard d'Estaing, Mitterrand, Chirac, etc. C'est alors qu'une auditrice avait appelé pour dire : « Heureusement que ça n'était comme ça du temps du Général. » Et Franck Ferrand de l'interrompre : « Détrompez-vous, madame, je reviens du Liban où le Général a acquis une réputation de grand séducteur. » L'émission se termine, Franck retourne dans son bureau et son assistante lui dit : « L'amiral de Gaulle a téléphoné. Il voudrait te parler. » Panique. Franck Ferrand, très embêté, rappelle l'amiral. Il est prêt à s'excuser. Mais l'amiral ne lui en laisse pas le temps : « Je suis très intéressé par ce que vous avez dit sur les incartades de mon père au Liban. Si vous en savez plus, j'aimerais bien que vous me les racontiez. Je suis preneur. »

Dans ses Mémoires, l'amiral parle de la jalousie de sa mère qui, pendant la guerre, lui disait : « Je ne sais pas si ton père me trompe. Je ne le crois pas car il n'en a pas le temps. » En 1920, on lui avait prêté une liaison avec une jeune comtesse polonaise, mais comme l'avait dit Mme de Gaulle à l'ambassadeur de Pologne : « C'était avant notre mariage. »

Paul-Marie de La Gorce, qui a écrit plusieurs ouvrages sur de Gaulle, parle dans un premier livre des relations avant-guerre entre le colonel Pétain et le jeune lieutenant de Gaulle, qui étaient très difficiles. Il m'a raconté qu'après avoir lu son ouvrage, le Général devant lui avait rectifié : « Non, Pétain et moi, nous nous entendions très bien. À l'époque, j'étais très sur les femmes, Pétain aussi, ça nous rapprochait. »

« Très sur les femmes », un langage militaire de début du siècle.

À une belle-sœur qui lui demandait s'il n'y avait pas eu quelques dames ici ou là, Mme de Gaulle avait répondu en haussant les épaules : « Ça ne l'intéresse pas, il n'a jamais eu une minute à lui. » Le Général, pour prévenir toute question fâcheuse, avait l'habitude de dire : « Quand on a l'histoire pour amie, il ne peut pas y en avoir d'autre. » En 1948, Claude Guy a noté sur son journal à la date du 7 février cette extraordinaire confidence du Général évoquant le mort de sa fille, la petite Anne, une enfant handicapée (elle disait « papa », elle n'a jamais dit « maman ») : « C'était une prisonnière, un petit être très attachant, tellement affectueuse avec nous… Elle a servi de lien entre sa mère et moi. Elle aura permis que nous demeurions ensemble à un moment où il était essentiel que Mme de Gaulle et moi demeurions ensemble, j'entends… aux yeux du pays. » Que voulait-il insinuer ? Mystère.

Retour sur Olivier Guichard. Georges Pompidou l'appréciait beaucoup. Pendant des années, avec Suzanne et Claude, les deux couples partaient souvent ensemble en vacances. Sa carrière ministérielle a débuté lorsque Georges Pompidou est entré à l'Élysée. Il lui offrait l'Éducation nationale. Un choix qu'il n'avait pu refuser mais qui l'inquiétait beaucoup. « C'est le ministère des tempêtes », disait-il. Il avait accepté la mort dans l'âme, il croyait que c'était un piège, alors que le Président jugeait que le ministère avait besoin d'un homme calme après le passage d'Edgar Faure qui avait mis le monde de l'éducation en furie avec sa loi d'orientation. « Finalement, il a été très malheureux d'en partir quatre ans plus tard, en 1972, après la démission de Chaban », raconte Jean de Boishue qui dit aussi qu'un récent colloque a dressé un bilan flatteur de l'action de son ministre rue de Grenelle.

À l'époque, tout le monde croyait aux chances d'Olivier d'accéder à Matignon. Chaban lui-même me l'avait dit plusieurs fois. « Après moi, ce sera le tour d'Olivier. » Tout le monde avait été très étonné que ce soit Messmer qui le remplace. Giscard lui-même le croyait, qui lui envoyait des petits papiers pendant le Conseil des ministres. « Olivier, pourquoi vous ne m'aimez pas ? » Question : a-t-il raté le coche et pourquoi ? Au printemps 1972, Georges Pompidou voulait se séparer de Chaban. Il songeait à son ami mais voulait le tester. Comme il allait passer le week-end pascal à Brégançon, il lui fit dire qu'il l'invitait à déjeuner seul le dimanche (Georges Pompidou n'aimait pas Daisy car il appréciait Suzanne). Mais voilà : cette invitation contrariait les plans de son ministre. Il avait prévu de descendre en voiture à Grimaud avec Daisy (il adorait conduire) et de se reposer pendant le week-end. Alors, l'idée de devoir faire la route entre Grimaud et Brégançon dans lcs cmboutcillagcs l'assommait… Il avait fait répondre qu'il n'était pas disponible. Jean de Boishue l'assure : « Pompidou lui en a beaucoup voulu. Ce jour-là, il s'est passé quelque chose de très important, le lien s'est cassé entre les deux hommes. Ça n'a plus jamais été comme avant. » A-t-il craint, déjà échaudé par Chaban, que leur longue pratique réciproque rende bien incertaine une subordination entière et déférente ? C'est possible. Mais en 1972, Pompidou, déjà très malade et empli de douleurs, avait facilement mal au caractère et appréciait peu qu'on lui résiste.

Question sans réponse : Olivier Guichard avait-il vraiment envie d'être Premier ministre ? envie d'accéder à la prison de Matignon ? « Oui, mais il n'a rien fait parce que c'était un dilettante », estime encore Jean de Boishue. Mais quand on a cette ambition ardente, on s'arrange pour le faire savoir, ce qu'il n'a jamais fait. Olivier Guichard n'était pas Georges Pompidou qui, lui, a très vite rêvé de Matignon.

De retour chez Rothschild, en janvier 1959, il s'était aperçu après avoir pendant six mois remis la France en marche que la banque ne l'intéressait plus. Il avait contracté le virus de la politique. Michel Debré lui avait proposé d'être son ministre des Finances. Il avait refusé car en secret, il se voyait plus haut. D'ailleurs les barons jalousaient Georges. Trop de privilèges pour le même homme. Dès 1944, le Général lui avait offert une place de choix auprès de lui. Et puis il avait gagné pas mal d'argent chez Rothschild, époque où on voyait les Pompidou, lui en smoking, elle en robe du soir, à l'Opéra, au théâtre, à toutes les premières. Les Rothschild s'étaient entichés de ce collaborateur cultivé, optimiste et si distrayant. Pas une fête sans lui. « C'est notre bourgeois gentilhomme ! » moquaient entre eux les barons, qui saluaient aussi l'irrésistible ascension du petit Auvergnat boursier et son intelligence hors pair.

VII
LES DIABOLIQUES

Le dimanche 27 avril 1969, les Français ont dit non au général de Gaulle. Lundi 28, à 00 h 11, un communiqué de Colombey avertit : « Je cesse d'exercer mes fonctions. Cette décision prend effet aujourd'hui. » La voie était libre pour les successeurs. Et le mardi 29, à 13 heures, Georges Pompidou annoncait sa candidature à la télévision : « J'ai résolu de me présenter au suffrage des Français en ayant le sentiment d'obéir à mon devoir. Je ne me réclame d'aucun parti. Je ne suis pas le successeur. On ne succède pas au général de Gaulle. » Et de rappeler qu'en mai 1968 il avait rétabli l'ordre sans faire couler le sang. Et de prôner l'ouverture de la majorité et l'entrée de l'Angleterre dans le Marché commun (qu'avait toujours refusée le général de Gaulle).

C'était la condition *sine qua non* pour que les centristes le rallient. Je m'attendais à une bronca des gaullistes. Que nenni ! Ils étaient très contents, au contraire… « C'est l'assurance qu'il n'y aura jamais d'intégration européenne », m'avait expliqué, radieux, André Fanton, un proche de Michel Debré.

Une heure plus tard, Georges Pompidou se rendait rue de Lille, au siège de l'UDR, pour y rencontrer le bureau politique du groupe. Une grappe de journalistes l'attendait sur le trottoir. Nous avons vu arriver un homme à l'autorité plus incandescente, déjà transformé. Il n'était plus le même. Il ne venait pas quémander un soutien, non, juste mettre les compagnons devant le fait accompli. Le candidat, c'était lui. Une évidence pour tout le monde.

Cinq minutes plus tard, il repartait sous les applaudissements et gratifiait la presse qui espérait une déclaration d'un sourire en demi-lune et d'un regard lointain.

Le lendemain, il rendait visite aux Républicains indépendants qui avaient déjà fait savoir qu'ils le soutiendraient. Un grand absent : Giscard, leur leader. Où était-il ? Depuis quelques jours, il avait disparu. Il s'était, paraît-il, interrogé. Devait-il se porter candidat ? Les calculs avaient été vite faits. Les vents ne lui étaient pas favorables et les gaullistes pas près de lui pardonner son « non » à de Gaulle. Alors il avait renoncé. Mais il voulait donner un lustre particulier à son ralliement. Façon d'obliger le vainqueur ? Son publicitaire était venu lui proposer une affiche de soutien. Un portrait en grand du candidat, avec à côté sa photo en plus petit, et cette légende : « Je soutiens la candidature de Georges Pompidou. » Projet refusé. Pour Giscard, l'événement politique était son soutien et non la candidature de Pompidou, puisque tout le monde était déjà au courant. Les publicitaires repartaient. Deuxième affiche. La photo des deux hommes côte à côte, de taille égale. Ça ne lui plaisait toujours pas. À refaire. Troisième mouture : Giscard deux fois plus grand que celui auquel il apportait son soutien. Projet accepté. Georges Pompidou avait préféré en rire.

Bien qu'il ait été mieux élu (58 % des voix) que le Général en 1965, sitôt la victoire acquise, les premières fêlures apparurent et les rancœurs affleuraient dans le camp gaulliste. Pour beaucoup, le nouvel élu était un parricide. Ils entendaient bien lui faire payer son forfait.

Les médaillés de la Résistance lui firent savoir la veille du 18 juin que sa présence n'était pas souhaitée au mont Valérien, façon de bien souligner qu'il n'appartenait pas à leur glorieuse cohorte. Georges Pompidou décida de passer outre. Mais arrivé sur place, le grand chancelier de l'ordre de la Libération ne l'avait pas laissé entrer dans la crypte. Un affront.

Les gaullistes de gauche, ses ennemis de toujours, clamaient à la une de leur hebdomadaire *Notre République* : « Résister » (à Pompidou). Tout un programme ! Louis Vallon allait bientôt publier un livre pamphlet, *L'Anti-de Gaulle*, qui lui vaudra d'être exclu du groupe UDR et bientôt du parti. Il rétorquait, bravache : « Je ne vois pas pourquoi je serais exclu du gaullisme par Pompidou qui ne me paraît pas compétent pour exclure quelqu'un du gaullisme. »

Les amis de Michel Debré, pourtant ministre d'État, chargé de la Défense nationale, fustigeaient eux la politique d'ouverture en direction des centristes, « ces ouvriers de la onzième heure », dont le tardif ralliement avait été trop grassement payé : le ministère de la Justice à René Pleven (Marie-France Garaud y avait beaucoup œuvré) ; l'Agriculture à Jacques Duhamel ; le ministère du Travail à Joseph Fontanet. « Des gens qui ont poussé la voiture du Général sur le bas-côté de la route. » Le 2 juillet, une trentaine de parlementaires, dont Jacques Vendroux, le beau-frère du Général, et Pierre Messmer constituaient l'amicale Présence et action du gaullisme. « Nous serons le levain dans la pâte », proclamait Charles Pasqua, encore peu connu à l'époque.

De sa retraite à Colombey, le Général avait bien voulu écrire à son successeur : « Votre candidature est cent fois justifiée. » Tout le monde avait compris qu'il s'agissait d'une lettre de convenance et non pas de cœur.

Entouré de ce halo d'humeurs grincheuses, Georges Pompidou, contrairement à ses successeurs, ne connaîtra pas l'état de grâce. Valéry Giscard d'Estaing et François Mitterrand, asphyxiés par l'encens de leurs thuriféraires, mettront, eux, plusieurs semaines à redescendre sur terre. Le nouvel élu pouvait certes s'appuyer sur une majorité confortable, celle que les électeurs avaient élue en juin 1968, grâce à lui d'ailleurs. Mais dans ce contexte, il devait nommer à Matignon un homme du sérail, qui rassure d'urgence la famille gaulliste. Qui mieux que l'aimable Chaban ? Il saurait apaiser les tourments, croyait-il.

Les deux hommes se connaissaient de longue date. Leurs déjeuners entre barons les avaient si souvent réunis à l'hôtel de Lassay, la résidence du président de l'Assemblée. Mais ils n'avaient jamais déjeuné en tête à tête pour le plaisir, ils n'étaient pas amis. Ils allaient devoir passer de « Georges et Jacques » au formalisme indispensable à leurs nouvelles fonctions. Pas si facile. En réalité, le couple Pompidou-Chaban n'a jamais fonctionné. Ils étaient deux âmes qui ne vibraient pas à l'unisson. Les photos où ils se montraient tout sourires étaient trompeuses. Leur cohabitation sera difficile et chaotique. « Des irritations mineures », écrira plus tard Chaban. Pas si mineures que ça… Les premiers heurts se produisent dès la formation du gouvernement. L'ex-président de l'Assemblée qui avait beaucoup d'amis voulait en contenter la plupart. « Je n'irai pas au-delà de quarante-quatre ministres », s'impatientait Georges Pompidou quand on était venu lui annoncer qu'ils étaient déjà près de soixante. On finira par transiger à quarante-neuf.

Albin était reconduit au ministère de l'Équipement, j'en étais ravie. Il allait pouvoir concrétiser tous les projets qu'il avait lancés depuis un an. Autre tiraillement : Georges Pompidou ne voulait pas de Giscard au gouvernement. « Ah non, épargnez-moi ce cactus ! » Il avait proposé les Finances à Antoine Pinay, lequel avait refusé, et Chaban avait insisté pour que ce soit Giscard : « Il connaît la boutique. » Et le Président avait cédé, mais de mauvais gré. Voilà le plus grave : Chaban omettait de consulter Pierre Juillet et Marie-France Garaud, les deux conseillers politiques de l'Élysée. Pas question pour lui de traiter avec ces « intermédiaires », comme il les appelait. Une désinvolture que Chaban allait payer très cher. Dès le premier jour, il s'en faisait deux ennemis qui désarmeront d'autant moins que Chaban ne leur rendra jamais visite dans leur bureau situé dans l'aile droite de l'Élysée. Autre problème, et celui-là encore plus grave pour Chaban : en six années de Matignon, Georges Pompidou avait acquis une connaissance encyclopédique des dossiers. Alors il s'irritait de l'ignorance de son Premier ministre, même si dans les premiers temps, il s'en amusait : « Vous allez voir, il va s'y mettre. »

Mais le Président découvrait sans plaisir que le pouvoir au quotidien ne se trouvait pas à l'Élysée, oubliant que lui Premier ministre avait tout fait pour qu'il en soit ainsi avec le Général. À l'Élysée, il s'ennuyait presque. Un temps, il avait sincèrement cru qu'il pourrait laisser Chaban s'occuper des dossiers économiques, de l'industrialisation de la France qui lui était si chère et se réserver les grandes orientations, la politique étrangère, la politique monétaire. Mais très vite le Président avait averti ses collaborateurs : « Je suis préoccupé, Chaban ne s'y met pas. » Chaban lui-même le confirmera dans ses Mémoires : « Je fus saisi de vertige. J'avais découvert à quel point ma connaissance des affaires de l'État était insuffisante. » Être président de l'Assemblée nationale pendant des années ne prédispose pas forcément à être Premier ministre. À Pierre Charon, son collaborateur à l'Assemblée nationale, Chaban expliquait : « Ce qui est important à Matignon c'est de prendre les meilleurs auprès de soi. » Hélas, cela ne suffit pas toujours.

Le 10 juillet, le Président, déjà déçu ou perplexe, réunissait sa première conférence de presse. Il entendait mettre les points sur les i. Pas question de faire du gaullisme sans de Gaulle, avait-il prévenu. Et, de fait, changement d'ambiance. Décision du nouvel élu, le protocole était très allégé. Le gouvernement était représenté par le Premier ministre et le porte-parole du gouvernement, Léo Hamon, un gaulliste de gauche, un petit homme rond et chauve, affable et bavard que *Le Canard enchaîné* avait baptisé Léo Parleur.

Moins de cent journalistes. J'y assistais avec Georges Suffert. Le spectacle changeait de nature. On passait de la pompe grandiose et intimidante à une réunion plus familiale, mais tellement plus banale aussi. On n'entrait plus à l'Élysée sur la pointe des pieds comme dans une cathédrale. Georges Pompidou s'était présenté aux journalistes comme le chef suprême, à la fois arbitre et responsable du destin de la nation, seul habilité à donner les impulsions fondamentales et à définir les directions essentielles. À ses côtés, le Premier ministre n'avait cessé d'opiner du chef. Avait-il bien entendu le message ? L'avait-il compris ? On en doutera le 16 septembre.

Ce jour-là, une session spéciale est prévue à l'Assemblée. Chaban, qui attendait depuis dix ans sur le perchoir l'occasion de mener une politique active, présente un discours-programme qui fait sursauter l'Élysée. Alors que la France fume encore de l'explosion de Mai 68, Chaban nourrit une conviction intime : il faut débloquer la société, moderniser les rapports entre l'État et les entreprises publiques, donner plus d'autonomie à leurs dirigeants, changer les relations entre patronat et syndicats grâce à la concertation permanente et les contrats de progrès où les deux parties décident ensemble une élévation raisonnable du pouvoir d'achat. Il lance des thèmes nouveaux : la formation permanente, l'autonomie des universités ; il prévoit de libéraliser la télévision et même de créer la compétition entre les deux chaînes. Innovation considérable : deux journaux d'information concurrents seront diffusés chaque soir à la même heure. Vaste ambition… Un projet que Chaban appelle « la Nouvelle Société » et qui selon lui devrait gêner les premières tentatives d'ébauche d'une union de la gauche et doter la majorité d'un vrai dynamisme pour les législatives de mars 1973. Afin de mettre en forme ce beau discours, il s'est fait aider d'un ancien syndicaliste CFDT chargé des affaires sociales au Plan, imaginatif et au tempérament d'écorché vif, Jacques Delors. Et d'un ancien inspecteur des Finances, venu de la Résistance et de la gauche, ex-conseiller de Pierre Mendès France, Simon Nora, un ami de jeunesse d'Albin, un homme superbe. L'incarnation, pour moi, du Solal d'Albert Cohen dans *Belle du Seigneur*.

De toute ma vie de journaliste, je n'ai entendu aucun autre discours d'investiture qui ait suscité autant d'enthousiasme dans la presse et dans le pays. Il y avait du souffle, de l'optimisme. Je me souviens d'un Jean Ferniot dithyrambique dans les couloirs de l'Assemblée. Le lendemain, les sondages étaient au beau fixe pour Chaban : 60 % d'opinions positives contre 50 % à Georges Pompidou, un différentiel qui ne changera pas durant tout son mandat à Matignon. De quoi irriter encore plus les conseillers de l'Élysée, d'autant que le Président voyait rouge. Chaban n'avait envoyé son texte à l'Élysée qu'une heure à peine avant de le prononcer. Quelle désinvolture ! Dans son esprit, Chaban ne faisait qu'appliquer l'article 20 de la Constitution : « Le gouvernement conduit et détermine la politique de la nation. »

Quelques jours plus tard, le désaccord est scellé entre les deux hommes. Témoin ce dialogue que Chaban me racontera quelques années plus tard.

Georges Pompidou : Alors, monsieur le Premier ministre, vous voulez flanquer la pagaille ?

Jacques Chaban-Delmas : Si nous ne tentons pas une ouverture vers certains radicaux de gauche et quelques socialistes, vous verrez, ils finiront pas signer un programme avec les communistes avant les législatives de 73.

G. P., *railleur* : C'est de la rigolade ! D'abord, nous sommes en 69, nous avons le temps de voir venir… Et puis vous voyez des socialistes comme Guy Mollet et même Mitterrand signer un accord avec des communistes ?… Vous n'y pensez pas !

J. C.-D. : Si vous jugez que nos lignes politiques divergent trop, je suis prêt à vous remettre ma démission. »

Le seul à applaudir le discours avait été Valéry Giscard d'Estaing. Il s'émerveillait d'y voir la promesse d'une nouvelle majorité plus ouverte, qu'il appelait de ses vœux.

Mais à l'automne 1969, changer de Premier ministre était prématuré. Le Président se désavouerait lui-même. Cependant, il le savait : il ne pourrait pas gouverner très longtemps avec un Premier ministre plus populaire que lui. Son conseiller politique Pierre Juillet l'y poussait. « Débarrassez-vous de lui ! Chaban a tout faux : il veut mener une politique de gauche alors que sa majorité est à droite. » Et puis les journaux ne cessaient de le mettre en vedette : « Vous avez vu *Paris Match* ? » enrageait Georges Pompidou devant son entourage quand Chaban était photographié avec Micheline.

Et puis Georges Pompidou attendait de Chaban qu'il pacifie le mouvement gaulliste, passe du temps au bureau politique pour expliquer, écouter. Aux réunions du groupe parlementaire aussi. Hélas, ses apparitions étaient trop fugaces. Il donnait l'impression d'y venir à contrecœur. Je me souviens de la journée de rentrée parlementaire à Amboise le 10 septembre 1969. Chaban était arrivé à la tribune pour dire deux mots et lancer aux élus : « Je vous aime, mes petits chats », et il était reparti en courant comme toujours, laissant les élus désemparés. Vexés. En plus, à les entendre, l'entourage de Chaban manifestait à leur égard une indifférence polie, pour ne pas dire dédaigneuse. Les députés gaullistes parlaient de Delors et de Nora comme d'adversaires malfaisants.

Mais c'est l'affaire de la libéralisation de l'ORTF qui provoqua le premier accroc sérieux. Chaban avait nommé Pierre Desgraupes contre l'avis du Président mais en croyant avoir son feu vert. Il lui en avait parlé, bien sûr. Le Président lui avait répondu « On verra », ce qui dans sa bouche voulait dire « non ». Chaban avait cru entendre oui. L'un de ses premiers gestes allait être de mettre au placard quatre-vingt-dix journalistes restés fidèles au pouvoir en mai 1968. À l'Élysée, depuis les bureaux voisins du Président, on entendait paraît-il ses éclats de voix : « Vous avez nommé un ennemi. » Et Chaban de rétorquer : « Mais les ennemis, c'est l'étranger. En France, on n'a que des adversaires. » Et dans la foulée, une fois de plus, il proposait sa démission, qui était refusée. Désormais toute la Pompidolie, sur ce sujet au moins, le regardait d'un œil hostile et la réaction n'allait pas tarder. Les pouvoirs de Matignon furent soumis à un régime minceur. Des conseils restreints, présidés par Georges Pompidou, se substituèrent au conseil interministériel que réunissait Chaban à Matignon. L'intendance changeait de rive. On ne l'a pas assez souligné. C'est sous le mandat pompidolien qu'a commencé la dérive monarchique du pouvoir.

Dès lors, l'aile droite du palais (Juillet et Garaud) allait s'employer à tout mettre en œuvre pour hâter la disgrâce du maire de Bordeaux. Les députés UDR étaient encouragés à donner libre cours à leurs ardeurs frondeuses. Sous l'impulsion de Pierre Juillet, l'amicale Présence et Action du gaullisme, dirigée par Pierre Messmer, concentre tous ses tirs sur Matignon et ses mises en garde contre l'aventure politique. Le tandem Juillet-Garaud, « les diaboliques », comme on les appelait à Matignon, fait remplacer à la tête de l'UDR le peu malléable Robert Poujade (nommé ministre de l'Environnement, un nouveau département dont Georges Pompidou a voulu la création) par René Tomasini, corse fidèle et sans états d'âme, qui chaque jour exécutera leurs ordres.

C'est l'époque où Jacques Chirac, actionné par le couple auquel il rendait visite tous les soirs, fonçait sur les journalistes dans les réunions UDR ou dans les couloirs de l'Assemblée pour leur dire : « Chaban n'est pas un homme d'État. » Un jugement sans appel.

Curiosité : il y avait à l'Élysée deux ailes au premier étage. L'aile droite, c'étaient les politiques avec Juillet et Garaud. L'aile gauche, c'était l'équipe des énarques, les administratifs. Michel Jobert, le secrétaire général, et Édouard Balladur son adjoint et plus tard son successeur. Les deux ailes encadraient le bureau du Président. Avec Michèle Cotta nous rendions volontiers visite à l'aile gauche. C'était toujours un moment agréable, feutré. Michel Jobert, petit homme sec, au visage austère et chiffonné, courtoisement ironique, était un homme original et subtil, très agréable.

(Pendant des années, j'ai continué à le voir avec beaucoup de plaisir.) Quand Georges Pompidou imagina faire de lui son Kissinger, l'homme de sa politique étrangère, son rêve d'être un homme d'État fut stoppé par les circonstances. Par allergie au giscardisme, mais fidélité à ses amitiés de gauche de jeunesse, il allait rejoindre Mitterrand en 1981.

Édouard Balladur donnait l'image d'une impressionnante solidité intellectuelle. Compétent, réservé, toujours convenu. Mais il pouvait lâcher quelques perles drôlissimes de sa voix flûtée. Ils nous recevaient avec du thé, du cake, mais ils nous faisaient parler plus qu'ils ne nous lâchaient de scoops ou de confidences. Contrairement à l'aile droite, aucun d'eux n'a cherché à nuire à Chaban et à son équipe, même lorsqu'ils partageaient quelques réserves. Tous deux jugeaient très mal les agissements de l'aile droite.

Et le calvaire de Chaban allait se prolonger jusqu'en 1972. Au cours de l'été 1971, Georges Pompidou avait annoncé à Chaban que, tout bien pesé, il le garderait jusqu'aux législatives de 1973, ce qui avait courroucé Pierre Juillet, qui ne cessait de plaider pour son remplacement, au point de le décider à mettre un terme à sa collaboration avec Georges Pompidou. Cela en dit long sur le pouvoir qu'il s'octroyait. « Bah ! il reviendra bien un jour... », avait commenté le Président, lassé de ses pressions. Avant de partir, Juillet était allé dire à Chaban : « Vous êtes un homme dangereux pour le pays, celui qui va amener le socialisme à la France. Vous avez livré la télévision à nos pires adversaires. Votre système contractuel est catastrophique. » Le même Pierre Juillet avait osé lancer à Simon Nora :

« Si j'avais tous les pouvoirs, je vous ferais fusiller. » Bigre !

Mais que sait-on vraiment du tandem Garaud-Juillet, lorsque Georges Pompidou entre à l'Élysée ? Pas grand-chose. Lui a quarante-sept ans, et elle, trente-cinq. À cette époque, peu de gens ont le privilège de connaître le timbre de voix de cet homme râblé, noir de poil, au front têtu, qui adore le complot et l'ombre (à condition que tout le monde sache bien qu'il s'y dissimule). Pierre Juillet met en scène ses propres mystères, s'enroule dans des capes de bure, s'appuie sur une canne à pommeau d'argent car il claudique légèrement (séquelle d'un accident de voiture). On l'aperçoit dans les congrès gaullistes. Rares sont les journalistes qui peuvent l'approcher. C'est un provincial, avocat de formation. Il a exercé à Aubusson. Il a des terres dans la Creuse où il élève des moutons. Il a été résistant. À la Libération, il a failli être trucidé par les FTP dans les maquis de la Creuse et en a déduit pour toujours que les communistes n'étaient pas des Français. Gaulliste, il s'est donné corps et âme au RPF, mais sans être un intime de l'Homme du 18-Juin. Il n'a jamais fait partie des barons. Ceux qui le connaissent prétendent qu'il y a là chez lui une blessure qui ne s'est jamais cicatrisée. Quand le Général revient aux affaires, le voilà chef de cabinet d'André Malraux. Quand Georges Pompidou est nommé à Matignon en avril 1962, Pierre Juillet est l'un des premiers appelés, mais l'homme fort du cabinet est Olivier Guichard. Il trône à l'étage noble, au premier, tandis que Juillet, au rez-de-chaussée, veille sur les fonds secrets et les investitures. Il poursuit déjà les barons de son animosité. « C'est une confrérie de la courte échelle pour se partager les postes et les honneurs », moque-t-il. Pierre Juillet est ulcéré de ne jamais être convié à leurs déjeuners. « Pierre n'est mû que par cette passion triste, la jalousie, c'est un envieux », regrettait Olivier Guichard quand je lui demandai son avis sur le personnage.

Elle, Marie-France, est grande, belle, brune, coiffée d'un chignon strict noué sur la nuque. Quand elle s'installe à l'Élysée, elle s'habille encore de classiques twin-sets de cachemire avec un rang de perles, comme toutes les cousines de bonne famille de province. Elle ne porte pas encore les somptueux tailleurs Chanel qui accompagneront son ascension auprès de Jacques Chirac durant l'ère Giscard. Elle a le nez retroussé, la lèvre moqueuse et gourmande, un air de biche dominatrice et elle est très drôle… Parlant net et cru, abusant de métaphores amoureuses, rustiques ou guerrières. Ses formules, on les retrouvait dans les papiers de tous les grands éditorialistes, c'est dire son influence.

Avec les femmes journalistes, elle pouvait cultiver une proximité chaleureuse, puis, au beau milieu d'une conversation politique, s'interrompre pour vous demander, à moi en l'occurrence, une adresse pour acheter des boucles d'oreilles ou une machine à couper le jambon. Elle vous racontait aussi ses difficultés à vendre ses noix qu'elle produisait dans le Poitou, en raison des normes européennes drastiques : la nécessité d'uniformiser leur calibre, leur couleur, leur poids… Bref, ses cauchemars d'agricultrice. Pendant le septennat de Giscard, j'ai eu la chance, avec d'autres confrères, d'être souvent invitée à déjeuner ou à dîner rue Margueritte dans le XVIIe arrondissement, dans son grand appartement aux murs blancs décorés de mauvaises copies de tableaux d'Hubert Robert… Elle réunissait quinze à vingt personnes autour d'une grande table en acajou anglais. Elle éblouissait davantage par sa conversation que par les mets que servait un homme en livrée et gants blancs. En bout de table, il y avait son mari Louis, qu'elle vouvoyait et qui jamais ne pipait mot. Un jour, comme je glissais à mon cher ami Paul Guilbert, journaliste au *Quotidien* de Paris, « Allons lui dire bonjour », il m'avait répondu en riant : « Pourquoi veux-tu que nous allions lui dire bonjour puisqu'elle ne lui adresse pas la parole ! » Elle réunissait des gens de tous horizons qui ne s'étaient jamais rencontrés. De bons moments, c'était toujours intéressant et toujours d'une folle gaieté… Il faut avouer que tout le monde tapait sur Giscard. Un vrai massacre.

Native du Poitou, fille d'avoués cossus, femme d'avocat discret, elle y possède un château, des terres, des moutons. Élevée chez les sœurs, elle en a gardé mille préventions contre l'enseignement privé. Elle aime la chasse. Elle a dressé des chevaux. Et quand on l'entend s'adresser aux parlementaires au téléphone, on sent qu'il lui en est resté quelque chose. Après ses études de droit à Poitiers où elle accède au barreau à l'âge de vingt ans, elle est reçue au concours de la magistrature. Elle accompagne son mari à Paris où il prépare l'agrégation de droit. L'un de ses cousins la recommande à Jean Foyer, le garde des Sceaux. Elle devient son attachée parlementaire, de 1961 à 1967. Une période de travail intensif pour le ministère de la Justice (refonte du code civil, du code du commerce, réforme de l'adoption, des régimes matrimoniaux).

Pendant le vote des projets, les parlementaires la rencontraient tard le soir dans les couloirs du Sénat ou de l'Assemblée nationale. Elle y a acquis une certaine idée des élus et de leur maniement. Elle connaissait leurs secrets intimes. « Pendant six ans, j'ai traité plus de 11 000 dossiers d'intervention. Rares sont les députés auxquels je n'ai pas rendu service », m'avait-elle avoué un jour. Elle devient sans bruit la manipulatrice la plus efficace de Paris.

La vraie nature de Marie-France est d'être impitoyable pour les médiocres. Comme Pierre Juillet, elle abhorre les idées molles, déteste l'esprit centriste. « C'est, dit-elle, être complaisant avec le plus fort. » Officiellement, tous deux ne poursuivaient qu'un seul but : être informé le mieux du monde des variations climatiques de la majorité, pour l'édification de Georges Pompidou. En réalité, ils voulaient repérer les sujets d'avenir qui pourraient faire pièce aux barons et progresser dans leurs propres carrières, en leur devant à eux deux une reconnaissance éternelle. Pour se faire obéir, Marie-France peut se montrer tour à tour charmeuse, menaçante, voire cruelle. Georges Pompidou l'appréciait : il n'y a pas de problème dont elle ne vienne à bout avec vingt coups de téléphone. Elle régnait sur les députés, lui commandait les ministres et exultait dans son rôle de faiseur de rois. À eux deux, durant le magistère Pompidou, ils auront beaucoup pesé, beaucoup humilié. Ils en tireront sur l'âme humaine des conclusions définitives, dont l'excès de cynisme et d'intransigeance finira pas les rendre myopes à force de voir clair. Tel est le couple peu banal que Jacques Chaban-Delmas commet le crime d'ignorer.

Las, l'année 1972 est catastrophique pour lui. Il doit se débattre avec ses feuilles d'impôt. Il apparaît qu'il n'en a pas payé entre 1966 et 1969 : il bénéficiait de « l'avoir fiscal », une disposition imaginée par Valéry Giscard d'Estaing. Rien de plus légal, mais rien de plus détestable aux yeux des gens qui ne connaissent guère ces systèmes complexes et imaginent mille magouilles. Entre-temps, Juillet a fini par revenir à l'Élysée, rappelé par un Georges Pompidou fort déçu des résultats faiblards du référendum sur l'Europe (l'élargissement du Marché commun à la Grande-Bretagne). Il croit que sa chance l'abandonne. Pourtant, Olivier Guichard, Édouard Balladur et Michel Jobert l'avaient mis en garde. Ce référendum se trouvait à cent lieues des préoccupations populaires. Il n'empêche : « C'était comme si quelque chose s'était brisé entre les Français et lui », avait noté Chaban devant moi.

Dès son retour, Pierre Juillet ne poursuit plus qu'un seul objectif : le départ de Chaban. « S'il est encore là le 14 juillet, c'est moi qui m'en irai », lance-t-il à la cantonade en juin 1972. Et de fait, le 5 juillet, Chaban s'en allait. Il est démissionné après avoir obtenu un vote de confiance massif à l'Assemblée nationale, une procédure que n'avait pas souhaitée Georges Pompidou.

Avec lui, les chabanistes étaient écartés. Roger Frey et Albin, qui en était désolé. Sa faute : avoir proposé un président pour l'UDR. Georges Pompidou, qui l'avait convoqué, lui avait lancé, furieux : « Alors, vous voulez un Brejnev auprès de moi ? » Il avait signé son arrêt de mort. Quitter le gouvernement est un moment difficile. J'ai vécu cela de près. Et depuis, j'éprouve toujours de la compassion pour les ministres virés.

Albin était fier de son propre bilan : son projet d'autoroutes privées était bien lancé, on construisait 500 000 logements par an, un record, et son programme de maisons individuelles à bas coût, alors le rêve de tous les Français, que l'on avait baptisées les « chalandonnettes », avait fait baisser de 50 % le prix des maisons. Il aurait bien continué. Il avait encore des projets et la conviction d'avoir accompli sa mission. Il était trop proche de Chaban ; pour l'aile droite, là était sa faute. D'où son sentiment de grande iniquité. Il lui faudra plusieurs mois avant de retrouver ses marques.

VIII

LE BONHEUR N'EST PLUS À *L'EXPRESS*

Qui aurait imaginé que le soutien à Alain Poher, le vaincu de la présidentielle, allait propulser notre patron sur la scène politique ? Personne à *L'Express* et pas grand monde dans le landerneau politique. Durant l'été 1969, tandis que Georges Pompidou s'installait à l'Élysée, Chaban à Matignon, Maurice Faure (je ne le connaissais pas encore, mais j'en parlerai plus loin...) se préparait lui à succéder à René Billères à la tête du vieux parti radical.

Pour lui donner un coup de jeune, Maurice Faure a l'idée de confier sa rénovation idéologique à l'auteur du *Défi américain*. Le parti radical avait lui aussi soutenu Alain Poher, ce qui créait déjà un lien. Il lui propose une présidence de commission. Mais JJSS ambitionne bien davantage. « Une commission ? Vous voulez rire ? Je serai secrétaire général du parti ou rien. » Et, si ses vœux sont exaucés, il promet à Maurice Faure de se mettre au travail sans tarder pour élaborer ce qu'il appelle déjà le Manifeste radical. Fin octobre, Maurice Faure est élu président au congrès de Nantes. Dix jours plus tard, le bureau national du parti répondait aux vœux de JJSS par 42 voix sur 48, autant dire l'unanimité, et le nouveau secrétaire général se donnait trois mois pour élaborer sa plate-forme politique. Le patron de *L'Express* venait d'entrer en politique.

Dès le lendemain, il débarque place de Valois, siège du parti, avec trois de ses collaborateurs, dont Nick Maloumian et la frêle et vive Claudie de Surmont, réceptacle de tous ses secrets intimes. La voilà qui s'installe sans gêne dans le bureau de Maurice Faure, lequel proteste bien sûr mais se fait renvoyer aussitôt dans les cordes par l'intrépide intruse au motif que Jean-Jacques a besoin d'être entouré d'une équipe qui a sa confiance. Circulez, il n'y a déjà plus rien à voir.

JJSS, secrétaire général du parti radical, pose un sacré problème à *L'Express*. Celui de son indépendance politique. Pour calmer le malaise qui monte, il se met en congé du journal. Ce qui ne l'empêchera pas d'écrire chaque semaine « à titre personnel » un grand article sur les nouvelles orientations du parti radical. Les lecteurs ne sont pas dupes et s'en plaignent. Une petite révolte gronde rue de Berri, ce qui oblige JJSS à accélérer la réorganisation du journal. La direction du groupe est confiée à son frère Jean-Louis.

En janvier 1970, le Manifeste radical est prêt. C'est la mise en musique des idées de son best-seller, *Le Défi américain*. La troisième voie entre le « conservatisme égoïste et le collectivisme étouffant ». Parmi les mesures proposées, deux vont faire la une des journaux, la fin des concours pour accéder aux grandes écoles – Polytechnique, Normale sup ou Centrale. Une sélection sur dossier avec notes des professeurs suffirait, comme c'est le cas aux États-Unis ou en

Allemagne. Et la fin de la transmission héréditaire de la propriété, à savoir un impôt de 65 % sur les grandes fortunes, qui est évidemment la mesure la plus spectaculaire. Décidément, JJSS n'a peur de rien. La FGDS de François Mitterrand n'allait pas si loin. Dans les couloirs de l'Assemblée nationale, on ne parlait plus que de cela. Les gaullistes brocardaient une mesure qui allait heurter les Français, si attachés à la propriété.

Comme quoi les conseilleurs ne sont jamais les payeurs. Quelques années plus tard, au début des années 1980, lors d'un dîner chez lui, Jimmy Goldsmith m'avait raconté en confidence que lorsque JJSS lui avait vendu *L'Express* en 1977, il exigeait d'être payé pour partie en lingots d'or en Suisse. Suggestion évidemment rejetée par l'acheteur, qui en riait encore. Il n'en était même toujours pas revenu. Quel culot !

Cette idée de taxer la propriété provoquait aussi de gros remous au parti radical. Le texte sortit en librairie. Son titre : *Ciel et Terre*, 197 pages, très vite un beau succès. JJSS mettait les radicaux au pied du mur et comme un bonheur n'arrive jamais seul, Sabine, son épouse, venait d'accoucher de leur quatrième fils prénommé Édouard en hommage à Herriot et Daladier, les deux grandes figures du radicalisme.

Si Maurice Faure soutenait le Manifeste, Félix Gaillard, un ancien président du parti radical et l'un des derniers présidents du Conseil de la IVe République, lui, y était totalement hostile et menait campagne. Il déclarait à la presse qu'« un parti politique qui en resterait au texte actuel du Manifeste ne serait qu'un club sans prise sur les réalités ». Et de préconiser un rassemblement des réformateurs, sous-entendu une alliance avec son ami Chaban – qui en rêvait –, alliance qui ne déplaisait pas aux radicaux. Maurice Faure était obligé de temporiser : « Il faudra des années et des années, des législatures et des législatures pour construire ce monde nouveau, mais il nous faut dire que c'est bien vers ce monde nouveau que nous voulons aller. » Comprenez : rien ne presse.

Las, la disparition de Félix Gaillard, dans l'incendie de son bateau en baie de Saint-Brieuc quatre mois plus tard, facilitera beaucoup la mainmise de JJSS sur le parti radical.

Une période où Jean-Jacques avoue n'avoir jamais été aussi heureux. Il jubile, dit à qui veut l'entendre qu'il se sent à l'aise depuis qu'il est entré en politique. Grâce à lui, le parti radical revit. Il est l'homme politique dont on parle le plus dans les journaux. Chaque jour il invente quelque chose. Il se rend à Athènes en jet privé pour ramener à Paris le compositeur Mikis Theodorákis, ex-député de gauche, en prison depuis deux ans sans avoir été jugé. Mais cette libération, même si JJSS en est politiquement le bénéficiaire, est surtout une manœuvre publicitaire de la junte au pouvoir. Qu'importe ! Ne manque à son bonheur qu'une circonscription.

Une occasion se présente : le 15 mai, le comité interministériel de l'aménagement du territoire adopte le tracé de l'autoroute Paris-Strasbourg. Metz l'emporte sur Nancy, point final d'une vieille querelle qui oppose depuis longtemps les deux grandes villes de Lorraine. Dès le lendemain, le député gaulliste de Nancy Roger Souchal démissionne en guise de protestation en faisant savoir qu'il se représentera sous l'étiquette de non-inscrit. Le 25 mai, une opération ville morte est lancée. Les automobilistes s'arrêtent en pleine rue, entre 16 et 17 heures. Le centre-ville est paralysé. Le journal *L'Est républicain* dénonce une décision dictée par des intérêts privés au détriment de l'intérêt général. Après s'être assuré du soutien du directeur du quotidien, JJSS se porte candidat. Il promet de venir s'installer à Nancy avec sa famille pour ne plus s'occuper que de la région. Promesse tenue : ses enfants quittent leur école bilingue à Paris. Sabine vient aménager leur nouveau domicile. JJSS mène une campagne éblouissante, à l'américaine, comme on dit. Il est partout à la fois. Pareille vigueur inquiète le gouvernement. Afin de le contrer, Georges Pompidou envoie des poids lourds pour soutenir Roger Souchal : Valéry Giscard d'Estaing, Robert Poujade, Jacques Duhamel, Albin Chalandon, Poniatowski. Peine perdue. Le 28 juin, JJSS est élu au deuxième tour avec plus de 55 % des voix. Un beau succès ! Il se proclame aussitôt député de Lorraine, façon d'agrandir son périmètre. JJSS épate François Mauriac qui écrit dans *Le Figaro littéraire* : « J'ai confiance dans sa lucidité. Il a eu raison contre tout le monde. Il continuera. »

Avec JJSS, c'est le printemps du néoradicalisme. Il exulte ! Son avenir politique s'annonce sous les meilleurs auspices. À droite comme à gauche, on le regarde autrement. À la mi-juillet, il s'envole pour les États-Unis. Il est reçu au Congrès par la Commission économique. Il fait la couverture du *Time*. Le *Washington Post* lui consacre quatre pages. Il est l'invité d'honneur du *New York Times*. Il rencontre David Rockefeller, les dirigeants d'IBM. Une consécration ! Star aux États-Unis, star en France, star à Nancy.

Qui dit mieux ? Mais, hélas, star insatiable. Le 26 juillet, Jacques Chabrat, le suppléant de Chaban, décède. Une élection doit se dérouler dans les trois mois. Chaban fait confirmer le lendemain qu'il se portera candidat. Dans l'avion qui le ramène en France, JJSS découvre la nouvelle dans *Le Figaro*. Sa décision, il la prend sur-le-champ. Il va y aller. Retour à Paris. Il annonce la nouvelle à son entourage. Ses amis, et même sa mère, stupéfaits, tentent de le faire changer d'avis. Sabine, qui vient d'installer leur maison à Nancy, le supplie de renoncer. Elle lui prédit qu'il sera battu. Il ne veut rien entendre. Le dimanche 30 août, il convoque la presse pour annoncer qu'il sera candidat à Bordeaux. À *L'Express*, c'est la sidération ! Le patron a perdu la tête. Claude Imbert croit y voir la réincarnation du général Boulanger qui s'était présenté dans dix-sept circonscriptions à la fois, chose qui était permise à l'époque. Je me souviens de l'ambiance dans les couloirs : lugubre.

« Est-il fou ? Est-il génial ? » ose écrire Georges Suffert qui interroge les lecteurs de *L'Express* et leur demande de trancher. Quatre jours plus tôt, avant de se déclarer, JJSS s'était invité sans prévenir à une conférence de presse de Chaban à Bordeaux. Il avait levé le doigt, non pour poser une question au candidat, mais pour l'informer qu'il avait rencontré Henry Ford aux États-Unis et que sa décision d'installer une usine à Bordeaux n'était pas arrêtée. Le constructeur américain envisagerait au contraire de s'implanter à Charleville-Mézières. Chaban n'a donc pas le droit de se prévaloir de cette usine Ford comme argument de campagne. Stupeur de Chaban et des journalistes.

Et c'est *L'Express* qui va donner raison… à Chaban ! Robert Franc, qui suivait depuis longtemps les questions industrielles, révèle que le choix de Bordeaux par Ford datait de la fin du mois de juin. Il était donc antérieur au décès du suppléant de Chaban. Henry Ford n'a pas pu dire à JJSS qu'il installerait son usine à Charleville-Mézières. À Bordeaux, le journal *Sud-Ouest* soutenait le maire. Le 20 septembre, l'échec est cuisant : Chaban est réélu au premier tour avec 63,5 % des suffrages, son meilleur score depuis 1946 ! JJSS, qui espérait obtenir 30 % des suffrages, n'en recueille que 16,6 %. Une vraie claque. Mais il se dit prêt à remonter sur le ring. Battu, mais non abattu, il lance à la presse : « Je suis le premier à reconnaître que cette bataille de Bordeaux n'était pas une très bonne occasion de démontrer l'amplification du courant réformateur. » Belle litote.

Mais c'est avec le journal que les liens se distendent. Il s'est senti trahi par les articles de Georges Suffert et de Robert Franc. Il y a pire encore : la facture des campagnes. Car c'est le journal qui a payé celles de Nancy et de Bordeaux, et son *standing* de milliardaire américain. JJSS ne se déplace qu'en avion privé et il invite toujours des cohortes de journalistes à le suivre. « Venez, on va se taper la cloche », leur dit-il à l'heure du déjeuner, alors que lui n'avale qu'un croque-monsieur et ne boit jamais de vin… à Bordeaux. Pour les administrateurs et les comptables de *L'Express*, la lecture des comptes tourne au cauchemar. Les sommes que JJSS prélève pour promouvoir son image et faire campagne engloutissent la moitié des profits du journal. Jean-Louis, qui a refusé de cautionner cette gabegie et qui détient 9 % du groupe, n'a plus qu'une idée, quitter le navire. Il vend donc ses parts à son frère en demandant l'arbitrage de la mère. Il s'en va pour de nouvelles aventures. En mars 1971, les dépenses de JJSS, en dehors de son salaire déjà mirobolant (3 millions de francs par an), atteignent un million et demi de francs sur les six derniers mois. Impossible de lui faire entendre raison. Il accepte juste que les revenus et les charges (le loyer) de Madeleine Chapsal, sa première épouse, jusque-là supportés par *L'Express*, soient pour 50 % retenus sur son salaire.

Mais JJSS croit surtout qu'on a voulu lui voler son journal, le mettre dehors. « Je ne vais pas me faire emmerder pour des questions d'argent », dit-il dans les couloirs du journal où l'atmosphère est devenue irrespirable. Pour la direction, JJSS est devenu complètement fou. Il va couler le journal. Mais devant les délégués du personnel, il contre-attaque : pour lui la direction n'est qu'un instrument de l'État UDR. Il croit dur comme fer à un complot fomenté par les pompidoliens qui voudraient le chasser de son journal. La crise est inévitable… Et le 11 juin 1971, huit membres de la rédaction en chef présentent leur démission : Claude Imbert, Georges Suffert, Jacques Duquesne, Olivier Chevrillon, Pierre Billard, Robert Franc, Henri Trinchet, Pierre Barret. *L'Express* est décapité et la rédaction se sent orpheline. Le lendemain, Françoise est élue présidente de *L'Express*. Je l'avais interrogée : « Qui va remplacer Claude Imbert ? » Elle m'avait répondu : « Je peux juste vous assurer que ce ne sera pas Philippe Grumbach », elle ne l'avait jamais aimé. Il était précédé d'une réputation de vrai caractériel. Mais Jean-Jacques soupçonnant Françoise d'avoir été du côté des démissionnaires, la confiance n'y était plus. Il voulait reprendre le contrôle du journal.

Quelques jours plus tard, Grumbach arrive, grand type aux cheveux grisonnants et au profil de *condottiere*. Changement d'atmosphère. Désormais, les désirs de JJSS seront des ordres. Justement, le secrétaire général du parti radical entend prendre la place de Maurice Faure et le congrès a lieu en octobre. Pour l'emporter, JJSS organise une tournée des fédérations auxquelles il rend visite en avion privé, comme toujours ! Dès lors, le nombre de pages accordées à JJSS et au parti radical se multiplie. *L'Express* devient le journal de combat de JJSS. Et il est élu président du parti radical. Exit Maurice Faure. Aussitôt, il noue une alliance avec Jean Lecanuet et lance le Mouvement réformateur, en vue des législatives de 1973. JJSS a la conviction qu'une vague réformatrice va engloutir les élus gaullistes, qui n'ont qu'à bien se tenir. La majorité gaulliste de Mai 68, il la voyait aussi mal en point que Georges Pompidou, c'est-à-dire moribonde. Philippe Grumbach, aux ordres, nous envoyait donc, Michèle et moi, dans les circonscriptions pour enquêter. Une série baptisée « Les cent députés menacés ». Et nous devions en revenir avec ce problème résolu, le député sortant serait battu par le candidat réformateur.

Je partais en province enquêter sur place, je rencontrais tout le monde – les journalistes locaux, le préfet, les maires, tous voyaient plutôt le sortant réélu. Retour à *L'Express*, j'écrivais mon papier. Après lecture, Grumbach me le jeta à la figure, me disant qu'il était nul, que je n'avais rien compris. Et il fit réécrire le papier par André Pautard qui y mettrait ce que JJSS avait envie de lire. Bien que j'aie refusé de le signer,

Grumbach continua à m'envoyer sur le terrain avec ses injonctions menaçantes. Il faisait vivre la rédaction dans un climat de terreur, je le détestais, il me méprisait. Je l'évitais dans les couloirs. Un jour que je me plaignais de lui à Roger Priouret, l'éditorialiste économique du journal, un homme de gauche aux convictions sincères, souvent en pantoufles car il souffrait des pieds, il avait levé les bras : « Que voulez-vous ! C'est un grand classique ! C'est l'histoire de l'esclave qui devient esclavagiste. » Bien vu. Façon de l'absoudre ?

Françoise, elle, avait baissé les bras. Elle laissait faire Grumbach. En conférence, personne ne mouftait plus, sauf Jean-François Kahn, qui n'arrêtait pas de s'offusquer : il n'était pas entré à *L'Express* pour faire la propagande schreibérienne. Un papier l'avait particulièrement choqué : à une élection cantonale partielle, un candidat réformateur l'avait emporté. Et le journal avait titré à la une : « Le coup de tonnerre de Darnétal », canton de Seine-Maritime, comme si cette élection présageait un tsunami réformateur aux législatives. Peu de temps après, un gendarme était venu porter au domicile de Jean-François une lettre lui annonçant qu'il était viré du journal.

Alain Duhamel, consultant politique de *L'Express*, lui aussi avait été sollicité par JJSS. Il voulait qu'il écrive un papier dont il lui fixait lui-même le contenu : les réformateurs remporteraient 200 sièges aux législatives de 1973. Ce que bien sûr Alain avait refusé.

En mars, les réformateurs obtenaient 34 élus. Un nombre suffisant pour constituer un groupe à l'Assemblée nationale mais pas assez important pour y faire la pluie et le beau temps. JJSS était réélu à Nancy où il y avait laissé pas mal de plumes. Sur les 100 députés que nous avions dit menacés, 93 étaient réélus. La majorité de 68 était certes rétrécie, mais ceux qui avaient été battus n'étaient pas ceux que *L'Express* avait condamnés.

En septembre 1972, le groupe Hachette lançait *Le Point*, avec à sa tête Claude Imbert. Il m'avait proposé de participer à cette nouvelle aventure. J'avais adoré travailler avec lui, mais je ne voulais pas me retrouver dans ce qui avait été pour moi un cocon. Je me disais : « Si je rempile avec cette équipe, je n'écrirai jamais. » Je rêvais d'autres horizons sans encore savoir lesquels. En fait je n'avais qu'une hâte : quitter *L'Express*.

Jean-Jacques allait continuer ses folies, mais ce comportement déroutant masquait un réel talent de visionnaire sur l'Europe, la réforme, la révolution informatique, le contrôle des dépenses publiques, le gel des essais nucléaires. Sur tout cela, il voyait juste. Et il avait eu l'audace de mener des campagnes tumultueuses, osant par exemple s'attaquer à un symbole très populaire qui flattait l'ego de tous les Français, le Concorde. Ce prototype qui volait depuis mars 1969 et avait amené Georges Pompidou au sommet américain des Açores, le président Richard Nixon était venu l'admirer. Mais pour JJSS c'était l'exemple éclatant du gaspillage de l'argent public. En juin 1972, il écrivait dans *Le Monde* : « Choisir Concorde, c'est retirer à Airbus ses chances. » À la tribune de l'Assemblée nationale, accueilli dans un climat d'hystérie collective, il lançait aux députés : « Vous ne voulez rien écouter. Votre objectif de 140 Concorde vendus ne repose sur aucune réalité. La vérité, c'est que vous n'en vendrez pas un seul. » À l'Assemblée, je m'en souviens, les gaullistes parlaient de JJSS comme d'un pestiféré, un prophète de malheur qui allait nuire à la France. JJSS n'en disait pas moins la vérité. *L'Express* allait consacrer plusieurs numéros à l'affaire Concorde.

Souvent il appelait à l'avènement d'un Nouveau Monde en France, plaidant : « La droite est à l'opposé même du libéralisme, du pluralisme, du respect de la concurrence. La gauche promet des changements sauf un, celui dont tout dépend : le système étatique. Entre cette droite d'État et cette gauche étatique, il n'y a qu'une différence superficielle. » Rétrospectivement, qui oserait dire qu'il avait tort ?

IX

LA MALADIE DE GEORGES POMPIDOU

Le 20 juin 1969, lors de la cérémonie d'investiture, au moment même où il recevait le collier de grand maître de la Légion d'honneur, Georges Pompidou m'était apparu autre : mine austère, les traits empreints de gravité, la silhouette presque tassée. Ressentait-il le poids des responsabilités qui lui incombaient désormais ? Était-ce un grand coup de fatigue d'après-campagne ? Je m'interrogeais. Certes, il n'était pas aisé de succéder au Général, et des gaullistes l'accusaient d'avoir tué le père. Mais tout de même : être élu avec 58 % des voix était plus que gratifiant, le pays était derrière lui.

Ce jour-là, je ne le reconnaissais pas. Pendant la campagne, Georges Suffert, qui l'interviewait, m'avait demandé de l'accompagner. Inutile de vous dire ma fierté. J'étais très impressionnée. Il émanait de Georges Pompidou une force vitale paysanne, enjouée, décidée. Il s'était montré charmeur. On sentait l'homme qui ne dédaignait pas ces plaisirs légers qui font aimer la vie. Et puis il avait un projet qui pour moi relevait du bon sens et auquel j'adhérais : faire bouger la

France, faire d'elle une puissance industrielle, plus compétitive, mieux installée en Europe, condition *sine qua non* à ses yeux pour y jouer un rôle et au-delà sur la scène internationale.

Mais il est vrai qu'entrer à l'Élysée oblige à des renoncements. « Un homme d'État n'a pas d'amis », disait le Général. Alors fini les familiarités. Georges Pompidou demandait à Olivier Guichard, compagnon de tant de vacances, de ne plus le tutoyer, ce qui d'ailleurs avait beaucoup vexé Olivier. Il accueillait Marc Jacquet, le président du groupe UDR à l'Assemblée nationale, d'un « monsieur le président, on ne se tutoie plus », sur un ton qui n'appelait pas de réplique. L'arrivée au pouvoir signait aussi la fin de la relation avec ses bons amis Rothschild. Parce qu'un président ne peut pas fréquenter des banquiers... Lorsqu'il était à Matignon, le baron Guy venait y déjeuner chaque semaine. Durant les cinq années de pouvoir pompidolien, il ne sera invité que deux fois à l'Élysée et en souffrira bien sûr.

Mais jusqu'à l'été 1972, personne ne se doute qu'un mal inexorable le ronge et prépare jour après jour la vacance du pouvoir.

La classe politique et les Français, qui voient leur président à la télévision, sont tout de même intrigués. Georges Pompidou ne peut plus boutonner ses costumes, ses joues sont enflées ; il se laisse aller, pensent-ils. Le service de presse du palais présidentiel, qui jusqu'au bout niera la maladie, répond aux journalistes trop curieux : « Il a trop bon appétit. » Les députés UDR conviés à déjeuner à l'Élysée racontent aux journalistes, de retour aux Quatre Colonnes, sur le ton de la réprobation stupéfaite : « Le Président a repris deux fois du sauté de veau et trois fois de la charlotte aux fraises. » À une époque où la minceur était devenue un critère de bonne santé et d'élégance, cette voracité prenait un petit tour plébéien, presque déplacé. Les députés, cruels, ne savent pas que pour se soigner, le président doit prendre de la cortisone à haute dose, qui ouvre l'appétit, ce qui exige un régime sans sel pour éviter la prise de poids. Mais Pompidou, en Auvergnat qui refuse la maladie, ne veut pas se plier à cette discipline, façon de la nier peut-être…

À l'Élysée, tous ses collaborateurs interrogés ne cessent alors de l'affirmer : Georges Pompidou ne souffre que d'un trop-plein de santé. Comme la France, qui va bien, merci. Elle s'industrialise. De grands groupes de dimension internationale se forment. Creusot-Loire, Pechiney, Ugine-Kuhlmann, le pays se couvre d'autoroutes grâce aux financements privés, le téléphone sonne plus facilement dans le pays. De quoi rassurer les Français.

À Alain Peyrefitte qui s'étonne devant elle du visage presque boursouflé du Président au retour d'un voyage en Afrique, Marie-France Garaud raconte quc, redoutant la cuisine locale, le Président a emmené son cuisinier et en fin de compte, lui dit-elle, « il a été obligé de déjeuner et de dîner deux fois ! ». Elle avait réponse à tout, Marie-France.

En Conseil des ministres, le Président se montre le plus souvent maussade, parfois même d'une humeur de dogue. Et puis il est affligé de symptômes curieux : il ne cesse d'ouvrir et de refermer le poing et d'étirer les doigts. Les ministres s'interrogent : souffre-t-il des articulations ? Est-ce un signe de nervosité ? de surmenage ? Je me souviens d'un voyage en province en

1970. À la sortie d'une réunion, nous étions tout un groupe de journalistes. L'un d'entre nous riait aux éclats. Georges Pompidou avait foncé vers moi le doigt tendu : « Je sais tout, je vois tout, j'entends tout », avait-il dit sur un ton menaçant, alors qu'il n'était pas l'objet de notre hilarité. Je m'étais dit que quelque chose n'allait pas, qu'il avait mal au caractère.

Maurice Schumann, son ministre des Affaires étrangères, la voix de la France à Londres, qui connaissait bien Pompidou depuis leur jeunesse – ils avaient passé ensemble le concours général –, me le confierait après la mort de Georges Pompidou : il était malade dès le début du septennat. Je voyais bien qu'il se fatiguait très vite lors de ses voyages à l'étranger. Et surtout que son caractère changeait. Il est vrai que la gaieté des autres vous est insupportable lorsque vous êtes malade. Après la trop bonne chère, voilà que l'on se met à invoquer des grippes à répétition. Début janvier 1973, le Président demeure assis, calé dans son fauteuil, pour recevoir les vœux de la presse présidentielle. Seulement cette mauvaise grippe persiste durant des mois. Bizarre… La consigne élyséenne est de dire que le Président ne souffre d'aucune maladie grave, conserve la plénitude de ses moyens, mais que l'Élysée est parcouru de courants d'air redoutables. Bref, s'il n'a pas la forme, c'est qu'il fait trop froid en son palais. Successivement, le Président doit renoncer à présider un Conseil des ministres, à inaugurer un salon d'aéronautique du Bourget. Il a attrapé froid dans le train en se rendant à Cajarc.

Pierre Messmer, nouveau Premier ministre, demande au Président de lui dédicacer une photo qu'il placera sur son bureau. Il en reçoit une le surlendemain qui date de deux ou trois ans. Elle montre un visage aux traits nets et aux chairs fermes, tout le contraire de l'homme qu'il rencontre désormais plusieurs fois par semaine. « J'ai eu un choc, m'avouera-t-il plus tard. Pour la première fois, j'ai compris que le Président était malade. »

Au lendemain des législatives, la maladie devient un fait politique. Est-ce l'inconscient qui l'inspire ? Georges Pompidou choisit ce moment pour proposer une réforme de la Constitution, la réduction du septennat en quinquennat. Pour la fois d'après, bien sûr. S'agissait-il de préparer son départ ? Michel Jobert, le secrétaire général, l'a toujours cru. Mais Édouard Balladur, qui partageait le même bureau, dit ignorer quelles étaient les intentions exactes du Président. Devant la fronde des gaullistes, vent debout contre le successeur du Général qui ose défier les Tables de la Loi, et Michel Debré qui tempête, et Couve de Murville qui lève un sourcil, et la gauche qui refuse de se prêter à ce qu'elle prend pour une manœuvre, le projet retourne dans son tiroir. Georges Pompidou semble très déçu. Du coup, des députés attentifs supputent soudain que le chef de l'État ne se sent pas d'attaque pour rester quatorze ans à son poste. Pierre Messmer me l'avait confié : « Après les élections de mars 1973, le Président étudiait moins les dossiers, me confiera Pierre Mesmer. Ses décisions étaient prises plus sur des notes que préparait son cabinet que sur une connaissance directe des affaires. » Les yeux ne se dessillent vraiment que le 1er juin, quand Georges Pompidou se rend à Reykjavik en Islande pour rencontrer Richard Nixon. À sa descente d'avion, les télévisions du monde entier renvoient l'image d'un homme au pauvre sourire bouffi sous son chapeau, mal assuré sur ses jambes, vulnérable.

De ce jour, la France est alertée. Partout, on ne parle plus du chef de l'État que pour épiloguer sur le sort d'un homme éprouvé dont la santé trébuche. Si l'entourage élyséen veut bien admettre que le Président est fatigué, il nie toujours la maladie. « Nous étions aveugles à vivre auprès de lui », dit Michel Jobert qui me racontait que le Président prenait beaucoup de médicaments, mais qu'il en avait toujours pris. À Matignon, il en avait déjà plein ses tiroirs. Alors pourquoi s'inquiéter ?

Janvier 1974 : en visite à Poitiers, le Président peut à peine marcher. Il a des gestes d'impatience à l'égard de photographes trop empressés. À la télévision qui sert un peu de bulletin de santé indiscret, son visage apparaît gonflé, déformé, presque tuméfié. Ce jour-là, une chose l'avait pourtant bien fait rire : Jean-Noël de Lipkowski, le secrétaire d'État aux Affaires étrangères qui l'accompagnait, s'était trompé de médicament le matin en se levant ; il avait pris un somnifère et avait ronflé au bas de la tribune pendant le discours présidentiel. Quelques semaines plus tard, Georges Pompidou décide malgré tout de retrouver Leonid Brejnev, à Pitsounda, sur les bords de la mer Noire. À côté de lui, le numéro un soviétique que l'on dit malade depuis si longtemps a l'air juvénile et presque fringant. Au total, leurs entretiens dureront sept heures. Par une courtoisie bienvenue, les dirigeants du Kremlin renoncent à l'un de ces lourds dîners officiels qu'ils affectionnent.

De retour à Paris, le Président annule sa participation au grand dîner offert une fois par an au corps diplomatique. Mme Pompidou fait seule, avec beaucoup de dignité, les honneurs de la présidence. Cette fois, impossible de se dérober : une explication claire s'impose.

Un communiqué fameux, signé d'un éminent spécialiste, le Dr Vignalou, parle de « lésion bénigne d'origine vasculaire située dans la région recto-anale ». Cette litote douloureuse nous avait sidérés dans les rédactions. Annonce suivie aussitôt par l'annulation des voyages au Japon, puis en Allemagne fédérale. Dès lors, tout déplacement était interdit, toute cérémonie un calvaire, et tout effort un exploit. Dans les états-majors, on songe au pire. On parle de démission ou d'élection anticipée. Le 27 mars, lors du dernier Conseil des ministres présidé par Georges Pompidou, l'atmosphère est poignante : « Je vais parler d'un sujet privé, puisque tout le monde en parle. J'ai bien le droit moi aussi d'en parler. Ma santé… Je souffre comme un damné, vingt-quatre heures sur vingt-quatre. J'ai survécu à deux crises : celle-ci est la troisième. J'ai bien l'intention d'y survivre, ne serait-ce que parce que si je mourais, cela ferait plaisir à trop de gens dont certains sont ici dans cette salle. Je suis fatigué. On raconte beaucoup de choses fausses. J'ai besoin de repos. J'irai à Cajarc. J'y resterai pendant les fêtes de Pâques et après je mettrai le turbo. »

À l'issue de cet émouvant Conseil, Jean-Philippe Lecat, porte-parole du gouvernement, déclarait aux journalistes : « Dans trois mois, le Président sera en pleine forme. » Le climat est dur, tendu, épais. Mais personne encore à l'Élysée ne pensait que la fin serait aussi proche. Pas plus Marie-France Garaud et Pierre Juillet que les autres collaborateurs du Président dont Édouard Balladur, le secrétaire général de l'Élysée, qui est devenu un peu le régent du royaume.

Et pourtant, le 30 mars… Georges Pompidou passe le week-end dans sa maison d'Orvilliers. Le 1er avril, on le transporte en hâte chez lui, dans son appartement de l'île Saint-Louis. Il y meurt quelques heures plus tard. Une septicémie a eu raison de ses dernières forces. La France a du chagrin et le pouvoir est vacant.

Dans la majorité, c'est l'affolement. Y a-t-il un testament ? Un successeur explicitement désigné ? En réalité, le président Pompidou est mort intestat.

Malade, il semble avoir beaucoup balancé : « Giscard peut-être, à condition qu'il ait été auparavant Premier ministre. » Or il n'a aucune intention de le nommer à Matignon. À un autre il assure : « Giscard ? Mais je ne lui confierais pas la France ! » Devant le bureau du groupe UDR, il explose : « On me dit que Giscard est jeune, intelligent, en bonne santé, prêt à me succéder… Et Chaban alors ? Chaban aussi est très bien. » À Michel Guy, il murmure : « Si des élections avaient lieu, Chaban gagnerait, mais le meilleur, c'est Giscard. » Et quelques jours plus tard au même : « Le pouvoir politique, c'est la bombe, le tir atomique. Or voyez-vous Chaban ou Giscard appuyer sur le bouton ? » En février 1974, il semble juger nécessaire et urgent de susciter un troisième larron pour sa succession : Pierre Messmer. « Le Premier ministre doit monter dans les sondages, se faire mieux connaître. Il peut être candidat un jour. » Mais en examinant les mauvais sondages, il avait lâché devant Michel Jobert : Messmer, c'était impossible. Alors Chaban ?

Giscard ? Messmer ? En réalité, Georges Pompidou n'avait choisi personne, peut-être parce qu'il espérait encore guérir envers et contre tous.

Mais que croyait vraiment au fond de son cœur cet homme qui ne pouvait penser et agir autrement qu'en sursitaire ? Dieu seul le sait. Lorsqu'il était élève rue d'Ulm à Normale sup, Georges Pompidou avait fait sienne cette pensée confucéenne : « Il faut laisser venir à soi la vie. » Et la vie était venue à lui, déversant sur sa tête une corne d'abondance de lauriers et de succès. Parvenu au sommet de la gloire, voilà qu'elle se retirait, la vie, jour après jour, et lui, impuissant à la retenir, il la laisserait repartir comme il l'avait regardée venir. Il n'y avait rien d'autre à faire…

X

LE ROI DE LA COM

C'était juste un mois avant la mort de Georges Pompidou. Le premier week-end de mars, nous déjeunions à Deauville, chez Michel d'Ornano, député-maire de la ville, grand baron du giscardisme qu'Albin appréciait beaucoup. Derrière une extrême affabilité de façade, une courtoisie délicieuse, cet homme enrobé, au visage rond et doux, masquait un caractère de fer. Fin analyste politique, il n'avait qu'une ambition : amener Giscard à l'Élysée. Au cours du déjeuner, il avait lancé à la ronde sur un ton d'évidence : « Nous, ce qui nous intéresse, c'est de prendre le pouvoir avec quelques copains. Et d'ailleurs nous sommes prêts. »

« Cause toujours », m'étais-je dit en mon for intérieur. Et là, il faut saluer mon flair politique : je n'imaginais pas une seconde que Giscard entrerait à l'Élysée deux mois plus tard.

Écarté du ministère des Finances en 1966 par Georges Pompidou Premier ministre, qui lui imputait le ballottage de De Gaulle en 1965, VGE avait pesté : « J'ai été congédié comme un domestique ! » disait-il.

Depuis lors, il avait beaucoup réfléchi sur sa conduite en cas de retour. Il se l'était juré : plus jamais il ne défierait l'exécutif.

Revenu par miracle aux Finances trois ans plus tard grâce à Chaban, VGE avait d'emblée mis en pratique sa belle résolution.

Entre Georges Pompidou et lui s'était instauré un *modus vivendi* d'une apparente grande cordialité. Seule fausse note que m'avait révélée Édouard Balladur, Giscard était rarement à l'heure à ses rendez-vous hebdomadaires avec le Président, qui s'en agaçait. Mais qui appréciait néanmoins son savoir-faire : il avait réussi la dévaluation du franc, en avait lui-même choisi le taux, 11,1 %, et dans le plus grand secret. C'était la conséquence inévitable des accords de Grenelle signés en mai 1968. La hausse des salaires ayant fait déraper les prix de vente, les produits français n'étaient plus compétitifs. De Gaulle y avait renoncé un an plus tôt, Pompidou, lui, ne pouvait plus reculer.

Quoique s'en défendant, Georges Pompidou était assez bluffé par les numéros de virtuosité du ministre lors des débats budgétaires. Giscard récitait de mémoire plus de trois cents chiffres comme on déclame des vers. Évidemment, ses admirables démonstrations n'étaient pas destinées à l'usage exclusif des 487 députés, mais au pays tout entier, qu'en toute modestie, il voulait convaincre de son mérite exceptionnel. En Conseil des ministres, tous ses exposés en trois points et quatre propositions étaient toujours incroyablement précis : l'inflation sera de 5,384 % et la croissance de 4,328 %. Ses collègues, comme hypnotisés, demeuraient bouche bée. Parfois l'un d'eux – Joseph

Fontanet, en particulier – osait lever la main pour souligner que les faits s'étaient permis de donner tort à ses belles prédictions. Aussitôt interpellé, le ministre en question se cabrait et le regard noir submergeait le fâcheux de calculs et de taux qui le laissaient coi jusqu'à la sortie du Conseil où il maugréait devant quelques journalistes : « Giscard est infaillible dans l'erreur. »

Avant la discussion budgétaire, il réunissait rue de Rivoli les ministres dépensiers pour leur rappeler les règles de l'orthodoxie budgétaire. André Fanton, secrétaire d'État à la Défense, me racontait : « Il nous a parlé comme à des demeurés en nous toisant de son regard en surplomb et en lâchant des phrases du genre : "Dans un monde où le total des désirs est supérieur au total des ressources, la satisfaction n'existe pas." »

Ne pas défier le Président en exercice ? Justement, VGE n'avait pas eu son mot à dire pour choisir son secrétaire d'État au Budget, en l'occurrence Jacques Chirac, qui occupait déjà ce poste dans le gouvernement Couve. J'avais été étonnée que l'arrivée de son mentor Pompidou à l'Élysée ne booste pas plus sa carrière. Bizarre ? Que nenni ! J'avais vite compris. C'est qu'on avait besoin de lui pour surveiller de près ce ministre jugé si personnel. S'il avait eu le choix, VGE aurait préféré avoir quelqu'un d'autre que ce pompidolien inconditionnel qui, chaque soir, se rendait à l'Élysée. Pour jouer les petits rapporteurs ? Méfiance… Et puis il avait dû mettre au pas ce secrétaire d'État qui déboulait dans son bureau sans frapper ni s'annoncer, comme un labrador mal dressé.

Jacques Chirac, lui, avait mis quelques jours avant de comprendre le mode d'emploi d'un ministre dont l'intelligence l'impressionnait : « Il est fortiche », disait-il à ses collaborateurs. Mais Dieu que Giscard était compliqué ! Sur un dossier, il ne disait jamais oui ou non, mais plutôt : « Croyez-vous que cela soit bien nécessaire ? » Il annotait d'un simple « Vu » les notes que Chirac lui faisait parvenir. Certains jours, quand une lumière rouge était allumée au-dessus de la porte de son bureau comme dans les blocs opératoires, personne n'était autorisé à le déranger ni même à lui téléphoner, et ce plusieurs jours durant parfois. Il se murmurait rue de Rivoli que le ministre était à la chasse. En Afrique ? Non, en Alsace, chez le comte Jean de Beaumont, qui recevait ses hôtes à Diebolsheim avec un raffinement qui le ravissait et des chambres accueillantes et toujours garnies – le rêve… « Je crois que Giscard n'aime qu'une personne au monde, c'est Jean de Beaumont », m'avait confié un jour en riant Claude Pierre-Brossolette, secrétaire général de l'Élysée. Un week-end, ses collaborateurs avaient perdu sa trace… alors que Georges Pompidou voulait lui parler. « Giscard ne fout rien ! » s'emportait parfois Chirac devant ses proches.

Autre spécialité du même grand argentier : se faire apporter par l'huissier en pleine séance de travail un thé et des petits gâteaux secs sans jamais en proposer à ses collaborateurs qui ne pipaient mot. Jacques Chirac, son secrétaire d'État, n'était pas mieux traité qu'eux. Le ministre voulait-il éprouver son caractère ? Était-ce l'illustration d'une radinerie auvergnate bien établie ? Pour moi cette grossièreté en disait long sur la muflerie du personnage.

Mais passé ces petites agaceries réciproques, VGE n'allait pas tarder à louer publiquement son secrétaire d'État. C'est qu'il était tellement commode. Pour lui, un vrai paratonnerre ! Car c'est lui le protégé de l'Élysée qui agaçait le plus la majorité. J'en étais le témoin : Chirac était détesté par les UDR. Parce que trop brutal, trop sec. Pendant le vote du budget, il montait la garde jour et nuit, écartant d'une main inflexible leurs amendements. Il refusait tout aux ministres dépensiers, à commencer par le premier d'entre eux, Jacques Chaban-Delmas, qui ne supportait pas « l'oisillon », comme il l'appelait. Celui qui allait chercher la béquée tous les soirs chez ses ennemis Juillet et Garaud.

En 1970, incroyable mais vrai, Michel Debré, ministre de la Défense et chantre de l'indépendance nationale, avait fini, en fulminant bien sûr, par s'incliner et accepter de réduire les crédits militaires de 10 %. « Chirac a fait tellement de zèle que Giscard a cru qu'il n'était qu'un cireur de parquets », me dira plus tard Charles Pasqua. Une erreur de jugement qui pèsera lourd dans la suite de l'histoire. Car si Chirac se voulait le champion de l'orthodoxie budgétaire, c'était moins dans le but de plaire à Giscard qu'en vue de convaincre l'Élysée qu'il était le meilleur secrétaire d'État à ce poste pour tenir les cordons de la bourse. En septembre 1969, le Président avait conseillé aux ménagères de différer d'une année leur achat de lave-linge pour éviter un dérapage de l'inflation. Donc Chirac prenait son rôle au pied de la lettre.

Si ce Chirac agaçait tant, c'est aussi qu'il ne manquait pas d'air : alors qu'il exigeait des autres de faire des économies, lui abreuvait la Corrèze (où il passait tous ses week-ends) des subventions et des dépenses les plus abracadabrantes qui soient : en promettant par exemple quinze CEG (collèges d'enseignement général), alors que le budget de l'Éducation était bouclé. Olivier Guichard, le ministre, en était tout retourné. Albin me racontait qu'il recevait sa visite à l'Équipement quatre fois par mois. « C'était toujours pour me demander des petites sommes, pour la réfection d'un chemin, l'élargissement d'une route… Je ne pouvais les lui refuser et à la fin de l'année, je m'apercevais que c'était à lui que je donnais le plus de crédits. » Marie-France Garaud s'esclaffait : « En Corrèze, on sait quand on passe de la circonscription de Jean Charbonnel à celle de Jacques. Il faut lever le pied de quinze centimètres, à cause de la hauteur du goudron sur les routes. »

VGE savait ce qu'il devait à Jacques Chaban-Delmas. Est-ce pour cette raison qu'on l'entendra applaudir si fort le discours du Premier ministre sur la Nouvelle Société ? Non, il était sincère. Lui qui n'aimait rien tant que les idées nouvelles y avait humé l'exquise senteur de ce libéralisme avancé, de cette modernité qui impliquait un élargissement de la majorité qu'il appelait de ses vœux. À la mi-décembre 1969, il invita donc le Premier ministre à clôturer le séminaire de réflexion des Républicains indépendants. Au-dessus d'une tribune bleue fleurie d'anémones comme il se doit, une grande pancarte proclamait : « Séminaire permanent de propositions pour la Nouvelle Société ».

Devant une assemblée de jeunes cadres en blazer et cravate club, VGE et Jacques Chaban-Delmas avaient rivalisé d'audace : c'était à celui qui serait le plus moderne. On se lançait des « Cher Valéry », « Cher Jacques » quasi énamourés. En conclusion, le ministre des Finances promettait que les Républicains indépendants auraient pour tâche d'affiner le contenu de la Nouvelle Société. Nous, journalistes, en étions stupéfaits.

Promesse vite oubliée et pour cause… Le ministre constatait – après tout le monde – combien ce discours sur la Nouvelle Société avait irrité en haut lieu. Jamais plus il n'allait prononcer le terme de « Nouvelle Société ». Pas d'histoires avec le Président ! En octobre 1971, à Toulouse, il l'avait remplacé par celui, plus prudent sinon plus élégant, de « Société protec-trice de l'homme », SPH, ce qui ne dérangeait vraiment personne à l'Élysée.

En octobre 1972, à Charenton, le leader des Répu-blicains indépendants souhaitait que la France soit gouvernée au centre (son futur mantra). Il rendait hommage à Pompidou qu'il affirmait soutenir « sans défaillance et avec ardeur », et félicitait Pierre Messmer pour ses mesures sociales en faveur des plus défa-vorisés. Pas d'histoires avec le Président. Pendant ce temps, Ponia posait ses banderilles, déversait son poil à gratter, lançait des ballons d'essai. Les UDR enra-geaient, mais lui, Giscard, se montrait irréprochable.

C'est qu'il avait mieux à faire : participer à l'élabo-ration de sa propre mythologie. Être le ministre le plus doué du gouvernement ne suffisait pas : il devait conforter sa supériorité par des signes qui impres-sionneraient le quidam. Par exemple, en laissant négligemment traîner un manuel de chinois sur la ban-quette arrière de la DS noire, détail auquel la presse ne manquait pas de faire allusion par la suite. Lorsqu'il lui arrivait de raccompagner quelqu'un, lui-même étant au volant, il branchait aussitôt une cassette en chinois pour que cette personne sache bien qu'il étudiait cette langue complexe, ce qu'elle s'empresserait de raconter dans les dîners en ville. Une publicité flatteuse. Il recevait certains visiteurs avec, pour tout dossier sur son bureau, quelque bonne édition de Claudel, ce qui ajoutait à son prestige. À tout moment, il pouvait faire surgir un VGE inédit. En juin 1972, il réunit à l'Unesco tout ce que le monde entier comptait d'économistes à la mode, de futurologues en vogue, d'intellectuels *in* : l'Américain Herman Kahn, Roger Garaudy, Bertrand de Jouvenel, etc., pour disserter sur le thème « Finalité et croissance ». Un vrai succès. Pendant trois jours, ces éminents spécialistes s'étaient interrogés : la croissance peut-elle être un but, voire le seul dans la vie d'un homme ? VGE, que la violente odeur de soufre de Mai 68 entêtait encore, avait lancé de la tribune cette réponse quasi révolutionnaire : « Je me range parmi les objecteurs de croissance. » L'intelligentsia parisienne avait crié au génie. Moi, j'avais beaucoup ri car c'était tout de même plus facile de clamer cela quand la croissance était de 4 %. Il paraît qu'à l'Élysée, le Président avait grogné : « Tout ça, c'est de la poésie. »

Giscard n'était jamais à court d'idées. Après la deuxième hausse du pétrole en décembre 1973, il avait prié les reporters de *France-Soir* de venir immortaliser l'image d'un ministre des Finances qui se rend à pied de la rue de Rivoli à l'Élysée (un peu plus d'un kilomètre), où se tenait le Conseil des ministres. Façon de montrer aux Français comment économiser l'essence en période d'énergie chère.

Un être supérieur, donc, ce VGE qui se faisait aussi photographier aux commandes d'un avion ? Mais si proche des gens dans le même temps. Il pouvait acheminer, en routier sympa, un poids lourd bourré de vivres vers le Niger qui se mourait faute d'eau. En toute simplicité, il se rendait à Montmorency au festival de l'accordéon aux côtés d'Yvette Horner car il jouait (mal) du piano à bretelles. Quand il le fallait, il savait envoyer une carte postale de sa main pour féliciter un élu de son élection ou du mariage de ses enfants. Olivier Guichard fut l'un de ces bénéficiaires quand il devint maire de La Baule en 1971. Un an plus tard, alors que la classe politique le désignait comme le successeur de Chaban à Matignon, cette fois le message s'était fait plus personnel et évidemment intéressé : « Olivier, pourquoi vous ne m'aimez pas ? »

Mais surtout, à peine les Français avaient-ils pris conscience qu'un homme malade, physiquement délabré, présidait à leurs destinées, que VGE se montrait au mieux de sa forme en disputant un match de foot contre des commerçants sur le stade de Chamalières. Et la télévision de faire des gros plans sur ses longues jambes. Qu'importe si sa course manquait de souplesse. Le message subliminal signifiait que lui au moins était en bonne santé. À la fin du match, il donnait des interviews torse nu : « Tiens, c'est un faux maigre », pouvaient se dire les femmes… Il se montrait sur les pistes de Courchevel, en pull et cravate (preuve qu'il n'était pas frileux). Et qu'importe si son style était bien raide. Giscard inventait le naturel guindé. Parce que c'était nouveau, cela plaisait beaucoup. Aujourd'hui, ces images ont mal vieilli. Elles suscitent l'hilarité tant elles frôlent le ridicule. Mais à l'époque c'était une première : avec Giscard, le corps faisait irruption dans la communication politique. Une fois élu président, il irait plus loin en s'exhibant à la plage en maillot de bain, assis sur une serviette, avant d'aller plonger dans la mer en famille. À l'évidence, il se plaisait en sa propre compagnie… Heureux homme !

À ce moment-là, il fallait être aveugle pour ne pas comprendre qu'il visait l'Élysée. Lui parlait-on de la maladie de Georges Pompidou ? Il faisait taire les rumeurs. De sa candidature ? Il rétorquait sans se démonter : « J'appartiens à une région dont la spécialité est de fournir à la France des fromages, des pneumatiques et des hommes d'État. » Depuis juillet 1973, Michel d'Ornano, secrétaire général des Républicains indépendants, avait mis en place de nouvelles structures dans le parti, et il recevait, chaque week-end à Deauville, une pléiade de centristes et pas seulement pour leur faire admirer les Planches…

Non, il ne mentait pas lorsqu'en mars 1974, il me disait : « Nous sommes prêts à gouverner. »

XI

CHABAN, C'EST MAGIQUE

Ce mardi 2 avril, nous dînions au Récamier, comme souvent en compagnie d'Antoine Riboud et de sa compagne Michèle, qu'il appelait « P'tit minou ». Antoine et Albin s'étaient connus au lycée Ampère à Lyon. Le dîner commençait toujours par cette phrase rituelle : « T'as vu, Albin, le cancre, il n'a pas trop mal réussi. » Jean Riboud, son frère aîné, futur président de Schlumberger, et Albin étaient dans la même classe : deux cracks toujours en compétition. Antoine, de deux ans plus jeune, désespérait sa famille. « J'avais pas l'esprit scolaire », expliquait-il.

Un personnage, cet Antoine : avec sa frimousse espiègle et juvénile, sur laquelle les années n'avaient pas de prise, des petits yeux vifs derrière des lunettes, un nez pointu, des lèvres minces qui souriaient en demi-lune, il incarnait la joie de vivre, la gaieté. Il aimait comme il disait la « rigolade ». En 1968, P-DG de BSN, il avait lancé une OPA sur Saint-Gobain, qui avait raté, mais quelle audace ! C'était le premier pavé dans la mare dans le monde feutré des affaires. Il avait racheté Kronenbourg, qu'il avait bientôt fusionné avec l'espagnol Gervais-Danone. Il s'était débarrassé de l'activité du verre plat pour développer ce qui est devenu aujourd'hui le grand groupe mondial de l'agroalimentaire Danone.

Je me souviens d'un dîner où il nous avait expliqué que pour augmenter le prix des Carambar – car le ministère des Finances voulait l'en empêcher –, il allait en réduire la longueur d'un centimètre, et le tour serait joué… Il nous racontait cela avec une drôle de gouaille. « C'est l'accent lyonnais, c'est le gone… », me disait Albin. Vers 22 heures ce soir-là, le patron du restaurant était venu nous apporter la triste nouvelle : « Le président Pompidou est mort », et il allait de table en table pour avertir les clients. Sous le choc, tout le monde avait cessé de parler. Tous avaient fini par croire ceux qui à l'Élysée affirmaient qu'après les vacances de Pâques, il irait mieux. Nous nous étions vite quittés. « On va chez Chaban », décida Albin. Arrivés rue du Docteur-Blanche, les deux policiers qui gardaient sa porte nous apprirent que « le Président » était dans l'avion : « Il rentre du Pays basque, il atterrit dans une demi-heure. » Olivier Guichard et Roger Frey étaient déjà sur place.

En l'attendant, la discussion portait sur le programme présidentiel de Chaban, l'équipe qu'il allait devoir constituer, le slogan qu'il devrait choisir. « J'espère qu'il y a réfléchi et déjà travaillé », soupirait Olivier. Roger et Albin en doutaient comme lui. Chaban aimait trop la vie. Depuis qu'il avait quitté Matignon, cela faisait moins de deux ans, il avait beaucoup voyagé, profité de sa liberté. Une déclaration de lui dix jours plus tôt m'avait mis la puce à l'oreille. Reçu par Georges Pompidou il avait déclaré le lendemain : « J'ai eu l'occasion de rencontrer le président Pompidou. Il est d'un dynamisme tout à fait encourageant. Je ne vois pas quelle course à la présidence par qui que ce soit pourrait bien être engagée. Je me garderai bien pour ma part de m'engager dans cette sorte de course. » Comment pouvait-il dire cela alors que depuis plus d'un mois, tous les éditorialistes se demandaient tout haut si le Président devait rester à la tête de l'État ? Était-ce bien raisonnable vu son état de santé ? Dans *L'Express*, JJSS l'invitait à démissionner fin juin. Je m'étais dit que si Chaban avait ainsi parlé, c'était sûrement pour ménager la susceptibilité d'un homme malade qui pourrait en prendre ombrage et nuire à sa candidature. Mais dans son livre *L'Ardeur*, Chaban l'avoue en toute honnêteté : « Il m'avait convaincu qu'il était sur le chemin de la guérison, ce qui explique sans le justifier mon état d'impréparation à l'ouverture de la campagne. » Un peu naïf tout de même…

Chaban arrive avec Micheline, comme toujours effusif, amical, avec un compliment pour chacun, et déjà futur candidat de l'UDR à la présidentielle. Je note, plaquée sur ses traits, une pellicule de majesté. « Tu as pensé aux affiches, aux thèmes de campagne, aux équipes ? » l'interroge Olivier. Et Chaban de répondre, appuyant sa parole d'un geste bénisseur : « Mes enfants, ne vous inquiétez pas, Chaban, c'est magique. »

Nous étions tous restés sans voix. Va pour la magie. Nous l'avions quitté, plutôt inquiets. Sur le trottoir, Roger Frey avait lancé : « J'espère que les diaboliques ne vont pas le torpiller. » Propos prémonitoires. Ceux qu'il appelait ainsi, Marie-France Garaud, Pierre

Juillet et Jacques Chirac, ministre de l'Intérieur depuis deux mois, étaient déjà à l'œuvre.

Le jeudi 4 avril une messe fut donnée à l'église Saint-Louis-en-l'Île, à laquelle assistait le gouvernement au grand complet. « Courbé sur son prie-dieu, Chirac était secoué de sanglots comme une bête blessée », m'avait raconté Michel Jobert. Le président Pompidou avait été inhumé dans l'intimité à Orvilliers, dans les Yvelines, où il avait une maison de campagne. Dans l'après-midi, déjà ragaillardi, Chirac devenait l'acteur principal d'un feuilleton qui allait durer trente-trois jours.

Dans les couloirs de l'Assemblée, il avait déboulé et foncé sur des journalistes : « Chaban ne sera jamais président. » Quatre mois plus tôt, les députés gaullistes et des militants de l'UDR avaient pourtant intronisé Chaban. Il serait leur candidat à l'élection présidentielle car il était le meilleur, croyaient-ils. Certains élus racontaient que Chirac les traquait jour et nuit pour leur dire : « M. Pompidou avait choisi Messmer. » Il leur disait aussi qu'il aimerait encore mieux soutenir Giscard que Chaban. Cinq ans de fréquentation assidue de Juillet et Garaud lui avaient instillé une aversion sans bornes pour le maire de Bordeaux, qu'il suspectait de tout. « Messmer sera le candidat de l'union », répétait-il sans convaincre grand monde. En tout cas, pas Olivier Guichard : « Messmer, mais je n'y crois pas une seconde ! Il n'en a pas envie. Ce n'est pas son plan de carrière. Et il ne peut pas être candidat, sa femme (que *Le Canard enchaîné* appelait Messmeralda) est folle. »

Messmer était un homme très estimable, l'un des premiers militaires à avoir rallié de Gaulle en juin 1940 et un des héros de Bir-Hakeim. Durant la guerre d'Indochine, prisonnier des Viets, il s'était évadé dans des conditions rocambolesques avec un courage inouï. Premier ministre, il pouvait se targuer d'avoir évité l'arrivée de la gauche au pouvoir, même si la droite avait perdu pas mal de sièges aux élections législatives de 1973. Et il était plus moderne qu'il n'en avait l'air. Dans son discours de campagne législative en janvier à Provins, il proposait déjà, on l'avait peu relevé, de mettre à l'agenda gouvernemental une réforme autorisant l'interruption de grossesse (l'avortement) dans certains cas. Il préconisait de modifier la loi de 1920. Il voulait aussi abaisser la majorité civile de vingt et un à dix-neuf ans.

Cet homme haut de taille, blanc de poil, au teint marmoréen, était, malgré ses prunelles azurées, trop dépourvu de couleurs pour séduire et très difficile à aborder pour les journalistes, qu'il fuyait. Impossible de lui soutirer une confidence, autant essayer d'ouvrir une huître sans couteau… Plus tard, lorsqu'il présiderait le groupe gaulliste à l'Assemblée nationale, je découvrirais un grand politique doté d'un énorme bon sens. Il m'avait confié que Pierre Juillet et Marie-France Garaud lui avaient « cassé les pieds » quand il était Premier ministre en intervenant du matin au soir auprès de ses collaborateurs. Ils le soumettaient à un forcing d'enfer. Il avait même eu cette formule : « Marie-France était une veuve abusive avant le veuvage. » L'homme était aussi un jouisseur, un bon vivant : je me souviens d'un déjeuner en tête à tête avec lui au musée de la Chasse, lorsqu'il présidait l'Institut de France. Il était déjà fatigué, la silhouette alourdie. Il avait commandé de la terrine de sanglier en demandant au serveur : « Un peu de beurre, s'il vous plaît. » On lui avait apporté une plaquette de 125 grammes, qu'il avait entièrement dévorée. Je n'avais pas osé lui dire qu'il ne mettait pas, question santé, pour ses artères, toutes les chances de son côté.

Retour au 3 avril 1974. Dans un baromètre Figaro-Sofres, seulement 20 % des Français voient un avenir à Pierre Messmer.

Le lendemain, un sondage IFOP pour *Le Point* révèle que 45 % des électeurs de la majorité sont prêts à voter Chaban contre 27 à VGE, 17 à Messmer et 11 à Edgar Faure. Tôt le matin, Chaban s'est rendu à Matignon pour dire à Messmer qu'il allait se porter candidat « envers et contre tout ».

« Vous voulez dire "envers et contre tous", avait répliqué finement Messmer.

— Et merde », lui avait répondu Chaban en détalant.

Sur le papier, Chaban était gagnant. Au deuxième sondage, l'écart se resserrait : Chaban 27 %, Giscard 20 %.

Ce jour-là, vers midi, je vois arriver dans les couloirs de l'Assemblée nationale Hector Rolland dit Spartacus, député de Moulins au fort accent bourguignon, qui s'était lui-même intronisé chef de bande des élus de base. Un rigolo, qui faisait son numéro à chaque réunion de groupe. Il arbore un air grave et le front plissé de qui est lourd de secrets. Il fonce vers moi pour me dire à mi-voix : « J'arrive de Matignon. Ce soir, Messmer se déclare à 18 heures. C'est décidé. »

Aussitôt, j'appelle Albin : « Préviens Chaban », ce qu'il fait. Encouragé par plusieurs membres de son entourage, Chaban, qui hésite, finit pas décider qu'il est urgent de ne pas attendre. Il va donc prendre tout le monde de vitesse. Il annoncera sa candidature immédiatement après l'éloge funèbre prononcé dans l'hémicycle par Edgar Faure, président de l'Assemblée nationale. Une précipitation qui va choquer beaucoup d'observateurs et aussi l'opinion. « Cette hâte de Chaban est indécente, déclare Chirac à qui veut l'entendre, et il en fait des tonnes. Ça n'est pas convenable. » Et de répéter ce qui est devenu son mantra : « Seul Messmer peut faire l'union. »

Je me disais et me le dis encore, *mea culpa*, que je n'étais pas étrangère à ce faux pas. Plus tard, Chaban l'écrira : c'était une faute. Sûrement, mais ce n'est pas cela qui l'a fait perdre. En réalité, il n'était pas en avance, mais en retard, car pas assez préparé.

À 18 heures, Edgar Faure fait savoir qu'il sera candidat. Une candidature de diversion bien sûr, inspirée par Marie-France Garaud. Edgar lui doit son élection au perchoir un an plus tôt. Elle a fait battre Chaban, il ne peut rien lui refuser. Le lendemain, Edgar réunit la pressc : « J'irai jusqu'au bout », promet-il sur un ton bravache. Il assure même pouvoir obtenir l'accord de Giscard. Naturellement, Edgar rêve et ne convainc personne…

« Pour battre Mitterrand, il faut une candidature unique », martèle *urbi et orbi* le trio Juillet-Garaud-Chirac, qui a lancé l'attaque. Résultat, un tiers des députés républicains indépendants se prononcent pour une candidature unique de la majorité. Un temps, VGE fait mine de se rallier à leur point de vue. « Si Messmer se présente, je ne me présenterai pas. Si c'est Chaban, je serai candidat. » Et Chirac s'est pris à espérer que, comme en 1969, Giscard renoncerait. Le trio se frottait déjà les mains.

Pour moi il ne manquait pas d'air, ce Chirac, que je jugeais trop chien fou, trop courtisan. Il faut dire que notre première rencontre s'était mal passée. Je venais d'arriver à *L'Express*. Claude Imbert voulait savoir ce qui s'était dit en Conseil des ministres à propos d'un événement que j'ai oublié. « Nous avons beaucoup fait pour Chirac quand il était candidat en Corrèze, il va nous raconter le Conseil, il nous doit bien ça. » Et de me confier cette mission : « Ma petite fille, allez donc le voir, je l'appelle pour le prévenir de votre visite ! » Je croyais me trouver en tête à tête avec le secrétaire d'État. Trois hommes m'accueillirent. Chirac lui-même, son directeur de cabinet et son chef de cabinet. Intimidant ! Briefée par Claude Imbert, je demandai aussitôt en toute naïveté, de me raconter le Conseil des ministres, et les trois s'étaient esclaffés. L'humiliation. « Mais, c'est secret ! Rien ne doit sortir du conseil ! » m'expliqua Chirac qui se proposait en revanche de parler de l'emploi. Il répondrait volontiers à toutes mes questions à ce sujet. Époque où il y avait 300 000 chômeurs en France et où Chirac allait créer l'ANPE. J'étais vite repartie bredouille et vexée. Chirac m'avait raccompagnée tout sourires jusqu'au perron. Après quoi il avait téléphoné à Claude : « Vous m'avez envoyé Barbarella. » Avec le recul, c'était peut-être un compliment flatteur. Mais sur l'instant je me suis dit qu'il m'avait prise pour une sotte, et pendant longtemps je lui en ai voulu.

Le dimanche 7 avril, Chaban reçoit le soutien du comité central de l'UDR et du groupe parlementaire. Alexandre Sanguinetti, le secrétaire général du parti,

Michel Debré et Claude Labbé, le président du groupe, ont fait acclamer Chaban à main levée et à l'unanimité. Chirac, qui était dans la salle, claque la porte et prophétise : « Avec Chaban, nous allons au casse-pipe. » Pas question pour lui de baisser les bras. L'après-midi, accompagné de Pierre Juillet, il retourne à Matignon. Pendant plus de trois heures, ils font le siège de Messmer. Ils lui parlent de son devoir, de la grandeur de la France, de la survie de la Vᵉ République. La gauche menace : il doit être candidat. Ce discours finit par ébranler le Premier ministre, qui cède en fin de journée. « Être candidat unique est ma condition absolue, je le dirai mardi. » Question sans réponse : dans ce cas pourquoi ne pas le dire tout de suite et battre le fer tant qu'il est chaud ? Quelle erreur.

Lundi 8, flairant le piège, Valéry Giscard d'Estaing prévient : « Puisque Chaban est candidat, je le serai. » De sa mairie de Chamalières, il fait acte de candidature : « Je voudrais regarder la France au fond des yeux, lui dire mon message, écouter le sien… Depuis des années j'affirme que la France a besoin d'une majorité élargie… Je n'attaquerai personne. » Autrement dit pas d'attaque personnelle dans sa bouche. Ses lieutenants s'en chargeront. Quand le mardi 9 Messmer se porte candidat, il est trop tard. « Il a fait son appel du 18 juin le 19 », raille Mitterrand. VGE moque ce « dernier spasme messmérien ». Chaban ne recule pas. Exit Messmer. Edgar retire sa candidature. La manœuvre inspirée par le trio a raté.

Dès lors, deux solutions s'offrent aux diaboliques : rallier Chaban ? Définitivement impossible. Soutenir Giscard, le frère ennemi ? C'est l'option qu'ils retiennent. Et sous les yeux ébahis des gaullistes,

Chirac va dépenser une énergie telle qu'on pourrait penser qu'il éprouve un irrésistible penchant pour Giscard. Il est vrai que lorsqu'il était son secrétaire d'État au Budget, on l'entendait dire : « Si je n'étais pas pompidolien, je serais giscardien. » En juin 1972, inaugurant ensemble une foire à Brive, il avait même déclaré à Albin : « Tu devrais rejoindre Giscard, c'est l'homme de l'avenir. »

Avec Giscard à l'Élysée, Pierre Juillet et Marie-France Garaud espéraient pouvoir continuer de jouer leur rôle de conseillers : « Il aura besoin de nous », disaient-ils à Yves Guéna qui me le répétait. Valéry Giscard d'Estaing suggère à Pierre Juillet : « Il faudrait que Chirac me rallie. » Réponse du conseiller : « Il y a mieux à faire. » Il a déjà en tête le coup de théâtre qui fera date sous le nom d'« Appel des 43 ». Pendant trois jours et trois nuits, flanqué de René Tomasini et de Jacques Toubon, ils vont traquer au téléphone, à s'en user les doigts, les parlementaires gaullistes les plus influençables. Pour tous le sermon est le même : il faut signer ce texte en faveur de l'unité de candidature. Il n'y a pas d'autre moyen de barrer la route à Mitterrand. Ainsi, 39 députés et 4 ministres, MM. Taittinger, Stirn, Lecat et Chirac, signent le samedi 13 avril un drôle de texte où ils rendent hommage à Pierre Messmer et réitèrent leur foi dans les vertus thaumaturges d'un candidat unique pour la majorité. Apparemment anodin, ce communiqué à la gloire de l'unité suggère que l'harmonie gaulliste n'a pu se réaliser par la faute de Chaban. Le voilà donc, ce pelé, ce galeux, désigné à la vindicte des électeurs. Comme de bien entendu, ce qui nuit à Chaban profite aussitôt à Giscard. La plupart des 39 signataires n'y ont vu que du feu. Lorsqu'ils ouvrent les yeux, certains veulent se rétracter. Trop tard, le mal est fait. « Une dizaine sont venus me demander pardon », racontait Chaban. Ce coup des 43 lui aura fait perdre au moins cinq points.

Très vite, j'avais saisi que Chaban, ça ne marcherait pas. Les affiches étaient sinistres. Il semblait statufié sur un fond noir et blanc. Vraiment trop triste. À la télé on le sentait mal à l'aise, guindé. Il faisait archaïque comparé à Giscard, plus rompu à l'exercice. C'était lui le moderne. Un sondage secret des renseignements généraux, publié par *Le JDD* et aussitôt repris par tous les médias, pronostiquait pour le premier tour : Giscard 31, Chaban 18. Seul le ministre de l'Intérieur pouvait avoir ce sondage. Rappelé à l'ordre par Pierre Messmer, Chirac assure : « C'était une fuite… » La veille, Michel Poniatowski, assistant spécial du candidat Giscard, avait sorti son fusil à pompe : « Les risques sont si sérieux que c'est un candidat sans fragilité qu'il faut opposer à François Mitterrand », et le ministre de la Santé de rappeler les rumeurs qui mettaient en cause Chaban : sa feuille d'impôts, son divorce, son remariage, ses liens avec les milieux d'affaires. Déjà durant l'été 1971, le même Ponia, visant naturellement les gaullistes, avait appelé à purger certaines allées politiques « des copains et des coquins ». La formule passera à la postérité.

« Les propos de M. Poniatowski ont de quoi rendre furieux tout honnête homme », avait commenté François Mitterrand.

Un personnage, ce Ponia. Antigaulliste viscéral, il avait été très Algérie française et très compréhensif à l'égard de l'OAS. Pour lui, seuls étaient aimables les gaullistes battus. Il n'avait pas son pareil pour lancer des petites phrases assassines, propager des ragots sur tel ou tel ministre, répandre des insinuations diffamatoires. Les amis zélés des rivaux de VGE étaient ses cibles naturelles. Ponia était un tel empêcheur de tourner en rond que pour le faire taire, l'Élysée n'avait eu qu'une issue : le nommer au gouvernement. En avril 1973, il devenait ministre de la Santé. Reçu par Georges Pompidou, il lui avait juré la main sur le cœur : « Maintenant que je suis ministre je vous serai fidèle. » Édouard Balladur, estomaqué, m'avait rapporté l'anecdote. Curieux homme, oui, ce Ponia. Avec une tête de Tintin qui aurait mangé trop de confiture, sur un corps d'Obélix dont il soulignait la rondeur avec des pulls jaune canari. Albin, qui l'avait connu jeune, le disait alors mince comme un fil de fer. Avec ses amis, il était chaleureux, disert, plein d'idées ; ses livres d'histoire jouissaient d'une certaine considération. Avec les journalistes, il se montrait fort agréable. Je l'aimais bien. C'était en réalité un timide qui s'empourprait à la moindre émotion. Orateur malhabile, il arrivait que la vue d'un micro lui fasse dire le contraire de ce qu'il voulait dire. Saura-t-on jamais pourquoi cet authentique aristocrate qui avait l'air d'un gentleman-farmer s'était pris de passion pour VGE ? « Un jour nous gouvernerons tous les deux la France », lui avait-il dit. Et Ponia avait écarquillé ses yeux de bleuet et n'avait plus cessé de rêver.

Sa feuille d'impôts ? Une plaie pour Chaban. Alors qu'il était Premier ministre, *Le Canard enchaîné* avait publié celle de novembre 1971, portant sur les revenus de 1970, jugés anormalement faibles. Quelques jours plus tard, on apprenait que l'inspecteur des impôts

Édouard Dega, responsable du quartier où est domicilié Chaban, était inculpé de complicité de fraude fiscale. Il aidait les gros contribuables à dissimuler une partie de leurs revenus, grâce entre autres au système de l'avoir fiscal institué en 1965 par la Rue de Rivoli, c'est-à-dire par Giscard. Lequel, admirez la manœuvre, avait averti le Président et le Premier ministre de son intention de s'occuper du dossier – sans citer de nom : « J'ai été saisi d'une affaire qui promet d'être intéressante… (*sic*) Il s'agit d'un inspecteur des impôts du XVIe arrondissement qui a monté un système d'évasion fiscale. Il y a des personnages considérables. L'affaire va faire du bruit. Je vous demande votre feu vert. » Inconscients de ce qui se tramait, Chaban et Pompidou avaient acquiescé.

Légalement, Chaban n'avait rien à se reprocher, mais quel symbole ! Que le chef du gouvernement soit exonéré d'impôts quand des milliers de travailleurs devaient céder au fisc presque un mois de salaire ! Insupportable pour les Français, qui ont la passion de l'égalité. Le Premier ministre avait beau plaider sa bonne foi, ses protestations d'innocence se perdaient dans les vacarmes du scandale. Interviewé à la télévision par Pierre Desgraupes, le Premier ministre fut contraint de se livrer à l'inventaire de ses biens : son appartement, sa maison de campagne, etc. « J'ai plaint ce soir-là Chaban », écrira Mitterrand dans *L'Unité*. Deux jours plus tard, des milliers de Parisiens défilaient avec Georges Marchais et la CGT aux cris de « Chaban démission ! ». Ça n'est pas tout : la Rue de Rivoli bien qu'elle fasse traîner l'instruction du procès Dega, déposait une nouvelle plainte chaque fois qu'il était question de clore le dossier. Et chaque fois *Le Canard enchaîné* en remettait une couche sur les impôts de Chaban. L'hebdomadaire n'était pas dupe : « Giscard fait la fête à Chaban. Ce sont les services du ministère des Finances qui ont rendu publique l'inculpation de Dega. » Incroyable mais vrai, *Le Canard* dénonçait ses propres sources. Dans son billet du *Monde* du 22 mars 1972, Robert Escarpit faisait remarquer : « Quand Chaban baisse dans les sondages, Giscard monte, quelle coïncidence ! » Lors d'une réunion des jeunes de l'UJP, l'un d'eux demandait au micro si Giscard n'était pas rédacteur en chef au *Canard*. Pour moi, ma conviction était établie : il y avait, en effet, trop de coïncidences entre les fuites qui sortaient chaque semaine de la Rue de Rivoli et la campagne électorale qui se profilait. Cela m'épouvantait. J'exécrais Giscard. Trop d'hypocrisie, de méchanceté, de mesquinerie.

« Chaban, on le descendra comme un perdreau », avait promis Ponia, grand chasseur devant l'Éternel. Le tir au perdreau allait en effet commencer. Le prince déchirait allègrement le pacte de non-agression qui avait été conclu quelques jours plus tôt entre Giscard et Chaban. Calomnie, calomnie. On a peine à imaginer aujourd'hui à quel point dans certaines églises de Bretagne et du Centre-Ouest, des curés conseillaient lors de leur sermon dominical de s'abstenir de voter pour un homme divorcé, Chaban, qui s'était excommunié. En province, Giscard avait l'image d'un bon catholique, bon époux, bon père de quatre charmants et beaux enfants, du même lit bien sûr : deux garçons, deux filles, toujours le juste milieu, alors que Chaban, lui, avait été marié trois fois. Le journal *Paris Match* présentant les épouses montrait Anne-Aymone dans sa cuisine tenant avec précaution la queue d'une poêle à frire toute neuve. Micheline Chaban-Delmas, elle, était sur un terrain de golf, les bras levés, le nombril découvert. Si les électeurs s'y trompaient, c'est qu'ils étaient plus myopes que les directeurs de campagne.

Les réseaux sociaux n'existaient pas encore, mais les rumeurs circulaient déjà très bien. Les gens recevaient des coups de fil anonymes leur racontant que Chaban aurait organisé l'accident de voiture dans lequel son ex-femme Antoinette, qui était malade, avait perdu la vie, pour mieux épouser sa maîtresse. La vérité de l'histoire était tout autre : ce jour-là, elle accompagnait leur fils Jean-Jacques, âgé de vingt et un ans, à la gare d'Hendaye. La voiture avait fait une embardée dans un virage. Le fils, la dame de compagnie, le chauffeur bordelais en étaient sortis indemnes, mais sa femme qui avait perdu connaissance avait été transportée dans une clinique de Saint-Jean-de-Luz où elle devait décéder quelques jours plus tard. Alors, comment croire pareille calomnie ? Il n'empêche, en province, un peu partout sur les murs, on pouvait lire écrit en gros : « Chaban assassin ». Au même moment, des maires recevaient des billets anonymes du type : « Chaban est un juif qui ne paye pas ses impôts. »

Pierre Charon m'a raconté que son grand-père, maire d'un petit village du Loir-et-Cher, avait reçu cette lettre. Il lui avait demandé : « Tu savais, toi, que Chaban s'appelle Lévy ? » Une horreur. À qui profitait le crime ? Même si je manquais de preuves, j'y voyais la main des amis de Giscard. Tous ces croche-pieds allaient évidemment beaucoup déstabiliser Chaban, mais force est de reconnaître qu'il n'avait pas suffisamment préparé sa candidature. Ses interviews à la radio mettaient au jour de fâcheuses lacunes. Je me souviens de la question d'une auditrice sur RTL : « Si vous êtes élu, changerez-vous la loi sur le divorce ? » Réponse de Chaban : « Ah bon, il y a un problème ? Mes services ne me l'ont pas dit. » Eh oui, il y en avait un : l'obligation faite aux époux de s'agonir mutuellement d'injures pour pouvoir se séparer. Quelques mois plus tard, Jean Lecanuet, le garde des Sceaux, ferait voter la réforme du divorce par consentement mutuel, attendue par tant de Français.

Au PC de Chaban, avenue Charles-Floquet, régnait une aimable pagaille. Le directeur de cabinet, André Chadeau, dépassé par les événements, soupirait. Les soutiens arrivaient pourtant, comme celui de l'amiral de Gaulle et celui du pompidolien Michel Jobert, avec une curieuse formule : « Je recommande, si cette recommandation a du poids, ce que je ne crois pas d'ailleurs, que la majorité des Français se déterminent pour Jacques Chaban-Delmas. » On peut rêver mieux comme soutien…

Mais voilà le pire : le 24 avril, Chaban a invité le grand Malraux auréolé de gloire et de prestige à participer à l'une de ses émissions télévisées pour parler de la jeunesse. Catastrophe. Les deux hommes apparaissent côte à côte. Chaban le teint pâle, figé à côté de l'ex-ministre de la Culture, la peau luisante et blafard – à croire que la maquilleuse était en grève ce jour-là –, les cheveux qui auraient mérité un bon shampoing et le regard baudelairien tragique. Puis voilà Malraux, comme toujours secoué de tics, qui se lance dans une prestation hallucinante et prophétique. Le verbe haché du grand nerveux, ponctué de borborygmes, il propose à la jeunesse de remplacer à l'école le livre par la télévision. Les enfants pourront s'amuser au lieu de s'ennuyer. Le lien se fera avec l'ordinateur et le corps enseignant sera là pour aider ceux qui doivent être aidés, etc. Nous étions abasourdis ! On imagine la réaction des professeurs et des parents d'élèves… Les premiers se voyaient quasi exclus de l'enseignement et remplacés par des ordinateurs. Quant aux seconds, qui parmi eux possédait alors un ordinateur ? Pas grand monde.

Chaban avait l'habitude de clore ses entretiens par cette formule martiale : « La France le peut, nous le ferons. » Cette fois, l'air sévère, il avait ponctué les propositions de son ami André Malraux par un « Oui, je le ferai, comme avec le général de Gaulle nous avons toujours fait ce que nous devions faire ».

Je regardais la télévision avec Albin. Nous en étions convaincus : pour Chaban, c'était fichu.

Et pourtant, trois jours plus tard, nous y croyions encore lors du grand meeting du candidat à la porte de Versailles. La salle immense était archicomble. Il y avait beaucoup de jeunes et aussi des gens de toutes les générations et de tous les milieux. Des artistes étaient là – Michèle Morgan et son compagnon Gérard Oury, et la déjà inévitable Line Renaud. Et tout le gaullisme au pied de la tribune. Dans cette ambiance enthousiaste, la victoire paraissait à portée de main. Mais ce n'était qu'un leurre.

« Il encombre, ce n'est pas de sa faute, il encombre. En attendant, on ne tire pas sur une ambulance », écrivait férocement Françoise Giroud dans *L'Express*. Le trait le plus célèbre de la campagne. Pendant ce temps, au ministère de l'Intérieur, Jacques Chirac se dépensait sans compter pour Valéry Giscard d'Estaing.

Il interdisait aux préfets d'assister aux meetings de Chaban, recevait pour le candidat les associations de rapatriés. Jacques Toubon rédigeait la lettre que le candidat Giscard adresserait aux Français d'Algérie. N'ayant plus de bureau à l'Élysée, Pierre Juillet et Marie-France Garaud s'étaient installés au ministère de l'Intérieur. Ils avaient fait signer à Alain Pompidou, le fils du président défunt, un jeune médecin qui ne s'était jamais mêlé de politique, une lettre assurant que son père avait choisi Giscard (ah bon, ça n'était donc pas Messmer ?). Le cabinet du ministre de l'Intérieur était une ruche au service du candidat.

Est arrivé ce que les sondages prédisaient avec une remarquable précision. Trois jours avant le premier tour, il ne faisait plus aucun doute que le second opposerait MM. Giscard d'Estaing et François Mitterrand. Les résultats : 32,60 % pour Giscard, 15,10 % pour Chaban, 43,64 % pour Mitterrand, qui s'avouait déçu. Il avait estimé en privé que 45 % des voix était le seuil fatidique nécessaire pour lui garantir le succès.

Exit Chaban. Chez les gaullistes, c'était l'abattement. Une dynastie vieille de seize ans venait de sombrer. La forteresse qu'il croyait imprenable s'écroulait comme un château de cartes. Tristement défaits, pour eux l'heure était à la reddition et, la corde au cou, ils n'avaient pas le choix. Le premier à se rendre : Olivier Guichard, trop sceptique pour avoir cru longtemps à la victoire de Chaban, trop hostile à la gauche pour avoir l'ombre d'une hésitation à l'égard de Giscard. Un choix guidé aussi par des raisons familiales. Sa fille Constance avait épousé Ladislas Poniatowski, le fils du prince. Après lui, viendront Claude Labbé, le président du groupe UDR, Alexandre

Sanguinetti, le secrétaire général du mouvement ; ils appelleront au rassemblement, un mot qui pour une fois leur écorchait la bouche.

Quant à Chirac, curieusement, il se taisait. Il attendra plus de trois jours pour apporter publiquement son soutien au candidat de la majorité. C'est que Pasqua était venu le voir pour lui dire : « Tu as assez brusqué comme cela les gaullistes. Ils auront besoin de quelqu'un pour se relever et ils s'apercevront vite qu'il n'y a que toi. Les barons, c'est fini. » Pasqua était déjà en train d'écrire la suite…

Au deuxième tour, les Français élisaient un président âgé de quarante-huit ans. Mais ça n'était pas le raz-de-marée. 425 000 voix le séparaient de Mitterrand, ce qui est peu. Je confesse avoir voté pour Mitterrand. Je ne souhaitais certes pas sa victoire ; je voulais juste que celle de Giscard soit la plus courte possible. Je craignais qu'un triomphe ne le rende encore plus insupportable. Et surtout, cette campagne m'avait donné des haut-le-cœur.

DEUXIÈME PARTIE

XII

GISCARD, LE POUVOIR EN SPECTACLE

« Vous verrez, il va se révéler, il va étonner… » Parole de Mme Edmond Giscard d'Estaing, le lendemain de l'élection de son fils.

M'étonner ? Il n'allait pas cesser de le faire en effet, jusqu'à me plonger parfois dans des abîmes de perplexité. Le 27 mai 1974, il arrive à pied en complet de ville à l'Élysée. La jaquette sera dès lors bannie des cérémonies officielles. Il a passé la nuit (seul ?) dans les appartements de ses « chères Finances », qu'il semble quitter à regret (il interdira à Jean-Pierre Fourcade, son ministre des Finances, non seulement de les occuper, mais de les visiter, comme s'il en était encore l'occupant exclusif, prétextant : « J'y ai tellement de souvenirs ! »). Bientôt il fera venir à l'Élysée son bureau de ministre. En ce premier jour de sa présidence, il a voulu conduire lui-même sa voiture de la rue de Rivoli jusqu'au théâtre Marigny, à cent mètres de l'Élysée (son chauffeur occupant la place du passager).

Avec un soin méticuleux, il a réglé la cérémonie de son sacre : le *Chant du départ* qui avait rythmé sa campagne est sa musique d'investiture. Dans la salle des fêtes, les grands dignitaires de la République – eux, toujours en jaquette – côtoient des écoliers de Courbevoie, invités du récipiendaire. Le collier de grand maître de la Légion d'honneur ne lui sera pas passé autour du cou comme à ses prédécesseurs, il restera posé sur un grand coussin de velours noir. Après lui, ses successeurs feront de même.

Et d'entrée de jeu, l'assistance est avertie, ce sera bien « Giscard à la barre ». Le nouvel élu s'avance au milieu de la salle. Il va parler lentement, en ponctuant ses phrases de courts silences, manière qui lui est coutumière. « De ce jour, date une ère nouvelle de la politique française. C'est moi qui conduirai le changement… Voici que s'ouvre le livre du temps avec le vertige de ses pages blanches. » Et de Gaulle ? Et Pompidou ? Pas un mot pour eux. Une petite mesquinerie, même s'il n'a jamais été un gaulliste breveté. Il a même contribué au départ du général de Gaulle en conseillant de voter non au référendum d'avril 1969. Un péché jamais absous par les gaullistes. L'élection de Giscard, pour eux, c'est la victoire de l'ennemi intérieur qui était tapi au sein de la majorité.

Changement ? Pour ranimer la flamme sous l'Arc de triomphe et fleurir la tombe du Soldat inconnu, le nouvel élu choisit de remonter à pied les Champs-Élysées et non de les descendre en voiture découverte comme c'est la tradition. La photo officielle, commandée à Jacques Henri Lartigue, pétulant octogénaire auvergnat, sera un portrait tout en largeur et non plus en hauteur. Nuance ! Pour donner un caractère populaire aux activités officielles de l'État, VGE transfère l'itinéraire du défilé du 14-Juillet de la Bastille à la

République (le ministre de la Défense l'a appris par la radio). Pour économiser l'essence, les blindés resteront dans les casernes. Seules les troupes à pied défileront[1].

Après avoir songé à en faire modifier les paroles – « *Qu'un sang impur abreuve nos sillons*, mais ça ne veut plus rien dire quand je rencontre le chancelier allemand ! » s'insurge-t-il en aparté –, il décide de changer le rythme de *La Marseillaise* : tambours et trompettes sont reconduits à la frontière. L'hymne national se métamorphose en musique de chambre assoupie. Des militaires ayant renâclé, les trompettes seront réintégrées plus tard. Sur le drapeau qui flotte au faîte de l'Élysée, il fait broder des faisceaux de licteur encadrés de branches de laurier, allégorie de la sagesse antique. De l'« esthétisme démocratique », voilà ce qu'il veut faire. La cour de l'Élysée est fleurie d'orangers, comme dans les châteaux Renaissance. Il fait ramener de 190 à 120 les effectifs de la garde républicaine, affectée en permanence à l'Élysée, et remplacer leur shako d'opérette par un sobre képi.

Dans les cérémonies officielles, il républicanise la République. Les ducs et marquis seront accueillis

1. En 1975, le défilé aura lieu cours de Vincennes. 1976, retour aux Champs-Élysées. Année de la sécheresse. Il n'avait pas plu à Paris depuis plus d'un mois et voilà que ce jour-là, le ciel s'était chargé de nuages noirs. Il était tombé des cordes sur le Président, ses ministres et les officiels, qui étaient restés stoïques et dignes pendant le déluge – les organisateurs n'ayant pas prévu de tribune couverte, alors qu'il est tout aussi incommode de rester debout au soleil. Une vision tragicomique. « J'y ai perdu un costume neuf et une paire de chaussures », s'était plaint à moi Edgar Faure. Le président de l'Assemblée nationale s'était même interrogé sur la possibilité d'un remboursement ! D'une note de frais, en somme.

désormais sans leur titre de noblesse : M. et Mme de Castries. « Une vengeance de faux aristocrate », avait moqué devant moi Alexandre Sanguinetti, le secrétaire général de l'UDR. En 1922, quatre ans avant la naissance de Valéry, Edmond Giscard, son père, avait obtenu du Conseil d'État le droit d'ajouter à son patronyme un peu court la particule d'Estaing, ce qui sonnait fort bien, le nom étant tombé en déshérence faute d'héritier. Le Conseil d'État lui avait en revanche refusé le titre de comte. Incroyable mais vrai : Monsieur Père avait tenté d'ajouter à son nom « de la Tour Fondue », mais il dut y renoncer car il y avait encore de la parentèle. Valéry Giscard de la Tour Fondue ! Avec un nom pareil, jamais son fils n'aurait pu accéder à l'Élysée !

Giscard et ses obsessions nobiliaires. Sur la table du Conseil, il fit placer devant lui un sous-main de cuir vert gravé de fleurs de lys. À des ministres déjà assis lorsqu'il était entré lors du premier Conseil, il avait lâché : « Messieurs, si c'était le roi, vous seriez encore debout ! » On se le tint pour dit.

Monsieur son père avait fait des pieds et des mains, toujours en vain, pour être admis au très chic club Cincinnati, réservé aux seuls descendants des combattants pour la guerre d'Indépendance américaine dont faisait partie l'amiral d'Estaing, mort sans postérité. Giscard élu président profitera de son voyage aux États-Unis pour frapper à la porte du club et y être enfin accepté comme simple membre honoraire. On n'avait pas osé lui dire non, alors qu'il n'y avait aucun droit. Mais il s'était employé avec succès à séduire l'opinion américaine, assurant que la France restait l'alliée de l'Amérique, tout en affirmant dans chaque

1975 : après mon départ de *L'Express*, en route pour une nouvelle aventure journalistique au sein du service politique d'Europe 1 !

Le mariage
de mes parents
à Richelieu,
en Touraine,
en avril 1933.

Avec mes deux frères aînés
Jean-Gérard et François.
Déjà grande pour mon âge…

À deux ans et demi,
mes premières vacances d'été
à Richelieu, chez ma grand-mère
que nous appelions
affectueusement « Maman Nane ».

Les jumeaux
Pierre
et Dominique,
un duo
désopilant.
À eux seuls
un État
dans l'État !

Pierre à vingt-trois ans, peu avant sa mort dans un accident de voiture. Une blessure jamais cicatrisée.

Maman au soir de sa vie. L'Essentielle, la première dans mon cœur.

Avec Albin, l'amour de ma vie.

Au début des années 1970 et de la présidence Pompidou, Albin Chalandon et Valéry Giscard d'Estaing, ministres de l'Équipement et des Finances.

Lors d'une remise de décoration avec, de gauche à droite, Alain Duhamel, Michel Drucker (devant Jean-Marie Rouart), Albin et Étienne Mougeotte.

Aux côtés de Jean-Luc Lagardère, le mousquetaire gascon, lors de son retour à la tête d'Europe 1, au milieu des années 1980.

Avec Georges Pompidou dans une brasserie de Strasbourg durant la campagne présidentielle de 1969.

Albin en compagnie de son ami Jacques Chaban-Delmas, alors Premier ministre.

Jacques Chirac, invité du Club de la presse d'Europe 1 au début des années 1990, en pleine traversée du désert.

Interview de Pierre Bérégovoy, alors secrétaire général de l'Élysée.

François Mitterrand invité d'Europe 1 le 25 mars 1988, le jour du retour en grâce de « cette terrible Mme Nay ».

Interview de Raymond Barre, Premier ministre, sur l'antenne d'Europe 1, avec Jean-Pierre Elkabbach.

Entretien avec Édouard Balladur, ministre des Finances de la première cohabitation (1986-1988) pour *Jours de France*.

Avec VGE pour *Jours de France* au début des années 1990.

Françoise Giroud et Jean-Jacques Servan-Schreiber, le couple mythique et fondateur du journalisme moderne à la tête de *L'Express*.

© DSK/AFP Photo

Les grandes voix d'Europe 1 : de gauche à droite, Michèle Cotta, Ivan Levaï, Jean-Pierre Elkabbach ; debout, Gérard Carreyrou et Charles Villeneuve. Une famille.

© Laurent Maous/Gamma-Rapho

Avec Michèle, présidente de la Haute Autorité de l'audiovisuel. L'amie, la confidente de toujours.

© Christian Boyer/*Jours de France* – Groupe Figaro

discours son attachement à l'indépendance nationale. On lui avait décerné le titre d'homme d'État international. Il s'exprimait en anglais. Il était allé déposer un bouquet de violettes sur la tombe de JFK, déclarant aux journalistes : « Je l'ai beaucoup admiré. Sa tentative d'amener de la spontanéité et de la gaieté dans la vie publique (*sic* !) est toujours ce que le public attend. J'ai toujours essayé de faire le même genre de chose. »

À Paris, il avait aussi tenté d'entrer au Jockey Club. Pour fixer malgré tout l'histoire à son nom, en 2005, VGE et ses cousins achetaient le château d'Estaing, sur la commune d'Estaing, au bord du Lot, dans le département de l'Aveyron. Classé monument historique en 1945, le château abrite aujourd'hui l'exposition « VGE, un homme au service de la France et de l'Europe ». On peut le visiter : prix de l'entrée, 6 euros. Il faut payer 1 euro supplémentaire pour voir les décorations de l'ex-Président reçues de 1974 à 1981 !

Pendant la campagne présidentielle, à une jeune et jolie journaliste de *L'Express*, il avait demandé : « Comment vous appelez-vous ?

— Sophie Décosse.

— D'Écosse ? Épelez, lui avait-il demandé.

— Non, non, il n'y a pas de particule, Décosse en un seul mot. »

Il semblait très déçu, m'avait-elle raconté en riant.

« Vous serez surpris par l'ampleur du changement », avait promis le Président le soir de son élection. Ses premières innovations m'apparaissaient bien artificielles et secondaires.

Le changement politique ? Faute de dissolution, la majorité à l'Assemblée nationale restait le reflet de la majorité pompidolienne : 174 UDR, 55 Républicains indépendants et une soixantaine de centristes de tous poils. Le Président veut que les 174 UDR se métamorphosent en giscardiens bon teint.

Avant le deuxième tour, Ponia, d'Ornano, Chinaud, JJSS l'avaient tous adjuré de « dissoudre pour avoir une majorité bien à vous. » Mais son élection ayant été ric-rac, Giscard avait peur d'un succès de la gauche, et puis il avait promis aux électeurs le « changement dans la stabilité ». D'ailleurs, pourquoi dissoudre ? Il avait mieux : un homme à poigne qui mettra au pas la troupe UDR récalcitrante. Chirac avait le profil idoine. « Vous l'avez vu à l'œuvre au Budget ? Avec lui, les UDR filaient doux et n'oubliez pas l'appel des 43, décisif pour mon élection. »

« Et si Chirac, au lieu de les giscardiser, les chiraquisait ? Il deviendrait ton rival », s'étaient inquiétés Ponia et d'Ornano. « Vous plaisantez, c'est impossible, il n'en a pas les capacités, ni l'envergure… », avait-il rétorqué, plein de morgue.

Giscard pensait que Chirac n'avait aucun sens politique. En juin 1973, il avait reçu à déjeuner quelques femmes journalistes, dont j'étais. Il ironisait : « Avant les élections législatives, Chirac (il était alors ministre de l'Agriculture) est venu me voir : "Donnez-moi des subventions pour la viticulture du Midi, je vous apporte 14 députés pour la majorité." J'étais sceptique : il a tellement insisté que j'ai cédé. Résultat : 14 députés pour la gauche. » Preuve à ses yeux que Chirac n'était pas fiable. Mais au moins les agriculteurs l'adoraient : il déversait un tombereau d'argent sur les fermes, les plaines et les champs, comme en Corrèze.

« Méfie-toi tout de même, avait grommelé le prince Ponia. Chirac est un impulsif incontrôlable. Avec Guichard, nous serions plus tranquilles. » Mais le nouveau président ne voulait pas d'un Premier ministre plus âgé que lui et encore moins d'un tuteur gaulliste. Et puis les raisons esthétiques avaient aussi leur prix. Il n'était pas mécontent de pouvoir montrer au pays ce tandem d'hommes jeunes (quarante-huit et quarante et un ans), grands, sveltes, en bonne santé, au poil rare mais brillant. Voilà qui tranchait avec le passé le plus récent. Les Français y seraient, croyaient-ils, sensibles, comme je l'étais moi-même, je l'avoue : le tandem avait fière allure.

Surtout, Giscard n'avait aucun doute : « Chirac, je le connais, Pompidou disparu, il n'aura d'existence que par et pour moi et sera à ma botte. »

L'intéressé, lui, aurait préféré aller aux Finances. « Si Pierre Juillet ne m'avait pas dit : “Le Président vous demande d'aller à Matignon, vous ne pouvez pas refuser”, je n'y serais pas allé », me confiera-t-il plus tard.

Les bans étaient à peine publiés que l'on relevait l'étrangeté de l'union. Jacques Chirac avait juste eu le droit de désigner trois secrétaires d'État : René Tomasini, aux Relations avec le Parlement, Olivier Stirn aux Départements d'outre-mer et Pierre Lelong aux Postes. Trois amis. Le Président cherchant des femmes, il avait tout de même réussi à faire entrer une magistrate au ministère de la Santé. Simone Veil, une amie de Marie-France Garaud. Elles s'étaient connues lorsque la première était directrice de l'administration pénitentiaire et la seconde attachée parlementaire du garde des Sceaux, Jean Foyer. Giscard avait offert une ambassade à Mme Garaud, qui l'avait refusée. Ponia, par deux fois, avait proposé le Quai d'Orsay à Pierre Juillet, qui n'en voulait pas non plus. En vertu de quelles compétences ? Je lui avais posé la question : « Je voulais juste lui faire comprendre qu'il ne serait jamais le conseiller de l'Élysée », m'avait-il répondu.

Mais pour le reste du gouvernement, le Président, parfois aidé de Ponia, avait composé seul l'équipe gouvernementale. Et c'est encore lui qui l'avait présentée à la télévision. Les UDR n'héritaient que de cinq fauteuils. Certes, Jacques Chirac était Premier ministre, mais pour la troupe gaulliste, il était un faux frère. Robert Galley, qui avait fait campagne aux Antilles entre les deux tours, héritait de l'Équipement. Vincent Ansquer, élu de Vendée, accédait au ministère du Commerce et de l'Artisanat à sa grande surprise. Jacques Soufflet, compagnon de la Libération, était doté de la Défense nationale. André Jarrot, député-maire de Montceau-les-Mines, devenait ministre de la Qualité de la vie, une création. « Il a été employé au gaz pendant neuf ans. » C'est ainsi que le Président avait justifié cette nomination. Était-ce pour souligner que la France profonde n'était pas oubliée ?

« Ces ministres sont au gouvernement à titre personnel », grommelait Alexandre Sanguinetti.

Les grands vassaux giscardiens se taillaient des places de choix : Ponia, seul ministre d'État, s'installait à l'Intérieur. Michel d'Ornano à l'Industrie et Christian Bonnet à l'Agriculture. Trois mousquetaires de ces centristes honnis à l'UDR obtenaient eux aussi de belles places : Jean Lecanuet à la Justice ; Pierre Abelin à la Coopération ; Michel Durafour au Travail. Mais, dans ce panel, les UDR ne retenaient que cet affront majeur : Jean-Jacques Servan-Schreiber, leur ennemi juré, inventeur de la formule « État UDR », qui avait fait du départ du général de Gaulle le plus beau jour de sa vie, ennemi déclaré des essais nucléaires et du supersonique Concorde, était intronisé ministre de la Réforme, bien que sans moyens ni attributions précis. « Aux réformes, un réformateur », avait-il commenté, sans doute à court d'imagination.

Le 5 juin, discours de politique générale. Jacques Chirac doit engager la responsabilité du gouvernement devant l'Assemblée. La veille – il me le racontera plus tard –, il était venu présenter son projet de discours au président de la République. Ponia et JJSS se trouvaient à ses côtés. Après l'avoir lu, VGE félicitait son Premier ministre d'« avoir travaillé vite et bien ». Et voilà JJSS qui demandait à le lire à son tour, pour trancher une fois lu : « Ce papier est nul ! Il faut tout refaire. Il ne reflète absolument pas l'élan réformiste du Président. » Il s'adressait au Premier ministre comme s'il parlait à un stagiaire de *L'Express* ! Et VGE de lui donner raison : « Oui, il serait bon de modifier quelque peu votre texte, Yves Cannac (secrétaire général adjoint de la présidence), qui a une bonne plume, pourrait vous aider. » Chirac était retourné à Matignon, sa copie à refaire sous le bras, accompagné de son répétiteur élyséen. Mais le 5 juin, cravaté de noir (il portait le deuil du président défunt), le Premier ministre avait prononcé à la tribune le discours initial sans tenir compte des corrections de l'envoyé de l'Élysée.

« On ne peut rien faire avec les UDR », avait pesté JJSS.

Quelques jours après son installation place Beauvau, Michel Poniatowski recevait à déjeuner une vingtaine d'élus centristes et réformateurs. Au dessert, l'œil aussi pétillant que le champagne de sa coupe, il lançait : « On va casser l'UDR, lui mettre un genou à terre. Le Premier ministre va s'en charger… Il faut ménager les socialistes. Ils viendront vers nous. » Évidemment, dans l'heure qui suivit, pas un député UDR n'ignorait en quelle danse du scalp autour du gaullisme blessé avait dégénéré le déjeuner chez Ponia. Dans les couloirs de l'Assemblée, ils étaient comme fous : « Giscard, on va lui faire sa fête ! » lançaient-ils aux journalistes. Pour tous, Chirac était aussi le traître dont il fallait se méfier. Au comité central du 9 juin, il n'avait pas été autorisé à siéger à la tribune. Alexandre Sanguinetti pérorait : « Le Premier ministre n'est plus le chef naturel du mouvement. »

Sanguinetti ? Un personnage, une gueule : mâchoire carrée, front large, des cheveux drus et ras, un nez plat et épaté. Né au Caire, de parents corses et gaullistes, il s'était engagé dans la France libre, avait participé à la prise de l'île d'Elbe : il y avait perdu sa jambe droite. Il marchait à l'aide d'une prothèse, conduisait lui-même sa DS que Citroën avait adaptée pour lui en inversant les pédales du frein et de l'accélérateur. Il racontait en riant qu'on avait voulu la lui dérober une nuit. Le voleur surpris avait fait une embardée dans la vitrine d'un commerce : le fracas avait réveillé le quartier… Gaulliste fervent, chabaniste, il avait peu de considération pour Chirac : « Il a tout de l'officier de cavalerie, ironisait-il. On lui donne un ordre, on croit qu'il a compris. Il part et revient à fond de train car il a oublié l'ordre et le cheval. » Il faisait rire avec ses formules à l'emporte-pièce, dont Chirac était souvent la victime. « Il faut que les petits chiens mangent du cirage pour savoir que ça n'est pas comestible. » Élu à Toulouse en 1968, il éructait contre le sectarisme de *La Dépêche du Midi*. Dans les cérémonies officielles où il figurait toujours à côté du préfet ou du maire, le journal s'arrangeait pour systématiquement couper la photo ; on ne le voyait jamais. Il avait la passion de la chose militaire, militait pour l'armée professionnelle et pour la suppression du service obligatoire, et une idole, Napoléon, sur lequel il était intarissable. À chaque déjeuner, il me dispensait un cours d'histoire, ses connaissances étaient encyclopédiques. C'était un homme assez pittoresque sur le plan privé : « Moi, je ne trompe jamais ma femme, j'épouse », énonçait-il, menton relevé. Il avait divorcé de Barbara, la mère de ses enfants, pour épouser la pétulante et blonde Liliane, de trente ans sa cadette, un vrai Botero dont il semblait très épris. Elle le suivait partout, dans tous les congrès. Elle voulait un enfant, il n'en voulait pas, s'en était séparé pour réépouser Barbara. Un homme distrayant, assez fantasque que j'aimais bien.

Le dimanche 9 juin, JJSS, ministre des Réformes depuis dix jours, convoque la presse dans son fief de Nancy. Il vient d'apprendre qu'un programme de tir nucléaire est annoncé pour l'été dans le Pacifique. Il est fou de rage. « Le gouvernement n'a pas été consulté et l'autorité militaire l'a mis devant le fait accompli. » Le ministre de la Défense, Jacques Soufflet, qui l'a entendu à la radio, oppose aussitôt le démenti le plus formel : « L'autorité militaire n'a fait qu'exécuter les ordres donnés. » Et de publier dans la foulée un communiqué en date du 8 juin, signé par le chef de l'État, qui lui donne raison.

À 21 h 30, retour de Corrèze, Chirac bondit à l'Élysée. « Si JJSS ne part pas, c'est moi qui m'en vais. » À 23 heures, sans autre forme de procès, la présidence de la République mettait fin aux fonctions de JJSS, « sur proposition du Premier ministre ». Exit JJSS ! Exit le « turlupin », comme l'appelait Pierre Juillet.

À *L'Express*, nous avions été très contrariés par l'entrée au gouvernement de notre patron. Après nous avoir transformés sur ordre du parti radical, nous craignions tous de servir d'organe officiel du giscardisme. Sa sortie brutale du gouvernement nous semblait encore plus extravagante que son entrée ! On ne savait plus s'il fallait en rire ou pleurer. Giscard, son ami de jeunesse, aimait dire : « Il y a ceux qui ont une case en moins. JJSS, lui, a une case en plus. » Bien vu !

Le lendemain, l'air visiblement peiné, le Président déplorait en Conseil des ministres d'avoir eu à se séparer de son ministre des Réformes. Il lui conservait toute son estime en raison de son talent, de son intelligence, et expliquait que son éviction avait pour raison « non le fond du problème, mais sa forme ». Mais le fond du problème, n'étaient-ce pas les essais nucléaires ? Que voulait-il dire ? Trois mois plus tôt, le candidat VGE avait déclaré : « Notre pays doit poursuivre les essais nucléaires. » Cette contradiction était bien troublante…

Redevenu simple député de Nancy, JJSS délivrait son message : « Le gouvernement doit faire comme si l'UDR n'existait pas. »

Le lendemain – lien de cause à effet ? –, Philippe Grumbach me convoquait dans son bureau : « Vous allez continuer à suivre les UDR à l'Assemblée nationale ; vous me rapporterez ce qu'ils disent, leur état d'esprit. Je veux être informé, mais on ne parlera plus d'eux dans le journal. Il faut qu'ils comprennent qu'ils ne sont plus rien. » Et moi je comprenais surtout que j'allais me trouver au chômage. Grumbach ajoutait : « *L'Express* doit faire contrepoids à leurs velléités de bloquer les réformes ».

Autre surprise, et celle-là de taille encore : quatre semaines plus tard, Françoise Giroud faisait son entrée au gouvernement comme secrétaire d'État à la Condition féminine.

Personnellement, je trouvais bien étrange qu'après avoir appelé à voter Mitterrand quatre mois plus tôt, elle accepte si vite de faire équipe avec un président sur lequel elle avait tenu des propos peu amènes. Mais je voyais bien aussi qu'avec l'arrivée de Grumbach, quelque chose s'était brisé en elle. Elle n'était plus la patronne. JJSS l'avait lâchée parce qu'il ne lui faisait plus confiance. Il lui reprochait d'avoir été trop proche des démissionnaires – Claude Imbert, Georges Suffert qui, croyait-il, l'avaient trahi. Comme nous tous, elle souffrait de l'atmosphère irrespirable qui régnait au journal. Elle ne supportait plus les humeurs toxiques du directeur de la rédaction, un grand caractériel selon moi. Elle avait envie d'autre chose et la proposition de Giscard tombait à pic. « Mon oui n'est pas un “oui mais”, on ne m'a pas demandé d'entrer au gouvernement pour faire de la décoration. Je souhaite faire bouger les choses », plaidait-elle. Interrogée par des journalistes sur son soutien à François Mitterrand, elle avait répondu en faisant du Giroud. « Je serais ravie que François Mitterrand soit au pouvoir. Mais il n'y est pas et je ne voudrais pas attendre que les filles de la maternelle atteignent le troisième âge. » Et pan, elle venait de tirer un trait sur lui.

Ne plus la voir m'attristait beaucoup évidemment, mais je la comprenais car j'en avais assez de *L'Express* moi aussi, et plus qu'assez de Grumbach. Je voulais partir, ce que j'allais faire quelques mois plus tard. Françoise revenait de temps en temps au journal, toujours un passage éclair. Elle rayonnait. Elle adorait être ministre, que sa route soit tracée par des gendarmes à moto lorsqu'elle se déplaçait en province. Elle trouvait ça « épatant » ! Dormir dans les préfectures, « grisant » ! Être appelée « Madame le ministre », encore plus. Élaborer une politique pour les femmes qui ferait date, commander une équipe, l'administration. Le job était fait pour elle. Et son bilan serait flatteur : formation professionnelle pour les veuves, prolongation du congé maternité, allocation de la mère célibataire, déduction des frais de garde des impôts des jeunes ménages, etc. Elle tenait des propos presque énamourés sur Giscard : « Il est encore plus intelligent que je ne le pensais. » (Il venait de dire pêle-mêle que Jacques Attali, Jaurès et Léon Blum étaient des hommes très intéressants.)

Elle n'aimait toujours pas Chirac, avait peu de contacts avec lui mais débordait d'anecdotes à son sujet. Plusieurs choses l'étonnaient chez lui : d'abord le tremblement frénétique de ses jambes qui faisait vibrer la table du Conseil des ministres. « Un squale furieux », disait-elle. Elle s'interrogeait : était-ce dû au fait que Giscard avait fait retirer les cendriers et qu'il ne pouvait plus fumer ? Est-il en manque de nicotine ? Cette nervosité la laissait perplexe : « Était-ce sexuel ? » nous demandait-elle comme si nous avions la réponse…

« J'avais l'impression de côtoyer un marteau-piqueur », plaisantait Jean Lecanuet. Elle avait aussi surpris Chirac lors d'une séance à l'Assemblée nationale lisant un livre posé sur ses genoux pendant qu'un orateur était à la tribune. Quel livre ? Un recueil de poésie de Patrice de La Tour du Pin, figurez-vous. Alors qu'il y a des députés qui lisent *Playboy* dissimulé sous *Le Monde* ! Elle s'interrogeait aussi sur la sincérité des goûts de celui qui affirmait par ailleurs n'apprécier que les polars. En réalité, Jacques Chirac goûtait vraiment la poésie : pour fêter son anniversaire, Bernadette organisera des soirées poésie à la Mairie de Paris.

Françoise regorgeait de projets pour les femmes, elle qui a toujours aimé travailler. Fin juillet, alors qu'elle est ministre depuis peu, j'arrive à la brasserie Lipp : Alex Grall, son compagnon, y déjeune seul à une table, avec un regard de cocker perdu. Je vais le saluer pour lui demander de ses nouvelles et de celles de Françoise, et il me répond, morose : « Mais je ne la vois plus, elle travaille tout le temps ! » Et moi pour le consoler de lui dire : « Heureusement, c'est bientôt les vacances. » Et lui de me dire : « Mais je ne sais même pas si nous pourrons partir ! » Un silence, un gros soupir, et puis : « C'est bon, pourtant, de faire l'amour tout nus au soleil. » Ce flash inattendu sur leur intimité m'avait, je l'avoue, laissée sans voix…

Françoise n'avait qu'une ennemie au gouvernement : Simone Veil. Ministre, et non simple secrétaire d'État comme elle. « C'est une vraie méchante », disait-elle d'elle. Simone en avait autant à son service : « Françoise Giroud est à contre-emploi, elle n'aime pas du tout les femmes. » Ça, elle me l'a dit souvent, Simone. Ces deux-là ne se supportaient pas, leur voisinage était orageux. Françoise avait été très déçue que Valéry Giscard d'Estaing ait confié à la ministre de la Santé le soin de présenter la loi sur l'autorisation d'interruption volontaire de grossesse alors que, secrétaire d'État à la Condition féminine, elle estimait que ce rôle aurait dû lui revenir. Mais dans ce cas, Jacques Chirac ne l'aurait sûrement pas aidée. Et les UDR n'auraient sans doute pas voté non plus. On sentait Françoise très jalouse. « Je suis sûre que Giscard a dû connaître ce genre de problèmes personnels pour faire voter cette loi », avançait aussi Françoise. En réalité, c'était Ponia qui avait conseillé à son ami Valy de vite réformer la loi réprimant l'avortement dès qu'il serait élu. À la demande de Pierre Messmer, Ponia ministre de la Santé et son collègue de la Justice Jean Taittinger avaient déposé un projet de loi en ce sens en décembre 1973. Devant les hauts cris de certains UDR, le projet s'était perdu dans les méandres de la procédure parlementaire. Pompidou, qui décéderait quatre mois plus tard, n'avait aucune envie de bousculer sa majorité. Simone me l'avait confirmé : « Au premier Conseil des ministres, Ponia est venu me voir pour me dire que je devrais m'atteler à réformer la loi. "Sinon, vous allez avoir dans votre bureau une femme qui viendra avorter." »

Après la cérémonie du 11 novembre 1974, soit quinze jours avant l'examen de la loi, Françoise était passée à *L'Express*. Il faisait très froid ce jour-là… Et de moquer une fois encore sa collègue de la Santé : « Simone portait un gros manteau de fourrure claire. Elle ressemblait à un ours polaire ! Elle ne sait vraiment pas s'habiller… »

Le 26 novembre 1974, Simone Veil présentait sa loi devant le Parlement. Nous suivions le débat pour *L'Express* avec Michèle Cotta. À l'époque, on ne savait rien de son passé douloureux dans les camps de la mort. On ignorait que son père et son frère n'en étaient jamais revenus et que sa mère adorée n'y avait pas survécu. Cinq ans plus tard seulement, en mars 1979, elle acceptera pour la première fois de raconter aux « Dossiers de l'écran » les déchirements de sa vie sur un ton d'une incroyable sobriété qui bouleversa les Français.

Ce débat sur l'avortement était important pour elle, mais ô combien difficile à mener dans une Assemblée composée à 95 % d'hommes. Il y avait une vraie attente des femmes dans le pays. Trois ans plus tôt, en avril 1971, *Le Nouvel Observateur* avait publié le Manifeste des 343 salopes. Des femmes qui avaient le courage de dire : « Je me suis fait avorter. » Des hors-la-loi qui signaient de leur nom. Parmi elles Simone de Beauvoir, Catherine Deneuve, Marguerite Duras, Françoise Sagan. Elles réclamaient le libre accès aux moyens anticonceptionnels (la pilule n'était pas encore en vente libre) et l'avortement libre et gratuit. Un an plus tard, il y avait eu le procès de Bobigny ; trois femmes étaient jugées : une jeune fille de dix-neuf ans, violée à seize et qui avait avorté, sa mère qui l'avait soutenue et celle qui avait fait le geste pour la délivrer, l'avorteuse. Elles étaient défendues par l'avocate féministe Gisèle Halimi qui, au terme d'une plaidoirie vibrante restée dans les annales, avait obtenu la relaxe pour la jeune fille, 500 francs d'amende pour la mère et un an de prison avec sursis pour la faiseuse d'anges. Le temps était venu de changer la loi.

J'en étais personnellement bien convaincue : j'avais trop connu d'amies qui avaient dû avoir recours, moyennant finances, à des femmes qui les avaient charcutées avec des aiguilles à tricoter. Pour elles, une épreuve physique et morale très douloureuse et dangereuse.

Simone Veil, que l'on voyait pour la première fois à la tribune, chemisier sobre et chignon bas, avait prononcé un discours qui sonnait juste. Elle n'a jamais été une grande oratrice – mais son ton monocorde était sans doute le plus approprié en la circonstance : « Nous ne pouvons plus fermer les yeux sur les 300 000 avortements qui, chaque année, mutilent les femmes de ce pays, bafouent nos lois et humilient, traumatisent celles qui y ont recours. Aucune femme ne fait cela par gaieté de cœur. L'avortement, c'est toujours un drame et cela le restera. Il doit rester l'exception. Les plus riches vont à l'étranger et les plus démunies risquent leur vie en ayant recours à des faiseurs d'anges. »

Je n'imaginais pas la haine qu'elle allait susciter, ni la grossièreté de certains députés, pas plus que la monstruosité de certains propos. L'un d'eux, Jean-Marie Daillet, lui demandait si elle acceptait de jeter les embryons au four crématoire. Il ne savait sans doute rien de son histoire, mais tout de même ! Le débat avait duré trois jours et deux nuits ; elle avait fait front avec dignité, sans jamais s'emporter. Une image la montrait au banc du gouvernement, la nuque courbée, les mains sur les yeux. La presse avait titré : « Le moment où Simone Veil a craqué. » Mais non, elle n'avait pas pleuré. Elle avait juste eu un coup de fatigue. Dans les couloirs, beaucoup de députés paraissent paumés. « Je ne sais plus où j'en suis. Je change d'avis tout le temps », m'avouait Bernard Marie, le père de Michèle Alliot-Marie. Pierre Baudis, le maire de Toulouse, disait vouloir voter en pensant au jugement dernier. Claude Labbé, le président du groupe UDR, déclarait : « Notre position, c'est que nous n'avons pas de position. » Libre à chacun de voter selon sa conscience. Mais le plus tempétueux, comme d'habitude était Michel Debré, qui dénonçait une atteinte définitive à la natalité en France. Il éructait, s'empourprait de colère dans les couloirs, multipliait les amendements. On craignait pour lui une attaque cardiaque. Jacques Chirac, tout réticent qu'il fût au fond de lui-même, était arrivé à 3 heures du matin, le 29 novembre, quand le débat s'enlisait, avait réuni le groupe UDR et sermonné les réfractaires, n'hésitant pas à asséner à chacun sa formule favorite : « Tu es con comme une valise sans poignée ! »

« Son soutien actif et sa gentillesse ne m'ont jamais fait défaut », m'a toujours dit Simone Veil. Finalement, le projet était adopté grâce aux voix de la gauche : 284 pour, 189 contre. Albin avait voté pour, tout comme Lucien Neuwirth, le père de la pilule, et Michel Cointat, élu breton. Nous en avions beaucoup parlé. Pour Albin, c'était une évidence : les hommes devaient assumer, partager la détresse de milliers de femmes, leur venir en aide. À la fin du débat, j'avais croisé dans les couloirs Pierre Mauroy, qui m'avait lancé : « Simone Veil est le seul homme du gouvernement. »

Après le vote, Jacques Chirac avait envoyé à celle qu'il appelait « Poussinette » un énorme bouquet de fleurs pour la féliciter.

Sauf qu'en 1979, après la période probatoire de cinq ans prévue par la loi quand s'était posée la question de son adoption définitive, Chirac avait voulu voter contre car, disait-il, « la loi cause un tort considérable à notre pays et rend illusoire tout espoir de reprise de la natalité ». Il allait dans le sens des théories de Michel Debré. Pour finalement ne pas y donner suite. Ça, c'était le Chirac qui agaçait beaucoup Simone. « Il change d'avis tout le temps. »

Et Giscard ? « Après le vote, il ne m'a pas passé un seul coup de fil, pas dit un mot. Il évitait même mon regard en Conseil des ministres. Certains jours, j'avais l'impression qu'il me faisait la tête, me raconterait Simone. Je crois qu'il ne supportait pas de ne pas être le bénéficiaire du vote de la loi », analysait celle qui, du jour au lendemain, entrait dans la cour des grands de la politique. Fêtée par tous les magazines féminins, elle était devenue une icône. « Alors que c'est moi qui ai voulu qu'elle présente cette loi », précisait Giscard devant les journalistes, avouant ainsi souffrir de ne pas partager les lauriers. Comme quoi, vis-à-vis d'elle comme des autres, la rancune n'a jamais été jetée à la rivière.

En mai 2014, dans une interview au *Point*, Giscard reviendrait sur l'événement : « J'avais fait préparer à l'Élysée un projet où l'on a repris et amendé le texte original de Mme Veil. Françoise Giroud, secrétaire d'État à la Condition féminine, aurait été la mieux qualifiée pour le porter devant la représentation nationale, mais elle était trop occupée. » Pas un mot pour Simone. Une déclaration qui avait bouleversé Jean et Pierre-François Veil à un moment où leur mère, déjà malade, n'était plus en capacité de répondre. « Giscard n'est pas venu à l'enterrement de notre mère. Il n'a pas assisté non plus à la cérémonie du Panthéon. » Dans l'interview, Giscard tressait des couronnes à Françoise Giroud, « pour laquelle j'ai un infini respect. Elle était excellente comme ministre. Elle a réellement amélioré le statut des femmes ».

Pour être équitable, il faut dire aussi que Simone Veil n'avait sans doute pas été très reconnaissante envers ce Président, qui l'avait malgré tout beaucoup gâtée. Il l'avait choisie comme tête de liste pour les premières élections européennes au suffrage universel en mai 1979, événement dont il avait été l'artisan avec son ami le chancelier Helmut Schmidt. Mieux, il avait conspiré auprès de lui pour qu'elle soit, en raison de son passé, la première présidente élue du Parlement européen. Lorsqu'elle avait quitté le gouvernement, il avait eu des mots gentils pour elle. « Par votre simplicité, madame, et votre compétence, vous avez illustré l'apport indispensable des femmes à la vie publique. Nous regretterons aussi votre sourire. »

Son élection à la tête du Parlement européen eut lieu en juillet à Strasbourg. J'y assistais. Nous étions tous impressionnés et fiers pour la France. Dans le train, Antoine, le mari de Simone, venait nous informer en douce que c'était lui qui avait écrit le discours, « Mais, chut, ne le répétez pas, j'espère qu'elle le lira bien », disait-il. On sentait surtout qu'il aurait tellement aimé être à sa place. Antoine Veil avait toujours rêvé de faire une carrière politique ; sa femme l'en avait privé.

Dès le résultat, Ponia avait téléphoné au président Giscard d'Estaing qui avait juste commenté : « C'est bien. » Il n'avait pas téléphoné à Simone Veil pour la féliciter. Attendait-il un geste d'elle ? Un remerciement qui n'est pas venu ? Ensuite il n'a plus jamais parlé d'elle. Comme si elle n'existait plus. Elle n'a jamais été reçue officiellement à l'Élysée en tant que présidente du Parlement quand tous les chefs de gouvernements européens, eux, la conviaient et faisaient grand cas de ses observations. Deux ans plus tard, François Mitterrand, installé à l'Élysée, la recevait avec les égards dus à son rang.

Simone, il fallait apprendre à la connaître car elle n'était pas commode. Très lunatique pour tout dire, alternant les périodes de connivence où l'on pouvait parler de tout – des choses les plus profondes, comme celles, plus prosaïques, du quotidien : la mode, elle adorait les tailleurs Chanel, la cuisine… Elle m'avait raconté qu'un jour, en ouvrant un dossier au Conseil des ministres, une fiche cuisine de *ELLE* s'en était échappée et avait atterri au milieu de la table. Elle adorait se moquer de ses collègues sur lesquels son jugement était rarement bienveillant. On pouvait rire avec elle, en effet, mais pas tous les jours. À d'autres moments, impossible de l'approcher tant on la sentait d'humeur mauvaise. Il fallait voir comment elle houspillait ses collaborateurs, et devant témoins. On racontait même qu'un jour elle avait fait pleurer son directeur de cabinet. Elle me disait : « Moi, quand on me demande quelque chose, je commence toujours par dire non. » Ce qui évidemment n'encourageait pas à la solliciter… Pour tout dire, je la craignais et ne cherchais pas trop à la voir. Mais j'étais fascinée par ce visage ferme et plein, son regard vert, admirable et si étrange, qui vous fixait à la manière des chats, c'est-à-dire sans vous voir, comme si elle s'absentait en elle-même. Ces yeux qui avaient vu l'intolérable, la barbarie, tout ce qu'elle avait eu tant de mal à raconter, y compris à ses enfants. Alors on lui pardonnait ses sautes d'humeur. Forcément.

Je dois le reconnaître, le début de l'ère giscardienne avait débuté dans la joie. « Le Président est heureux comme un jeune marié dont la nuit de noces s'est bien passée », ironisait Claude Pierre-Brossolette, le secrétaire général de l'Élysée, le seul qui pouvait s'autoriser quelque impertinence. « Comme c'est facile de gouverner », s'était même écrié le nouvel élu, car ça démarrait fort. Le changement déboulait à grande vitesse. Outre cette griserie légitimement frivole, le Président était animé d'une volonté de bien faire.

« Vous êtes là pour laisser une empreinte, vous êtes un gouvernement de réforme. Chaque jour, 50 % de votre activité doit être consacré à la réforme », répétait-il à ses ministres. Dès le 10 juin, le gouvernement se prononçait pour l'abaissement de la majorité civile à dix-huit ans. La pilule allait être en vente libre. L'ORTF éclater en sept unités. Ponia promettait la suppression des écoutes téléphoniques. Bizarre… Cinq mois plus tôt, en arrivant au ministère de l'Intérieur, Jacques Chirac affirmait les avoir supprimées. Le 1er juillet, le minimum vieillesse était majoré de 21 %. Les droits de l'opposition sensiblement élargis, avec le droit de saisine du Conseil constitutionnel par un cinquième des membres de l'Assemblée nationale. Les suppléants devaient rendre leur siège aux titulaires six mois après que ceux-ci avaient quitté le gouvernement. La réforme du divorce par consentement mutuel était votée. Réforme, aussi, du régime pénitentiaire avec une remise en cause des courtes peines.

Giscard se rendait à Lyon dans une prison pour serrer la main à un prisonnier. Les UDR en étaient scandalisés. « Mais c'était un prévenu et un prévenu est toujours présumé innocent », s'était-il défendu, ulcéré comme toujours lorsqu'il n'était pas compris. Dans une lettre au Conseil européen, il proposait que la France ne célèbre plus le 8 mai 1945, date de la capitulation de l'Allemagne, suggérant de le remplacer par une grande journée du souvenir qui pourrait être célébrée le 11 novembre. Les Français avaient mal réagi de voir ainsi gommée la mémoire française. Les sondages étaient tous négatifs, il y avait renoncé. Avec Mitterrand, la gauche, qui raffole des vacances, ferait du 8 mai 1945 un jour férié.

Mais là où Giscard innovait le plus, c'était dans sa manière de gouverner. Il est un super-président. Non seulement il a choisi lui-même ses ministres, mais il rédige ses directives au Premier ministre, lesquelles au lieu d'être tenues secrètes sont rendues publiques à grands roulements de tambour, mettant ainsi en relief la subordination de Jacques Chirac à son bon vouloir. Comme Pompidou, il multiplie les conseils restreints à l'Élysée, téléphone directement à ses ministres pour les conseiller dans leur action. Bientôt *Le Monde* titrera à la une « Un certain exercice solitaire du pouvoir », reprenant la formule de Giscard à l'adresse du général de Gaulle en 1967.

Faute d'obtenir une adhésion spontanée de la majorité, il entend convaincre la France profonde de ses choix par le biais de la télévision. Une fois par mois, à l'heure du potage, il apparaît immobile devant la caméra. Son œil mongol tente de capter l'insaisissable, c'est-à-dire la nation. Fixe devant la caméra, il ponctue ses démonstrations de courts silences rythmés par un petit claquement de lèvres que Thierry Le Luron imitera. Il veut être le guide rationnel, libéral, moderne, sur lequel les citoyens qui l'ont fait roi peuvent se reposer. Pour sa première réunion de presse en juillet, il se montre debout face aux journalistes. Chirac n'a pas été invité, on lui a même demandé de ne pas venir.

Choqué, le Premier ministre ? Pas du tout. Pour bien marquer sa grande loyauté à l'égard du Président, il déclarait au début du mois de juillet 1974 au *Quotidien de Paris* : « Il faut que le régime se présidentialise. Cela implique qu'il ne peut y avoir de discussion sur les orientations qu'il donne. Donc le Premier ministre doit par définition adhérer aux actes du Président ou se démettre. » Alors, sincère, le Premier ministre ? Impossible à l'époque de lui arracher une confidence : quand il sortait de l'hémicycle à grandes enjambées, on tentait de l'interpeller : « Qu'allez-vous dire ? Qu'allez-vous faire ? » Sa réponse : « Moi ? J'ouvre la bouche et j'attends que ça sorte. »

Le mieux était donc d'aller interroger Marie-France Garaud. Elle était installée à Matignon dans un bureau en rez-de-jardin. Elle régnait sur les fonds secrets et surveillait de près les variations d'humeur de la troupe gaulliste. Je lui demandais : « Il est vraiment content le Premier ministre ? » Elle répondait dans un éclat de rire : « Comme un jeune homme avec un bateau neuf ! » Pour ajouter aussitôt : « Le Premier ministre est présidentialiste. Par conséquent, il obéit. »

Heureux, donc, Jacques Chirac.

À Matignon, lui aussi impose un style neuf, il travaille en bras de chemise, les pieds sur la table. Quand la faim le tenaille, il se fait porter de robustes casse-croûte qu'il engloutit avec bonheur, sans jamais oublier de convier ses visiteurs à partager ses agapes. Il se murmure que, chaque jour à midi, il court rejoindre sa fille Laurence, pour partager le repas avec elle. Étudiante en médecine, elle est devenue anorexique après avoir contracté une méningite. Il va s'assurer que sa fille mange. Après quoi, il revient à Matignon pour déjeuner. De cela, il ne dit jamais rien à personne.

Aux ministres qui viennent le voir, une seule consigne : « Ne me fais pas d'histoires. Pas de gens dans la rue. Ne nous brouille pas avec les agriculteurs, les gardes-barrière, les marins-pêcheurs, etc. » Paul Granet, secrétaire d'État à la Formation professionnelle, un proche d'Edgar Faure qui voulait l'entretenir de ses dossiers, s'entend répondre : « Les ministres heureux n'ont pas d'histoire. Je te fais confiance. Ne viens pas m'emmerder avec tes problèmes. »

Tous les ministres que je rencontrais me disaient la même chose : « Impossible d'avoir une discussion de fond avec lui. » Mais c'était un bon camarade qui les félicitait toujours après une communication en Conseil.

Chirac avait tout de même un secteur réservé : l'agriculture. Presque tous les mercredis, des syndicalistes agricoles, enchantés et flattés de tant de prévenance, étaient invités à dîner à Matignon. Le ministre de l'Agriculture, Christian Bonnet, n'y fut jamais convié quant à lui.

VGE pilotait la politique économique. Le chômage, conséquence du choc pétrolier, commençait à faire des ravages. La situation économique se dégradait. Menacé de désarmement, le paquebot *France* prenait valeur de symbole, celui d'une humiliation. Michel Sardou en écrira une chanson. En avril 1974, on dénombrait 425 000 demandeurs d'emploi. Un an plus tard, ils seraient près de 800 000. De son côté, Jacques Chirac n'était pas inactif. Il jugeait que la crise était conjoncturelle, qu'elle ne durerait pas. François Ceyrac (un Corrézien), le président du CNPF (le patronat), était d'accord avec lui. Aussi avait-il convaincu le Président d'indemniser les salariés licenciés pour des raisons économiques (des victimes provisoires selon lui) à 90 % de leur salaire antérieur pendant un an, alors que la CGT aurait accepté 70 %. Le Premier ministre, encore marqué par Mai 68 – comme il le restera durant toute sa vie politique –, voulait à tout prix éviter les mouvements sociaux. « La France est un pays fragile et violent qu'il ne faut pas bousculer. » Ce sera son credo durant toute sa vie politique. À Jean-Pierre Fourcade, plus circonspect car cela coûtait cher, il expliquerait : « Après une victoire étroite, il peut y avoir des débordements. » Giscard ne s'y opposant pas, un accord avait donc été signé en octobre 1974. La France adoptait ainsi le système le plus protecteur de la Communauté européenne.

Michel d'Ornano me disait : « Chirac, il est comme ça : un problème ? Vite une subvention. »

À la maison, Albin se récriait : « Mais c'est une folie ! Ces licenciements ne sont pas tous liés à la crise pétrolière, mais aux exigences de restructuration. On est à la veille d'une grande mutation dans l'organisation du travail. » Je n'avais pas d'avis. C'était un grand sujet de conversation dans les dîners entre amis.

Le 12 juin, Jean-Pierre Fourcade avait présenté son plan de refroidissement de l'inflation à l'Assemblée nationale. Giscard était venu l'expliquer à la télévision, heureux d'assurer que l'essentiel de l'effort serait demandé aux entreprises et aux Français aisés qui y participeraient aussi avec la taxation des plus-values. La politique économique entrait dans une logique de redistribution sociale, le licenciement était désormais subordonné à une autorisation de l'inspection du travail. Durant le septennat giscardien, l'ensemble des prélèvements obligatoires passerait de 37 à 43 % de la richesse nationale. Le libéralisme avancé n'était-il pas plutôt un socialisme déguisé ?

Peu à peu, il cédera la place aux mots « décrispation », « simplicité ». C'est ainsi qu'à Noël, le Président invitait des éboueurs à prendre avec lui le petit déjeuner à l'Élysée, une invitation qui n'était pas due à un soudain coup de cœur. Paul Dijoud, secrétaire d'État chargé des travailleurs immigrés, avait reçu des consignes du Président : améliorer les conditions de vie culturelle et sociale des Travailleurs immigrés, construire pour eux 16000 logements sociaux par an, favoriser les contacts avec les Français. En clair, les intégrer. « J'y veillerai personnellement », avait-il promis. Ainsi tenait-il parole. Les éboueurs étaient tellement intimidés, stupéfaits, qu'ils en oublièrent d'enlever leur passe-montagne. À l'occasion, on apprit que le Président trempait son croissant dans son café comme tout le monde. Pour l'arbre de Noël des enfants à l'Élysée, il accompagne au piano son invité Claude François, qui chante « Douce nuit, sainte nuit… » Suit cette scène cocasse : le Président debout, mains sur les hanches, qui s'adresse aux enfants : « J'ai un chien qui s'appelle Jugurtha (un cadeau de la reine d'Angleterre). Je vais vous le présenter. » Et de crier « Jugurtha, Jugurtha ! ». Point de chien. « Allez, les enfants, appelez Jugurtha ! » Et les enfants de hurler son nom. Effrayé, l'animal n'est jamais apparu.

Lors de ses vœux au pays, il demande à Mme Giscard d'Estaing d'être à ses côtés pour présenter les siens, tous deux assis dans des fauteuils devant un feu de cheminée : deux châtelains guindés parlant aux manants ! Un rôle de composition raté pour une femme connue pour sa timidité. On souffrit pour elle. Des années plus tard, je l'avais interviewée, elle créait une fondation, et elle m'avait confié qu'elle admirait beaucoup Danielle Mitterrand, son courage, ses audaces. « Si j'avais su, j'en aurais fait beaucoup plus à l'Élysée… » Un regret.

Après la décrispation, la simplicité. C'est en son nom que Giscard dîne, en janvier 1975, chez un artisan du VIIe arrondissement de Paris. Il concrétise sa promesse d'aller souper dans les familles françaises de toutes conditions. On le voit successivement chez un encadreur parisien, de jeunes cadres tourangeaux, un chauffeur de poids lourd des Yvelines, un garde champêtre. Les invitants se disaient honorés et ravis. Dans les rédactions, on moquait ce Président qui aurait, paraît-il, trouvé l'idée en lisant la biographie de Louis XI de Paul Murray Kendall.

Charles de Gaulle voulait héroïser les Français ; Georges Pompidou, les rassurer ; Valéry Giscard d'Estaing veut séduire ses compatriotes et apparaître comme un homme moderne, décontracté, convivial. Comme n'importe quel Français, il dîne avec son fils

Henri dans un bistrot, regagne son domicile seul au volant de sa 504 verte. Durant le week-end, il disparaît, vieille habitude, sans que l'on sache où il est. Une lettre scellée, renfermant l'indication du lieu où il peut être joint, permet – en cas d'« urgence absolue » – aux collaborateurs qui assurent la permanence de le contacter. On parle en octobre d'un accrochage au petit matin avec un camion de laitier. La presse en fait des gorges chaudes. Je m'en souviens : il n'était question que de cela dans les couloirs de l'Assemblée nationale et dans les rédactions. Certains lançaient des noms de femmes. D'où venait-il ? Que faisait-il ? « Giscard sort-il trop ? » s'interroge *Paris Match*. Mais cette vie privée était aussi très commentée hors de l'Hexagone. *The Economist* de Londres, l'*International Herald Tribune* évoquaient son mode de vie et traçaient de lui le portrait d'un homme désinvolte, presque immature.

Cette simplicité affichée contrastait avec un goût marqué pour le protocole. Il demandait à Chirac de se tenir trois pas derrière lui dans les manifestations officielles. À table, dans les grands dîners officiels, il se faisait servir le premier, comme un souverain. Lorsqu'il n'était pas accompagné de Mme Giscard d'Estaing ou du Premier ministre, la place qui se trouvait en face de lui demeurait vide.

Ce qui avait beaucoup amusé le comte de Paris, comme il me le confia lors d'un dîner chez Jimmy Goldsmith : « Giscard a cru que c'était le protocole royal, alors il m'a imité. Ce qui est idiot, c'est mon protocole à moi. Quand je recevais à déjeuner des hommes politiques au manoir de Cœur-Volant, à Louveciennes, il y avait les habitués : Antoine Pinay,

Pierre Mendès France, Maurice Schumann, Jacques Soustelle. Giscard venait aussi de temps en temps. Je pensais que pour avoir une bonne discussion, quatre invités autour d'une table carrée était le chiffre idéal. Je leur disais pour mon plan de table : "Messieurs, imaginez que la comtesse de Paris est face à moi." » En 1976, j'avais demandé à Yves Guéna, nouveau secrétaire général du RPR qui était invité pour la première fois à l'Élysée : « Où étiez-vous placé à table ? » Il m'avait répondu : « À la droite du trou. »

Et Chirac ? Tout allait bien pour lui. Pour l'heure, ses rapports avec le Président étaient au beau fixe. Lors des Conseils des ministres, quand un ministre était trop bavard, ils se lançaient des clins d'œil complices. Chirac avait même demandé à Claude Pierre-Brossolette, qui me l'avait raconté, de lui donner l'adresse du tailleur du Président. Une preuve de leur entente.

Chirac arpente le monde, ce qu'il aime par-dessus tout. Il s'intéresse de plus en plus à la politique étrangère. Chaque soir ou presque, il se plonge avec avidité dans les télégrammes du Quai d'Orsay. Le Moyen-Orient, qu'il découvre lors d'un voyage en Irak en décembre, l'éblouit. Il est venu rencontrer Saddam Hussein, alors vice-président de l'Irak, pour parler approvisionnement en pétrole. Il est reçu par des bains de foule enthousiaste. Il veut que la France devienne le premier partenaire économique du pays dans toute une série de secteurs ; il a amené avec lui plusieurs chefs d'entreprise. Il était rentré à Paris avec la promesse de contrats juteux, un succès relevé par la presse. Au retour, il a confié à Charles Pasqua, qui me le racontera plus tard : « Saddam Hussein m'a présenté sa mère comme si j'étais son frère et il a mis à ma disposition une maison à Tikrit, son village natal. » Il était si enthousiaste qu'il avait voulu apprendre l'arabe. Un professeur viendra à Matignon pour lui donner au moins… dix leçons ! Un autre jour, il a dit à Jean Lecanuet, qui s'en étonnait encore quelques années après : « Kadhafi est un grand homme d'État. » En janvier 1976, Jacques Chirac se rendit en voyage officiel en Inde pour rencontrer Indira Gandhi. Europe 1 m'y avait envoyée. Quelque chose m'avait frappée : lui souvent si gauche pour s'exprimer en public montrait une aisance incroyable avec les chefs d'État ou ses homologues étrangers, comme s'il les connaissait depuis toujours. Je me ferais la même réflexion lors de sa rencontre avec Mikhaïl Gorbatchev, l'homme de la Perestroïka, qu'il voyait pour la première fois lors du dîner dans les salons du Kremlin. Je les voyais rire ensemble, comme s'ils s'étaient connus sur un foirail en Corrèze. Quant à la Première ministre indienne, elle était sous le charme, c'était visible. À l'époque, il entretenait une liaison avec notre consœur Jacqueline Chabridon. Elle était du voyage, flanquée de son mari le journaliste Alain Fernbach. Une visite au mausolée Taj Mahal était organisée pour la délégation française. Un car affrété pour les journalistes suivait le convoi officiel. Nous en étions tous descendus pour admirer cette splendeur de marbre blanc. Jacques Chirac avait bondi de sa limousine, Jacqueline était elle aussi descendue la première. Tous deux s'étaient rejoints, ils marchaient devant nous, vite, les yeux dans les yeux, comme s'ils étaient seuls au monde. Une scène incroyable. Loin derrière, Bernadette. Des confrères et des collaborateurs du Premier ministre un peu gênés lui faisaient la conversation. Un quart d'heure plus tard, la visite terminée, nous retournions tous vers nos véhicules. Jacqueline était remontée dans le car, Jacques Chirac dans sa limousine qui sous nos yeux démarrait. Il avait oublié Bernadette sur le trottoir. Il avait la tête ailleurs. Tout cela sous nos yeux éberlués.

Sur le chemin du retour, il était venu nous dire : « Je m'arrête à Bagdad pour dîner avec mon ami Saddam Hussein. » Raymond Barre, qui venait d'entrer au gouvernement comme ministre du Commerce extérieur, était accompagné d'Ève, sa femme. Arrivés à Tripoli, nous, les journalistes, avions été parqués dans une salle de l'aéroport gardée par des hommes en armes au regard inquiétant. Nous avions tout de même eu l'autorisation d'aller visiter le musée d'Art sumérien qui contenait des merveilles. Dans l'avion, Mme Barre, elle aussi du voyage avec son mari, était venue nous montrer le cadeau que lui avait offert Saddam Hussein, un superbe collier de diamants et turquoises. Bernadette, elle, s'était montrée plus cachotière envers nous.

Tout va bien. Mais si Jacques Chirac est Premier ministre, ça n'est pas lui l'homme fort du gouvernement. La puissance principale se trouve place Beauvau, au ministère de l'Intérieur. C'est un ménage à trois qui dirige la France. En Conseil des ministres, VGE se garde bien de marquer quelque préférence entre les deux.

Ponia reçoit beaucoup de monde : des patrons, des diplomates, des élus de toutes tendances. Pierre Mauroy est aperçu plusieurs fois dans l'antichambre du ministère. Chaque soir, Ponia rédige pour le compte du Président une note de vingt à cent lignes, son commentaire quotidien sur les événements et les hommes. Seule sa collaboratrice personnelle, Mme Chain, a l'autorisation de taper à la machine ce document tellement confidentiel. Souvent Ponia traverse la rue pour remettre lui-même sa note au prestigieux destinataire. Chaque semaine, il multiplie les petits déjeuners avec les dirigeants giscardiens, les centristes de tous poils, et c'est toujours la même musique : « À bas l'UDR ! Dans deux ans, elle n'existera plus. Chirac va s'en charger. »

Marie-France Garaud, qui avait connu Matignon à l'époque où Georges Pompidou régnait en maître sur la majorité, s'étonnait souvent du fonctionnement de ce trio. Invariablement, Chirac lui expliquait : « Si je veux peser un jour sur les choix du Président, il faut d'abord qu'il ait confiance en moi. »

« Il était sûr de supplanter Ponia dans le cœur de Giscard », m'expliquera Marie-France qui lui répondait : « Vous vous faites des illusions. Entre Ponia et Giscard, c'est le mariage chinois. Ponia, c'est la première épouse avec qui l'on ne couche plus, mais c'est elle qui choisit la concubine et le moment où il faut la renvoyer. »

Marie-France était la seule source possible d'informations sur Matignon. Elle recevait volontiers les journalistes. On l'appelait. « Venez me voir », disait-elle. Mais quand nous arrivions à Matignon, elle était absente. Il fallait l'attendre. Souvent même sa secrétaire venait nous dire que, retenue à l'extérieur, elle n'apparaîtrait pas. Un jour, avec Michèle Cotta, nous lui avions demandé : « Y a-t-il un endroit où nous pourrions vous voir pour parler tranquillement, où vous seriez à l'heure, et où il n'y aurait pas de téléphone ? » Elle nous avait dit : « Venez samedi matin, à 9 heures, rue Cambon chez Chanel, je dois y faire des essayages. » À l'heure dite, nous nous étions retrouvées, Michèle et moi, dans une cabine, assises à ses pieds sur des petits bancs, et elle, imperturbable, en combinaison de soie à dentelle qui laissait deviner une plastique enviable, avait essayé devant nous cinq ou six tailleurs. Quel numéro ! Nous avions pris des notes. Elle nous parlait surtout des remous à l'UDR, d'un parti qu'il fallait reprendre en main, et vite, et de la mollesse de Giscard. À la fin des essayages, la directrice de chez Chanel était venue nous proposer de bons soldes. À moi : « Vous êtes grande, j'ai un tailleur jaune qui n'a été porté qu'une fois par Claude Pompidou et qui vous irait très bien. » Je m'enquérais du prix, c'était à peu près mon salaire à *L'Express*. Je l'avais remerciée, prétextant que j'en avais déjà un. Michèle s'était laissé tenter par une veste, une bonne affaire. Sa fille Stéphanie la porte encore aujourd'hui. En sortant, nous nous étions demandé si Mme Garaud bénéficiait de cadeaux de la maison, de prêts longue durée, ou de prix très au rabais ? Mais alors qui payait ? Les fonds secrets ? Questions restées sans réponse…

Bientôt le mouvement gaulliste allait être traversé de forces centrifuges. Michel Jobert annonçait de sa voix de flûte traversière qu'il envisageait de dessiner l'« esquisse de l'esquisse d'un mouvement politique ». Quelques députés UDR frétillaient d'aise et se disaient prêts à le suivre. Michel Debré, toujours disponible pour un nouveau sacrifice, proclamait que l'UDR devait entamer une nouvelle traversée du désert.

Les barons déjeunaient ensemble chaque semaine. Que complotaient-ils ?

Pierre Juillet – il n'était pas installé à Matignon – prévenait rituellement Jacques Chirac qui le consultait presque tous les jours : « Si vous ne pouvez pas vous appuyer sur un parti fort, avec ce système giscardien, vous serez renvoyé comme un valet de chambre. »

Question : VGE aurait-il pu rallier l'UDR à sa cause ? Oui, m'assurait Jean Foyer : « Si Giscard nous avait fait du charme après son élection, nous nous serions résignés. Songez qu'au lieu d'essayer de nous séduire, il a attendu 1976 pour inviter le groupe UDR à déjeuner. Et Ponia qui donnait des consignes au préfet afin de préparer notre succession aux législatives. » Même jugement du côté de Claude Labbé : « Giscard ne connaît pas nos réflexes, ne nous comprend pas. Quand il a besoin de nous aux Finances, il nous fait des sourires. Une fois qu'il a eu ce qu'il voulait, il ne nous salue même plus. »

VGE avait tout de même fait quelques gestes en direction des gaullistes. Comme de passer vingt-quatre heures à bord du sous-marin *Le Terrible* pour montrer que la politique de défense restait la même. Le 9 novembre, il s'était même rendu impromptu à Colombey sur la tombe du général de Gaulle. Pour la première et dernière fois, d'ailleurs. « La ficelle est un peu grosse », ironisaient les gaullistes. Cette offensive de séduction ne pouvait suffire à démanteler les murs de prévention dressés depuis tant d'années.

En revanche, Pierre Juillet et Marie-France Garaud savaient comment s'y prendre. À leur initiative, René Tomasini, secrétaire d'État au Parlement, organisait déjeuner sur déjeuner dans le cadre flatteur du pavillon de musique au fond du parc de Matignon. Un grand moment de câlinothérapie ! À l'un, il promettait une subvention qui se faisait attendre et à tous il expliquait que ces largesses si utiles en période électorale ne dépendaient que de Jacques Chirac, le Premier ministre, un jeune homme bien sous tous rapports.

À Charles Pasqua revenait la domestication du mouvement, la solidarité corse ayant contribué à faire accepter par Sanguinetti l'intronisation à ses côtés de cet organisateur redoutable. Peu connu à l'époque des journalistes, Pasqua avait trente ans de gaullisme derrière lui. Il était même l'un des pères fondateurs du SAC (Service d'action civique). Ce grand résistant n'était pas un technocrate. Il avait été tour à tour plagiste, veilleur de nuit, représentant de commerce de la société Ricard, puis directeur des ventes avant de fonder sa propre entreprise : les apéritifs Americano Gancia. Il connaissait presque chaque homme de la machine UDR. Il n'avait pas son pareil pour alterner les expressions bon enfant avec les féroces avertissements personnels à vous donner froid dans le dos, sans jamais se départir de son sourire ni de son accent à la Fernandel.

Jacques Chirac était à peine installé à Matignon qu'il avait entrepris une tournée provinciale des fédérations gaullistes. Il était urgent de reprendre les choses en main. L'UDR brinqueballait. Son mot d'ordre : « Nous nous sommes trompés avec Chaban, les barons, c'est fini. Si nous voulons sauver le gaullisme, il faut être unis derrière Jacques Chirac, le seul présidentiable. » Une affirmation qui ne souffrait aucune discussion.

À l'automne, Jacques Chirac pouvait recueillir les fruits et les fleurs de ces deux bons horticulteurs corses. Le mouvement était chiraquisé.

À l'Élysée, VGE s'inquiétait. Que voulaient les barons ? L'UDR ne devait pas tomber aux mains d'hommes peu sûrs.

Le 12 décembre, il s'envolait pour les Antilles afin d'y rencontrer Gerald Ford, le président des États-Unis : il s'agissait d'harmoniser les stratégies pétrolières des deux pays. Une photo les montrera en maillot de bain, torse nu, assis au bord de la piscine, devisant les pieds dans l'eau. Une image énergique.

Jacques Chirac l'avait accompagné à l'aéroport. Dans la limousine, les deux hommes avaient parlé de l'UDR, des barons qui grenouillaient. « Il faudra prendre une initiative », avait lancé le Président à son Premier ministre avant de monter dans l'avion. Banco. Jacques Chirac n'attendait que cette invite en forme de feu vert.

Justement, le jeudi soir, il était invité au dîner des barons. Ceux-ci, courtois, voulaient le mettre au courant de leur projet pour l'UDR. Autour de la table, une belle brochette. Roger Frey, la puissance invitante, Michel Debré, Jacques Chaban-Delmas, Olivier Guichard, Jacques Foccart, Maurice Couve de Murville, Pierre Messmer. L'ambiance est amicale, le dîner raffiné : huîtres chaudes fourrées aux épinards (je découvre alors que les huîtres peuvent être cuites !), marcassin à la purée de marrons. Pour le café ou les tisanes, on s'est installés dans le grand salon du Conseil constitutionnel : deux cents mètres carrés qui dominent la galerie du Palais-Royal. Déjà la conversation est plus tendue. On parle succession à la tête de l'UDR, prévue en février selon les statuts.

« Nous allons faire campagne pour Olivier Guichard, prévient Roger Frey.

— Si Guichard est candidat, vous créez une dualité avec Matignon, je m'y opposerai », répond Chirac.

Cramponné à sa grande idée, Michel Debré se lance dans un plaidoyer vibrant pour une direction collégiale. « Le mieux serait encore que je prenne le secrétariat général de l'UDR », conclut Jacques Chirac sur un ton goguenard en prenant congé de ses hôtes. Et les barons de s'esclaffer : « Quelle idée saugrenue ! »

Le Premier ministre avait fait semblant de plaisanter. Le grand hold-up politique de l'année était déjà engagé.

Pendant que les barons dînent, un autre souper fin réunit chez Lasserre Pierre Juillet, René Tomasini et Alexandre Sanguinetti. Les premiers expliquent au troisième, avec force ménagements bien sûr, qu'il va devoir céder la place. « Tu démissionneras samedi, Chirac doit devenir le patron. » Bien sûr, Sanguinetti accuse le coup. « Avant de prendre ma décision, je voudrais consulter mon ami Pasqua », dit-il. On lui téléphone. Il accourt. Et comme par hasard l'ami trouve l'idée excellente et, promis juré, Alexandre, on ne t'oubliera pas : il aura un grand bureau à Matignon et des fins de mois sans souci.

Le bon ami corse ramène chez lui le secrétaire général de l'UDR – il l'est encore pour deux jours –, avant de bondir à Matignon où il retrouve Jacques Chirac, Pierre Juillet, Marie-France Garaud, René Tomasini. Cette fine équipe est bien d'accord : pour gagner, il faut prendre tout le monde de vitesse. Pendant que les autres dorment, eux vont s'affairer toute la nuit pour préparer les télégrammes qui seront envoyés à l'aube aux membres du comité central (ce sont eux qui élisent le secrétaire général). Ils sont convoqués pour une réunion extraordinaire le samedi à 8 h 30 à l'hôtel Intercontinental. Vendredi, Pasqua et Tomasini récupèrent au téléphone, un à un, les mandats de ceux qui ne pourront être là.

Pour la forme, Jacques Chirac prévient Ponia qui inaugure à Metz la nouvelle préfecture.

« Je prends demain l'UDR en main. Je vais me faire élire secrétaire général.

— As-tu prévenu le Président ?

— Je n'arrive pas à le joindre. Tu sais, le téléphone avec les Antilles marche mal, mais avant de partir il m'a dit de prendre une initiative. J'en prends une. »

Et samedi, tout va se dérouler conformément aux analyses des stratèges de Matignon. À 8 h 30, Alexandre Sanguinetti monte à la tribune. Tout le monde lui trouve mauvaise mine. « J'ai pris la décision de démissionner du secrétariat général de l'UDR. » Cris dans la salle (nous les journalistes étions restés derrière la porte, la séance se déroulait à huis clos, mais on entendait les vociférations).

« Mais tu ne peux pas attendre deux mois ? Tu es malade ?

— Ma décision est irrévocable », répond le démissionnaire sans plus donner d'explications.

Il va donc falloir élire un nouveau secrétaire général.

Chirac prend le micro : « Je suis candidat. » Nouveaux cris dans la salle. La porte s'ouvre, c'est Chaban qui s'en va. « C'est une pantalonnade », nous lance-t-il, fou furieux.

Alain Peyrefitte prend la parole et s'adresse à Jacques Chirac : « Au nom de l'amitié que je te porte, je te conjure de renoncer. » Il est très applaudi. Le comité central tangue. Une interruption de séance est demandée. À la reprise, Michel Debré propose à nouveau d'élire un directoire et dit à Chirac : « Vous en seriez le président. » Chirac hésite, va téléphoner à Pierre Juillet et Marie-France Garaud, qui s'impatientent et tranchent : « Pas question de directoire. » Plus tard, Marie-France Garaud et Charles Pasqua me confieront que Chirac voulait renoncer. « Sans nous, il n'aurait jamais eu le parti ! » Marie-France interroge Pasqua : « Vous pouvez compter sur combien de mandats ?

— Nous en avons 22 et à vue de nez dans la salle, nous avons 56 voix sur les 90 présents.

— Alors foncez ! Il faut que Jacques se présente ! tout de suite ! »

À la reprise, Jacques Chirac saisit le micro : « Prenez vos responsabilités ; je prends les miennes. » Pour le principe, Jacques Legendre, député-maire de Cambrai, fait lui aussi acte de candidature. On vote. Résultat : 57 voix pour Chirac, 27 pour Legendre.

Une fois élu, le Premier ministre peut enfin faire part au président de son succès. Il le joint au téléphone. Miracle : la ligne est rétablie. Olivier Stirn, secrétaire d'État aux DOM-TOM, était à ses côtés : « Le Président était ravi, me racontera-t-il. Il pensait que Chirac venait d'agir par loyauté, que tout s'était déroulé comme prévu. »

À l'issue de ce coup d'État, enfin Chirac acceptait de rencontrer les journalistes. Cette démarche avait été lancée en plein accord avec le Président. Ainsi, lui-même pourrait mieux s'affirmer comme le chef de la majorité.

Le lendemain, François Mitterrand posait ce diagnostic : « Le régime vient de changer de nature… », et dans la presse, le débat était ouvert : Chirac roule-t-il pour lui ou pour l'Élysée ? En cette fin d'année, Giscard se montrait globalement satisfait et optimiste. La veille de Noël, il décorait Jacques Chirac de l'ordre national du Mérite.

Comme un bonheur n'arrive jamais seul, l'hebdomadaire *Der Spiegel* décernait à Jacques Chirac le titre envié d'homme de l'année. Certains commentateurs le considéraient déjà comme un possible recours. Les UDR allaient devenir chiraquiens, tandis que les Républicains indépendants demeuraient giscardiens.

Pour Ponia, c'en était trop. Son sang ne fait qu'un tour. Il ne s'est pas battu pendant des années aux côtés de Giscard et en prenant des coups pour qu'une fois installé au pouvoir, des Debré, des Tomasini, des Couve de Murville prétendent encore faire la loi, et qu'un Premier ministre dicte sa conduite au chef de l'État. Impensable. En plus, cette unité refaite de l'UDR risquait d'empêcher le recentrage de la majorité. Chirac avait grugé le Président, il n'avait pas giscardisé l'UDR comme il l'avait promis. Il allait y mettre bon ordre. La guerre était déclarée.

Justement, le 12 janvier, Jacques Chirac parle devant les cadres de l'UDR (700 personnes). Tel un Gengis Khan bardé de croix de Lorraine, il promet sur un ton conquérant : « Nous resterons la majorité de la majorité », et dans sa péroraison, il glisse entre deux phrases qu'il serait souhaitable de créer un comité de coordination de la majorité, dont il prendrait bien sûr la tête.

Le lendemain, 13 janvier, Ponia réunit les Républicains indépendants salle Wragam. En rugissant presque, il lance un véritable ordre de mobilisation : « La prochaine majorité parlementaire sera giscardienne, nous serons bientôt le premier parti de France. Nous allons créer un véritable rassemblement populaire, et nouer une alliance privilégiée avec les centristes. »

Et pour clore une si belle journée, Ponia se fait élire président des Républicains indépendants. Nous, les journalistes, avions compris que les hostilités allaient commencer.

Le virus Chirac faisait des ravages. Une odeur de poudre et de sang flottait sur les états-majors centristes. Jusque-là jugé sympathique et plein d'allant, le Premier ministre, devenu leader de l'UDR, s'était métamorphosé à leurs yeux en bête du Gévaudan qu'il faudrait terrasser pour le bien de la République.

Jean Lecanuet et JJSS relançaient la fédération des réformateurs, le garde des Sceaux se faisait élire président du Centre démocrate. Jean Lecanuet, agrégé de philosophie, savait manier la langue française comme personne. C'était un plaisir de l'entendre parler de Maupassant, écrivain normand dont il connaissait si bien l'œuvre. À Europe 1, on me disait : « Va le voir, on voudrait une réaction. Une minute, pas plus. » Quelquefois c'était une minute trente. J'arrivais, il me disait : « Combien vous voulez ? Une minute ? Une trente ? » Il calibrait sa parole à la seconde près.

Pas de montage à faire en retour. Un cas unique. Je l'admirais.

Quant à Jean-Pierre Fourcade, il se hissait – avec les encouragements du château – à la présidence des Clubs Perspectives et Réalités.

Jacques Chirac fulminait. Ces éclosions de partis retardaient l'organisation de la majorité sous sa houlette. Encouragé par le président de la République à « faire de la politique », tous les chefs centristes y allaient de leur petit couplet, chaque fin de semaine… contre l'UDR. JJSS lançait : « Les UDR sont des fanatiques du passé. » Tandis que Jean Lecanuet enfonçait le clou : « Nous sommes la gauche de la majorité présidentielle. Et Dieu sait si cette majorité a une droite. » Autant de signes annonciateurs de la naissance espérée de l'Union pour la démocratie française, l'UDF.

Ainsi, dès la mi-1975, pour de sombres questions de famille et d'héritage, pour ne pas dire de stratégie et d'organisation de la majorité, le Président et le Premier ministre se téléphonaient moins souvent. La familiarité ébauchée s'estompait. Un premier pas vers l'inévitable divorce.

Je me souviens de ce que me disait un ministre, après le coup de force de Chirac sur l'UDR : « Il nous parlait de haut. Il n'était plus le même. Il avait plus d'abattage. Presque de l'arrogance. » Parler de haut ? Mais Jean-Pierre Fourcade, lui, ne se gênait pas pour déclarer dans une interview au *Figaro*, le 30 avril 1975 : « J'ai une plus grande expérience de la gestion que Chirac. Il n'a jamais personnellement dirigé l'administration ou une entreprise. Il s'est peu penché sur les problèmes internationaux… C'est un homme marqué par la sociologie de sa circonscription. »

Fourcarde était bien sûr félicité, sinon encouragé par Ponia, d'Ornano et Christian Bonnet.

Tous les lundis matin, Marie-France Garaud bondissait dans le bureau de Chirac. « Jacques ! Vous avez vu la petite phrase de Ponia/de JJSS/d'Untel ? On se moque de vous ! Ce n'est pas un gouvernement, c'est une brouette de grenouilles ! » René Tomasini me le confiait : « Marie-France aurait dû calmer Jacques, de plus en plus accaparé par la politique politicienne. Mais c'était le contraire. Elle l'excitait. Certains ministres ont tellement exagéré. Il était parfois en état de légitime défense. »

« Dès la mi-1975, Jacques Chirac n'était plus heureux. Il était mal à l'aise parce que son rôle était mal défini. Le Président donnant l'impulsion des réformes et, traitant directement avec les ministres, Jacques Chirac pensait normal qu'il lui laisse faire de la politique », m'expliquait Jacques Friedmann, chargé de mission et grand ami de Jacques Chirac. Lequel plaidait auprès de Giscard : « Si votre intention est que le régime évolue vers un régime présidentiel, il faut que la majorité soit cohérente ! » Il pensait à une organisation dont le Président serait le chef, mais dont la responsabilité de la conduite serait déléguée au Premier ministre. « L'idée est intéressante. On verra », répondait le Président, résolument ambigu.

« Le Président a horreur des chocs frontaux. Comme il ne voulait pas heurter Jacques Chirac qu'il aimait bien, mais comme il ne voulait pas non plus tirer tant que l'UDR était majoritaire, il a pensé qu'à la longue, Chirac finirait par comprendre qu'il ne fallait pas insister », m'expliquera Claude Pierre-Brossolette.

Ainsi, leur différence de caractère aidant, très vite un dialogue de sourds s'est instauré entre eux. Face à face ils n'osent plus s'exprimer. Ils ne se parlent plus. VGE croit son Premier ministre assez souple et maniable pour lui être indéfectiblement soumis, et Chirac croit le Président assez malléable et fragile pour lui imposer à la longue ses volontés. En vertu de cette illusion d'optique, chacun joue sa partition, en force pour Jacques Chirac, en demi-teinte pour Giscard. Chacun croit entraîner l'autre. C'est la double méprise, le titre que j'ai choisi pour raconter leur histoire dans mon premier livre. Chirac n'ayant jamais pu obtenir les pouvoirs nécessaires pour tenir son rôle, la rupture est inévitable. Il claque la porte de Matignon le 26 août 1976. Du jamais vu sous la Ve République. Jusqu'au bout, le Premier ministre a tenté de forcer la main du Président. Il réclame de coordonner la majorité. Après l'échec des cantonales, VGE, influencé par Pierre Juillet, lui a presque dit oui. Mais, tympanisé par Ponia et tous les centristes, il a repris sa parole. C'était non.

Plus tard, Jacques Chirac me dira : « Sans Ponia j'aurais trouvé un *modus vivendi* avec le Président. » Les conseillers de l'Élysée avançaient, eux, que « sans Marie-France Garaud, sans Pierre Juillet, les relations avec Chirac auraient été plus aisées ».

Après la rupture avec Chirac, le Président ne supportait déjà plus Ponia, las de son vieux complice devenu presque embarrassant. Il avait donc donné carte blanche à Raymond Barre pour se séparer de lui. Mais pour ne pas trop le vexer et, faire bon poids, Jean Lecanuet et Olivier Guichard eux aussi avaient été remerciés et en étaient fort contrariés.

On se racontait cette anecdote dans les couloirs de l'Assemblée. Au printemps 1975, VGE aurait demandé à l'un de ses ministres qui l'accompagnaient en voyage : « Croyez-vous qu'aux yeux de l'opinion publique je passe toujours pour un homme de droite ? » — Vous cesserez de l'être quand vous ne vous poserez plus la question », aurait répondu ce ministre bien hardi.

Et Jacques Chirac, lui, était-il de droite ? Aujourd'hui, VGE, évoquant son bilan, dit son regret d'avoir laissé faire le regroupement familial pour les travailleurs immigrés : « Je n'y avais pas assez veillé. » Sous-entendu : « La faute à Chirac ? » Le 29 avril 1976, en effet, soit trois mois avant de quitter Matignon, Jacques Chirac signait avec Michel Durafour, le ministre du Travail, un décret pour accorder le regroupement familial aux travailleurs étrangers sous certaines conditions : avoir un emploi, des ressources suffisantes pour nourrir sa famille et la loger, et une certaine durée de résidence.

Michel Poniatowski, ministre de l'Intérieur, très vigilant sur ces questions, n'y avait rien trouvé à redire. Pouvait-on laisser des hommes qui travaillaient depuis longtemps en France vivre durablement sans leur femme et leurs enfants ? Paul Dijoud, secrétaire d'État aux Travailleurs immigrés, avait fait le tour des pays de départ, le Maroc, la Tunisie, l'Algérie, les pays du Sahel, pour préparer avec eux ce regroupement. L'Office national d'immigration organiserait dans ces pays des cours de français pour les épouses. On avait signé des accords. Le gouvernement pensait contrôler ainsi l'immigration familiale. Seulement, quand on est un grand pays touristique, pas facile d'interdire aux gens de venir. Une femme qui se présente à la frontière avec ses enfants en disant : « Je viens passer les vacances avec mon mari » pouvait-elle être refoulée ? Pouvait-on lui contester ce droit ? Déjà beaucoup ne repartaient pas. Les enfants étaient inscrits à l'école, c'était une obligation. Ce qui revenait à leur délivrer une carte de séjour quasi définitive.

Les Allemands eux aussi avaient dû se résoudre à autoriser les Turcs, « les travailleurs invités », comme ils les appelaient, à faire venir leur famille.

Jacques Chirac n'avait pas signé ce décret contre l'avis du Président. Il accompagnait au contraire sa politique. Comme toujours, on ne réfléchit souvent qu'une fois la décision prise. Des centaines de milliers de femmes et d'enfants allaient quitter le Maghreb, l'Afrique, pour venir s'installer en France. Les services administratifs furent vite débordés, la capacité d'accueil se révélait insuffisante, on manquait de logements.

Un an plus tard, Raymond Barre, réagissant en économiste – alors que le chômage explosait –, décidait de suspendre pour trois ans ce décret. Saisi par une association de soutien aux travailleurs immigrés, le Conseil d'État annulait la décision du Premier ministre en s'appuyant sur le préambule de la Constitution. Il reconnaissait aux immigrés le droit de mener une vie familiale normale.

Lionel Stoléru, qui succédait à Paul Dijoud, croyait lui possible un retour des immigrés chez eux, moyennant une aide. Une prime de dix mille francs, avec laquelle ils pourraient se réinsérer dans leur pays d'origine, créer une activité. Une solution qui avait séduit Raymond Barre. Las, il fallut bien constater que la plupart de ceux qui empochaient cette somme revenaient en France quelques mois plus tard.

Deux ans de vie commune avaient fait de VGE et Chirac des adversaires irréconciliables.

Tirant les leçons de cette union ratée, le Président choisissait un nouveau Premier ministre, Raymond Barre. L'anti-Chirac par excellence. En tout point ! Chirac ressemblait à un lieutenant de dragon, qui, le verbe haut, agit vite et suit son instinct. Raymond Barre avait l'air d'un chanoine résolu à la démarche dandinante. Il était économe de ses propos, et ses discours politiques avaient le ton des homélies épiscopales, avec un timbre de voix à la fois sourd et aigu, comme s'il miaulait dans du papier de soie. D'emblée, Giscard lui accorda la même confiance et le même pouvoir qu'à son prédécesseur. Il offrit à celui qu'il présentait comme le « meilleur économiste de France » de cumuler Matignon et le ministère des Finances, en expliquant à la télé : « Il revient et à lui seul de diriger et de coordonner l'action de tous les ministres. »

De quoi faire rager Chirac en effet.

Tournant le dos à tout ce qui avait été mis en œuvre jusque-là, Raymond Barre lançait la politique d'austérité. Expression qu'il prononçait avec gourmandise. Il oublia d'envoyer son discours de politique générale au Président avant de le prononcer. « Qu'est-ce que je risque ? Rien ! » disait-il à son collaborateur Raymond Soubie, encore étonné aujourd'hui de tant d'audace.

Le nouveau Premier ministre a la science et la compétence pour lui. *Le Canard enchaîné* l'appelle vite Raymond La science. Son inaptitude au doute est une cuirasse blindée qui le protège et l'isole.

« Allons-nous nous faire noter par le professeur Barre ? » ironisait jadis Giscard lorsque, ministre des Finances, il allait rendre visite à Bruxelles au vice-président de la Commission européenne chargée des affaires économiques. Il le jugeait bien pédant à cette époque.

Hormis quelques exceptions comme Jean Boissonnat, qui l'avait qualifié d'« esprit carré dans un corps rond », Raymond Barre méprisait les journalistes, les « commentateurs matutinaux », comme il disait avec une once de dédain dans la voix. C'est toujours en croyant se montrer aimable qu'il lâchait un : « Bien sûr, vous avez lu aujourd'hui dans le *Wall Street Journal*, ou le *Financial Times*, ou le *Herald Tribune*, que… », faisant allusion à un article dont nous ignorions l'existence, ce qui nous métamorphosait sur-le-champ en cancres penauds.

Je ne cherchais pas trop à le voir, je le jugeais casse-pieds. D'autant qu'à Matignon, il était très difficile d'obtenir des informations, y compris les moins confidentielles ou les plus anodines. Exemple, j'appelais Jacques Alexandre, le directeur de la communication : « À quelle heure part demain le Premier ministre ? » J'entendais au téléphone : « Allô vieille, bonjour ! Je te rappelle dans dix minutes ! » Il surnommait toujours les journalistes « vieux » ou « vieille ». Sa façon d'être chaleureux. Et il ne me rappelait que le lendemain ou le surlendemain. Trop tard. Toujours !

Raymond Barre avait une intelligence rationnelle, un sens impérieux de l'État. Mais c'était un orateur très ennuyeux. Les députés l'interrompaient, le chahutaient, les pupitres claquaient. Alors lui se renfrognait, en concevait un mépris en béton pour toute cette volaille qui osait piailler contre lui alors qu'on le vénérait dans les cénacles des grands économistes de la planète. En retour, dans ses réponses lors des questions d'actualité, il était toujours désagréable. « Sa marge de flexibilité est celle d'une barre de fer. » Toujours très satisfait de lui. Avec lui, le gouvernement était en de bonnes mains. Avant lui, l'action gouvernementale était irréfléchie. Il ne se gênait pas pour le proclamer.

Il n'aimait pas les journalistes, mais encore moins les politiques et leurs histoires d'appareil. La politique était pour lui une chose frivole. Alors pas question de longs débats. Il faut dire que le groupe UDR ne cessait de le harceler, ses membres jamais sûrs de leur vote. Il a été le Premier ministre qui a le plus gouverné à grands coups de 49.3.

Là ou Chirac pratiquait une relance aventureuse (que Giscard lui avait concédée), Barre, lui, imposait le blocage des prix, des tarifs publics, des loyers, des hauts salaires, mais aussi du poulet, des pâtisseries, du croissant, des eaux minérales. L'essence augmentait, bien sûr. Il fallait, plaidait-il sur un ton janséniste, assainir la situation. Il mènerait donc cette politique-là envers et contre tous, pour le bien de la France. Il présentait les choses d'une manière punitive, forcément mal acceptée par les Français. Je ne sais plus qui a dit : « On ne demande pas aux Français de se serrer la ceinture quand on n'arrive pas à fermer la sienne ! » Cet infatigable pourfendeur de l'inflation, avocat rigoureux des grands équilibres budgétaires, allait vite devenir très impopulaire. Les syndicats étaient vent debout. Lui s'en moquait.

À l'automne 1980, VGE avait compris que cette intransigeance barriste risquait de lui faire perdre l'élection présidentielle. Mais pas question pour Barre de changer de politique : l'équilibre budgétaire avant tout. (Après lui, il n'y aura plus jamais de budget en équilibre.) VGE avait songé à le remplacer. Ils en avaient parlé, mais Barre lui avait fait comprendre qu'il ne s'en irait pas de son plein gré. Cependant, si le Président lui demandait officiellement de partir, évidemment il se retirerait. Mais alors, par qui le remplacer ? Un vrai casse-tête ! Donc Giscard avait renoncé.

Comme c'est étrange. Chirac voulait partir et jusqu'au bout VGE avait tenté de le retenir. Barre, lui, voulait rester. VGE n'a pas osé s'en séparer.

XIII
UN WESTERN

À peine avait-il claqué la porte de Matignon que Jacques Chirac entamait sa course de haies. Vers quel destin ? Pour les journalistes, il devenait un emploi à plein temps. Chaque jour il se démarquait. Indiquait les vrais choix. Il allait lancer un grand rassemblement populaire, sur le modèle de ce qu'avait été le RPF et qui deviendrait le premier parti de France. Pour y parvenir, il allait multiplier les appels, être sans cesse sur le terrain, courir la France d'est en ouest et du nord au sud, se faire partout applaudir. Jacques Chirac avait assez de vitalité et de tonus pour courir ce Grand Prix-là. Marie-France Garaud et lui-même en étaient persuadés : l'avenir appartient aux leaders musclés qui ne doutent pas, qui affirment et qui tranchent.

Suivre Jacques Chirac, c'était comme participer à une chevauchée fantastique. On n'arrêtait jamais. On peinait à tenir le même rythme. Son tour de France était son oxygène, il était à son aise. Serrer les mains, embrasser les femmes, les enfants, il aimait ça. Le soir, ses joues étaient couvertes de fond de teint et de rouge à lèvres. « Ce sont toujours les plus moches qui m'embrassent », me disait-il en riant. Mais il leur ouvrait les bras, comme si par miracle il retrouvait une cousine. « Que voulez-vous, Jacques Chirac aime les gens », me glissait Denis Baudouin. Le soir ses mains, à force d'en serrer d'autres, avaient doublé de volume il devait les plonger dans la glace.

Avec Chirac, je ne risquais pas d'être au chômage. Tous les jours on me demandait un papier sur lui à Europe 1.

Fin septembre, il entre en scène, à Égletons, en Corrèze. Face à une foule compacte et en délire, il parle, et il y en a pour tout le monde : à gauche, à droite et en avant. Il proclame l'urgence d'un impôt sur les grandes fortunes, promet d'éteindre le paupérisme, cède aux charmes d'un « travaillisme à la française » (alors que le travaillisme à l'anglaise a déjà fait la démonstration de ses dangers), expression aussi vite apprise qu'oubliée. Il en appelle aux valeurs éprouvées de droite : l'ordre, la fermeté, la détermination. Il annonçait que ce nouveau RPF s'appellera le RPR.

L'acte de baptême a lieu à Paris le 5 décembre 1976, au Parc des Expositions de Versailles. On attend 25 000 personnes, il en vient le double. 620 journalistes sont présents. Au micro, Chirac développe les thèmes qu'il va inlassablement marteler de meeting en réunion jusqu'aux élections législatives : droit au travail, démocratie du quotidien, participation, effort, fermeté, et combat sans relâche contre le collectivisme. « Mon appel n'est que l'écho de l'éternel appel des nations qui ne veulent pas mourir », s'écrie-t-il sous les applaudissements. Là, j'avais reconnu sans hésiter la patte de Pierre Juillet.

Pour illustrer ce démarrage spectaculaire, l'ex-UDR abandonnait le vieux siège de la rue de Lille et s'installait au dernière étage de la tour Montparnasse. De son bureau, Jacques Chirac pouvait voir Paris à ses pieds. Tiens donc. Un présage ?

Justement, il s'agissait de faire de Paris une ville comme les autres, avec un vrai maire avec de vrais pouvoirs, élu par un vrai conseil municipal. Giscard avait voulu cette réforme. Mettre fin au statut spécial de la capitale. Adresser un geste de décrispation envers les collectivités locales, croit-il. Jacques Chirac s'était montré plus que tiède : « Un maire de Paris ? Cela pourrait devenir dangereux si par malheur un adversaire du Président l'emportait un jour [*sic*]. » Valéry Giscard d'Estaing avait balayé cette hypothèse d'un revers de main.

Le nouveau statut était voté en novembre 1975. Restait à trouver la personne idoine. Bien que Paris fût de longue date dominé par les gaullistes, il allait de soi à l'Élysée que le premier maire de Paris devait être giscardien. Chirac en avait accepté le principe. On s'était mis d'accord sur un candidat de compromis. Pierre-Christian Taittinger, secrétaire d'État aux Collectivités locales. Giscardien, mais bien vu par les gaullistes de l'Hôtel de Ville.

Même au physique, il réalisait une ingénieuse synthèse. Une élégance un peu compassée, les manières distinguées de qui a été servi à table encore emmailloté, alliées à un allant bon enfant, une chaleur, une simplicité non feintes. Et en septembre 1976, aux journées de Rocamadour, les députés gaullistes avaient entériné ce choix sans barguigner. Mais voilà, depuis que son ex-Premier ministre faisait campagne contre lui, Pierre-Christian Taittinger apparaissait aux yeux du Président comme pas assez fiable. « Il faut dératiser Paris », clamait Ponia, jamais à court d'un bon mot pour trucider les gaullistes.

Et puis, Giscard avait retrouvé le moral. Son livre *Démocratie française*, sorti un mois plus tôt, était un grand succès de librairie. Deux cent mille exemplaires vendus en deux jours. La recette non négligeable allait être reversée à la fondation Anne-Aymone Giscard d'Estaing pour l'enfance malheureuse. Le Président y exprimait sa foi en un groupe central dominant. Selon lui, deux Français sur trois aspiraient à vivre dans une démocratie ordonnée, paisible et forte.

Le 12 novembre, Giscard convie à déjeuner ses barons : Ponia, d'Ornano, Christian Bonnet, Roger Chinaud. Aux hors-d'œuvre, il leur annonce : « Messieurs, l'un de vous quatre sera maire de Paris. » Frémissement du quatuor. En réalité, Giscard a déjà choisi Michel d'Ornano. Lequel abandonnera son fief rutilant de Deauville à sa femme. Sa fidélité lui interdit d'hésiter. À la fin du déjeuner, Michel d'Ornano se déclare candidat à la Mairie de Paris sur le perron de l'Élysée. Tout le monde comprend qui l'a investi : le Président.

« On n'engage pas le Président par un bavardage de perron », fustige Chirac.

Marie-France Garaud, qui regarde la télévision, applaudit le miracle. Décidément, les dieux sont du côté des plus actifs. Puisqu'il y avait maintenant un candidat giscardien pur sang, il y aurait aussi un candidat chiraquien bon teint.

Jacques Chirac venait de se faire réélire au premier tour en Corrèze avec 56 % des voix. Jean Tiberi à

Paris, l'avait emporté avec un score presque aussi enviable. Deux résultats de bon augure. Chirac devait se lancer à l'assaut de la Mairie de Paris. Le premier réflexe de l'intéressé avait été de regimber. Il voulait se présenter en Corrèze à Égletons !

« Mais Jacques, réfléchissez, lui serine alors Marie-France, la Mairie de Paris serait pour vous une plate-forme logistique inouïe. » Tope là ! On connaît la suite. Jacques Chirac se porte candidat le 19 janvier 1977. Stupeur dans le microcosme. Indignation à l'Élysée.

J'étais en Égypte. Dans l'avion entre Abou Simbel et Le Caire. Les passagers français étaient nombreux. On distribuait un journal en français, *Le Soleil*. Et soudain, j'ai entendu une clameur qui se propageait de siège en siège. « Chirac est candidat à la Mairie de Paris ! » Beaucoup applaudissaient. Quel culot, tout de même !

Une fois déclaré candidat, le président du RPR était parti en flèche. Il était partout. Dans les arrondissements, sur les marchés, dans les boutiques, à la radio, à la télévision. Un jour que je faisais des courses dans mon quartier, le traiteur m'avait raconté : « Chirac est passé hier et m'a demandé : "Qu'est-ce qui ne va pas, chez vous ?" Je lui ai dit : "C'est ce trou au milieu de la chaussée. Les camions et les voitures butent dedans. Ça fait du bruit et c'est très dangereux pour les motos." Chirac m'a dit : « Si je suis, élu, on arrangera ça." »

Un mois après son élection le trou avait été rebouché et le traiteur en parlerait pendant des mois à ses clients. Chirac était devenu son héros.

La campagne, quel rythme ! Marie-France Garaud s'était métamorphosée en manager de sportif professionnel. Elle avait tout prévu, l'emploi du temps était chronométré minute par minute. Chaque déplacement, chaque interview, chaque rencontre de son poulain et même, murmurait-on, chaque récréation le matin au siège de la rue de Lille – il faut bien que le corps exulte –, dix minutes douche comprise. « Je suis fait pour courir le huit cents mètres, mais j'ai mes soigneurs », me disait Chirac, plein de reconnaissance pour un tel débordement d'énergie et de dévouement aussi dévorant.

Il faut avoir vu comme je l'ai vue Marie-France arpentant nerveusement le trottoir, l'œil vissé sur sa montre, les joues se creusant d'impatience à chaque minute de retard, alors qu'une meute de journalistes attendait son protégé. Une vraie « louve-garaud ». Telle une mère angoissée parce que son fils n'est pas encore rentré de surboum à trois heures du matin.

Face à cette démonstration de vitalité et ce professionnalisme de haute volée, l'équipe giscardienne faisait figure d'amateur.

Jacques Chirac l'a emporté. Il allait pouvoir réunir sur son blason le vaisseau de Lutèce et le plateau de Millevaches.

Denis Baudouin m'avait raconté cette scène alors qu'il se trouvait rue Vaneau, au QG de Pierre Juillet et Marie-France Garaud, après la victoire parisienne, Chirac était venu les remercier pour leur coup d'audace. Sans vous, disait-il, je n'aurai jamais été maire de Paris. « C'est bien la première fois qu'un cheval remercie son jockey », avait rétorqué Pierre Juillet. Un mot d'esprit bien condescendant et perfide. Denis Baudouin prétendait que Juillet l'avait dit avec affection.

Lancé sur ce rythme, Jacques Chirac n'allait plus s'arrêter. Sa rage de vaincre, sa certitude de gagner, la mobilisation frénétique de son entourage allaient obscurcir son jugement. Désormais, il sous-estimerait tout le monde. Il croyait le Président vulnérable, le Premier ministre inoffensif et les centristes incapables de s'unir.

Pendant deux ans, Pierre Juillet et Marie-France Garaud allait entretenir autour du maire de Paris une atmosphère survoltée, un brin artificielle. À la mairie, les autres conseillers se plaignaient d'être écartés. Impossible pour eux d'approcher Jacques Chirac. Alexandre Sanguinetti m'avait confié avoir dit à Marie-France Garaud et Pierre Juillet : « Je me demande pourquoi vous m'avez fait venir, puisqu'il est impossible de vous voir. Si je mourais dans mon bureau, vous vous en rendriez compte quelques mois plus tard à l'odeur derrière la porte. »

Marie-France et Pierre Juillet faisaient croire à Chirac qu'il ne pouvait accorder sa confiance à personne, eux exceptés.

Le 11 février 1978, il faisait ce jour-là un froid de canard sous la halle aux bœufs de Pantin où le RPR rassemblait plus de 100 000 personnes. Jacques Chirac clôturait une campagne pour les élections législatives qui avait duré trois mois, et qui l'avait conduit dans 79 départements où il avait tenu 517 réunions. « Je n'ai pas couché deux soirs de suite dans le même lit pendant trois mois », m'avait-il raconté. Il avait fait la démonstration de son allant, c'est sûr. Mais à force de répéter le peu de considération que lui inspiraient ses partenaires giscardiens et centristes, il apparaissait comme un dominateur impérialiste, au risque de choquer une bonne partie de l'électorat majoritaire.

Le 19 mars, la majorité conservait la majorité. Grâce à Chirac ou à Giscard ? Alors que les sondages la donnaient gagnante, la gauche désunie était battue. Avec 153 députés, le groupe RPR demeurait le plus puissant. Mais l'UDF, dont l'acte de naissance remontait au 1er février, le talonnait avec 124 élus. Il y avait désormais à l'Assemblée nationale deux pôles (presque équilibrés) de la majorité. Quinze jours plus tôt, à Verdun-sur-le-Doubs, VGE avait demandé aux Français de faire le bon choix pour la France. Du coup, les Français faisaient du chef de l'État le grand vainqueur et le seul bénéficiaire du scrutin. À l'Élysée, il se racontait qu'il exultait, plus sûr de lui que jamais. Évidemment, il n'avait pas adressé un mot de remerciement à Jacques Chirac, qui s'était pourtant bien battu pour en arriver là. « On nous a volé notre victoire ! » protestait, presque pathétique, Yves Guéna.

La guerre Chirac-Giscard ? Pendant des mois j'ai eu l'impression de faire le même papier. Le 28 février 1979, VGE se rendait en voyage officiel au Mexique. Étienne Mougeotte m'y envoyait. J'étais ravie de voir du pays, et surtout de parler d'autre chose, enfin. J'avais étudié les dossiers économiques relatifs à ce pays.

Arrivés la veille, nous les journalistes attendions à l'aéroport l'arrivée du couple présidentiel. Il voyageait à bord du Concorde. Le couple était apparu en haut de la passerelle. Anne-Aymone était vêtue d'un tailleur blanc. Veste cintrée, jupe droite, très Christian Dior des années 1950, coiffée d'un large sombrero noir andalou, chignon sur la nuque. Superbe. La grande classe. Au bas de la passerelle, le couple présidentiel mexicain, dont la tenue était toute différente.

Mme López Portillo, rousse flamboyante, portait une robe orange et turquoise. Un vrai cacatoès.

Après avoir salué ses hôtes, VGE lança au micro : « J'ai demandé à Anne-Aymone, qui parle espagnol, de le faire à ma place. » Mme Giscard d'Estaing fit un petit discours dans un espagnol parfait. Nous admirions son accent. À croire qu'elle avait vécu pendant des années en Espagne. Le soir, des journalistes mexicains vinrent la complimenter à l'ambassade : « Où avez-vous, madame, appris à parler si bien espagnol ? », « J'ai l'habitude avec mon personnel » (Paquita et Ramón), avait-elle répondu. La gaffe. Jean-René Bernard, l'ambassadeur, avait dû ramer pour éviter le scandale dans la presse mexicaine.

J'appelai la direction d'Europe 1. Évidemment, impossible de raconter cette anecdote fâcheuse au micro. De toute façon on m'apprenait que Chirac avait envoyé une lettre aux présidents de groupe de l'Assemblée nationale. Il proposait l'ouverture d'une session extraordinaire. Il fallait, disait-il, constituer deux commissions d'enquête parlementaire. L'une consacrée à l'emploi, l'autre aux conditions de l'information publique (Matignon avait demandé aux chaînes de moins parler du RPR). Chirac n'avait bien sûr pas choisi son moment par hasard. À Mexico, pour les journalistes, il n'était plus question que de cela, et c'était le seul sujet qui intéressait à Paris. Donc, j'avais continué à mouliner sur la relation Chirac-Giscard !

Le Président était furieux. Reçu par le Sénat mexicain, il lança à la tribune : « Il y a deux sortes d'hommes politiques, voyez-vous. Les hommes d'État conceptuels et les agités. » Sa réponse à Jacques Chirac.

On approchait des élections européennes. Simone Veil avait été investie pour mener la liste UDF. L'affaire se présentait mal pour le RPR. Il y avait eu l'appel de Cochin. Pierre Juillet estimait que pour gagner les élections Chirac devait faire vibrer la fibre nationale. Il lui avait donc préparé un texte qui avait été relu et raturé, mais pas encore avalisé par celui qui devait le signer. Or le 3 décembre 1978, Jacques Chirac qui se trouvait en Corrèze avait été victime d'un grave accident sur une route verglacée. Il avait eu le péroné brisé, une déchirure très près de la colonne vertébrale. Il avait été transporté par avion à Paris et opéré dans la nuit à Cochin par le professeur Postel avec succès. Mme Chirac s'était installée dans une chambre à proximité de celle de son mari. Le lendemain, vers 12 heures, rassurée, elle avait décidé de rentrer à l'Hôtel de Ville pour se changer et rapporter quelques effets personnels. En son absence, Marie-France Garaud s'était précipitée avec le texte définitif de l'appel pour le faire approuver par Jacques Chirac. Celui-ci, conscient mais fatigué par le choc opératoire, l'avait lu et avait donné son accord. Quel texte ! « Il est des heures graves de l'histoire d'un peuple… On prépare l'inféodation de la France, on consent à l'idée de son abaissement. Comme toujours, quand il s'agit de l'abaissement de la France, le parti de l'étranger est à l'œuvre, avec sa voix paisible et rassurante. »

Du Juillet tout craché. Toujours le parti de l'étranger, toujours la faiblesse du Président, toujours le laisser-aller général, dès que l'équipe pompidolienne ne tient plus les commandes. Beaucoup suffoquèrent de surprise et d'indignation. Le leader du RPR venait de commettre une faute grave qui entacherait désormais son image. On connaît la suite. Harcelé par Michel Debré, plus apocalyptique que jamais : « L'Europe, c'est Lucifer, c'est la crise. L'abandon national, le renoncement », il menaçait de faire liste à part. Et Jacques Chirac n'a pas eu d'autre solution que de faire équipe avec lui pour la campagne européenne. Échec assuré : la liste DIFE (Défense des intérêts de la France en Europe) obtenait 16,31 % des suffrages et celle de Simone Veil 27,60 %.

Pour Jacques Chirac ce scrutin sonnait comme une défaite. Il perdait dans l'affaire sa réputation d'invincibilité. Il avait été le jouet du tandem Juillet-Garaud, qui en avaient trop fait contre Giscard. C'en était fini de sa relation avec eux. On allait apprendre en lisant *ELLE* le 17 septembre que Bernadette s'en était mêlée. Dans une interview à Christine Clerc, elle déclarait : « Marie-France est une femme très intelligente et pleine de charme. Mais elle a beaucoup de mépris pour les gens. Elle les utilise puis elle les jette. Moi, elle me prenait pour une parfaite imbécile. » Elle poursuivait en racontant qu'avant les élections européennes, elle avait posé un ultimatum à son mari : eux ou moi. Et Jacques Chirac s'était incliné. Le 12 juin, on apprenait aussi que Pierre Juillet et Marie-France Garaud avaient quitté la rue de Lille en lâchant à la presse : « Nous lui avions taillé un costume trop grand pour lui. » La rupture était définitive et Jacques Chirac désormais ne prononcerait plus leurs noms. Bernadette Chirac ajoutait à la fin de l'interview : « Le tort de Marie-France a été de ne jamais se méfier de moi. On ne se méfie jamais assez des bonnes femmes. »

Pendant ce temps, Jean-Jacques Servan-Schreiber, président du parti radical, espérait négocier des places pour lui-même et ses amis radicaux sur la liste de l'UDF aux européennes. Mais certains membres de la liste avaient refusé sa participation. « Pas de JJSS », disaient-ils. Vexé et amer, il avait constitué une cinquième liste, qu'il conduirait en personne : « Emploi, égalité, Europe ». Françoise Giroud, par solidarité, avait démissionné de la vice-présidence de l'UDF, pour figurer sur sa liste. Comme toujours, quand Jean-Jacques sollicitait son aide, elle répondait présente. Un an plus tôt, il avait pourtant vendu *L'Express* sans lui demander son avis, ce qui l'avait meurtrie, bien sûr. Je suggérais à la direction d'Europe de suivre un de leurs déplacements.

Je rejoignis Jean-Jacques à son domicile, où sa femme Sabine m'accueillit en me disant : « Ah, Catherine ! Tu veux un kawa et des tartoches ? » Car elle parlait comme ça, Sabine. « Cela veut dire "du café et des tartines" », me traduisit Françoise. Je remerciai Sabine. Nous étions partis au Bourget pour prendre un avion mis à leur disposition par Jacqueline Thome-Patenôtre, ancienne ministre, maire de Rambouillet et paraît-il richissime. Une petite femme très souriante aux jambes très frêles. Elle avait un diamant vraiment gros comme un bouchon de carafe, qu'elle cachait dans sa paume. J'avais l'impression qu'il la calait sur son fauteuil. En route pour une réunion à Saint-Étienne. Jean-Jacques m'expliquait durant le trajet, toujours sérieux et convaincu : « Tous ces grands chapiteaux des partis, ça ne sert à rien. Ce qu'il faut, c'est aller près de l'habitant. Ce que nous allons faire ! » Nous fûmes accueillis à l'aéroport par un militant radical en costume beurre frais et chaussures bicolores qui s'exclama : « Jean-Jacques, il faut leur péter la gueule ! – Ah bon ? Vraiment ? Péter la gueule ? » s'étonnait Françoise avec une voix de miel plus liquide que jamais.

Annoncée dans la presse locale, la réunion se tenait vers 11 heures au Sofitel de la ville. Quand nous sommes arrivés, il y avait quinze personnes environ dans la salle louée pour la circonstance, et Françoise et Jean-Jacques s'étaient installés sur une petite estrade, et lui s'était lancé dans un discours sur l'Europe éblouissant, comme s'il parlait devant une salle comble. Françoise ponctuait ses propos de remarques pertinentes. Un formidable *tea for two*. À la fin de l'exposé, Jean-Jacques s'était adressé à la salle : « Y a-t-il une question ? » Un gros homme s'était levé pour demander d'un air rogue : « Qu'allez-vous faire pour le remboursement des lunettes ? » Surréaliste.

À la fin de la réunion, nous avions repris la route, cette fois en voiture. J'étais assise devant à côté du chauffeur. Jean-Jacques et Françoise étaient à l'arrière. Ils allaient me déposer pour reprendre mon train je ne sais plus où, tandis qu'eux poursuivaient leur campagne. Je les entendais rire, parler comme de vieux amants, si heureux de se retrouver. Ils étaient dans leur bulle, ce qui m'avait émue. Ce fut leur dernière escapade sentimentale. Leur liste allait faire un flop. Le soir des résultats, personne n'en avait même parlé.

Au lendemain des européennes, VGE et Jacques Chirac ne songeaient plus qu'au scrutin suivant : l'élection présidentielle de 1981. Le Président se trouvait en position de favori. La situation économique de la France restait son point faible, mais il était servi par les circonstances. À gauche, la discorde s'installait. Il n'y avait aucun risque de voir le Parti socialiste et le Parti communiste se réconcilier avant le premier tour. Les Français suivaient avec distraction et même lassitude les escarmouches entre le RPR et Raymond Barre. La gravité de la situation internationale prenait le pas dans l'esprit des électeurs sur leurs préoccupations quotidiennes. L'invasion de l'Afghanistan par les troupes soviétiques avait réinstallé en Europe une situation de guerre froide entre l'Est et l'Ouest. À l'époque, Ponia m'affirmait qu'un conflit était possible vu l'arsenal de missiles entassés de part et d'autre. Pendant quelques mois, je vécus la peur au ventre. En mai 1980, à Varsovie, VGE avait été le premier chef d'État occidental à renouer des contacts officiels avec Brejnev. Il voulait lui exprimer son inquiétude. Leur tête-à-tête avait duré plusieurs heures. Un mois plus tard, à Venise, à la réunion du G7, le numéro un soviétique envoya un message au président français pour lui annoncer qu'il retirait une partie de ses troupes d'Afghanistan. Le G7 demandait le retrait total des forces. C'était alors que Mitterrand avait traité Giscard de « petit télégraphiste de Moscou ». Mais les Français lui savaient gré d'avoir tenté quelque chose. La hausse brutale du pétrole, la vacuité américaine, le désordre monétaire faisaient apparaître le Président comme le garant d'une certaine stabilité.

C'est dans ce contexte qu'éclata l'affaire dite « des diamants de Giscard ».

Le 10 octobre 1979, un an et demi avant la présidentielle, *Le Canard enchaîné* titrait à la une : « Quand Giscard empochait les diamants de Bokassa ». Il publiait le fac-similé d'une note signée de Jean-Bedel Bokassa, président de la République centrafricaine, demandant de remettre au ministre des Finances une plaquette de diamants de trente carats. *Le Canard* évaluait leur valeur à un million de francs.

Le 20 septembre, les troupes françaises avaient débarqué à Bangui, pour mettre fin au règne de Bokassa. L'armée française avait saisi et emporté sur ordre toutes les archives de l'ancien président à vie de Centrafrique. On le disait alcoolique et violent, on dénonçait un comportement de plus en plus incontrôlable. On le suspectait d'avoir fait tuer de jeunes écoliers opposés au port de l'uniforme à l'école.

Empereur autoproclamé, il avait organisé en 1977 une cérémonie à grand spectacle aussi grotesque que coûteuse. VGE y avait dépêché Robert Galley, le ministre de la Coopération, et son cousin François, grand chasseur devant l'Éternel.

On s'interrogeait : Bokassa voulait-il se venger ?

Je me souviens d'un déjeuner chez Marie-France Garaud où un invité parlait de Giscard et de sa passion immodérée pour la chasse. L'Afrique, paradis des chasseurs, représentait pour lui un vaste champ de tir, de la Centrafrique au Gabon et au Zaïre. Des chasses où il n'y avait rien à payer. Tout lui était offert. Il ne donnait paraît-il même pas de pourboire au porteur. Cet homme-là prédisait : « Ça lui retombera sur le nez un jour ! »

En tant que président, c'est à Bangui qu'il avait fait son premier voyage officiel, où une foule en liesse l'avait accueilli et où il avait paru être au mieux avec Bokassa. En 1975, *Le Monde*, sous le titre « Un bon fusil », relevait que Giscard était un chasseur forcené, notamment en République centrafricaine. La presse, les médias en général évoquaient les hécatombes présidentielles. Il tuait des lions, des buffles, des éléphants. L'émission « Nos amies les bêtes » y avait consacré un numéro intitulé « Pitié, M. le président ». Ses séjours officiels en Afrique se prolongeaient toujours par des parties de chasse. Voilà pourquoi Giscard, parfois, n'était pas joignable. Mais il prenait soin d'emporter avec lui la mallette de la force nucléaire, dont se chargeait un lieutenant-colonel qui était du voyage. On racontait aussi que, durant l'été 1978, Giscard s'était rendu en Centrafrique pour un voyage privé.

Outragé qu'on le questionne sur des bricoles, VGE avait joué la dignité offensée à la télévision. Interrogé par Alain Duhamel, il avait dû reconnaître qu'il avait bien reçu des diamants, mais d'une valeur bien inférieure à ce qui était dit, et il indiqua sans plus de précisions que ces plaquettes seraient offertes à une œuvre de charité. Par la suite, aucune association caritative n'a jamais fait savoir qu'elle avait bénéficié de quelque cadeau présidentiel que ce fût. « Il faut laisser les choses basses mourir de leur propre poison », avait-il conclu. *Le Monde* était d'une virulence extrême. Jacques Fauvet, le patron, réclamait un démenti ou, à défaut, que l'on indique que « ce royal cadeau avait bien été retourné à l'envoyeur ». À l'Assemblée nationale, l'opposition en faisait ses choux gras. Roland Dumas, l'avocat du *Canard enchaîné*, s'agitait beaucoup.

Cette histoire de diamants allait marquer l'opinion publique. On peut même dire qu'elle a beaucoup joué et pesé contre lui. Quelques mois plus tard, en juin 1980, *Le Canard enchaîné*, toujours, raconterait qu'au sommet du G7 à Venise, les épouses des chefs d'État ou de gouvernement avaient reçu de l'État italien un cadeau, un sac à main acheté chez un maroquinier de Venise. Le sac ne lui plaisant pas, Mme Giscard d'Estaing se serait rendue à la boutique pour le changer. Ne trouvant rien à son goût, elle aurait demandé à être remboursée. Une attitude choquante, bien sûr, si elle était avérée. On en parlait beaucoup dans les rédactions et jusqu'au fin fond du pays.

Quelques semaines avant l'élection présidentielle, j'étais allée rendre visite à mes parents à Périgueux. Chose qui me paraissait inouïe : à une époque où les réseaux sociaux n'existaient pas, ma mère avait appris cette histoire chez son coiffeur. Elle s'en indignait et me demandait ce qu'il en était exactement.

XIV

EUROPE 1, UNE FAMILLE

J'ai quitté *L'Express* fin janvier 1975. Étienne Mougeotte venait d'être nommé directeur de la rédaction d'Europe 1. Il cherchait à étoffer le service politique, je ne le connaissais pas personnellement. Mon amie Câline Sassier – chef de publicité à *L'Express* –, très liée avec sa femme, m'avait obtenu un rendez-vous.

Affable et souriant, Étienne avait l'art de vous mettre à l'aise. Il adorait la politique. Après une demi-heure d'entretien, il m'avait demandé de faire un essai de voix dans un studio avec Bruno Dalle, le secrétaire général de la rédaction. Mon timbre lui allait, tope là ! J'étais engagée : mon contrat débutait le 1er mars. Étienne me confiera plus tard qu'il avait au préalable téléphoné à Françoise Giroud pour avoir son avis. « Très bonne enquêtrice, elle est drôle, mais ne sait pas écrire… » Heureusement pour moi, ce jugement peu gratifiant de mon ex-patronne ne l'avait pas rebuté !

J'entrais donc au service politique. Gérard Carreyrou en était le chef et Robert Namias le numéro deux. Je devais en principe être son alter ego.

Dans sa jeunesse, Gérard avait milité au PSU. Ses amis s'appelaient Pierre Bérégovoy et Michel Rocard. Mais lui était le contraire d'un sectaire. Tout en rondeurs au physique comme au caractère, c'était un bon vivant qui goûtait les plaisirs de la table et de la vie. Grand lecteur, bibliophile, son sport favori était de dénicher des éditions rares aux puces, de préférence armoriées. J'aimais couvrir avec lui les congrès politiques. Il analysait les rapports de force, je décryptais les rapports humains, les rivalités, nous étions très complémentaires.

Il avait épousé Jane, une Américaine aussi longiligne que lui était enrobé. Ils passaient leurs vacances aux États-Unis ; Gérard parlait l'anglais beaucoup mieux que nous tous, ce qui lui conférait une aura supplémentaire.

Je m'entendais bien avec Robert, mais percevais qu'il considérait comme une anomalie de ne pas être le chef et encore moins mon alter ego. Robert aime cheffer : un de ses traits de caractère. Lui aussi, plutôt de sensibilité de gauche, il était doté d'une bonne culture politique. Il avait beaucoup lu. Chaque soir, il quittait Europe 1 en me disant : « Je vais acheter un cadeau à mon fils », en l'occurrence un bébé prénommé Fabien, dont il aimait à me montrer des photos, nu dans son bain, jouant avec un canard en plastique : « Hein, il est beau mon fils ! » J'acquiesçais sans imaginer que ce bambin-là dirigerait un jour Europe 1 et serait mon patron.

Quand je suis arrivée, une grave crise secouait Europe 1. La radio, reprise en 1955 par Sylvain Floirat, un Périgourdin apprenti charon devenu milliardaire, était une société mixte où l'État, à travers la

Sofirad, détenait 47 % des parts. Maurice Siegel, le patron, avait été viré quelques mois plus tôt. VGE venait alors de s'installer à l'Élysée et Jacques Chirac à Matignon.

Une drôle d'histoire. Denis Baudouin avait été nommé à la tête de la Sofirad en janvier 1973. Il me racontera qu'à peine élu, Giscard l'avait convoqué pour lui ordonner de mettre fin au laxisme pratiqué en matière de salaires dans la société Image et Son qui appartenait à Sylvain Floirat et Jean-Luc Lagardère. Dans sa ligne de mire, le salaire du directeur d'antenne d'Europe 1 Maurice Siegel, dont le montant annuel représentait une somme assez considérable, à laquelle s'ajoutaient tous les avantages inhérents à sa fonction. Giscard n'aimait pas les journalistes et encore moins Maurice Siegel, qui avait soutenu Chaban au premier tour de la présidentielle et qui avait le tort de gagner plus que lui. Impardonnable. Il était très bien renseigné par son conseiller Victor Chapot. Administrateur de la Sofirad et exécuteur des hautes œuvres confidentielles et financières du ministre puis du Président.

Je m'en ouvris à Floirat qui leva les bras au ciel et à Lagardère. Tous deux me dirent : « Si c'est un ordre du Président, nous l'exécuterons. » Europe 1 marchait bien. Baudouin décida d'attendre. Deux ou trois semaines plus tard, il était prié de se rendre à l'Élysée par un Giscard qui lui lança : « N'oubliez pas mes conseils sur le changement de direction à Europe 1. » Baudouin marmonna que l'opération était délicate à mettre en œuvre. Quelques jours passèrent. Nouvelle convocation. Sur un ton glacé, Giscard lui ordonne : « Que je n'aie pas à vous le répéter. Réglez cette affaire au plus vite. » Baudouin est au pied du mur.

Il se précipite chez Jacques Chirac pour demander de l'aide. Celui-ci promet de prendre sa part du fardeau, car lui aussi a des comptes à régler avec Europe 1, non pas financiers mais politiques.

Le 18 octobre 1974, le Premier ministre avait invité l'état-major d'Europe 1 – Maurice Siegel, Jean Gorini et Georges Leroy – à déjeuner au restaurant Le Taillevent. Au menu : une soupe à la grimace : « Vous êtes contre nous. J'en ai assez des persiflages. Vous ne tenez pas votre maison. Un soir, j'ai demandé à Étienne Mougeotte de passer dans son journal. Il m'a répondu : "Impossible, j'ai déjà invité Georges Marchais, je ne peux pas le décommander." Ainsi votre radio préfère-t-elle un dirigeant communiste au Premier ministre de la France… » Jacques Chirac s'en prenait aussi à Gérard Carreyrou, qui était venu l'interviewer. Refusant de répondre à plusieurs de ses questions, il avait posé sa main sur le micro ; Gérard avait rapporté la scène dans le journal d'André Arnaud. « Ce petit voyou de Carreyrou, s'il se pointe à Matignon, je le ferai sortir à coups de pied dans le derrière ! » s'était emporté le Premier ministre qui n'avait pas non plus apprécié qu'Europe 1 raconte qu'il confectionnait des cocottes en papier à son banc dans l'hémicycle pendant un discours de Jean-Pierre Fourcade, son ministre des Finances. Un enfantillage… Tous les journalistes qui suivaient la séance avaient vu les cocottes et s'en étaient amusés. Il n'avait qu'à bien se tenir, Jacques Chirac !

Que de griefs contre Europe 1 ! Après ce déjeuner mémorable, Denis Baudouin dut se résoudre à passer à l'attaque : « Je n'ai pas pu faire autrement. » Le conseil d'administration d'Europe 1 révoqua donc

Maurice Siegel. Par solidarité, Jean Gorini, Georges Leroy, Pierre Meutey, l'éditorialiste économique, et Georges Altschuler démissionnèrent (ce dernier changea d'avis quelques jours plus tard).

Jean-Luc Lagardère, hissé au poste de président du groupe Europe 1 par Sylvain Floirat, nommait aussitôt Étienne Mougeotte à la tête de la rédaction (il remplaçait Gorini avec une consigne : pas de vagues avec le pouvoir, plus de persiflages, rien qui puisse nuire aux commandes de missiles pour le groupe Matra). Étienne était en somme chargé de la ligne. Tous les jours, il s'acquittait de sa mission avec un éditorial dont la teneur ne risquait pas de susciter le courroux de l'Élysée ou de Matignon. Le style était plat comme il sied à un édito de commande. Sa formule favorite était : « me semble-t-il ». Esprit fin et subtil, il s'exécutait chaque soir en moins d'une demi-heure avant d'aller enregistrer son texte.

Étienne était notre paravent. Grâce à lui, le service politique pouvait s'autoriser quelque impertinence, mais j'ai bien dû essuyer deux ou trois fois une vraie engueulade de sa part au téléphone : « Tu n'es pas éditorialiste ! Je veux des faits. » Une autre fois, c'était à la veille des élections cantonales qui se présentaient mal pour la majorité, Giscard, qui voulait décrisper les relations au sein de son gouvernement, avait organisé un dîner à l'Élysée, les ministres étaient conviés en tenue de soirée avec leurs femmes. J'avais supplié René Tomasini, secrétaire d'État chargé des Relations avec le Parlement, de me raconter l'événement. À l'époque, les portables n'existaient pas, même pas en rêve… Je l'avais attendu dans ma voiture, derrière la place Beauvau, jusqu'à minuit. Belle pioche !

Giscard était vêtu d'un smoking vert : il avait fait un discours avec un mot pour chacun. Ensuite, les ministres s'étaient mis à jouer aux cartes, au gin-rami. Giscard avait gagné une partie et empoché l'équivalent de 35 euros actuels. « Il les a glissés dans sa poche », s'amusait à rapporter René Tomasini. Je racontai la scène le lendemain matin et appris que cela n'avait pas plu à l'Élysée. Étienne m'avait appelée alors que je sortais du studio. Je tentai de lui expliquer : « Mais Étienne, ça n'est pas un éditorial, juste des faits… »

René Tomasini, natif de Petreto-Bicchisano, en Corse-du-Sud, était député-maire des Andelys dans l'Eure. Torturé par la Gestapo, il n'avait jamais parlé. Un dur. Fidèle de Pierre Juillet et de Marie-France Garaud, il était un peu le parrain de Charles Pasqua. Ensemble ils avaient œuvré pour hisser Chirac à la tête du parti gaulliste. Il avait signé l'appel des 43. Il était au cœur de tous les secrets. Une vraie mine de renseignements pour moi. Lorsqu'il était président du groupe UDR, il me racontait toutes les réunions du bureau politique, m'éclairait sur le caractère des uns et des autres, les inimitiés. Nommé secrétaire général de l'UDR, autour des années 1970, le siège du parti 3, rue de Lille, devenait une annexe de l'île de Beauté. Tous les huissiers parlaient corse ! Il réunissait souvent les élus de l'île. On racontait que Jean-Paul de Rocca Serra, que l'on appelait « le renard argenté », posait sur la table ses deux flingues : un petit pistolet avec une crosse en nacre, qu'il avait toujours dans la poche intérieure de sa veste, et un autre, plus costaud, accroché à sa ceinture. Il nous les avait montrés un jour que nous rentrions de Bastia avec Albin dans le même avion que lui. Il avait droit au port d'armes après avoir été plusieurs fois agressé, ce qui n'étonnera personne. Avec l'accord de Chaban, il entrait armé dans l'hémicycle. On disait que c'était le cas de tous les élus corses…

René Tomasini connaissait mes liens avec Albin. Un jour qu'il me demandait si tout allait bien avec lui, je lui avais répondu par l'affirmative sans faire de commentaire. Lui venait de se remarier avec la superbe Espanita Corte. « C'est merveilleux avec elle ! D'ailleurs, je l'honore tous les jours », me disait-il en me fixant droit dans les yeux. Comme je ne réagissais pas, il s'était repris : « Non, deux fois par jour ! » Le soir, nous dînions avec Roger Frey. Je racontai l'anecdote, et tout le monde avait bien ri.

Autre histoire corse : en 1986, André Santini, maire d'Issy-les-Moulineaux, secrétaire d'État chargé des Rapatriés dans le gouvernement Chirac de cohabitation, avait lancé de grandes opérations immobilières dans sa ville. Il désirait que les journalistes viennent y habiter. Il m'avait emmenée visiter sa cité, lui étant au volant et moi assise à côté de lui. Soudain, le téléphone sonne dans la voiture, il décroche : « Allô, Charles ». C'était Pasqua, le ministre de l'Intérieur, et Santini de s'exprimer en corse. Je lui proposai, si ma présence le gênait, de sortir de la voiture. Il me répondit : « Non, restez. » À la fin de l'entretien, je lui avais suggéré : « Si ce que vous vous disiez était si secret, vous ne craignez pas que votre conversation soit écoutée par de grandes oreilles indiscrètes ? » Et lui de me rétorquer sur un ton noble et l'air presque outré : « Madame, un Corse ne traduit jamais un Corse ! »

Étienne Mougeotte avait confié à Ivan Levaï, socialiste militant, l'interview matinale quotidienne et la revue de presse dont il faisait un théâtre politique d'une partialité assumée sur un ton gavroche. Talentueux, Ivan était une vedette. Anne Sinclair était alors l'assistante d'Étienne Mougeotte. Je lui trouvais une ressemblance, en version brune, avec Simone Signoret du temps de sa splendeur, des similitudes dans le regard, la moue aussi. Ivan semblait fasciné par Yves Montand, à l'époque où le chanteur était sollicité tel un oracle politique sur les plateaux de télévision. Il l'invitait souvent ; j'avais pensé qu'inconsciemment, il projetait son couple dans un cousinage avec celui des deux artistes.

Anne, petite-fille du marchand d'art Paul Rosenberg, incarnait la gauche fortunée. Son père lui avait inculqué, me disait-elle, une admiration sans bornes pour Mendès France. On la sentait pleine de certitudes politiques et de bons sentiments. « Je ne pourrais avoir une histoire d'amour qu'avec un juif », me disait-elle. Éblouie par la faconde d'Ivan et en harmonie idéologique, elle avait rompu pour lui, m'avait-elle aussi raconté, un projet de mariage très avancé avec un industriel dans les liqueurs. Ce choix en avait étonné plus d'un dans la rédaction. Le couple avait eu deux garçons. Dix ans plus tard, Anne quitterait Ivan pour DSK. Elle était alors devenue une star avec son émission « Sept sur sept » sur TF1. Interrogé par Thierry Ardisson sur cette rupture qui l'avait bien sûr meurtri, Ivan Levaï répondit, plein d'humilité : « Elle était trop belle pour moi… »

L'autre vedette d'Europe 1 était l'excellent Jean Boissonnat, cofondateur de *L'Expansion* avec Jean-Louis Servan-Schreiber. Chaque jour, il tenait une chronique économique. Doté d'exceptionnelles capacités pédagogiques, il réussissait à rendre l'économie – matière si souvent austère, voire absconse – compréhensible pour tous. Un événement quotidien. Il était écouté et respecté par tous les dirigeants du secteur économique mais également politique.

Alain Duhamel était avec Étienne l'autre éditorialiste du matin (Chirac les surnommait Plic et Ploc). Sincèrement ébloui par la modernité de VGE, par ses audaces sur la construction de l'Europe, Alain jugeait qu'après seize ans de pouvoir gaullo-pompidolien, celui-ci donnait un salutaire coup de jeune à la France. Il admirait sa ductilité intellectuelle, on l'aurait presque cru amoureux… « Ah non ! Ça c'était mon frère Patrick », rectifie-t-il aujourd'hui. Je m'amusais à lui rappeler le mot de Chirac : « J'ai fait un cauchemar cette nuit, j'ai rêvé que les frères Duhamel étaient trois. » Un mot que j'inventais bien sûr.

Chaque jour, Alain arrivait vers 15 heures à Europe 1 sur son Solex, n'hésitant pas à rouler en sens interdit, bien droit sur sa selle, coiffé d'un heaume, l'air d'un preux chevalier des temps modernes, sans peur ni reproche. Il s'enfermait dans un tête-à-tête avec Étienne Mougeotte, qui fermait le rideau de son bureau – Alain, qui avait des contacts à l'Élysée, était très bien renseigné –, après quoi nous allions souvent prendre un café ensemble. Nous n'étions pas du tout raccord. J'ai toujours eu du mal à prendre Giscard au sérieux. Alain m'expliquait combien j'avais tort : « Avec lui tu es borgne, moi, je cherche à être équitable. » Je lui répondais : « Et moi, je dis ce que je ressens. »

En mai 1975, le Président avait osé déclarer à la télévision : « Mon idée fondamentale, c'est que la supériorité de la France est une supériorité de l'esprit. Ce n'est pas une supériorité de la force, ce ne peut être une supériorité de l'économie, c'est une supériorité de l'esprit, c'est-à-dire celle du pays qui conçoit le mieux les problèmes de son temps et qui apporte les solutions les plus imaginatives, les plus ouvertes et les plus généreuses. » Et encore à Marseille en février 1975, lors d'un point presse : « Sachez que l'expérience française, le nouveau style de la politique française intéresse beaucoup le monde entier, et que cet aspect beaucoup plus nature, beaucoup plus aéré, beaucoup plus direct de la conduite des affaires publiques apparaît à d'autres comme étant sans doute la solution de demain. »

Il était clair pour moi qu'il projetait dans ces déclarations successives l'image, l'idée qu'il se faisait de lui-même. « Mais comment peut-on dire ça ? Après on s'étonne d'entendre critiquer l'arrogance française ! » disais-je à Alain, qui préférait en sourire… « Eh bien, que veux-tu, il est comme ça ! Mais il est tellement brillant, aussi », m'expliquait-il. Il m'arrivait à moi aussi de le trouver étincelant quand dans certaines émissions il exposait sa vision de l'Europe, les avancées qu'il avait pu réaliser avec le concours du chancelier Helmut Schmidt. Après l'avoir entendu, je me sentais disposée à quinze jours de bonté pour lui. Il y avait chez Giscard cette conviction profonde que la France devait peser plus que les courbes et les statistiques, parce qu'elle avait un registre, une voix. Elle pouvait faire avancer la détente entre les deux blocs, les deux grands, en adoptant un langage mesuré.

Mais sur tous ces sujets, il n'échappait pas à une certaine bizarrerie.

Son premier voyage à Moscou allait malheureusement lui démontrer qu'en matière diplomatique, l'innovation conduisait parfois au malentendu. La gerbe qu'il avait été déposer au mausolée de Lénine à Moscou (un geste propre aux pays frères) avait dérouté les Soviétiques tout autant que les Occidentaux. Le général de Gaulle, lui, en arrivant à Moscou, se rendait à la messe.

Les propos insolites que Giscard avait eus sur la détente idéologique – contraires à tous les dogmes communistes – avaient eux aussi troublé et irrité Brejnev et son entourage : on le lui avait bien fait sentir. Le président français avait dû lanterner quarante-huit heures avant de rencontrer une nouvelle fois le numéro un soviétique. « De Gaulle, lui, n'aurait pas attendu ! » maugréaient les gaullistes à l'Assemblée, l'honneur national toujours à vif.

VGE avait tenu Michel Poniatowski en partie responsable du déroulement houleux de sa visite à Moscou. Car son ministre ne cessait de fustiger la CGT et les communistes. « Dénoncez-les, dénoncez-les ! » avait-il dit sur Europe 1. L'agence Tass avait reproché au ministre de l'Intérieur des propos irresponsables et hostiles à l'URSS.

Giscardien, certes, Alain entretenait aussi avec François Mitterrand des relations privilégiées. Il avait fait avec lui le meilleur des livres d'entretiens. Je l'admirais beaucoup. Alain avait le goût du métier, il approfondissait les dossiers. Travailler ? Lui n'arrêtait pas. Quand je l'appelais, il m'avertissait : « J'ai une minute pour toi, pas plus. » Si je lui glissais combien son édito m'avait impressionnée, il m'accordait deux minutes de plus. Quand je lui disais : « J'ai mal à la tête », il me rétorquait : « Tu n'as qu'à travailler. Ça passera… » Il avait plus d'une demi-douzaine de collaborations avec des journaux de province. Toutes les semaines, il envoyait à chacun un édito différent. Quel boulot ! Je le moquais : « Il me semble que le Sud-Ouest est pauvre en Duhamel. » Il avait toujours un livre sur le feu (un tous les deux ans), donnait des cours à Sciences Po, rédigeait souvent une tribune libre dans *Le Monde*. Je lui disais : « Tu es une petite PME à toi tout seul ! » Et pour le reste, très organisé aussi : il jouait au tennis deux fois par semaine ; à l'en croire, McEnroe n'avait qu'à bien se tenir. Et il allait au cinéma tous les samedis à 14 heures, avec France, sa femme.

Une fois par mois, Alain animait l'émission « Cartes sur table », passée à la postérité, avec Jean-Pierre Elkabbach sur Antenne 2. Et chaque dimanche soir sur Europe 1, avec Gérard Carreyrou, qui en avait rapporté l'idée d'Amérique, « Le Club de la presse », une émission qui a duré quinze ans. L'interview d'un homme politique, de 19 à 20 heures, menée les premières années par un panel pluraliste et prestigieux : Pierre Viansson-Ponté du *Monde*, Jean d'Ormesson pour *Le Figaro*, René Andrieu pour *L'Humanité*, Serge July pour *Libération*. Et aussi Flora Lewis, du *New York Times*, et souvent Pierre Salinger, ex-porte-parole du président Kennedy. Les télés venaient enregistrer l'émission, il y avait toujours une reprise dans les journaux de 20 heures sur les deux chaînes. À l'époque Europe 1 et RTL faisaient jeu égal en termes d'audience, autour de 20 % chacun.

Jean-Luc Lagardère était là tous les dimanches. Après l'émission, il conviait les invités à venir prendre un verre et bavarder dans son bureau, manière de créer un lien et de faciliter la relation avec les hommes du pouvoir. Il s'était convaincu un jour de 1974 de l'importance pour lui d'avoir un média comme monnaie d'échange avec les responsables politiques. Il attendait alors dans l'antichambre du secrétaire d'État à l'Aménagement du territoire, Aymar Achille-Fould. Gérard Carreyrou était arrivé, il venait interviewer le ministre. Ils bavardaient, quand l'huissier était venu dire : « Monsieur Carreyrou, le ministre vous attend », ce qui signifiait que le journaliste comptait plus à ses yeux qu'un chef d'entreprise. D'où l'intérêt d'être le patron d'un média comme Europe 1.

« Le Club de la presse » interviewait aussi tous les grands leaders dans le monde : le président égyptien Anouar Sadate, le roi de Jordanie, le roi du Maroc, Kadhafi à Tripoli, Kissinger... Gérard Carreyrou me racontait qu'en arrivant au Caire, Jean-Luc Lagardère avait été aussitôt reçu par le ministre de la Défense égyptien.

Jean-Luc voulait être dans les meilleurs termes avec le pouvoir (il tutoyait Jacques Chirac). Il voulait aussi avoir la tranquillité dans ses usines Matra où la CGT était très implantée. Quand Georges Marchais venait au « Club de la presse », Jean-Luc se montrait toujours très attentionné envers lui, il en faisait des tonnes. Après l'émission, dans son bureau, revenait comme un refrain : « Georges, vous le savez, je ne suis pas communiste, mais vous le savez aussi, je ne suis pas anticommuniste. » Jean-Luc allait jusqu'à financer *L'Humanité*. Il déjeunait en tête à tête avec le secrétaire général du Parti communiste place du Colonel-Fabien, ils négociaient ensemble la paix sociale chez Matra. Les ordres qui partaient d'en haut étaient exécutés par la base. C'était la bonne époque du centralisme démocratique.

« Avec les communistes, c'est clair. Quand c'est oui, c'est oui. Ils n'ont qu'une parole », nous répétait Jean-Luc, qui préférait la CGT à la CFDT, toujours prête, selon lui, « à vous faire des enfants dans le dos ». Patron d'EADS, souvent il dira : « Sans Jean-Claude Gayssot, ministre des Transports communiste, nous n'aurions jamais pu faire l'A3XX (futur A380). »

Jean-Luc Lagardère passait à Europe 1 tous les soirs en sortant de ses usines de Vélizy. Il avait d'abord un tête-à-tête avec Étienne ; ensuite, il se promenait dans la rédaction, interpellait les journalistes, montrait qu'il écoutait la radio, que rien ne lui échappait. Il savait faire un compliment avec beaucoup d'enthousiasme ou dire ce qui ne lui avait pas plu sur un ton débonnaire. Ce bel homme au patronyme de mousquetaire gascon, grand, brun, le regard noir, scrutateur, vif, était un concentré d'énergie. Sportif, fou de tennis – il détestait perdre. Pire : il ne l'admettait pas. Alain Duhamel, qui l'avait battu un jour, prétend qu'il ne le lui avait jamais pardonné. Il ne fumait pas et ne buvait aucun alcool. Avant que la belle Betty n'entre dans sa vie (en 1978), il avait invité à dîner une de mes amies qui le trouvait fort à son goût et l'avait ramenée chastement à la porte de son logis. Elle m'avait confié en riant : « Je ne pouvais tout de même pas lui dire : "Jean-Luc, montez donc prendre un dernier verre d'eau chez moi !" »

Nous l'admirions. Les Matra avaient gagné trois fois les 24 Heures du Mans. Ses ingénieurs avaient inventé la Renault Espace. Il s'était pris de passion pour les chevaux et avait constitué dans son haras de Falaise une écurie prestigieuse qui avait remporté le prix de Diane. C'était le dimanche du premier tour des législatives de 1988. Soirée électorale à Europe 1. Il était arrivé fou de joie. Il remportait aussi les prix de l'Arc de Triomphe, et avait reçu le titre de premier éleveur français. Il sera moins heureux dans les années 1980, avec ses autres activités : le football et le Matra Racing. J'avoue m'y être peu intéressée. Il arrivait souvent à la rédaction en lançant à la ronde : « Allez, les jeunes ! Qui vient ce soir au match ? », lequel se jouait au Parc des Princes. Encore une bonne occasion pour lui de recevoir dans les tribunes des politiques, des industriels, des journalistes de tous bords, des leaders européens et tout le Moyen-Orient qui venait s'équiper en armement.

Jean-Luc était un meneur d'hommes. Il attendait d'eux loyauté et fidélité, pour lui les valeurs suprêmes. « Je veux avoir auprès de moi des Lagardère boys », disait-il. Les échecs le minaient, mais il rebondissait toujours. En février 1999, il avait obtenu du gouvernement Jospin de pouvoir fusionner les adversaires de toujours, Aérospatiale et Matra. Il détenait 33 % de la totalité. Personne n'avait eu le temps de souffler qu'il parvenait à convaincre les Allemands de le rejoindre, et les Espagnols aussi. L'ensemble, baptisé EADS, était porté sur les fonts baptismaux le 14 octobre. Jean-Luc était devenu le maître de la réorganisation du secteur aéronautique et aérospatial européen. « La vie, c'est la compétition, disait-il. Si on ne risque pas, on n'avance pas. » Je me souviens de cet aveu de Lionel Jospin : « Moi, je ne pourrais jamais être ami avec un patron, sauf un… Jean-Luc Lagardère. » Un propos que j'avais aussitôt rapporté à l'intéressé.

Son échec dans l'acquisition de TF1 l'avait beaucoup meurtri. Alors que ses équipes montaient le dossier, il avait annoncé à Gérard Carreyrou : « Préparez-vous à faire de la télé, je viens de voir Jacques Chirac. Le dossier est bouclé, c'est sûr. On va avoir TF1 privatisé. » Quelques jours plus tard, Gérard, qui me l'a raconté, était parti dans un avion affrété par Philippe de Villiers pour assister à un spectacle du Puy-du-Fou. Il était assis à côté d'Alain Juppé, le ministre du Budget. « Je suis content ! Jean-Luc nous a dit que c'était fait pour TF1 ! » Réponse de Juppé : « Pas du tout, Bouygues a un avantage sur Lagardère. » Au retour, Gérard en avait informé Jean-Luc, qui lui avait répondu : « Ne vous en faites pas, c'est bouclé. » En réalité, l'entreprise Bouygues, qui maîtrisait une technique très rodée pour présenter les contrats, avait proposé une copie meilleure que celle des équipes de Lagardère. Mais Jean-Luc a toujours pensé que les dés avaient été pipés et que le combat n'avait pas été mené à la loyale.

Sylvain Floirat venait lui aussi quotidiennement, plutôt à la mi-journée. Il arrivait, toujours le sourire aux lèvres, chapeau sur la tête, vêtu de sombre, avec ses petites lunettes et ses petites moustaches. Un physique de quidam de la IIIe République. Il parlait avec un fort accent périgourdin bien rocailleux. Il avait le chic pour entrer dans le bureau de Gérard Carreyrou ou celui d'André Arnaud à quelques minutes du journal de 13 heures. Il gênait. Mais on n'osait le rabrouer.

C'était toujours pour s'enquérir du taux de la Bourse. Quand il venait le soir, il s'adressait à Jean-Luc : « Jean-Luc, dites-moi, où en est le donjon ? », c'est ainsi qu'il prononçait Dow Jones ! Il interpellait Charles Villeneuve : « Dis, petit, l'or est à combien, ce matin ? Il monte ou il descend ? » Par précaution, tous les matins Charles téléphonait à René Tendron, qui faisait l'émission quotidienne « Top à Wall Street », pour s'enquérir du cours de l'or.

Sylvain Floirat aimant s'asseoir au milieu de la rédaction, on faisait cercle autour de lui. Il tutoyait tout le monde. Il me parlait de ses pommiers qu'il avait plantés dans sa propriété à Essendiéras, en Dordogne : « Quand tu descendras à Périgueux, viens les voir, je t'invite », me disait-il. Il lâchait quelques perles du genre : « Il faut toujours avoir un petit milliard en liquide chez soi… » Étienne racontait que lorsqu'on lui proposait une affaire, il interrogeait : « Où est le gras ? » Quand il était convaincu, il commentait : « Oh ! ça… ça sent la truffe ! » Périgourdin pour l'éternité ! Un jour de jeunes journalistes s'étaient plaints auprès de lui de leur modeste rémunération. Il leur avait répondu : « C'est que j'ai plus les moyens. Siegel est passé par là, il a raclé tout le gras au fond de la marmite » (Siegel était en effet parti avec de très solides indemnités).

Une anecdote : c'était le dimanche, pour le premier tour des élections législatives de mars 1978. La gauche, favorite pour la première fois depuis les débuts de la Ve République, espérait bien emporter la majorité. Les commentateurs évoquaient une cohabitation possible de Giscard avec la gauche. Ce soir-là régnait une vraie tension dans les rédactions. Je notais déjà des esquisses de retournement de veste. Marcel Dassault avait été invité pour commenter les résultats. En attendant d'être appelé au micro, il faisait salon avec Sylvain Floirat qui lui disait : « Marcel, si les rouges l'emportent, il faudra partir en Suisse parce qu'ils vont tout nous prendre. Et si tu veux, tous les deux, on fera une petite affaire naf et naf (*half and half*)… » Et Marcel de lui répondre : « Sylvain, même si les rouges arrivent, il nous restera toujours quelque chose. C'est pas parce qu'on est riche qu'on mange deux poulets au repas… »

En arrivant à Europe 1, une chose m'avait beaucoup étonnée : la présence d'un bar Martini. Et à l'heure du déjeuner, tout le monde pouvait venir y boire un verre. C'est là que j'ai goûté mon premier Martini-gin. Pendant les coupures de pub du « Club de la presse », les invités s'y pressaient pour demander une coupe de champagne ou un verre de whisky. On en offrait aussi aux invités le soir en semaine. Je me souviens d'un débat entre Robert-André Vivien, flamboyant député RPR du Val-de-Marne, et le président du groupe communiste, Robert Ballanger. On leur avait apporté un whisky pur malt. Ce qui avait fini par dangereusement impacter leur diction à la fin de l'émission.

André Arnaud, qui présentait le journal de 13 heures de sa voix chantante de Toulouse, en écrivait à la main son texte, toujours sans une seule rature. Il entrait dans le studio avec une corbeille en plastique où s'entassait une pile de feuillets, sur laquelle il avait posé un paquet de cigarettes, son briquet Dupont en or dont il était très fier et un grand verre empli de whisky à ras bord. À la fin du journal, le studio était noyé dans la fumée, à vous donner des quintes de toux. Le verre et le paquet de cigarettes étaient vides. André allait ensuite déjeuner à la cantine. L'après-midi, on le voyait dans son bureau, calé dans son fauteuil, tête en arrière et pieds sur la table, il faisait sa sieste, en ronflant. Un personnage ! Beaucoup de journalistes à Europe 1 ont fait leurs classes auprès de lui.

Passer du rythme de l'hebdo à la radio fut pour moi un vrai choc physique. À *L'Express*, j'arrivais vers 10 heures, et il était rare qu'après 17 heures les bureaux soient encore occupés. Je passais beaucoup de temps à l'Assemblée nationale. À Europe, la journée commençait dès 9 heures, avec la première réunion, et deux ou trois fois par semaine, je devais être là à 6 heures pour intervenir en direct dans le journal de 7 ou 8 heures. Après quoi, dans la matinée, il y avait toujours une interview à réaliser ou un papier à écrire pour l'édition de 13 heures. On partait avec un Nagra sur l'épaule qui pesait 7 kilos. L'après-midi dès 15 heures, nous devions préparer les éditions de 18 heures et 19 heures.

Étienne, qui dirigeait la rédaction, passait commande avec beaucoup d'autorité, on le craignait. Arrivait la conférence du soir, celle de 19 heures qui commençait en général vers 20 heures, celle de tous les dangers. Il suffisait qu'une dépêche tombe sur l'AFP : « Tiens, Lionel Jospin arrive du Guatemala à 23 heures à Roissy », pour m'entendre dire : « Catherine, tu vas aller l'attendre. » Dans ce cas, il fallait annuler le dîner, si l'on en avait prévu un… Heureusement à l'époque, Albin était souvent en voyage.

Après ce rythme infernal de trois mois, j'étais lessivée. J'y voyais cependant un avantage : l'obligation de remettre un papier à l'heure dite sans pouvoir invoquer le moindre prétexte pour le différer.

On ne dira jamais assez combien à l'époque la radio était le média le plus contraignant. Tous les journalistes n'étaient pas capables de s'y adapter. Lorsque Denis Jeambar, dauphin de Claude Imbert au *Point*, était venu prendre la direction d'Europe 1 en 1995, répondant à une proposition de Jean-Luc Lagardère qu'il avait été rencontrer dans ses bureaux de l'Étoile, ce dernier m'avait dit, ainsi qu'à ceux qui l'accompagnaient, Christophe Barbier et Jean-Marie Pontaut : « Si vous acceptez d'entrer dans le groupe, vous allez y mourir. » Comprenez : « Je vous offre un CDI longue durée. » C'est Pontaut qui me rapporta cette anecdote. Ils étaient donc arrivés, mais très vite avaient été submergés par le rythme. Jean-Marie, habitué aux longues enquêtes d'un hebdomadaire, n'en revenait pas qu'on puisse l'appeler à 6 heures du matin pour lui dire : « Rapplique : il y a eu un attentat. Viens faire deux minutes dans le 8 heures. » Il comparait la radio à « un robinet d'eau chaude qui ne s'arrête jamais ». Au bout de quelques mois, il lâcha prise, disant à Denis Jeambar : « Je m'en vais, c'est pas pour moi… » Et Denis lui avait répondu : « Ça tombe bien. Je t'emmène avec moi à *L'Express*. Christian Brégou, un des adjoints de Messier chez Vivendi, ne veut plus de Christine Ockrent. Il nous propose de reprendre l'hebdomadaire ». Ils étaient partis, et je dois à Denis Jeambar de m'avoir offert l'éditorial quotidien à 7 h 45, ce que j'ai assuré pendant neuf ans !

Je voulais rester à Europe, quant à moi. C'était dur mais je m'y sentais bien. Autour d'Étienne, l'équipe était une famille. Le temps a passé, nous sommes tous restés amis. Je me disais : « Il faut tenir bon. » Je ne détestais qu'une chose : couvrir la sortie du Conseil des ministres avec le Nagra sur l'épaule qui me meurtrissait le dos pour tendre le micro aux excellences qui descendaient le perron de l'Élysée. Vu ma taille, j'avais l'impression de leur donner la bequée.

Pour ne plus avoir à subir cette corvée, j'aurais pu avoir l'ambition de diriger un service. Je me disais plutôt : « Si j'écris un livre et s'il marche, après, on me laissera tranquille. » J'en avais parlé à Alain Duhamel qui jugea l'idée excellente, d'autant que mon sujet était tout trouvé. C'était mon quotidien : l'affrontement Giscard-Chirac. Un véritable western.

XV

ROND-POINT DES CHAMPS-ÉLYSÉES

Un après-midi de septembre 1980, j'ai rendez-vous avec Marcel Dassault dans son hôtel du Rond-Point des Champs-Élysées. Il veut me confier, m'a-t-on dit, les portraits politiques de son magazine *Jours de France*. Je vais succéder, insigne honneur, à Léon Zitrone et Patrice Duhamel. Je suis ravie.

Il fait grand soleil ce jour-là, la température frôle les 28 °C. Un huissier me fait entrer dans un vaste bureau surchauffé, comme si la climatisation était déréglée. Tout est beige : la moquette, les rideaux, les canapés, le chapeau que n'allait pas enlever durant tout notre entretien mon futur patron, comme son manteau épais et la grosse écharpe qu'il a nouée autour du cou. Rhapsodie in beige. Marcel Dassault était équipé pour partir au pôle Nord.

La climatisation n'y était pour rien. Le chauffage était en effet en marche. Déporté pendant huit mois dans le camp de concentration de Buchenwald, Marcel Dassault y avait frôlé la mort et depuis il avait toujours froid comme si, dans l'épreuve, son thermostat intérieur s'était brisé. Il avait la phobie des courants d'air, des microbes et des mains moites. Dans cet indicible enfer, il avait noué une amitié indéfectible avec Marcel Paul – futur ministre communiste de la Production industrielle du général de Gaulle en 1945, qui l'avait protégé – il lui avait même sauvé la vie. Reconnaissant jusqu'à sa mort, il subventionnait le Parti communiste et la CGT, et cela dans le plus grand secret. Marcel Dassault finançait tous les partis, et d'abord les gaullistes, sa famille dont il était un élu, pour laquelle il se montrait très généreux, prêtait volontiers ses avions Falcon pour leurs déplacements. Lorsque Jacques Chirac, qu'il avait connu enfant, s'était présenté en Corrèze, il avait, pour lui faciliter la tâche, acheté le journal *L'Essor du Limousin* et envoyé sur place un de ses journalistes, Philippe Alexandre, afin de tresser les couronnes de son protégé. Le Parti socialiste n'était pas oublié. Jean-Marie Le Pen non plus, qui lui avait rendu visite. Officiellement, Marcel Dassault voulait lui parler de ses avions. Le patron du Front national était reparti avec une enveloppe.

Je rencontrai un homme frêle, au teint hâve, le regard vif derrière des lunettes aux verres épais. Il parlait lentement, d'une voix serrée, et agrémentait son exquise courtoisie d'un sourire enfantin. Mais je percevais aussi, sous l'enveloppe fragile, une force hors du commun. Notre entretien fut assez bref, il comptait sur moi, me disait-il, pour brosser chaque semaine des portraits d'hommes politiques où je devrais faire alterner la droite et la gauche. Je le remerciais. J'allais prendre congé quand il me fit cette recommandation : « Je sais que vous aimez être piquante dans vos chroniques d'Europe 1. Ce n'est pas le genre de la maison. Giscard est au pouvoir, vous serez gentille avec la droite. Mitterrand est dans l'opposition. Vous ne serez pas désagréable avec la gauche. »

Quelques mois plus tard, le 10 mai 1981, changement de pouvoir. Le lendemain, vers 11 heures, Mme Liliane Carré, la secrétaire particulière de M. Dassault, m'appelle : « Le président veut vous voir d'urgence. » Je me précipite au Rond-Point pour m'entendre dire : « Vous vous souvenez de ce que je vous ai demandé en septembre. Eh bien maintenant, vous allez faire tout l'inverse. »

C'était Marcel Dassault. Dépendant des commandes de l'État pour ses chers avions de combat, il ne voulait surtout pas avoir d'histoires avec les donneurs d'ordres au pouvoir, quelle que soit leur couleur. Mais il y avait plus que cela dans sa recommandation. Par inclination personnelle, il exécrait la polémique et la violence. Il rêvait d'une union nationale, féconde pour le pays, un thème souvent repris dans ses célèbres « Cafés du commerce ». Il achetait une page entière dans les quotidiens pour exposer en gros caractères ses idées politiques, économiques et sociales, dans un style dépouillé avec des formules simples que les beaux esprits taxaient de simplistes. On se moquait de lui, mais je lui trouvais, moi, beaucoup de bon sens.

Jours de France était sa danseuse. L'hebdomadaire devait traiter l'actualité telle qu'il la voulait : heureuse et pas morose. Jamais de mauvaises nouvelles ni de catastrophes. Le ton devait être policé, les *people* civilisés (il adorait Sylvie Vartan, Mireille Mathieu, Dalida, Thierry Le Luron le faisait rire aux larmes), la mode toujours sage. Il choisissait lui-même les modèles et les mannequins, qui ressemblaient à des poupées et assistait aux essayages. Arrivé dès l'aube au journal, il s'occupait de tout. Accordant un grand intérêt à l'image, il entendait que s'y conjuguent esthétique et bonne humeur. Lui-même, sur les photos, il n'hésitait pas à couper avec ses ciseaux les têtes qui ne lui revenaient pas. Là, un ministre à la mine sinistre ; là, une femme qu'il jugeait trop ingrate. Là encore un barbu – il ne les supportait pas. À *Jours de France* où le photographe était roi, Christian Boyer portait la couronne. Ce fut un bonheur de faire équipe avec ce grand type brun et svelte, beau garçon, d'humeur égale, disponible et très doué. Il n'avait pas son pareil pour mettre les invités en confiance, sans jamais être familier. Pendant la guerre d'Algérie, une embuscade dont il avait réchappé mais qui lui avait néanmoins laissé des séquelles : un fort bégayement, qu'il avait su transformer en atout. Il faisait rire. Son charme opérait toujours.

Tous les leaders politiques, de droite comme de gauche, les députés prometteurs, mais aussi des P-DG, des artistes, des architectes, des grands couturiers, tous adoraient avoir leur portrait dans *Jours de France* qui tirait alors à plus d'un million d'exemplaires. On le lisait chez le coiffeur, chez le médecin, où il était distribué gratuitement. Je n'ai jamais subi de refus chez ceux que je sollicitais pour un entretien.

À aucun moment je n'ai été contrainte de corriger ma copie… sauf une fois. J'avais fait le portrait d'un grand maître de la franc-maçonnerie et racontais que ma grand-mère se signait lorsqu'elle passait devant un temple maçonnique. À l'entendre, il abritait des gens aux pratiques pas très catholiques dont elle s'effrayait. C'était pour elle une sorte de Ku Klux Klan. Le général Guillain de Bénouville m'avait téléphoné, la voix plus haut perchée encore que d'ordinaire, pour me dire sans ambages qu'il avait retiré lui-même de ce portrait mes réminiscences d'enfant. Ces préventions familiales n'avaient pas lieu selon lui d'y figurer.

Le général, qui avait le titre de directeur de la publication, était doté d'un charme fou. C'était un petit homme au crâne chauve, le teint était toujours hâlé, ce qui mettait en valeur un regard bleu lagon qui charriait encore beaucoup de jeunesse. Tonique, rieur, enjoué, fleurant bon l'eau de Cologne « Jean-Marie Farina », de Roger Gallet, séduisant et séducteur, il marchait en claudiquant. En août 1944, il avait échappé de justesse dans le Cantal à une patrouille allemande : sa voiture était tombée dans un ravin, et il avait eu une jambe écrasée, un accident qui lui causait toujours de lancinantes douleurs. Nommé général de brigade le 9 juin 1944 au titre de la Résistance, il était compagnon de la Libération. Du temps du RPF (il avait la carte n° 4), le général de Gaulle l'envoyait en mission à l'étranger. Il en avait fait son délégué aux Affaires étrangères et à la Défense. Il avait rencontré Marcel Dassault en 1949 et ne l'avait plus jamais quitté. Député de Paris pendant trente-deux ans, cet homme d'influence pouvait aussi se prévaloir d'une amitié ancienne avec François Mitterrand. Adolescents, ils étaient pensionnaires au collège Saint-Paul d'Angoulême. Ils avaient servi la messe ensemble, ce qui crée des liens. « Nous nous ressemblions, nous étions très pieux, avides de connaître et d'aimer », me disait le général.

Sur sa carte d'identité, Bénouville était né le 8 août 1914 à Amsterdam. Il avait donc deux ans de plus que François Mitterrand, lequel était persuadé qu'ils avaient au moins quatre ans de différence, ce que niait le général avec véhémence. Jean-Pierre Bechter, collaborateur de Serge Dassault et son successeur à la mairie de Corbeil-Essonnes, me rapportera à ce sujet une anecdote stupéfiante qu'il tenait du général René Imbot, l'ex-patron de l'armée de terre, que François Mitterrand avait nommé à la tête de la DGSE après l'affaire du *Rainbow Warrior* : un jour, le général est convoqué par le Président à l'Élysée. Il pense être remercié, mais pas du tout : le chef de l'État veut au contraire lui confier une mission ultra-secrète : partir en civil à Amsterdam pour consulter dans une église les registres de baptême tous les mois d'août des années 1911-1912-1913-1914, là où figurait à l'époque l'état civil des baptisés. Il souhaite connaître la vraie date de naissance du général de Bénouville. Quelle ne fut pas la surprise du général Imbot ! Dans ces quatre registres, les pages du mois d'août avaient toutes été arrachées. Et c'était le seul mois qui manquait. Le général était rentré bredouille, et la DGSE ne put jamais éclaircir ce mystère…

À l'instar de son ami François, le général multipliait les conquêtes féminines et aimait le faire savoir. Il était marié, mais s'était séparé de son épouse, à l'orée des années 1950. Personne ne savait ce qu'elle était devenue. Il n'avait jamais divorcé. « Parce qu'on ne défait pas ce que Dieu a uni », m'expliquait-il. Lui voulait être libre, vivre sans contraintes ni attaches. À l'époque où les Français apprenaient l'existence de Mazarine, il m'avait confié avoir lui aussi une fille adultérine du même âge qui habitait à Londres avec sa mère. « Mais quel menteur ! » rectifiait avec véhémence la superbe Nathalie Bardy, son assistante avec laquelle il avait entretenu une longue liaison et qui demeurait, semblait-il, très amoureuse de lui. Elle tenait son agenda et était au courant d'à peu près toute sa vie. De ce fait, il la craignait beaucoup – et se cachait d'elle, bien sûr.

Le général me racontait aussi qu'il n'aimait plus les voyages touristiques, devenus pour lui trop fatigants, alors qu'à bord des avions privés Dassault, il pouvait courir le monde à sa guise. Il habitait avenue Montaigne, à deux pas du Rond-Point des Champs-Élysées, et passait ses week-ends au Plaza, à cent mètres de son domicile. « C'est pratique, vois-tu, me disait-il. Si j'ai besoin d'une cravate, ma gouvernante peut me l'apporter. » Il voulait en réalité souffler un peu, échapper au « Coco » – c'est ainsi qu'il appelait Marcel Dassault, qui n'arrêtait pas de lui téléphoner.

Pendant des années, tous les dimanches, Bénouville était allé déjeuner à Coignières, dans la propriété Dassault, pour travailler avec Coco, ce qui insupportait Serge, toujours exclu de leurs tête-à-tête et très jaloux de cet homme qui accaparait son père. Les années passant, le général ne voulait plus « être vampirisé par Coco » durant le week-end. Il me racontait que le samedi après-midi, il conviait une amie à le rejoindre à l'hôtel, ils y dînaient, et le lendemain matin, ils se séparaient après le petit déjeuner et lui se reposait. Il en profitait pour lire les ouvrages qu'il avait apportés – un loisir qu'il goûtait, me disait-il, « avec félicité ». Le lundi, quand Marcel Dassault arrivait au bureau, son premier geste était de joindre le général. Quand ses tentatives restaient vaines après deux jours de manque, il s'emportait : « Il est encore avec une poule ! » maugréait-il. Je l'ai entendu dire cela plusieurs fois.

Marcel Dassault était un patron très agréable. Ni critique ni complimenteur, il avait, sans qu'on n'ait besoin de le solliciter, l'augmentation facile. J'y voyais la preuve qu'il était satisfait de mon travail.

Un jour, il m'avait fait venir pour me dire : « Sur les photos, Mme Dassault trouve que vous montrez trop vos jambes. » C'est que tous les mercredis, veille de sa parution, Madeleine Dassault épluchait le journal de près, donnait son avis, qui comptait pour son mari. Une fois, comme elle avait jugé qu'une publicité pour une lessive dénaturait l'esthétique du journal, il avait décidé de supprimer toute la pub.

S'agissant de moi, je m'étais écriée : « Mais je ne porte jamais de minijupes ! J'ai de grandes jambes, je n'y peux rien… » Il avait clos notre entretien par un : « Bon, vous ferez comme vous voudrez, comme d'habitude ! » Un autre jour, il voulait me faire admirer la salle de cinéma qu'il avait fait aménager dans l'hôtel du Rond-Point dont il était très fier, car il s'était aussi lancé dans la production de films. Un employé de la maison qui gardait les lieux était arrivé pour éclairer la salle. « Allez donc ouvrir les rideaux sur la scène », lui avait-il enjoint, ce qu'il avait fait. Et Dassault de lui glisser un billet de 100 francs dans la main…

C'est qu'il adorait distribuer. Dans les années 1950, Albin était allé le voir dans un palace à Gstaad où il passait le mois d'août pour parler avec lui de questions bancaires. Marcel Dassault louait toutes les chambres de l'étage pour accueillir des amis et ses ingénieurs venus travailler pour lui. Dès qu'il sortait de sa chambre, me racontait Albin, le personnel de l'hôtel s'inclinait sur son passage. Il les gratifiait d'un billet dont ses poches étaient toujours pleines. Ce rituel quotidien était son plaisir de l'été.

Dassault étant député de Beauvais, les habitants de sa circonscription recevaient gratuitement *Jours de France.* À des marchands de la ville qui s'en étaient plaints, il avait envoyé un chèque pour les dédommager. Lors d'un scrutin où, quoique réélu, il déplorait avoir perdu des voix, il avait fait étudier, bureau de vote par bureau de vote, qui avait bien pu lui manquer. La liste faite, les infidèles de ces quartiers de la ville n'avaient plus reçu le journal. Sa générosité était louée par tous dans sa circonscription car il répondait à toutes les demandes : pour les écoles, les kermesses, les piscines, les pompiers, les églises. Pour Noël, il envoyait un colis de victuailles dans chaque maison de retraite. L'opposition l'accusait d'acheter les électeurs. Lui rétorquait : « Mieux vaut avoir un ami riche qui vous aide qu'un pauvre qui ne peut rien pour vous » ! Assez logique, au fond.

Une seule fois j'ai senti que je lui avais déplu. C'était en 1983 : Serge Dassault, son fils, lançait son parti politique, le Parti libéral, évidemment très antisocialiste. Pour lui, la retraite à soixante ans, l'impôt sur la fortune et plus tard les 35 heures étaient autant de raisons de détester la gauche. « Avec ça, ils ont tué la France », disait-il, et jusqu'à sa mort il n'en a pas démordu.

Invité d'Europe 1, il était venu me voir : « J'aimerais avoir un portrait dans *Jours de France* »… Sachant que les rapports père-fils étaient compliqués – « Ça n'a jamais accroché entre eux », m'expliquait, laconique, le général de Bénouville, je lui avais répondu : « Avec plaisir, mais vous savez, chaque semaine, je soumets le nom de mon invité à votre père. » Façon de me protéger.

J'appelle aussitôt Mme Carré : « Je viens de voir Serge. Il voudrait avoir une interview dans *Jours de France*. » Au bout du fil, je la sens littéralement affolée : « Quel malheur ! Quel malheur ! » Comme si je lui avais annoncé qu'un missile allait tomber sur le Rond-Point. « Posez la question à M. Dassault et dites-lui bien que c'est son fils qui m'en a fait la demande. » Une demi-heure plus tard, coup de fil de la réception d'Europe 1. « Un gendarme t'attend avec un pli. » Et en effet, botté, casqué, un gendarme était là pour remettre cette lettre de Marcel Dassault :

Chère Madame,
J'ai l'avantage de vous faire savoir que Mme Carré m'a tenu au courant de votre conversation avec mon fils Serge.
Celui-ci ayant des idées politiques tout à fait opposées aux miennes, il ne serait pas normal qu'on lui donne une interview dans Jours de France.
Par contre, je demanderai au général de Bénouville de lui trouver une occasion d'être interviewé dans un autre journal où il pourra en toute tranquillité exposer ses idées réactionnaires.
Croyez, chère Madame, à mes meilleurs sentiments.

Marcel Dassault

J'étais stupéfaite. « Les génies sont toujours solitaires et indéchiffrables », m'expliquait Jean-Pierre Bechter. Car Marcel avait un autre fils, Claude, qu'il chérissait. Un fou de musique classique, doté d'une mémoire musicale prodigieuse – il avait, paraît-il, l'oreille absolue. Un type bizarre, un peu autiste et vivant dans sa bulle... Toujours chapeauté et vêtu d'un long manteau, il promenait une silhouette à la Folon dans les couloirs de *Jours de France* où il saluait tout le monde avec cérémonie. Madeleine Dassault, qui affectionnait Serge, ne le montrait jamais en présence de Marcel. La famille Dassault était donc déchirée par d'indicibles douleurs intimes, incompréhensibles pour certains, injustes pour beaucoup. Serge aura attendu sa vie durant, en vain, de recevoir des gratifications paternelles. Reçu à Centrale et recalé à Polytechnique, il était revenu à la charge pour y être admis l'année suivante. Son père avait juste lâché : « C'est bien. »

Après la mort de Marcel Dassault en 1986, lorsque Serge lui a succédé, triomphant des manœuvres de ceux dans son camp qui auraient voulu l'écarter, il a vite démontré ses compétences en multipliant par dix la valeur du groupe. J'ai eu l'occasion de le rencontrer plusieurs fois en tête à tête avant qu'il ne vende *Jours de France*, et même après. Il me parlait de son engagement politique, de sa longue marche (plus de dix-huit ans) pour enfin être élu, en 1995, maire de Corbeil-Essonnes, relevant un sacré défi. Lors d'un dîner, le préfet de l'Essonne du moment lui avait dit : « Il y a une ville tenue par les communistes. Là, vous ne pourrez jamais être élu : Corbeil-Essonnes. » Il s'était juré de le faire mentir. Il y passait tous ses samedis, et même ses dimanches, hormis pendant la période de chasse. Il n'était jamais chez lui, au point que sa femme lui avait dit : « N'oublie pas de m'envoyer une carte postale de Corbeil, comme ça je verrai que tu penses à moi » ! C'était son grand plaisir. Il dépensait beaucoup d'argent pour aider les jeunes à trouver un métier.

Serge Dassault, tout comme son père, faisait partie de ces quelques rares riches dont le luxe est justement de ne pas avoir de goûts de luxe. Nicole, sa femme, était économe comme si elle avait des fins de mois difficiles. Je la rencontrai un jour rue de Passy, où elle faisait non pas du shopping, mais des courses de ménagère, cabas à la main. Elle m'indiqua en confidence qu'au bout de la rue, les haricots verts coûtaient 2 euros de moins le kilo. Elle s'habillait chez les grands couturiers, mais toujours, me précisait-elle, « en solde », avec les modèles de l'avant-dernière collection.

Le restaurant préféré de Serge n'était pas un cinq étoiles parisien, mais le chinois des Tarterêts où il se délectait goulûment de cuisine asiatique chaque samedi midi. « On ne mangeait que là ! » me disait en riant le fidèle Jean-Pierre Bechter. Comme son père, Serge Dassault n'aimait qu'une chose : le travail. Je le complimentais sur sa bonne mine : « Vous n'êtes jamais fatigué ? » Mais non, il avait ses pilules magiques : du ginseng rouge qu'il faisait venir de Corée du Sud. « Le vrai ginseng me précisait-il, pas les saloperies qu'on achète en pharmacie… »

Quand je lui parlais de ses propres fils, l'air bougon, il coupait court à la conversation. « Ce sont des incapables, tous ! » Je me disais que, décidément, les enfants rabaissés par leur père deviennent à leur tour des pères qui méprisent leurs enfants.

Marcel, le grand-père, avait eu un grand faible pour Olivier, l'aîné de ses petits-fils : joli garçon, bourré de dons, peintre, photographe, pilote d'hélicoptère et de Mystère 20. Lors de journées parlementaires à Annecy, il m'avait ramenée à Paris dans l'avion qu'il pilotait. L'atterrissage s'était fait comme sur du velours. Tous ses passagers avaient applaudi. Olivier s'était montré pressé de succéder à son père, mais jusqu'à sa fin, Serge a repoussé l'échéance. Avant de partir, il a néanmoins réglé sa succession de manière équitable : ses quatre enfants – les trois fils et sa fille Marie-Hélène – président le conseil de surveillance à tour de rôle. Mais c'est toujours Charles Edelstenne qui est aux commandes en attendant qu'un autre successeur soit désigné.

Les traditions familiales traversant les générations, quand Laurent fut hissé au rang d'officier de la Légion d'honneur par Manuel Valls, Serge avait personnellement téléphoné au grand chancelier de la Légion d'honneur pour lui demander d'empêcher son fils de recevoir cette décoration au motif qu'il ne la méritait pas. Le général Georgelin lui avait répondu que ça n'était pas en son pouvoir. Il avait aussi appelé François Hollande pour s'en indigner. Serge ne supportait pas que son fils soit décoré et, qui plus est, par un socialiste qui l'avait battu aux législatives. Il avait refusé de venir à la réception à Matignon. Même réaction lorsque Laurent avait loué un salon à la grande chancellerie en 2014 pour célébrer le centenaire du général de Bénouville (disparu en 2001). Une fois encore, Serge avait téléphoné à Georgelin pour demander qu'on annule la réunion. Nouveau refus du général. « Votre fils a loué la salle 20 000 euros. Ce sont des fonds dont l'institution a besoin pour les travaux de réfection. »

Lorsque Serge Dassault s'était marié, la cérémonie avait eu lieu dans un salon de la chancellerie de la Légion d'honneur. Son oncle Paul, le général Bloch, frère aîné de Marcel, en était le grand chancelier. Il y avait été nommé le 25 août 1944, à la Libération. Ce fut la première décision du général de Gaulle qui s'installait rue Saint-Dominique, au ministère des Armées. Il tenait à récompenser ce grand militaire qui n'avait cessé de plaider pour que l'armée française se dote de chars d'assaut. « Chardasso » était son nom de Résistance. À la Libération, il allait le transformer en Dassault. C'est Paul qui l'avait orthographié avec le *l*, en accord avec Marcel, Dassault devenant le patronyme familial.

À *Jours de France*, les interviews étaient surtout hexagonales. À quelques exceptions près. En octobre 1983, le général de Bénouville m'avait appelée : « Vous prendrez l'avion mardi pour Conakry : vous allez interviewer le président de Guinée, Sékou Touré. » Je lui demandai : « Pourquoi lui ? » « Pour marquer la réconciliation avec la France, c'est très important », m'avait-il répondu. Ce n'était donc pas une histoire d'achat d'avion ?

Sékou Touré était le seul dirigeant africain qui, en 1958, avait osé dire non au général de Gaulle, alors que le reste de l'Afrique francophone acceptait par référendum de demeurer dans la communauté franco-africaine, en obtenant déjà une autonomie relative et l'indépendance deux ans plus tard. C'était la fin d'une histoire qui avait duré trois siècles.

Les Guinéens, sous l'impulsion de Sékou Touré, avaient voté « non » à 95 %, approuvant celui qui proclamait : « Plutôt vivre dans la pauvreté libre que riche dans l'esclavage. » En août 1958, de Gaulle qui avait été reçu triomphalement à Madagascar, au Congo, en Côte d'Ivoire, avait été hué à Conakry, ce qu'il avait pris pour un affront personnel. Après le non, il avait rompu tous les liens avec la Guinée et refusé toute coopération en ordonnant aux fonctionnaires français – techniciens, professeurs – de quitter le pays. Il leur laissait deux mois. Pierre Messmer, qui avait été le dernier gouverneur général de l'Afrique occidentale française, s'en était personnellement occupé.

Sékou Touré s'était fait élire président, avait créé un parti, le Parti révolutionnaire du peuple africain. Ses nouveaux amis s'appelaient Che Guevara, Fidel Castro, qui lui avaient rendu visite à Conakry. Sékou Touré suspectait Jacques Foccart, le monsieur Afrique du Général, d'avoir fomenté plusieurs coups d'État contre lui avec ses opposants, ce que l'intéressé a toujours nié. Mais Pierre Messmer m'avait confié qu'entre 1958 et 1960, les services français, avec le concours du Sénégal et de la Côte d'Ivoire, avaient bien tenté de le renverser ou en tout cas de le déstabiliser. Sékou Touré enfermait sans pitié ses opposants au camp Boiro, surnommé le goulag tropical, où plus de 50 000 personnes seraient mortes sous la torture.

Les relations avaient commencé de s'apaiser avec VGE, qui, en septembre 1978, s'était rendu à Conakry. En arrivant à l'Élysée, son premier geste, en gage d'amitié, avait été de remercier Jacques Foccart. La France ouvrait une ambassade, la coopération économique avait repris entre les deux pays.

En septembre 1982, Sékou Touré était venu en visite officielle à Paris, sur l'invitation de François Mitterrand. Deux vieilles connaissances. À l'instar d'Houphouët-Boigny, futur président de la Côte d'Ivoire, Sékou Touré avait été élu en 1956 député à l'Assemblée nationale française, sous la bannière du RDA, le Rassemblement démocratique africain. Ils appartenaient au petit groupe charnière UDSR, indispensable à toutes les coalitions politiques dont François Mitterrand avait réussi à devenir le leader.

J'arrivais donc à Conakry. Christian Boyer, déjà sur place, m'attendait à l'aéroport. Pendant trois jours, nous avons déjeuné et dîné avec Sékou Touré, homme de belle prestance, vêtu de blanc – tunique, pantalon et calot –, en présence de son Premier ministre et de sa femme. Au menu, un seul sujet : ses rapports avec la France. Je mesurais à quel point il ne s'était jamais consolé de sa rupture avec Paris. Quelques mois plus tôt, Jacques Foccart lui avait rendu visite. Ils avaient pu s'expliquer pendant des heures. Ils s'étaient réconciliés et s'étaient quittés amis, presque frères, et s'étaient promis de se revoir, vite ! Sékou Touré me disait cela l'œil embué par l'émotion. Sa conversation était très amusante. C'était un beau parleur. Il me racontait l'UDSR, « un parti où les Noirs pouvaient regarder les Blancs se manger entre eux ». Il avait toujours su que Mitterrand ferait une grande carrière, mais il le jugeait « un peu fourbe et surtout très personnel » : « Pas un homme avec qui on partirait seul à la chasse au tigre. » Il riait. Nous aussi.

Il me révélait avoir eu alors une liaison avec une belle dame, sociétaire de la Comédie-Française, qui lui avait valu de contracter sa première blennorragie. C'est Georges Beauchamp, un proche de Mitterrand, qui l'avait emmené chez le médecin où on lui avait administré des antibiotiques là aussi pour la première fois de sa vie. Un bon souvenir tout de même. Il avait tout aimé de Paris. Il se flattait de ne pas avoir voté, en 1956, les pleins pouvoirs à Guy Mollet pour régler à sa façon le problème algérien. Et surtout, il en voulait toujours au général de Gaulle. « Après la rupture, ça n'a pas été facile pour nous, me racontait-il. Pendant six mois, nous avons continué à envoyer des produits guinéens à Bordeaux et à Marseille. Ils n'étaient même pas déchargés. On les a laissés pourrir sur les bateaux et on ne nous a pas payés. Et puis, pour les écoles, nous avons été obligés de faire appel à des professeurs russes, allemands ou polonais, lesquels venaient apprendre le français en Guinée pour pouvoir ensuite l'enseigner chez nous. Une situation aberrante ! » Je l'interrogeais aussi sur le camp Boiro. Le Parti socialiste, qui le traitait de « dictateur sanguinaire », avait refusé d'envoyer des observateurs au congrès de son parti, qui venait de se tenir et où il avait été réélu avec 99 % des voix. Le RPR et le Parti communiste, eux, étaient représentés. Et lui de se récrier : « J'affirme qu'il n'y a jamais eu de prisonniers politiques. Le mot est impropre. Il s'agit de comploteurs et de traîtres à la patrie qui voulaient liquider notre révolution populaire. » Quant aux opposants politiques : « Le jour où j'aurai la moindre inquiétude à me promener dans les rues et où je devrai me déplacer avec une escorte, je démissionnerai. » Joignant le geste à la parole, il m'avait invitée à prendre place à ses côtés dans sa DS noire qu'il conduisait lui-même.

Il m'avait emmenée dans les rues de Conakry. Il agitait un mouchoir blanc par la portière, roulait très doucement et sur son passage, les habitants applaudissaient, riaient, l'interpellaient : « Silly Silly, hello Silly ! » « Cela veut dire “éléphant”, le roi des forêts, c’est ainsi que l’on m’appelle », me précisait-il. Il me racontait avoir rompu avec le marxisme en 1978, encore ébloui par sa rencontre avec J. F. Kennedy à Washington dont il m’avait montré la photo dédicacée qui ornait son bureau. Au moment du départ, il m’avait offert un cadeau bien encombrant : la somme de ses discours – dont certains duraient plus de trois heures et qu’il avait fait éditer. Une trentaine d’ouvrages ! J’avais tenté de les « oublier » sous un siège à l’aéroport. L’avion allait décoller quand soudain les moteurs s’étaient arrêtés. On était venu m’apporter le colis, qui pesait plus de vingt kilos ! J’avoue m’être débarrassée plus tard de cette littérature indigeste dans une décharge des Yvelines.

Pendant trois jours, déjeunant et dînant à la table du Président, j’avais bu l’eau servie dans de grandes carafes à pompe remplies de glaçons. À peine rentrée à Paris, je fus prise de vomissements et de fortes fièvres, 40 °C. Deux fois par jour, on venait me faire des piqûres d’antibiotiques. Je mis plus d’une semaine à m’en relever.

Six mois plus tard, Sékou Touré décédait d’une crise cardiaque. Transporté aux États-Unis, à Cleveland, il était mort sur la table d’opération. Sans revoir Foccart.

Autre voyage mémorable : en avril 1986. La France était alors en pleine cohabitation, la première du genre entre François Mitterrand et Jacques Chirac. Le général de Bénouville m’avait appelée pour m’informer que je partais à Damas interviewer le général Moustapha Tlass, ministre de la Défense du président Hafez el-Assad depuis 1972. Un compagnon d’armes, un frère de lutte, un homme important donc. « Vous serez accompagnée du colonel Esquivié, en service à l'Élysée [il faisait partie de l'équipe de Christian Prouteau, dont l'une des missions principales était la sécurité de Mazarine et de sa mère Anne Pingeot]. »

Charles Villeneuve, né au Liban et grand spécialiste du Moyen-Orient, qui ne cessait d'y faire des allers-retours, m'avait dit : « Je t'accompagne. » L'indispensable Christian Boyer était, bien sûr, lui aussi, du voyage. Un an plus tôt, deux diplomates français, Marcel Carton et Marcel Fontaine, avaient été enlevés au Liban par le Hezbollah, allié de l'Iran. Quelques semaines plus tard, c'était au tour du journaliste Jean-Paul Kauffmann et du sociologue Michel Seurat, et, en mars 1986, quatre journalistes et techniciens – Philippe Rochot, Jean-Louis Normandie, Georges Hansel et Aurel Cornéa – avaient subi le même sort. Paris comptait sur l'aide de Damas pour obtenir leur libération. Le général de Bénouville pensait qu'une interview dans *Jours de France* faciliterait les choses.

Moustapha Tlass, un homme de taille moyenne, rondouillard, cheveux et moustache poivre et sel, la mine avenante, nous reçut en uniforme, la poitrine chargée de décorations. Je ne percevais pas un homme de grande envergure. Il nous fit visiter sa bibliothèque dans le sous-sol de sa maison aux allures de bunker où s'entassaient des milliers de livres, dont une collection complète des œuvres du général de Gaulle qu'il admirait beaucoup, et dont les livres coexistaient sur un même rayonnage avec ceux de François Mitterrand qui, me disait-il, lui en avait fait cadeau. Lui-même, et l'on sentait que c'était sa grande coquetterie, était l'auteur de quarante-trois ouvrages sur l'histoire de son pays. Il avait aussi écrit des poèmes. Celui dont il était le plus fier était un recueil sur les roses de Damas qu'il avait réalisé avec sa photographe préférée : Gina Lollobrigida (!), dont la photo ornait toutes les pièces de sa demeure. Il me fit comprendre, l'œil allumé et en se rengorgeant, que c'était une amie très chère, ce dont sa femme n'avait pas du tout l'air de prendre ombrage.

Quand nous sommes arrivés, Jacques Chirac venait de dire qu'« il n'y aurait pas de solution au Liban sans la Syrie »… Une affirmation qui lui plaisait beaucoup. Il saluait ce Premier ministre qu'il qualifiait de vrai gaulliste. Il était plus réservé sur François Mitterrand, jugeant regrettables ses liens avec Shimon Peres, le Premier ministre israélien. Il n'avait pas apprécié que le deuxième voyage officiel du président français ait été pour Israël, ennemi de la Syrie. Il nous jurait que Damas négociait avec le groupe qui détenait les otages, et que le président Assad était le seul à pouvoir les libérer, mais que les menaces américaines permanentes envers la Syrie retardaient cet heureux dénouement. J'ai compris plus tard que tout cela était faux. La Syrie n'avait aucun pouvoir pour libérer nos otages, détenus par des milices libanaises financées et entretenues par Téhéran.

Accompagnés par le général syrien Sayyed en civil et escortés par l'armée syrienne – il y avait autour de nous beaucoup de grands types roux aux yeux verts –, nous avions pu nous rendre à Baalbek, jadis célèbre pour son festival – *L'Express* m'y avait envoyée en reportage en juillet 1969 –, mais baptisée depuis « cité de la terreur ». Le général nous expliquait que tous les Syriens, dont lui-même, avaient de la famille au Liban, et que ce dernier et la Syrie ne devraient former qu'un seul pays. Le grand Cham, rêve de tous les Syriens. Nous avions traversé la plaine de la Bekaa, grenier de la région, terre fertile. J'avais surtout vu d'immenses champs de pavot qui servaient au commerce de la drogue pour les intégristes chiites et sans doute de bien d'autres. Arrivés à Baalbek, nous avions pu contempler de loin la citadelle, c'est-à-dire la prison, par où tous les otages étaient passés. En novembre 1983, elle avait été la cible des Super-Étendard français.

De retour à Damas, j'eus une nouvelle entrevue avec Moustapha Tlass. Il se flattait que son pays, État laïc, ait réussi à endiguer le fanatisme religieux. Les Arabes, me disait-il, devraient reconnaître que le fanatisme constitue un pas en arrière : « Ce qui doit unir les Arabes, c'est la citoyenneté arabe et pas la religion… »

En réalité celui qui avait les contacts avec les Iraniens était l'homme d'affaires libanais Iskandar Safa. C'est par lui que nos otages ont été libérés. À deux reprises il était allé les récupérer. Jean-Charles Marchiani représentait Charles Pasqua, le ministre de l'Intérieur, auquel Jacques Chirac avait fini par déléguer toute la négociation. Iskandar Safa racontait qu'au téléphone, Jean-Charles Marchiani ne parlait qu'en corse au ministre Pasqua.

Lorsque le général Tlass était venu à Paris quelques semaines plus tard, le président François Mitterrand l'avait invité à passer une journée dans sa bergerie à Latché. Un privilège réservé aux intimes, alors que cet officier syrien n'en était pas un. Ce n'était là qu'un des innombrables mystères du monarque élyséen.

XVI

LE FOLKLORE SOCIALISTE

Ma première rencontre avec François Mitterrand ? Un souvenir plutôt pénible.

En juin 1975, j'étais le témoin de mariage de mon amie Élisabeth Bernigaud. Nous nous étions connues quelques années plus tôt à l'ISTH, où nous préparions HEC-JF. La cérémonie avait lieu à Magny-Cours, dans la Nièvre, village dont son père, Jean Bernigaud, avait été le maire pendant trente ans. Il avait été aussi conseiller général socialiste. Royaliste dans sa jeunesse, il était tombé sous le charme de François Mitterrand dès son arrivée dans le département. Cet éleveur de vaches charolaises était un fou de sports mécaniques. Jeune, il faisait de la voltige aérienne. À la naissance de leur quatrième enfant (ils en auront sept et François Mitterrand sera le parrain du sixième), sa femme, la belle Jacqueline aux yeux verts, lui avait demandé de se reconvertir dans une activité moins dangereuse. Il avait d'abord créé sur ses terres un circuit de karting, puis bientôt un circuit de voitures de trois kilomètres – passé à la postérité – où venaient s'entraîner les pilotes. Tous les champions, y compris

Alain Prost, sont passés par Magny-Cours. Puis il avait aménagé un terrain de golf de neuf trous, sans qu'il bénéficie d'aucune subvention publique. C'était un entrepreneur. « Les comptes, hélas, étaient toujours dans le rouge », me disait sa fille. Après sa mort, le département avait repris la gestion du circuit afin de le transformer en piste pour les Formule 1.

François Mitterrand aimait beaucoup Jean Bernigaud. Il était devenu l'ami de la famille. Lisbeth m'avait raconté que lorsque son père était à l'hôpital où il allait être emporté par un cancer (quatre ans avant son mariage), François Mitterrand lui rendait visite chaque jour.

J'étais venue en train et je devais repartir pour Paris tôt dans la soirée. « Reste encore un peu », m'avait suppliée Lisbeth. Danielle et François Mitterrand participaient à la noce. Elle était allée leur demander s'ils pouvaient me ramener à Paris. Ils avaient dit oui. Je n'avais pu dire non.

François Mitterrand m'intimidait. Pire, j'étais tétanisée car je ne savais quoi lui dire. Je ne lui avais jusque-là jamais adressé la parole. Parfois je le croisais dans les couloirs de l'Assemblée. Il était toujours entouré d'une nuée de journalistes. Je ne m'approchais pas. Je le saluais de loin. Il avait, comme Pompidou, ce fluide de l'autorité dont parlait le général de Gaulle. Fluide glacial pour moi. Il était sans conteste un chef. Qualité très rare en politique. À *L'Express*, je suivais les gaullistes, Michèle Cotta les socialistes, c'était sa chasse gardée dont elle ne m'entrouvrait pas les portes. Je ne la sollicitais pas non plus.

Un an plus tôt, en 1974, le premier secrétaire du PS avait raté sur le fil l'élection présidentielle. Je ne pouvais lui avouer que j'avais voté pour lui puisqu'en réalité je ne souhaitais pas sa victoire. Lorsqu'il s'exprimait à la tribune de l'Assemblée, ses amis se pâmaient, la bouche ouverte. Moi je n'aimais pas ce monsieur Niet de la Ve République, son opposition systématique, ses leçons de morale récurrentes. Son ton d'imprécateur ne provoquait chez moi aucun ébranlement de la colonne vertébrale ! J'exécrais ces esprits supérieurs de gauche qui rangeaient de Gaulle entre Franco et Pinochet. Il en faisait partie. « En 58, tout m'éloignait de cette dictature visible à l'œil nu sous un masque bonasse[1] », écrivait-il en 1969. Mitterrand était pour moi un homme du passé puisque la modernité de Giscard l'avait évincé, de peu il est vrai.

La silhouette courte et un peu lourde, il était souvent mal fagoté (déguisé en socialiste ?). Sous la IVe République, même si la coquetterie n'a jamais été sa marque de fabrique, les photos le montraient en costume cravate d'un classicisme bourgeois. Et puis il y avait cet inquiétant sourire crocs devant. Heureusement, un dentiste avisé avait œuvré pour rendre crédible le slogan de Pilhan et Colé, « La force tranquille », mis en musique par Jacques Séguéla pour la campagne de 1981 – travaux sans lesquels c'eût été une publicité mensongère. Je savais qu'il déclenchait des passions féminines. Je me demandais bien pourquoi. Il n'avait pas encore la majesté qu'allait lui conférer son accession au pouvoir. Il faisait alors songer à un buste qui attend de devenir une statue en pied. Bientôt ses costumes sur mesure, commandés chez

1. In *Ma part de vérité. De la rupture à l'unité*, Fayard, 1986.

Cifonelli, l'avaient alluré. Peu à peu, ses traits s'étaient affinés, son visage à l'ossature délicate semblait, en effet, dessiné par Clouet. Dans les dernières années, sa maladie l'avait paré d'un excès de lassitude et de distance qui l'avait anobli, le transformant en un sphynx au teint d'ivoire.

Retour au mariage. Nous avions pris la route vers 22 heures. François Mitterrand était assis à l'avant avec son chauffeur. J'étais à l'arrière en compagnie de Danielle (qui m'avait gratifiée d'un « bonjour » assez sec) et de son chien, qui s'appelait Lip, un vieux teckel hargneux qui aboyait à ses pieds et me montrait les crocs. Danielle tentait de le calmer : il m'avait déjà mordu la cheville. Je n'en menais pas large. François Mitterrand ne s'était pas retourné. Il ne disait rien. Une demi-heure plus tard, en émettant des râles sinistres, le chien vomissait. J'étais prise de haut-le-cœur. On s'était arrêtés. J'étais sortie pour prendre l'air tandis que le chauffeur et Danielle nettoyaient la voiture, et que le chien me lançait des regards hostiles en glapissant. Pendant notre arrêt, François Mitterrand était resté dans la voiture, avait ouvert un livre dont il ne sortait pas. Puis nous avions repris la route.

Un silence de plomb avait envahi l'habitacle. Danielle, l'air renfrogné, demeurait bouche cousue. Mitterrand de même, qui poursuivait sa lecture. Aucun d'eux n'avait lancé de conversation légère d'après-mariage, ce que les Anglais appellent le *small talk*, où l'on parle de tout, de rien, des mariés, des invités en faisant des bruits aimables… L'atmosphère était à couper au couteau. Seule trace de vie, le chien, qui grognait au moindre de mes mouvements. Je m'interrogeais, un peu parano : le couple voyait-il en moi une ennemie de classe à laquelle on ne doit pas parler ? Le chien était-il dressé contre les gaullistes ? Je n'étais pas de leur monde, il est vrai, et ils n'étaient pas du mien.

Les années passant, j'ai enfin compris que leur silence était la traduction d'un contentieux lourd dans leur couple et que je n'y étais pour rien (ou presque rien). Mazarine était née six mois plus tôt (ce que tout le monde ignorait, et moi de même). Jean-Christophe, leur fils aîné, raconterait plus tard que Danielle, elle, l'avait su tout de suite, mais que son père ne lui en avait rien dit. Elle lui en voulait beaucoup. Les grandes douleurs sont toujours muettes. Je constatais *in vivo* que la plus démonstrative des scènes de ménage réside dans un silence de longue durée où les tensions ne peuvent se libérer et où l'atmosphère est oppressante comme avant un orage qui ne vient pas. C'était atroce.

Trois heures plus tard, nous arrivions à Paris. À la première station de taxi, je demandai à prendre congé de mes hôtes en me confondant en remerciements. Dehors, c'était le retour à la vie. J'avais l'impression de sortir d'un enfer (conjugal) ! J'étais contente de retrouver Albin.

En arrivant à Europe 1, j'avais découvert le Parti socialiste. Pour moi, le début d'un voyage en terre inconnue. Je devais m'efforcer d'y nouer des relations, de me retrouver dans l'alphabet des courants. Qui était qui et représentait quoi ? J'étais encore novice. Mitterrand était premier secrétaire depuis 1971, au terme d'un congrès d'Épinay resté dans les annales. Le parti tournait la page Guy Mollet. Un vrai coup d'État réussi grâce au concours de Pierre Mauroy et de Gaston Defferre, qui lui imputait son échec à la présidentielle de 1969 (5 % des voix, une catastrophe !) et grâce au CERES de Jean-Pierre Chevènement. Pour arriver à ses fins, patient et habile, Mitterrand avait su tisser sa toile. Son savoir-faire était inimitable pour manipuler les hommes : il cajolait les uns, moquait les autres, faisait miroiter à tous un avenir radieux. « Il nous avait même emmenés au cabaret », m'avait raconté encore émerveillé Pierre Mauroy. Le 16 juin 1971, Mitterrand devenait premier secrétaire du Parti socialiste, alors qu'il n'avait jamais eu la carte du parti dans sa poche. À la tribune, il avait emporté l'assistance ébaubie dans un grand élan lyrique. Désormais, c'était lui qui dictait sa loi, et quelle loi ! « Celui qui n'accepte pas la rupture avec l'ordre établi et la société capitaliste ne peut être adhérent au PS, proclamait-il. Le véritable ennemi, c'est le monopole de l'argent, l'argent roi qui ruine et qui pourrit jusqu'à la conscience des hommes. »

Les congressistes l'avaient applaudi à tout rompre. Quel talent oratoire ! Mitterrand avait revêtu d'atours chatoyants son sacré culot. Quand on regarde les images de ces militants des années plus tard, on a l'impression qu'ils contemplent le dalaï-lama. Chapeau l'artiste ! Guy Mollet avait grommelé dans son coin : « Mitterrand n'est pas devenu socialiste, il a appris à parler socialiste, nuance ! » À la fin du discours, poing levé, Mitterrand chantait *L'Internationale* pour la première fois de sa vie. Du beau travail ! Pour s'allier les communistes, il n'avait pas lésiné sur les moyens.

D'emblée, il était devenu le patron. Le centre impérieux d'un cercle qui ne devait exister que par et pour lui, ou plutôt de plusieurs cercles étrangers les uns aux autres. Personne dans son entourage n'a jamais mis en question sa primauté. Tous s'organisaient pour le satisfaire. En 1981, j'avais demandé au fidèle André Rousselet : « Qu'y a-t-il de changé depuis qu'il est à l'Élysée ? » Il m'avait répondu : « Rien, pour nous, il a toujours été le président. » S'opposer à lui ? Rares étaient ceux qui s'y risquaient. Le questionneur était vite taxé d'ingratitude. Mitterrand faisait aussitôt de tout désaccord une querelle personnelle. Le moindre manquement déclenchait des admonestations glaciales. Comme l'électricité sous l'orage, la communication était brusquement coupée. Elle pouvait se rétablir, plus ou moins tard, ou alors jamais. On le craignait. Pire, on en avait peur. L'enfant de Jarnac avait compris que pour assurer sa tranquillité, il devait donner libre cours à son penchant naturel : gouverner le PS en autocrate.

Dans l'amitié avec François Mitterrand existait un mode d'emploi drastique. Il fallait savoir pressentir l'humeur du moment. Qu'il était l'heure de se taire, de parler, ou bien de disparaître. Ces gens de cour ne devaient pas seulement s'entraîner à subir les foucades du roi, mais aussi ses caprices. Le danger était de s'éprendre d'un favori tout neuf. Alors en un clin d'œil, les vieux amis étaient relégués parmi les ombres, il ne les regardait plus, faisant naître de sombres jalousies et d'immenses déceptions.

Cet homme tellement pressé d'abattre le mur d'argent n'entendait point se soucier non plus des contingences vulgaires. Des sous, Mitterrand n'en avait jamais sur lui, ce qui ne l'empêchait pas de convier généreusement maints familiers au restaurant. Ils devaient seulement savoir que l'addition serait pour eux. « Payez, on s'arrangera… », lançait rituellement le maître avant de s'esquiver. En général, c'était tout arrangé. Michèle Cotta m'avait confié qu'il lui manquait toujours 10 francs pour prendre un café, ou 20 francs pour prendre un taxi : « Il m'a coûté un argent fou ! » Catherine Thieck, qui dirigeait la galerie France et fut longtemps la compagne d'André Rousselet, richissime patron des taxis G7, partenaire attitré du Président chaque lundi matin sur les greens, dont il était devenu son directeur de cabinet à l'Élysée, m'avait rapporté cette anecdote.

Un jour, Mitterrand la félicite sur sa tenue, un twin-set en cachemire.

« Il vous va très bien. D'où vient-il ?

— Je l'ai acheté chez Hermès.

— Cela vous ennuierait-il, chère Catherine, d'aller acheter le même ? Je voudrais l'offrir à une de mes amies lors de notre prochain dîner. »

Je suppose que c'était pour Anne Pingeot, ce que Catherine ne m'avait pas précisé.

Catherine avait donc répondu à sa demande et fait passer le paquet à François Mitterrand juste avant le dîner offert par André Rousselet. Arrivé au restaurant, Mitterrand avait remis le cadeau à la personne qu'il était soucieux d'honorer, lui racontant qu'il était allé lui-même le choisir dans la prestigieuse boutique en lui donnant une foultitude de détails… Catherine n'en était toujours pas revenue et, bien sûr, il ne l'avait jamais remboursée.

Autre anecdote signée de la journaliste suédoise Christina Forsne, intime elle aussi du Président. Dans son livre *François* (publié au Seuil), elle raconte qu'il l'appelait tous les matins pour la réveiller, « une habitude qu'il devait garder de longues années ». Elle évoque leurs multiples déjeuners et dîners, et sa pingrerie aussi : « Il arrive et me tend une vieille écharpe tout élimée. “J’aurais dû t’acheter un vrai cadeau pour Noël, mais prends ça, c’est ma préférée, tu auras doublement chaud”... »

Grand amateur de livres anciens, Gérard Carreyrou aimait à fréquenter la librairie Galignani, rue de Rivoli. Il me narrait y avoir vu maintes fois François Mitterrand, toujours accompagné de Roger-Patrice Pelat, son compagnon de stalag en 1940. Il me décrivait l’invariable manège : Mitterrand faisait son choix de livres et sortait de la librairie pendant que son ami très cher payait la note et emportait le paquet. Un service entre amis. Le Président avait aidé son ami en faisant reprendre – sur ordre de l’Élysée – son entreprise Vibrachoc en déclin par une filiale de la CGE nationalisée en 1981. Plus tard il y eut l’affaire Triangle. Le 16 février 1989, Patrice Pelat allait être inculpé de délit d’initié pour avoir acheté 10 000 titres de l’entreprise Pechiney-Triangle. L’opposition mettait en cause le Président. « Est-on responsable d’un ami qui tombe ? » s’interrogeait Pierre Mauroy. Quatre jours plus tôt, Mitterrand était intervenu à la télévision pour dire qu’il souhaitait que la justice se montre sévère, quels que soient les coupables. Façon de désavouer son vieil ami qui, un mois plus tard, le 7 mars 1989, décédait d’une crise cardiaque.

En arrivant cité Malesherbes, un ancien hôtel vieillot et biscornu héritage de la SFIO, Mitterrand n’avait pas été accueilli à bras ouverts. Les premiers temps, les militants l’appelaient « le prince étranger ». « Guy Mollet avait des horaires intangibles, il était là du matin au soir et on s’attendait à être convoqué dans son bureau pour essuyer ses coups de gueule, me disait

Pierre Mauroy. François Mitterrand, lui, passait une heure ou deux par jour. Il débarquait impromptu, le soir ou le matin, toujours conduit par de gentes demoiselles, jamais les mêmes… Après quoi, il conviait l'un ou l'autre à venir marcher avec lui à travers la capitale. Et puis nous dînions parfois tous ensemble. Nous avons passé avec lui des moments magiques. »

On lui découvre alors de curieuses manies : bien qu'il ne porte jamais de montre ou d'argent sur lui, il trimballe en permanence, dans une poche intérieure de sa veste, une drôle de liasse de papiers pressés et chiffonnés, presque collés à force d'être ensemble. On distingue une carte postale écornée, de vieilles coupures de presse jaunies, une fleur séchée, et sur des bouts de papier, de nombreux numéros de téléphone avec des gribouillis dont il est le seul à pouvoir déchiffrer les mystères. Au restaurant, avant de passer à table, il extrait de ce bric-à-brac une petite fiche, à peine plus grande qu'un timbre-poste, où il a noté le nom de ceux qu'il a conviés et la place qu'il leur assigne autour de la nappe. Aux réunions du bureau exécutif et parfois plus tard, à l'Élysée, en Conseil des ministres, il lui arrivait d'extirper de sa poche ce petit tas de secrets et, sous l'œil intrigué de ses voisins, de se plonger un instant avec béatitude dans ces fragments de sa vie privée.

Personne n'était autorisé à le tutoyer, excepté Georges Dayan, son confident, le seul à l'avoir connu avant 1939, lorsqu'il était fou d'amour pour sa Béatrice, une jeune fille de dix-sept ans rencontrée au bal, à laquelle il se fiancera et qui le quittera pour un autre. La France entière la connaîtra plus tard sous le nom de Catherine Langeais. Dayan était le seul autorisé à parler en son nom aux réunions du comité directeur du PS lorsqu'il était absent. Le seul à connaître les tours et détours de sa vie publique et privée, le seul à détenir les clés de tous les tiroirs. Il le connaissait si bien qu'il avait ordonné à sa fille Paule, qui me l'avait raconté, de bien se barricader dans sa chambre un soir que Mitterrand était venu dormir chez eux à la campagne après une réunion politique, quand lui ne pouvait être là. Georges Beauchamp, qui était son collaborateur à l'UDSR, se flattait lui aussi de tutoyer le maître, faveur qu'il portait comme une décoration. Une sorte de grand-croix dans l'ordre de la Mitterrandie ! Une fois à l'Élysée, Mitterrand l'avait nommé au Conseil économique et social.

Mes premiers souvenirs avec les socialistes ? J'étais étonnée de voir comment tous ces gens, qui parlaient à longueur de discours de faire le bonheur des travailleurs, de changer leur vie, traitaient les journalistes. J'ai en mémoire des meetings dans de petites salles de banlieue où il n'y avait aucune chaise pour s'asseoir. Les attentes étaient interminables, place du Palais-Bourbon, devant le nouveau siège du PS avant qu'il n'émigre dans le prestigieux hôtel de la rue de Solferino en 1981. Nous patientions sur le trottoir, jusqu'à ce que ces messieurs veuillent bien nous parler car nous avions interdiction de monter dans les étages. Et puis il y avait les réunions au troisième sous-sol de l'Assemblée nationale qui se terminaient toujours à pas d'heure. Les socialistes étaient beaucoup plus bavards que les gaullistes ! Comme il n'y avait ni chaise ni table ni eau pour nous désaltérer, de guerre lasse, nous attendions parfois assis par terre…

Gérard Carreyrou était aussi choqué que moi par cette absence de civilité. Ces sit-in l'épuisaient. Il avait à l'époque deux jeunes enfants qui souvent l'empêchaient de dormir.

A contrario, le Parti communiste, qui avait la culture du partage populaire, offrait chaque année, à la veille des vœux de Georges Marchais à la presse, un déjeuner dans une brasserie privatisée du côté des Grands Boulevards. C'était le trésorier Georges Gosnat, homme jovial et ventripotent, qui régalait l'assistance. Le menu était roboratif avec vin rouge à gogo, fromage et dessert. La fête durait jusqu'au milieu de l'après-midi, un rendez-vous que tous les confrères appréciaient. Robert Namias et Gérard Carreyrou en revenaient enchantés.

Étienne Mougeotte avait rendu son invitation à Georges Gosnat au restaurant Chez Edgard. Le service politique était au grand complet. On avait retenu un petit salon au premier étage. Et le trésorier de choisir sur la carte tout ce qui était le plus cher : foie gras, turbot, vins fins, etc. Il avait regardé Étienne droit dans les yeux : « Eh, monsieur Mougeotte, c'est le grand capital qui paye, j'en profite ! » Tout le monde avait ri, j'en avais quand même été stupéfaite.

En 1981, les ministres communistes eux aussi savaient choyer la presse. Michèle Cotta m'avait narré un déjeuner chez Jean-Claude Gayssot, le ministre des Transports, où il y avait sur la table « des monceaux de homards ». Une époque où personne ne trouvait à redire devant ces dépenses somptuaires. Le ministre ne risquait pas d'être contraint de démissionner, le bon peuple n'en savait rien. Les bénéficiaires qui s'en réjouissaient ne caftaient pas. Les selfies n'existaient pas encore.

Mon premier congrès socialiste avait été celui de Metz en avril 1979. L'occasion pour moi de découvrir la sociologie du parti. Un patchwork où les hommes régnaient en majorité et où se côtoyaient quelques vieux notables ventripotents de la SFIO, de jeunes gauchistes aux cheveux longs qui recherchaient dans les sections le souvenir de la folle fraternité de Mai 68, des économistes sévères qui glosaient doctement sur les taux de croissance en fumant la pipe, de grands bourgeois issus de la haute société protestante ou juive, des chrétiens venus du militantisme social, quelques patrons dits progressistes disposés à exalter les vertus de l'autogestion rocardienne, de préférence chez le voisin, et surtout des profs, encore des profs (instituteurs, PEGC, agrégés, maîtres assistants). Reconnaissables entre tous à leur vêture : gros pulls de laine, jeans ou costumes de velours côtelé, et toujours pourvus de barbes, des courtes, des longues, à une époque où la mode ne les avait pas imposées à toutes les générations et classes sociales. C'était leur marque.

Metz fut un congrès crucial. S'y jouaient rien moins que le sort de François Mitterrand à la tête du PS et, au-delà, l'éventualité de sa candidature à l'élection présidentielle. Depuis le Congrès d'Épinay, le premier secrétaire avait connu des hauts et des bas. Les hauts : des succès aux élections cantonales et municipales où la gauche – PC, PS et radicaux réunis – enlevait 155 des 220 communes de plus de 30 000 habitants. Les bas : sa défaite à la présidentielle en 1974 et l'émergence d'un rival à l'intérieur du PS, Michel Rocard. La trahison du Parti communiste, qui avait rompu l'union de la gauche, avait éloigné du PS la victoire qui lui semblait acquise aux élections législatives de 1978. La droite avait conservé la majorité. Elle en avait conclu trop vite que Mitterrand n'était pas dangereux parce que les communistes ne lui feraient jamais la courte échelle pour l'amener au pouvoir. Au soir de la défaite, Michel Rocard, élu député des Yvelines, était venu sur les plateaux d'Antenne 2 se livrer, l'œil en berne, à un grand numéro d'introspection critique. La stratégie de la gauche était à revoir, « archaïque », disait-il. Un adjectif que Mitterrand avait bien sûr pris pour lui.

Comme un malheur n'arrive jamais seul, Mitterrand n'était plus celui que l'on appelait « le prince » avec défiance et respect. Son auréole était ébréchée. On l'appelait « Tonton » dans les sections, ce qui est plus affectueux mais moins respectueux. Le doute s'insinuait sur sa capacité à mener les socialistes au pouvoir. Il avait soixante-quatre ans. Michel Rocard, à quarante-huit ans, devenait la coqueluche des médias. On le voyait et l'entendait partout : à la télévision, à la radio, dans les journaux. *Le Nouvel Observateur* pariait sur lui.

À ses visiteurs, le premier secrétaire faisait mine d'être tenté par une carrière d'écrivain, laissait entendre que la vie à la campagne est pleine de charme. En réalité, Mitterrand était bien décidé à se lancer dans la course à la présidentielle. Le combat contre Rocard lui apportait une nouvelle rage de vaincre. Quelques semaines plus tôt, celui-ci avait avivé les passions en déclarant dans l'émission *Cartes sur table* : « Si nous l'emportons à Metz en avril, Pierre Mauroy sera le premier secrétaire. » Sous-entendu : et moi je serai candidat à la présidentielle. La lutte au couteau commençait. Les mitterrandistes qualifiaient Rocard de traître et les rocardiens stigmatisaient Mitterrand, monarque vieilli, symbole de « l'incompétence économique ».

J'étais arrivée à Metz avec Gérard Carreyrou. Nous avions été saisis par l'atmosphère fiévreuse et tendue qui régnait sur place. Dans les couloirs, Henri Emmanuelli, puis Paul Quilès nous avaient lâchés, dans les mêmes termes, que « la candidature Rocard était voulue par l'Élysée car Giscard ne ferait qu'une bouchée de Rocard », preuve que ce mot d'ordre avait été dicté en haut lieu. Les socialistes n'avaient qu'un mot à la bouche : synthèse. Y allait-il y avoir la synthèse ? Saint Aize, priez pour nous ! Je comprenais mal le sens de ce mot que Gérard m'avait expliqué. L'enjeu était de savoir qui participerait à la direction du parti auprès de Mitterrand et qui serait rejeté dans l'opposition. Nous étions entrés dans la salle au moment où Michel Rocard était au micro. Il parlait en gestionnaire plus qu'en politique. Jean Poperen, qui ne le supportait pas, l'appelait Rocard d'Estaing !

Rocard, héros d'un socialisme moderne, s'exprimait avec un drôle de phrasé syncopé, rapide et nerveux, qui montait dans les aigus pour redescendre avec des intonations précieuses et chuintées. On ne comprenait pas tout ce qu'il disait, mais on voyait qu'il vivait l'instant. Souvent on adhérait à ses analyses. « La pensée libérale est en crise, mais la pensée socialiste l'est aussi parce qu'elle n'ose pas reconnaître que l'acte de produire a besoin de motivations autres que la contrainte. Une planification centralisée rigide ne saurait nous suffire, etc. » Il avait été très applaudi. Rocard ne voulait pas d'un État qui intervienne sur tout et partout. Dans la salle, il avait ses partisans, à commencer par mon ami Gérard.

Nous avions déjeuné, Gérard et moi, en compagnie de Georges Dayan, homme spirituel et charmant, juif pied-noir d'Oran, auréolé de ses liens avec Albert Camus, qu'il avait bien connu. Il nous confirmait que son ami Mitterrand était de fort méchante humeur. Je l'avais vu arriver, vêtu de son manteau en poil de chameau, chapeau noir sur la tête, la mine très sombre, comme une invite à changer de trottoir. Tout l'agaçait, paraît-il. D'abord Rocard bien sûr, et les militants qui l'importunaient à force de venir le saluer de trop près, lui donner leur avis, lui prodiguer des conseils… Et puis quoi encore ? « Est-ce que je peux te tutoyer ? » l'avait interrogé un jour un militant innocent. « Comme vous voulez… », lui avait répondu, glacial, le camarade premier secrétaire, étranger à toute espèce de rondeur joviale. L'audacieux n'avait pas demandé son reste. « Si vous aimez votre parti, quittez-le ! » s'amusait Georges Dayan, qui avait toujours le mot pour rire. Information du déjeuner : il nous avait annoncé qu'il n'y aurait pas de « synthèse ». Personne ne pouvait pressentir ce jour-là qu'il décéderait un mois plus tard.

La séance avait repris l'après-midi avec Laurent Fabius. Georges Dayan l'avait distingué au Conseil d'État et amené à son ami François. Élu aux législatives de 1978, à trente-trois ans à peine, il était au physique un petit frère de Giscard avec sa calvitie, ses airs patriciens, son élocution distinguée et savamment blasée. À la question : « Que fait votre père ? », ce fils d'un grand antiquaire sur la place de Paris avait osé répondre : « C'est un p'tit brocanteur. » Ministre du

Budget et des folles dépenses en 1981, Fabius allait créer l'impôt sur les grandes fortunes et aurait voulu y inclure les œuvres d'art. Freud y aurait décelé un meurtre symbolique du père. François Mitterrand, influencé par Roland Dumas qui s'y connaissait en successions fructueuses, avait dit non.

Fait étrange : en 1965, François Mitterrand, alors qu'il se préparait à être candidat de la gauche contre de Gaulle à la présidentielle, avait déclaré dans la notice du *Who's Who* que son père était cheminot, fils de prolétaires donc, ce qui avait beaucoup agacé ses frères. « Il exagère, avait pesté devant moi le général Jacques Mitterrand. Notre père, qui était chef de gare, a quitté les chemins de fer quand François avait trois ans. » Il allait, selon lui, être nommé responsable de la gare d'Austerlitz quand son beau-père lui avait demandé de prendre sa suite à la tête de la vinaigrerie familiale. Robert, qui était un peu snob et que je croisais souvent dans les dîners en ville, s'amusait de ce petit mensonge utile à son frère pour sa carrière, mais il le jugeait préjudiciable au rang social de la famille. À leur demande, François Mitterrand avait fini par effacer le mot « cheminot ». Vous le voyez, rien n'est simple dans ce bas monde. VGE, lui, aurait tellement aimé avoir pour géniteur un duc et pair !

Laurent Fabius, qui avait ébloui Mitterrand par ses connaissances économiques, s'était imposé comme orateur socialiste dans la discussion budgétaire. Je me souviens de son premier discours à la tribune de l'Assemblée où il parlait sans notes : « Vous êtes le gouvernement des bras ballants », avait-il lancé dans l'hémicycle à Raymond Barre, Premier ministre, tout en joignant le geste à la parole. Mitterrand était aux anges. Quel effronté ! En 1978, Laurent Fabius était devenu la coqueluche des journalistes : tout le monde voulait le voir. Je l'avais invité plusieurs fois à déjeuner. Chaque fois j'en sortais déçue. Il ne disait rien sur rien ni personne. Impossible de lui soutirer un jugement, une idée, une petite phrase bienvenue pour orner un papier. Je pensais qu'il se méfiait d'une journaliste cataloguée à droite. Pire : qu'il se moquait de moi – un jour qu'il chantonnait façon Tino Rossi au café : « *Ah Catarinetta bella, tchi-tchi*... » Michèle Cotta me rassurait. Elle avait fait la même expérience. Elle n'en tirait jamais rien, le dialogue avec lui était creux. Voulait-il se protéger ? Sûrement, mais certains finissaient par se demander s'il avait du fond. Plusieurs socialistes témoignaient dans le même sens. Laurent Fabius les invitait : « Viens, j'ai des choses à te dire... » À la fin du déjeuner, ils se demandaient pourquoi il les avait conviés.

J'étais allée l'interviewer une fois chez lui, dans son superbe appartement qui donnait sur la place du Panthéon, un des quartiers les plus chers de Paris. Il venait d'avoir un accident de voiture, dont il était sorti l'arcade sourcilière enfoncée. Le chirurgien qui l'avait opéré lui avait figé le front et donné des airs de svelte bouddha énigmatique. J'avais été surprise par le décor dans lequel il vivait : des murs vides, pas un objet. Des canapés banals, une table de salle à manger sur laquelle était posée une coupe avec des bananes qu'on eût dites en plastique. Un appartement-témoin de standing modeste et sans âme. J'aurais imaginé plus de raffinement.

Au congrès de Metz pour contrer Rocard, il allait prononcer à la tribune cette phrase qui ferait date et mouche : « Entre le plan et le marché, il y a nous, le socialisme ! » Applaudissements fournis. Mitterrand à la tribune dégustait la formule comme on avale une gourmandise. Jacques Delors était furieux : « Quelle démagogie ! C'est honteux ! »

Un peu plus tard, Jean-Pierre Chevènement allait achever le travail. Huit ans après Épinay, Mitterrand avait à nouveau besoin de lui. Le leader du CERES, mèche au vent, trop heureux de sortir du purgatoire de la minorité, avait répondu présent. « On ne peut pas dire que l'État est le grand méchant loup d'où nous vient tout le mal. Peut-être y a-t-il deux cultures au sein du PS : une culture socialiste qui intègre l'apport de Marx sans s'y réduire et une autre qui s'empare des thèmes à la mode… » Et vlan ! Gros tacle pour Rocard. Mitterrand savourait là encore.

Après lui, l'œcuménique Pierre Mauroy se déclarait maintenant favorable à la synthèse. En clair, il tentait de réconcilier les inconciliables. Cause toujours… Mitterrand n'en voulait à aucun prix, tandis que Rocard était prêt à tout pour l'obtenir, proposant des amendements dont on discuterait, assurait-il, « dans la clarté ». Il ajoutait, téméraire, qu'il quitterait le secrétariat du parti s'il n'y avait pas d'accord avec les mitterrandistes. C'était se présenter la corde au cou.

Je découvrais le folklore de la commission des résolutions : une nuit entière sans dormir pour trouver un accord, en l'occurrence introuvable puisque le chef avait dit non. Mitterrand pensait que l'union de la gauche avec les communistes était le seul moyen pour lui d'arriver au pouvoir. Rocard avec ses amendements n'était qu'un gâte-sauce dangereux… Les journalistes, qui n'avaient pas accès aux conciliabules, attendaient derrière les portes jusqu'au petit matin que les congressistes, défigurés par la fatigue, veuillent bien leur lâcher quelques bribes de cette nuit infernale.

La reprise des travaux avait lieu en fin de matinée. Pierre Bérégovoy, porte-parole de la motion Mitterrand, rejetait la responsabilité de la rupture sur Michel Rocard, lui reprochant d'avoir proposé des amendements inacceptables. « Il nous demandait de négliger l'aspiration unitaire (avec le PC), proposition irrecevable », avait-il expliqué à Gérard.

Michel Rocard avait pris le micro. On entendait voler les mouches. Il regrettait qu'il n'y ait pas eu d'accord possible. Il le déplorait même, plaidant qu'Épinay n'avait pas tout prévu. « Nous serons donc dans l'opposition, mais, ajoutait-il, ce ne sera pas l'opposition d'un prétendant. » Gros brouhaha dans la salle. Comme si sa phrase n'était pas assez explicite, Rocard en rajoutait. Se tournant vers Mitterrand, il avait lâché : « Si vous êtes candidat en 81, cher François Mitterrand, je ne le serai pas contre vous. » Tonnerre d'applaudissements chez les mitterrandistes ! Les amis de Michel Rocard étaient en revanche consternés, sonnés : il ne les avait pas prévenus de ce qu'il allait dire. Et pourquoi ce « Cher François » au moment où il était rejeté dans la minorité ? « C'est sa femme Michèle qui lui a encore donné un mauvais conseil… », m'expliquaient ceux qui auraient bien voulu qu'il se pose d'emblée en opposant à Mitterrand. Moi, je voyais un homme battu sur ses idées mais content apparemment et qui, en plus, s'aplatissait devant le vainqueur. Je compris ce jour-là que Rocard, question de caractère, ne serait jamais président.

Mitterrand était bien le triomphateur du congrès de Metz. Le soir, il était invité au « Club de la presse » d'Europe 1. Déjà les questions pleuvaient sur sa prochaine candidature en 1981. Il répondit avec l'air de ne pas y toucher : « Il y a beaucoup de chances que je ne sois pas candidat », mais sans convaincre. Sinon, pourquoi avoir refusé la synthèse ? J'avais aussi compris à quoi servaient les courants. (A pour Mitterrand, B pour Mauroy, C pour Rocard et E pour le CERES). Cet algèbre servait à mettre en équation le pouvoir personnel du premier secrétaire. L'équation de Metz était : A + E – B – C = Mitterrand, seul maître après Dieu. *Exit* Mauroy et Rocard.

Lien de cause à effet ? Peu de temps après, aux premières élections européennes au suffrage universel, le PS perdait son titre de premier parti de France en recueillant 23,53 % des suffrages. Simone Veil, à la tête de liste UDF, arrivait première avec 27,6 % des voix.

Le 19 octobre 1980, sept mois avant la présidentielle, Michel Rocard annonçait sa candidature depuis sa mairie de Conflans-Sainte-Honorine. Il apparut trop raide, trop solennel, le buste en avant qui faisait ressortir les épaulettes d'une veste mal ajustée. Au même moment, les murs de la capitale se couvraient d'affiches. C'est peu dire que la photo du candidat ne le mettait pas en valeur. Il avait l'air sinistre. Il y figurait un texte écrit, illisible en raison de ses caractères microscopiques, preuve qu'il ne s'était pas adjoint le concours d'un roi de la com. Pour une fois, la presse était unanime : c'était raté. Pierre Mauroy se désolidarisait d'une entreprise à laquelle il n'avait pas été associé et pour laquelle on l'avait encore moins consulté. Dans la foulée, Rocard tenait sa première réunion… à Épinay. Quelle drôle d'idée ! C'était comme si Calvin allait prêcher à Saint-Pierre de Rome…

Quatre jours plus tard, fini la comédie, il était temps de dire « stop » ! François Mitterrand entrait dans la course à Marseille. « Si les militants me le demandaient, je serais candidat. » Son courant, contrôlant la majorité des fédérations, les militants n'allaient pas tarder à le solliciter. Oui, il serait candidat. Et comme promis, Michel Rocard s'inclinait illico. Sa campagne avait fait long feu. Trois petits tours et puis s'en va. Il s'effaçait. Ça n'était vraiment pas grandiose…

Durant la campagne, j'avais suivi François Mitterrand lors d'un déplacement en Franche-Comté. Le PS avait affrété un car pour les journalistes. Plusieurs haltes étaient prévues dans des villages. Le point d'orgue était la réunion du soir à Sochaux, prévue pour 19 heures, où l'attendaient des centaines d'ouvriers de chez Peugeot.

Dès le matin, nous avions compris que les horaires ne seraient pas respectés, chose habituelle avec le candidat qui était arrivé en retard et partout prenait son temps. Il entrait dans les mairies pour un tête-à-tête avec le maire, toujours un socialiste bien sûr. Il s'adressait aussi à de petites foules qui l'attendaient dehors. Visitant une scierie, il était prévu qu'il y resterait dix minutes ; il y avait passé une heure, devisant avec le patron, les ouvriers auxquels il racontait que ces odeurs de sciure de bois lui rappelaient de délicieuses fragances qu'il n'avait plus senties depuis son enfance à Jarnac, en Charente. Il savourait ce moment et respirait à pleines narines. Il y eut une halte dans un champ pour le déjeuner. On distribua aux journalistes des plateaux-repas dans des emballages en carton où il ne manquait que les couverts… Manger avec les doigts ou s'abstenir, tel était le dilemme. Roger Hanin, le beau-frère du candidat qui était du voyage, était venu nous voir pour s'excuser. « Pour la logistique, il nous manque un Pasqua. » Tout le monde avait ri. La campagne de Chirac était autrement organisée, c'est vrai. Il y avait dans le staff de Mitterrand une frêle jeune femme qui n'arrêtait pas de pleurer. Son affliction m'interpellait. Des confrères m'avaient confié que c'était une ex du premier secrétaire qu'il avait, paraît-il, éconduite. Plus tard, je la retrouverais au cabinet de Louis Mermaz, à la présidence de l'Assemblée nationale.

En fin d'après-midi, nous avions pris la route pour Sochaux. Soudain, le convoi s'était arrêté. On avait vu Mitterrand, dont la voiture était en tête du cortège, descendre en compagnie d'un accompagnateur. Le premier secrétaire, ayant besoin de se dégourdir les jambes, avait cédé à l'appel de la forêt. Il était parti marcher pendant près d'une heure. Nous l'attendions dans notre car. Pendant ce temps-là, les ouvriers de chez Peugeot patientaient à Sochaux. La rumeur laissait entendre que Roger Hanin était parti en éclaireur pour chauffer la salle, et éviter que les gens s'en aillent.

Pas gêné, Mitterrand était arrivé avec deux heures de retard. Accueilli par des huées mêlées aux applaudissements, il était monté à la tribune, les traits tirés. Accoudé sur le pupitre, presque couché, sa bouche frôlant le micro, il avait parlé sans notes. Il venait offrir aux ouvriers ce qu'ils étaient venus chercher : les plus beaux rêves que le candidat socialiste avait conçus pour eux. Il leur promettait des hausses de salaire, davantage de temps pour vivre, pour aimer. Avec lui au pouvoir, leurs vies allaient changer. Il s'enflammait, vitupérait contre l'adversaire, promettait la rupture avec le capitalisme à l'origine du mal dont il allait les libérer. La course au profit serait stoppée. Il exhumait les cadavres des martyrs prolétariens de la révolution industrielle, de tous ces enfants écrasés dans les mines. « Vous connaissez tous le rapport Villermé », disait-il. (En 1840, ce chirurgien militaire avait publié un tableau de l'état physique et moral des ouvriers dans les fabriques de coton du Nord. Une enquête à l'origine de la loi de 1841, première réglementation du travail des enfants.) C'est qu'il fallait stigmatiser Pompidou, Giscard, Barre, les gaullistes comme les dignes successeurs et les émules des exploiteurs de ce temps-là. Gros succès dans la salle. Durant sa campagne, le candidat citait le rapport Villermé dans tous ses meetings. (En 1988, alors que tout le monde se demandait si Mitterrand allait se représenter – lui laissait entendre qu'il hésitait – un jour, à la télévision, au détour d'une phrase, il avait cité le rapport Villermé. J'avais aussitôt averti les confrères autour de moi : « Là, c'est le signal : sûr qu'il est candidat… »)

Ce soir-là, lyrique en diable, Mitterrand avait parlé, parlé, près de deux heures comme s'il était incapable d'arrêter la machine et sans boire une goutte d'eau. Nous étions tous éreintés. Lui était reparti sous les vivats, les joues regonflées par l'adrénaline. Grisé.

XVII

LA MONARCHIE MITTERRANDIENNE

Le 10 mai 1981, à 20 heures, lorsque le front du vainqueur s'est dessiné sur l'écran, l'espace d'une seconde, j'ai cru voir celui de Giscard. Le reste du visage est apparu : Mitterrand était élu. Je participais à la soirée électorale avec la rédaction d'Europe 1 sur Antenne 2.

Bien sûr, je connaissais les sondages : la réélection de Giscard était improbable. En 1974, sa victoire n'était que de 425 000 voix. Entre-temps, la fracture avec l'électorat RPR s'était accentuée. Au premier tour, il avait affronté trois candidats de la mouvance gaulliste : Jacques Chirac, Michel Debré (que les giscardiens avaient encouragé dans l'espoir d'affaiblir le score de leur ennemi) et Marie-France Garaud, dont Jacques Chirac s'était séparé, deux ans plus tôt, sur ordre de Bernadette. C'est le parti socialiste qui, à la demande de François Mitterrand, lui avait apporté des signatures de maires nécessaires pour sa candidature, une aide précieuse que le premier secrétaire Lionel Jospin revendiquera plus tard. Le but était d'ôter toute chance à Chirac d'arriver en deuxième position.

Cette trinité avait grignoté son socle de 1974. Au premier tour, VGE totalisait 28,61 % des voix contre 32,60 % en 1974.

Éliminé dès le premier tour, Jacques Chirac n'avait pas atteint les 18 %[1]. Je me souviens de son dernier meeting du 11 avril, un mois avant le premier tour. Il avait réuni plus de 45 000 personnes au Parc des Princes. Impressionnant ! J'étais persuadée qu'il allait gagner. Avec l'expérience, j'apprendrai que l'affluence aux meetings de campagne n'assure pas une victoire au candidat. Charles Pasqua se montrait pourtant presque fanfaron. Mitterrand allait dissoudre l'Assemblée nationale. Il nous expliquait que les Français, comprenant leur erreur, voteraient en masse pour le RPR. Ainsi les gaullistes reviendraient au pouvoir enfin débarrassés de Giscard. CQFD. Un rêve passait… Chirac lui-même y croyait dur comme fer. « Mitterrand, ça ne durera pas trois mois », prophétisait-il. Mitterrand est resté quatorze ans !

Je me souviens de l'orage qui avait éclaté sur Paris ce soir-là. « Même le temps, il est contrarié », moquait Pasqua qui quittait les plateaux d'Antenne 2 au moment où j'allais rentrer chez moi tandis que la fête battait son plein à la Bastille. La foule conspuait Étienne Mougeotte et Jean-Pierre Elkabbach, le directeur de la rédaction d'Antenne 2. Elle réclamait leurs têtes. Une nouvelle ère allait commencer. Le lendemain, déjà, régnait un nouveau climat dans la rédaction d'Europe 1. Des confrères, jusque-là agréables et neutres, tenaient des propos vengeurs en prenant des

1. Michel Debré totalisait 1,7 % des voix et Marie-France Garaud 1,3 %.

airs supérieurs. Un vrai clivage droite-gauche se dessinait dans la rédaction. Ivan Levaï, qui était allé avec Anne Sinclair célébrer la victoire de François Mitterrand à Château-Chinon, son fief électoral, exultait très bruyamment, ce qui provoquait des tensions génératrices d'angoisse. Jean-Luc Lagardère, sans le claironner, avait soutenu Giscard.

Pour le pouvoir, c'était l'état de grâce : 74 % des Français se disaient satisfaits de la victoire de François Mitterrand. Ils en avaient marre de la droite et de ses querelles. Marre du plan Barre et de l'austérité. Ils se moquaient comme d'une guigne que le budget soit à l'équilibre, ce qu'il ne sera plus jamais après 1981. En octobre, des sondages de la Sofres révélaient que pour 84 % des Français, c'était l'État qui devait créer des emplois. 59 % étaient favorables aux nationalisations des banques ; 55 % pensaient qu'elles devraient être irréversibles. Les Français étaient devenus socialistes. « Dans l'allégresse des Français, il y a cette impression que les gens du château sont partis et que le peuple a son mot à dire », s'enthousiasmait Pierre Mauroy.

Je me souviens du ruissellement de flagorneries qui suivit avec, dans le rôle du grand prêtre du dithyrambe, Jack Lang, l'encensoir à la main, qui allait veiller, quatorze ans durant, à ce que n'arrivent aux narines du Président que des parfums flatteurs. « Les Français ont franchi la frontière qui sépare l'ombre de la lumière », proclamait-il. Il sera fait ministre de la Culture.

Lang étant hors concours, c'était à qui irait le plus loin dans la flatterie. Haroun Tazieff, célèbre volcanologue : « J'ai vécu de grands moments – le Front populaire, le débarquement des Alliés du 6 juin 1944, la Libération… Mais ce que je viens de vivre avec cette élection dépasse tout ce que j'avais vécu. Nous avons retrouvé la démocratie et la liberté. » Il deviendra secrétaire d'État de la Prévention des risques technologiques et naturels. Dans *Le Monde*, le critique littéraire Bertrand Poirot-Delpech jugeait l'écrivain Mitterrand : « Toute proportion gardée, le résultat rappelle Chateaubriand pour la recherche de l'envol, de l'image romantique. Et pour les raccourcis caustiques sur lesquels généralement cet envol se brise, c'est un Pascal, un Jules Renard. » Il sera fait chevalier de la Légion d'honneur. Jean-Pierre Chevènement : « Si nous n'étions pas arrivés, la France était condamnée à disparaître en 1990. » Il sera nommé ministre de l'Industrie. Yvette Roudy : « Si la gauche n'était pas arrivée en France, les femmes auraient été broyées. » Elle deviendra ministre de la Condition féminine.

Quel enthousiasme ! Aucun être normalement constitué ne pourrait résister à pareil traitement…

J'étais allée interroger le rondouillard et jovial Michel Charasse. Le langage vert, souvent gras, il faisait rire le nouveau Président, mais il était le conseiller politique le plus écouté, car hors pair. Un érudit de la carte électorale, un génie de l'intrigue et de la machination. « Le Président n'est-il pas gêné par ce déluge d'éloges et d'obséquiosité ? » lui demandai-je. Que nenni ! « Cela le ravit », m'avait-il dit. Le Président y voyait les signes de sa puissance et de l'importance de sa mission historique. La France devait enseigner au monde l'idéal et les recettes d'un nouveau socialisme.

Lors de sa première conférence de presse, le 24 septembre, où il avait convoqué à l'Élysée tout ce que Paris compte de journalistes – j'y étais – et ressuscité le style gaullien avec une brochette de ministres rangés à ses pieds, Mitterrand avait parlé pendant deux heures trente-sept, un record ! Devant ce parterre, il n'hésita pas à lancer un pari qui ne devait rien à Pascal : « Notre politique va à contre-courant d'une politique répandue dans le monde occidental. Nos voisins finiront par regarder de notre côté en se disant que la voix de la France n'est peut-être pas si mauvaise. » Antienne reprise aussitôt par Louis Mermaz : « Le socialisme tel que nous allons le créer, l'inventer en France, d'autres peuples peuvent un jour s'en inspirer. » Toujours ce défaut bien français : croire à notre supériorité de l'esprit qui va en imposer au monde entier !

En octobre, l'état de grâce était toujours là. « Dans les révoltes bourgeoises, les hommes et les choses semblent être pris dans des feux de Bengale. L'extase est l'état d'esprit quotidien. Malheureusement, ces révolutions sont de courte durée : rapidement, elles atteignent leur point culminant et un long malaise s'empare de la société avant qu'elle ait appris à s'approprier d'une façon sereine les résultats de sa période orageuse », écrivait Karl Marx dans *Le 18 Brumaire de Louis Bonaparte*, un livre que les camarades socialistes avaient oublié de relire.

Je savais qu'à Europe 1 les choses allaient bouger, mais je n'imaginais pas à quel point. Nous étions jusque-là une radio privée indépendante, fière de l'être malgré les pressions de l'Élysée, et où toutes les opinions pouvaient s'exprimer. J'y avais vécu depuis mon arrivée une sorte d'âge d'or. Nous étions numéro un devant RTL. Étienne Mougeotte, excellent patron de rédaction, savait motiver les journalistes, leur passer la parole dans les conférences de rédaction. Nous étions tous incités à rapporter de l'information. Je me souviens des récits de Charles Villeuneuve sur le Moyen-Orient où il passait son temps entre Damas et Tripoli. Il était chez lui à Beyrouth. Alors qu'Alain Duhamel s'était fait voler par deux fois une BMW toute neuve garée devant sa porte dans le VIIe arrondissement et que les policiers lui avaient expliqué qu'il était victime d'une mafia qui fournissait le Moyen-Orient, Charles de lui dire : « Mais je les ai vues tes BMW, elles sont à Beyrouth ! » Étienne Mougeotte était-il un homme de clan ? Peut-être… Il avait en tout cas ses capitaines – Gérard Carreyrou, Charles Villeneuve, Jean-Claude Dassier, Robert Namias, Jean-Pierre Joulin – qui pouvaient, sans y être conviés – j'avais moi aussi cette chance –, entrer dans son bureau ouvert sur la rédaction par une grande baie vitrée qu'il occultait à sa guise quand il voulait être tranquille ou recevoir sans être épié. Je ne mesurais pas à quel point ceux qui dans la rédaction ne bénéficiaient pas de ce privilège lui en voulaient. « Une faute de management », selon Robert Namias.

À la fin du mois de mai, une fois François Mitterrand installé à l'Élysée, André Rousselet l'avait convoqué avec Gérard Carreyrou pour leur dire : « Un nouveau cycle commence. La droite n'est plus au pouvoir, il faut qu'Europe change. » Étienne avait compris qu'il n'allait pas tarder à être viré. Les socialistes lui en voulaient d'avoir interviewé Giscard dans le cadre de la campagne officielle (Jean-Luc le lui avait-il demandé ?). Il partit à la fin de l'année, après que Jean-Luc Lagardère eut vendu ses parts à la Sofirad. Pierre Barret fut nommé à la présidence d'Europe 1.

Jacques Abergel, qui dirigeait jusque-là la régie publicitaire, devenait directeur général : deux hommes très sympathiques, mais tenus d'exécuter les ordres du nouveau pouvoir.

Philippe Gildas était promu directeur d'antenne et de l'info. Il succédait à Étienne. Il avait été un excellent présentateur de la matinale. Son duo avec Maryse, un modèle du genre, était très prisé des auditeurs. Mais, comme chef d'orchestre, il se montrait trop bavard : avec lui les conférences duraient trois heures les bons jours et souvent plus. Il était hypermnésique et chaque fait divers lui en rappelait un autre qu'il nous racontait avec force détails. Un artiste venait de mourir ? Il nous racontait sa vie, ses œuvres, ses amours. Il était aussi incollable sur les résultats sportifs : le foot, le Tour de France. Une guerre éclatait ? Nous avions droit à une leçon d'histoire et de géographie. Je l'aimais bien, mais il nous épuisait tous. Pour moi, il avait un autre défaut : il n'aimait pas la politique. Quand j'intervenais dans ses journaux, il ne me donnait qu'une consigne : « Tu fais court, hein ! » Je me disais : « C'est parce qu'il n'aime pas la droite. » Il avait une réputation d'homme de gauche, et même d'avoir été un compagnon de route du PC dans sa jeunesse, rumeur jamais vérifiée. Essayant de « normaliser l'info », il voulait écarter Gérard Carreyrou du service politique sans le virer, mais en le remplaçant par Richard Hartz, un copain de Fabius. Même traitement pour Robert Namias. Rédacteur en chef du service Société depuis septembre 78 il intervenait chaque jour. Sous Philippe Gildas, il disparut de l'antenne, se retrouvant quasiment au chômage. En février 82, quand les radios libres seront autorisées, Robert proposera à Pierre Barret de créer une radio FM, 95.2, financée en sous-main par Europe 1. Mais il finit par se fâcher avec Jacques Abergel : « Il voulait me fourguer tous les gens d'Europe dont il ne voulait plus », me racontera-t-il. Jean-Pierre Joulin, de son côté, était envoyé à Washington comme correspondant ; Charles Villeneuve, encouragé à voyager sur ses terres de prédilection ; Jean Boissonnat disparaissait de l'antenne ; Alain Duhamel allait être lui aussi privé d'édito pendant un an. Toujours sur ordre de Rousselet, Jean-Claude Dassier à son tour quittait la rédaction. Jacques Abergel l'avait nommé à la tête d'une « boîte de prod » du groupe. Les nouveaux hommes forts de la rédaction s'appelaient Philippe Bauchard, qui dirigeait le service économique – c'était un vieux militant socialiste revendiqué –, François Ponchelet, Alexandre Fronty, Olivier de Rincquesen, qui ne cachaient pas leur préférence pour le pouvoir socialiste.

Frédéric Grendel, un gaulliste de gauche qui avait appelé à voter Mitterrand, remplaçait Étienne tous les matins pour porter la bonne parole élyséenne, ce qu'il fit jusqu'en 1986. Un économiste de gauche, Jean Matouk, venait expliquer les bienfaits de la politique socialiste. Inutile de dire que ça n'était pas la tonalité des éditos de Jean Boissonnat. La direction proposa aux grands partis de faire entendre leur voix (une idée, paraît-il, de Georges Fillioud, le ministre de la Communication). Alain Juppé pour le RPR avait droit à une chronique hebdomadaire. Même chose pour le communiste Pierre Juquin. Ivan Levaï continuait sa revue de presse. Jean-Luc Lagardère l'avait nommé conseiller spécial pour l'évolution des programmes. Il me faisait l'effet d'un commissaire politique.

Nos auditeurs étaient perdus, ils ne s'y retrouvaient plus. En quelques mois, nous allions perdre plus d'un tiers d'entre eux. Une dégringolade. De l'avis de tous encore aujourd'hui, les socialistes ont massacré la maison qui ne s'en est jamais remise. La chute d'Europe 1 a commencé en 1981.

En 1983, Philippe Gildas partit chez Canal +. Ivan Levaï devenait directeur de l'actualité. Quel drôle de titre ! On n'avait pas osé en faire un directeur de la rédaction. Soliste talentueux, il n'avait aucune qualité de chef d'orchestre, trop agressif, nerveux, dur avec les faibles. Quelques mois plus tard, la rédaction émettrait à l'unanimité moins une voix un vote de défiance contre lui.

Le 22 mai 1981, François Mitterrand avait, comme promis, dissous l'Assemblée nationale et fixé les élections législatives aux 14 et 21 juin. La campagne était courte. Jacques Chirac conseillait aux Français de ne pas mettre tous leurs œufs dans le même panier. Message non reçu. Une vague rose submergeait la France. Au deuxième tour, PS et apparentés remportaient 285 sièges, soit la majorité absolue avec une avance confortable de 39 sièges. Pour le PC, c'était la débandade. Il passait de 86 à 44 sièges.

Fonctionnaires et enseignants faisaient une entrée massive au Palais-Bourbon : 165 députés venaient de l'Éducation nationale. Cette assemblée qui allait légiférer au nom des travailleurs ne comptait plus que 15 ouvriers dont 2 seulement élus sous l'étiquette socialiste.

Le lendemain des élections législatives, j'étais dans les couloirs de l'Assemblée nationale où les nouveaux faisaient leur entrée, la plupart en jean. Je ne connaissais plus personne. Les huissiers se demandaient combien de temps il allait leur falloir pour mettre un nom sur ces visages barbus venus du monde enseignant. Le lendemain matin, à 8 heures, je racontai cela sur Europe 1, disant pour illustrer mon propos : « Vous connaissez Louis Mexandeau, le député du Calvados ? (Un élu socialiste de longue date, professeur agrégé d'histoire et barbu.) Eh bien imaginez qu'il y a 165 nouveaux qui lui ressemblent comme des frères. Les huissiers sont perdus… »

De retour à l'Assemblée le lendemain, je suis dans les couloirs avec des confrères quand je vois foncer vers moi Pierre Joxe, le président du groupe socialiste, absolument furibard : « Ce que vous avez dit ce matin est inadmissible, minable ! Vous insultez la démocratie. Je vous méprise… » Sous le choc, je lui rétorquai : « Et moi, je vous double-méprise (le titre de mon premier livre). » Mais, au fond, je n'en menais pas large. Pierre Joxe était un sectaire, un violent. Il me regardait comme s'il venait de trouver une méduse dans sa baignoire ! Je n'ai jamais pu lui parler. Il y a quelques mois encore, invité d'Europe 1, lorsque je suis entrée dans le studio, il m'a toisée avec hostilité comme si je venais de lui voler son portefeuille. Petite consolation : sa fréquentation était aussi une épreuve pour ses ouailles en raison de ses humeurs peccantes. Lorsque Pierre Mauroy, le Premier ministre, rencontrait le groupe parlementaire chaque mardi, lui, ostensiblement, lisait le journal, comme pour montrer que ses propos ne l'intéressaient pas. Bernadette Chirac m'avait raconté qu'à la fin de ses études à l'ENA, Jacques Chirac et toute sa promotion avaient été envoyés en renfort administratif à Alger. Elle l'avait suivi : « Pierre Joxe, qui y faisait son service militaire, venait souvent dîner chez nous, je lui faisais la cuisine. Des années plus tard, quand je le croisais, il ne me saluait pas, m'évitait, faisait comme s'il ne m'avait jamais rencontrée. C'est un type très mal élevé, très désagréable. »

Le général de Bénouville, qui avait connu Joxe enfant, « rieur et espiègle », l'aimait beaucoup. Comme on change ! Adulte, Pierre Joxe, fils de Louis, ambassadeur, ministre gaulliste et petit-fils, côté maternel, de la sélecte famille Halévy, richissimes propriétaires de tableaux, n'en finissait pas de régler ses comptes avec son milieu d'origine (encore un qui ne s'est pas remis de ne pas être le fils d'un ouvrier CGT !) en rêvant tout haut de révolution et d'échafaud pour le bourgeois. Il venait souvent Chez Edgard, un restaurant de la rue Marbeuf fréquenté par beaucoup de journalistes et d'hommes politiques. Pierre Bérégovoy était un ami du patron, Paul Ben Mussa, un homme rieur, originaire de Tunisie qui avait débuté dans le textile. Un jour que j'arrivais pour déjeuner, il m'avait confié, l'air émerveillé : « Joxe est là, je l'ai aidé à enlever son manteau. Il pèse une plume ! C'est de la vigogne, tu entends : de la vigogne ! Ça coûte aussi cher qu'un manteau de vison ! »

Quand Pierre Bérégovoy, des années plus tard, s'était trouvé impliqué dans une sombre affaire de prêt sans intérêts consenti par le sulfureux ami de François Mitterrand, Roger-Patrice Pelat, Pierre Joxe avait lâché : « Un homme qui porte de pareilles chaussettes ne peut être malhonnête. » Pour défendre l'intégrité de son ami, celui qui était alors président de la Cour des comptes renvoyait ce fils d'immigrés ukrainiens, diplômé d'un CAP de tourneur-fraiseur, à sa basse extraction, explication de son manque de goût en matière de chaussettes. Un jugement de classe épouvantable…

Pour vous dire encore l'ambiance d'après mai 1981 : un soir, Gaston Defferre était l'invité d'Europe 1. C'était, je crois, peu de temps après le congrès de Valence, celui dit « des coupeurs de têtes », où les socialistes avaient réclamé l'échafaud pour qui n'était pas de leur bord. Jean-Luc était présent pour l'accueillir. En sortant du studio, le ministre de l'Intérieur, le prenant à témoin, lui expliqua sur un ton colère combien j'étais une très mauvaise journaliste ; je ne sais plus ce que j'avais dit qui ne lui avait pas convenu. Je sentais le vent du boulet passer au-dessus de ma tête. Jean-Luc avait coupé court à la diatribe du ministre en l'invitant à prendre un verre dans son bureau.

Tout bougeait donc, et pas qu'à Europe 1. Les directeurs de chaîne – la une, la deux, la trois –, respectivement Jean-Louis Guillaud, Maurice Ulrich et Claude Contamine, étaient remerciés. Jacqueline Baudrier, patronne de Radio France, allait connaître le même sort. Michèle Cotta la remplaçait, j'étais contente pour elle. Georges Fillioud exigeait des chaînes qu'elles embauchent leur quota de journalistes encartés. Ainsi Jean-Luc Mano et Michel Cardoze, journalistes à *L'Humanité*, étaient recrutés sur la première chaîne. Guy Thomas, socialiste revendiqué, chroniqueur social sur Europe 1, était promu à la présidence de FR3.

Au sujet des nationalisations, François Mitterrand avait lancé : « Ainsi je dote la France d'une force de frappe économique comme de Gaulle a doté la France d'une force de frappe nucléaire. » Comparaison que je jugeais pour le moins spécieuse puisque l'intérêt de la dissuasion, c'est justement de ne pas avoir à se servir de la force. Les nationalisations impactaient ma vie directement. Jean-Luc Lagardère, contraint de vendre ses parts d'Europe 1 à la Sofirad, quittait la maison ô combien à regret ! « Je reviendrai un jour, c'est sûr... », m'avait-il dit, ce que j'avais pris pour un vœu pieux. Chez Matra, seule la partie armement avait été nationalisée, soit 51 %. Jean-Luc avait pu rester aux commandes grâce à ses bonnes relations avec Pierre Mauroy. Jacques Attali aurait lui aussi plaidé en sa faveur.

À *Jours de France*, un vent de panique soufflait aussi. Les députés socialistes entendaient nationaliser Dassault à 100 %. Pour Marcel Dassault, c'était inacceptable ! Les avions étaient sa vie. « Ils vont faire mourir Coco », se désolait devant moi le général de Bénouville qui, bien sûr, était à la manœuvre. Ses liens avec François Mitterrand n'en étaient que plus précieux. Déjà, sur l'injonction de Raymond Barre, Marcel Dassault avait dû offrir à l'État 20 % de ses actions. Pour éviter ce pire tant redouté, il avait concocté avec le général une parade : cette fois, il ferait don de 26 % de ses parts à l'État avec un droit de vote double, ce qui lui assurerait la majorité. En réalité, l'État n'ayant jamais exercé ses prérogatives, rien n'avait changé. « Ça n'est pas un don à l'État, mais à la France. M. Dassault ne veut qu'une chose : servir le pays », expliquait le général aux députés socialistes. Ainsi l'entreprise allait-elle continuer à porter le nom de son fondateur. Elle ne s'appellerait pas France Aviation, comme il était envisagé dans le projet. Coco restait à la tête de l'entreprise comme

« conseiller spécial » avec un salaire qui ne faisait pas deux fois le Smic… Grâce à ce don, le gouvernement avait réussi à faire accepter la non-nationalisation de Dassault au Parlement sans perdre la face. Pierre Mauroy le premier avait compris qu'on ne remplace pas un génie de l'aéronautique par un énarque, fût-il socialiste.

Le général, qui accompagnait Marcel Dassault à Matignon, me racontait que lorsque le Premier ministre s'adressait à lui, celui-ci ne répondait pas. Il devait reposer la question plusieurs fois.

« Que lui arrive-t-il ? s'inquiétait Pierre Mauroy.

— Il a été si choqué par votre projet de nationalisation, qu'il est devenu sourd. Il n'entend plus rien ! » lui expliquait Bénouville.

Les tractations avaient duré plusieurs semaines : Marcel Dassault était toujours présent et toujours aussi peu bavard. Mais lorsque l'accord, enfin, avait été entériné et signé, comme par miracle, dès le lendemain, Coco n'avait plus de troubles de l'audition… Il conservait 49 % des parts, il restait le patron, c'est ce qu'il voulait.

Lors du débat au Parlement, Marcel Dassault était présent dans l'hémicycle, toujours vêtu de son manteau et de son écharpe. Il arrivait avec le général dans sa Rolls, conduite par un chauffeur qui se garait dans la cour de la présidence de l'Assemblée nationale, comme du temps de Chaban, sans que Louis Mermaz, le nouveau président, y trouve à redire. Coco passait par le jardin pour accéder à l'hémicycle. Sur les marches, une haie d'huissiers l'attendait pour le saluer. Il leur distribuait des billets de 50 francs : « Même ceux qui n'étaient pas de permanence étaient là », s'amuse Pierre Charon qui fut son attaché parlementaire de 1981 à 1986.

J'aimais beaucoup Pierre Mauroy. Il était le contraire d'un ayatollah marxiste. Cet homme chaleureux croyait, depuis son enfance en terre ouvrière du Nord, que socialisme rimait avec affectivité et bonheur : « Mon fils, lève ta casquette devant l'ouvrier qui passe », lui conseillait son instituteur de père qui l'autorisa à adhérer aux jeunesses socialistes en récompense de son succès au baccalauréat. Dans les congrès, son discours était attendu comme un moment de lyrisme, avec à la clé références historiques et mobilisation de bons sentiments : une grande polka dans la tradition ouvriériste. Ah ! La libération de l'homme par la machine, combien a-t-elle scandé les envolées finales de ce Pierrot du Nord ! Confronté au pouvoir, Pierre Mauroy n'avait pas remisé dans un tiroir sa chaleur lilloise ni sa désarmante simplicité.

Il était facile d'avoir un rendez-vous avec lui, ce qui nous changeait de Raymond Barre. À peine assise face à lui, un huissier arrivait avec des rafraîchissements. Pour la première fois, la bière entrait à Matignon. Après quoi il n'y avait plus qu'à l'écouter sans regarder sa montre. Pierre Mauroy se racontait aussi bien qu'Alain Decaux racontait l'histoire des autres. Son socialisme instinctif lui venait d'une enfance épanouie, inondée d'affectivité. Sa mère était très aimante et pieuse : « Je n'ai jamais mangé de viande rouge un vendredi saint », affirmait ce bon fils. Pierre Mauroy était entré en politique pour mieux célébrer sa totale osmose avec son milieu familial et sa région. « La vie ouvrière était pour moi celle de la convivialité heureuse et de la fête permanente, disait-il. On les célébrait toutes : Noël, la Chandeleur, Pâques, la Saint-Éloi, le carnaval… C'était la gaieté permanente. Avec mes yeux d'enfant, je ne voyais pas les ouvriers à la peine. Je les rencontrais le soir, descendant du train harassés et heureux. Dès l'âge de neuf ans, j'ai su de toutes mes fibres que j'appartenais à cette communauté ouvrière. » Au bout d'une heure, un huissier venait lui rappeler qu'il avait un autre rendez-vous, mais il continuait à parler de ce passé enchanté. Chaque fois que je revenais le voir, pour Europe 1, pour *Jours de France* ou pour un livre, j'avais droit à ce même récit. Quand le rendez-vous était après 19 heures, ses collaborateurs savaient qu'il pouvait continuer ainsi jusqu'à pas d'heure !

Arrivé à Matignon, Pierre Mauroy avait pu affronter sa charge sans douter ni des objectifs ni des moyens… jusqu'à ce que les chiffres le ramènent à la réalité. Pendant l'état de grâce, sa générosité naturelle l'entraîne à déverser les bienfaits socialistes (inscrits dans les 110 propositions du candidat Mitterrand). Cet homme grand et fort, qui avait de belles mains de prélat comme faites pour distribuer, augmente le Smic, les pensions, les allocations. La première année, c'est une ébauche d'étatisme : pour lutter contre le chômage, on embauche 610 000 fonctionnaires (183 000 jusqu'en 1983). On étend aux 1 100 000 fonctionnaires des collectivités locales les garanties d'emploi et de carrière jusque-là accordées aux 2 200 000 agents de l'État, ce qui fera écrire à Laurent Joffrin dans *Libération* : « Le nombre des travailleurs bénéficiant d'un statut protégé a été porté à 5 000 000 de personnes. Il y a en France

6 000 000 d'ouvriers. Cette infanterie de la guerre économique exposée au plus grand risque. En 1981, les ronds-de-cuir ont gagné. »

Il réduit la durée du travail (de 40 à 39 heures payées 40). Il accorde une cinquième semaine de congés payés (d'où la création d'un ministère du Temps libre dont le titulaire André Henry sera flanqué d'une ministre déléguée à la Jeunesse et aux Sports, Edwige Avice, et d'un secrétaire d'État au Tourisme, le radical François Abadie). Il abaisse l'âge de la retraite de soixante-cinq à soixante ans. On rouvre des mines de charbon, on relance la production et tant pis s'il coûte trois fois plus cher que celui qu'on importe ; 8 000 mineurs sont embauchés au Maroc (on tentera en vain de les renvoyer deux ans plus tard). Mais, paradoxe, alors que les déficits se creusent et l'endettement grimpe – conséquence de ces largesses – c'est lui, Pierre Mauroy, qui finit par obtenir l'accord de François Mitterrand pour une politique de rigueur. Avec Jacques Delors, il fut l'un des plus lucides. Le jour de l'intronisation de François Mitterrand à l'Élysée, il était assis à ses côtés dans la voiture qui descendait les Champs-Élysées. Les téléspectateurs pouvaient constater que les deux hommes étaient en grande discussion. Que se disaient-ils ? Le nouveau Premier ministre expliquait que les réserves de la Banque de France fondaient comme sorbet au soleil. « Je ne peux plus tenir. Il faut dévaluer. » Et Mitterrand lui avait répondu : « On ne dévalue pas le franc un jour pareil. »

Pierre Mauroy aura été le Premier ministre de deux plans de rigueur et de deux dévaluations du franc. La première en octobre 1981 et le premier plan de rigueur, juin 1982 : blocage des prix et des salaires, restrictions budgétaires, premières baisses de pouvoir d'achat pour les salariés. Mais le Président refuse le mot rigueur : « Nous suivons la même politique, les mêmes objectifs, mais nous allons passer d'une étape de plaine à l'étape de montagne. » En empruntant au jargon du Tour de France, il annonce des jours difficiles, mais la presse n'y voit que du feu, c'est si vague. En septembre 1982, Mitterrand, en voyage en Charente, s'écriera : « Le socialisme, ce n'est pas ma bible. » Les militants sont tourneboulés.

En 1983, aux municipales, la gauche, minoritaire en voix, perd seize villes de plus de 30 000 habitants, mais à Paris Jacques Chirac l'emporte au premier tour dans 18 arrondissements sur 20. Jospin est battu dans son fief du XVIIIe. Paul Quilès, dans le XIIIe, est mis en ballottage par Jacques Toubon. Les Français ont exprimé leur mécontentement. Le chômage et les prix augmentent. Que faire ? Mitterrand hésite.

Des visiteurs du soir (Jean Riboud, Laurent Fabius, Pierre Bérégovoy) lui suggèrent de sortir du SME. La France trouverait dans l'isolement du protectionnisme la voie d'un développement original : on abaisserait les taux d'intérêt, on augmenterait la TVA (on était bien loin de cette Europe dont il fera plus tard son credo). Mais Mauroy dit non : « Je ne sais pas conduire sur une route verglacée », dit-il au Président. Après dix jours d'hésitation, le Président tranche pour un deuxième plan de rigueur. Le 23 mars 1983, à 20 heures, il déclare à la télévision en usant pour la première fois d'un prompteur : « Ce que j'attends de Pierre Mauroy n'est pas de mettre en œuvre je ne sais quelle mesure d'austérité nouvelle, mais de continuer l'œuvre entreprise en l'adaptant à la rigueur du temps. » L'ambiguïté sera vite dissipée. Deux jours plus tard, Jacques Delors, ministre des Finances, enfin débarrassé de son ministre délégué au Budget (Fabius remplace Jean-Pierre Chevènement à l'Industrie) et cette fois numéro deux dans l'ordre protocolaire (il était numéro seize dans les deux précédents gouvernements), annonce dans une conférence de presse le nouveau plan de rigueur où rarement un gouvernement aura frappé aussi durement la consommation des ménages : 20 milliards de réduction du déficit budgétaire, relèvement des tarifs du gaz, de l'électricité, de la SNCF, des carburants, emprunts forcés pour tous les contribuables payant plus de 5000 francs d'impôts, prélèvement supplémentaire de 1 % sur tous les revenus imposables pour alimenter la Sécurité sociale, forfait hospitalier de 20 francs par jour, limitation à 2000 francs par personne et par an pour les voyages à l'étranger – ce qui revenait presque à fermer les frontières.

Le grand tournant du quinquennat, le virage symbolique, est pris un an plus tard, le 4 avril 1984. François Mitterrand rentre des États-Unis. L'Amérique se porte bien : Ronald Reagan est au plus haut de sa popularité, il va être réélu. Pour la droite française, il est devenu l'exemple à suivre. Mitterrand a convoqué la presse. Nouveau style à la mode yankee : il parle debout, devant un pupitre et le drapeau français. Ronnie, c'est lui ! Que dit-il ? On marchera désormais vers la croissance. Il faut gagner de l'argent, faire des profits. Il a rencontré Steve Jobs, le patron d'Apple. Un jeune homme épatant. L'époque du charbon et de l'acier est condamnée (durant sa campagne, il promettait que la sidérurgie serait modernisée et étendue). Vive les restructurations et les mutations nécessaires ! C'est 1981 à l'envers. Laurent Fabius est sacré M. Redéploiement industriel. Signe suprême de la métamorphose idéologique du Président : Jack Lang. Qu'il est loin le temps où le ministre de la Culture s'écriait à Mexico que « le véritable danger pour le monde occidental est l'impérialisme financier et culturel américain » ! La Silicon Valley, Bill Gates qui a séduit le Président, obsèdent désormais Jack qui s'écrie : « Des Silicon Valley on en trouve partout chez nous. Le pays se transforme. »

Mitterrand a changé, mais les Français aussi, qui ont viré leur cuti idéologique à l'automne 1983. 56 % d'entre eux jugent désormais qu'il vaut mieux développer le secteur privé que le secteur nationalisé pour trouver des emplois. 74 % plébiscitent le franc fort ; 60 % estiment que la gauche n'a rien changé à la crise, et 40 %, qu'elle l'a aggravée. Mitterrand subit les contraintes qu'imposent l'alliance du socialisme et de la durée. Ce qui, en 1981, paraissait être un avantage est devenu un piège. « Cela ne correspond pas à ce que nous voulions faire », souligne Lionel Jospin le cœur lourd. Laurent Fabius n'a plus qu'un mot à la bouche : « modernisation ». La gauche en arrivant au pouvoir était persuadée qu'il fallait sauver les industries traditionnelles et même les développer. Désormais, Fabius met l'accent sur les industries de l'an 2000. En 1982, s'adressant au nouveau patron des industries nationalisées, Pierre Mauroy leur recommandait de faire de celles-ci des oasis sociales, de créer des emplois et de maintenir le pouvoir d'achat : un an plus tard, Fabius exige qu'ils fassent des profits. Pour que cela soit bien clair, il va faire un exemple. Bernard Hanon, le patron de Renault, annonce des déficits : il est remercié sur-le-champ. Comment voulait-on que les militants socialistes s'y retrouvent ?

Nous dînions à quatre le soir de son éviction. Pour moi, le couple Hanon était digne d'Hollywood : lui, un colosse aux faux airs d'Yves Montand ; elle, un sosie de Katharine Hepburn. Ils me fascinaient, mais ce soir-là, nous étions abasourdis et choqués. Je n'imaginais pas que quelques semaines plus tard, Albin à son tour quitterait Elf. Dans une lettre, Laurent Fabius, sur un ton comminatoire, lui intimait de prendre des décisions qu'Albin jugeait néfastes, idiotes même pour l'entreprise. Pas question d'obtempérer. Par une lettre courtoise et ferme, il avait exprimé son refus à ce jeune ministre qui n'y connaissait rien, estimait-il. Il avait demandé rendez-vous à François Mitterrand avec lequel il entretenait des rapports confiants. Il allait prendre son petit déjeuner avec lui à l'Élysée régulièrement. En 1981, Mitterrand l'avait fait venir pour lui dire qu'il le maintiendrait à la tête de l'entreprise ; cette fois, Mitterrand lui avait expliqué qu'il ne pouvait désavouer son ministre : logique ! Albin avait démissionné le jour même. Amer bien sûr, mais soulagé aussi. Il était impossible de s'entendre avec les socialistes.

Pour clore l'*aggiornamento*, François Mitterrand allait être contraint de renvoyer aux calendes grecques le grand service public laïc unifié de l'Éducation nationale si cher aux militants socialistes. Le 4 mars 1984, 800 000 personnes défilent à Versailles en chantant « Liberté ! » et en accusant le gouvernement d'être liberticide. Une semaine plus tard, à Paris cette fois, un million et demi de Français sont dans la rue pour défendre l'enseignement privé. Le 11 juillet, de retour d'un voyage en Égypte, François Mitterrand renversait le jeu : plus question de loi Savary. Il annonçait un référendum où les Français seraient appelés à se prononcer sur une révision constitutionnelle permettant à l'avenir de les consulter sur les grandes questions qui concerneraient les libertés publiques (l'école libre). Un truc tordu, imaginé par Charasse, auquel les Français ne comprenaient que pouic. Exit le problème… Le ministre de l'Éducation démissionnait sur-le-champ, suivi le 17 juillet par Pierre Mauroy qui demandait à quitter Matignon. Il avait avalé trop de couleuvres.

Dans la foulée, les quatre ministres communistes prenaient eux aussi la poudre d'escampette. J'avais beaucoup d'estime pour l'un d'eux, Charles Fiterman, le ministre de l'Équipement. Des années plus tard, je le croisai au sous-sol du BHV, au rayon peinture. Et lorsque je lui demandai de ses nouvelles, il me répondit : « Je travaille, je réfléchis, j'essaye d'être moins con. Mais c'est trop tard… »

XVIII

DE L'ART DU BON SENS ET DE LA MESURE

Au lendemain de sa victoire en mai 1981, François Mitterrand avait convié chez lui à déjeuner rue de Bièvre Lionel Jospin, le premier secrétaire du PS, André Rousselet, devenu son directeur de cabinet, et Maurice Faure. Ce radical de gauche, qui avait appelé à voter Michel Crépeau au premier tour de la présidentielle, se voyait proposer le ministère de la Justice. Pourquoi lui ? Parce que le Président lui devait beaucoup.

Leurs liens remontaient à la IVe République. Maurice Faure, alors secrétaire d'État aux Affaires étrangères, avait été cosignataire du traité de Rome en 1957, avec l'Allemand Konrad Adenauer, le Français Jean Monnet et l'Italien Ludovico Benvenuti. On le destinait à une grande carrière. Le 14 mai 1958, Pierre Pflimlin, président du Conseil, le nommait ministre de l'Intérieur. Quatre jours plus tard, de Gaulle arrivait. Maurice Faure quittait la place Beauvau. En 1962, Mitterrand et lui avaient fait front commun contre la réforme constitutionnelle qui instituait l'élection du président de la République au suffrage universel.

Une période noire pour Mitterrand. Il venait de faire son retour à l'Assemblée nationale, mais il était un homme seul. Depuis l'affreuse et obscure tourmente de l'affaire de l'Observatoire, il était traité comme un pestiféré à gauche.

En octobre 1959, il se serait prêté au jeu d'un attentat bidon contre lui pour en tirer un bénéfice politique. Le délicieux Gilles Martinet, journaliste au *Nouvel Observateur*, proche de Mendès, m'avait expliqué : « Mitterrand s'est prêté à cette mascarade pour démontrer que si on s'attaquait à lui, c'était parce qu'il était bien plus important que Mendès. » L'histoire ne fut jamais vraiment élucidée. Toujours est-il que plus personne ne voulait de lui. « Un soir, me raconterait Maurice Faure, il était venu chez moi. Je venais de constituer à l'Assemblée le groupe du Rassemblement démocratique, et il m'a demandé si j'accepterais qu'il en fasse partie. Je lui avais répondu : "Bien volontiers", et il était resté dîner à la maison. Ça je crois qu'il ne l'a jamais oublié. »

Maurice Faure lui avait rendu un autre grand service. En 1965, année de l'élection présidentielle, la gauche peinait à désigner le meilleur candidat pour contrer le général de Gaulle. Après l'échec des pourparlers sur une éventuelle candidature Defferre, Guy Mollet aurait vu d'un bon œil celle de Maurice Faure, alors président du parti radical-socialiste. Mais celui-ci s'était vite récusé : « L'élection avait lieu en décembre, m'expliquerait-il plus tard. Cela voulait dire qu'il fallait commencer la campagne en juillet, et moi, à l'époque, j'étais amoureux d'une pharmacienne de Cahors (ville dont il venait d'être élu maire) et je ne voulais pas renoncer à faire l'amour dans les bois au mois d'août… » Maurice Faure parlait sans tabou. Ainsi, ses raisons personnelles allaient offrir à Mitterrand la plus grande chance de sa vie politique. Un cadeau qui ne s'oublie pas car lui, en revanche, voulait être candidat contre de Gaulle. Et à force de ruse et de volonté, il avait réussi à s'imposer aux appareils de gauche, avant de réussir à mettre le Général en ballottage. Déjà l'ébauche d'un destin. En 1965, Maurice Faure avait soutenu Jean Lecanuet au premier tour.

En 1981, Maurice Faure était donc promu garde des Sceaux. Cette nomination avait surpris beaucoup de monde au PS. D'abord parce que le sénateur-maire radical de gauche avait soutenu Michel Crépeau au premier tour de la présidentielle. Et puis, si le Président voulait abolir la peine de mort, comme il s'y était engagé pendant la campagne, ne valait-il pas mieux la fougue et l'expérience professionnelle d'un Robert Badinter pour emporter l'adhésion du Parlement ? Maurice Faure était évidemment favorable à cette réforme et convaincu de sa nécessité. Mais cet orateur hors pair était un adepte des affrontements tempérés et des compromis raisonnables. Il n'avait pas le sens du tragique. Il savait toujours, et comme nul autre, mettre les rieurs de son côté. Cinq ans plus tôt, en janvier 1976, après l'assassinat à Troyes du petit Philippe Bertrand, âgé de sept ans, par Patrick Henry (défendu par Robert Badinter), Robert Galley, le maire de Troyes, mais aussi Jean Lecanuet, ministre de la Justice, et Michel Poniatowski en charge de l'Intérieur, avaient clamé qu'il méritait d'être exécuté. En 2010, VGE avouera que s'il avait été réélu, il aurait maintenu la peine de mort.

Mais coup de théâtre : quatre semaines après sa nomination, Maurice Faure s'était dépêché de retourner à l'Assemblée nationale : « J'étouffais dans le bureau de Cambacérès… La Justice, c'est un ministère épouvantable. Il fallait prendre vingt-cinq décisions par jour et moi je n'aime pas décider à chaud », m'avait-il confié. Et puis, il n'était pas très ardent pour supprimer la cour de sûreté de l'État qu'il aurait sûrement préféré aménager, ce qui le mettait en porte-à-faux vis-à-vis des idéologues du groupe socialiste. Surtout, comble de l'ironie : durant son court séjour place Vendôme, il lui était arrivé une aventure comme il ne pouvait en arriver qu'à lui : une douzaine de détenus corses qui avaient été libérés refusaient de quitter la prison tant que l'on n'aurait pas élargi avec eux certains de leurs compagnons. Et ils occupaient la cantine de l'établissement. « S'ils ne veulent pas sortir, remettez-les au trou », avait dit le ministre à son directeur de cabinet, lequel plaidait qu'une fois libérés, il fallait trouver un motif pour les incarcérer de nouveau. On finit au bout de quelques heures par trouver que l'occupation illicite de la cantine valait occupation interdite de locaux publics. On les remit à l'ombre.

J'aimais beaucoup Maurice Faure. Outre une immense culture (docteur en droit, agrégé d'histoire et de géographie), il possédait un extraordinaire don de conteur. L'entendre était en soi un plaisir. La nature l'avait doté d'un inimitable timbre de voix ample, chaleureux et un brin nasillard, où cohabitaient les basses et les aigus, le tout allié à un fort accent du Sud-Ouest. Cela donnait une musique qui à l'instar de l'italien euphorisait son auditeur sur-le-champ. Ensuite, parce que fin analyste politique, il savait retracer comme personne l'histoire, ancienne ou récente, refaire le monde, trousser un compliment, camper des personnages politiques avec force anecdotes et citations. C'était aussi un poète. Il aimait parler de la nature, des couleurs du Quercy à la tombée du jour, des odeurs des semailles, de ce jour de ripailles quand on tuait chez lui le cochon, à Saint-Pierre-de-Chignac, où il possédait une propriété agricole, des bovins et des ovins, évoquerait ses veaux qu'il vendait aux Italiens « si friands de *vitello tonnato* ». Je me souviens d'un dîner parisien où Maurice Faure avait charmé son auditoire en narrant, avec la sollicitude d'un médecin de famille d'antan, sa thérapeutique personnelle pour sauver les ormeaux et les platanes de nos routes. C'était un homme qui avant tout aimait la vie, ses plaisirs, et il en parlait si bien.

Élu président, François Mitterrand venait lui rendre visite deux ou trois fois par an. Maurice Faure était un peu son confident. L'avion présidentiel (un Mystère 20) se posait sur l'aéroport de Bassillac (près de Périgueux). Au volant de sa voiture, Maurice Faure amenait l'hôtc dc l'Élysée jusqu'en son logis, sans motard ni préfet, où les attendaient le déjeuner et son rituel menu : omelette aux truffes, cèpes à la périgourdine et foie gras. Ce tête-à-tête fort peu diététique était suivi d'une promenade à pied à travers bois et champs : sept kilomètres avec un arrêt dans le bourg, au café pour boire une eau minérale.

Puis Mitterrand regagnait Paris et, chaque fois, j'appelais aussitôt Maurice Faure. « Que vous a dit le Président ? De quoi avez-vous parlé ? » Je m'entendais répondre, avec l'accent : « Mais Catherineu, nous avons parlé de tout et de rien… Des amis que nous avons ensemble, de ceux que nous avons perdus, de nos souvenirs politiques communs, beaucoup de politique, de littérature aussi, et puis des femmes bien sûr, celles qu'on a eues, celles qu'on n'aura jamais ; enfin, la conversation dépend de l'humeur du jour du Président. » Maurice Faure faisait beaucoup rire François Mitterrand.

Et moi aussi ! Je me souviens d'un déjeuner à L'Avenue, restaurant au coin de l'avenue Montaigne, dans les années 1984-1985. Nous avions vu arriver Roger-Patrice Pelat, accompagné d'une très jeune et jolie femme. Il avait les bras chargés de paquets des grandes enseignes de l'avenue Montaigne : Chanel, Dior, Gucci… Maurice Faure l'avait regardé et avait commenté : « Le pauvre homme ! le pauvre homme ! Où va-t-il comme ça ? Avec des jeunes comme elle, déjà il faut dépenser beaucoup d'argent. En plus, quand on est vieux, il faut les faire rire pour les séduire, mais quand vient le soir, on est souvent trop fatigué pour faire quelque chose. Ça n'est pas de notre âge ! Moi, vois-tu Catherineu, quand je pars en voyage, je demande à une vieille copine de m'accompagner. On a toujours quelque chose à se dire ; on ne s'ennuie pas ; on est content de se revoir. Et si ça marche le soir, c'est bien ; et si ça ne va pas, ça n'a pas d'importance car on garde le souvenir de jadis. »

Maurice Faure avait des théories sur tout. Un jour, nous étions rentrés à Paris d'un congrès radical par le même avion. Ma voiture étant au parking de l'aéroport, je lui avais proposé de le raccompagner car nous habitions dans le même quartier. J'attendais ma valise qui tardait à arriver. Il me disait : « Mais vous les femmes, vous avez toujours besoin d'être chargées.

Moi, tenez, je pars pour New York la semaine prochaine (il prononçait « Nave York »), avec un costume gris moyen qui va pour la journée comme pour le soir. J'emporte toujours un pantalon de rechange, quatre chemises, mes affaires de toilette dans un sac et basta ! » Mais dans sa bouche ce « gris moyen » – et il appuyait sur le *o* de « moyen » – prenait des couleurs d'arc-en-ciel. C'était de la poésie.

Son idéologie à lui aurait pu s'intituler « De l'art du bon sens et de la mesure dans la conduite des affaires publiques ». Il balayait d'un même geste moqueur le socialisme et le libéralisme. C'était un homme sans aigreur parce que non frustré. L'ambition ne le tenaillait pas. Mitterrand réélu en 1988 l'avait nommé ministre de l'Équipement, un poste qu'il avait adoré. Je me souviens de lui aux questions d'actualité à l'Assemblée nationale. Il avait été interrogé sur la gêne des automobilistes près de Nice où une route avait été obstruée par des éboulis de la montagne. Et il avait répondu longuement ; c'était si drôle, juste, talentueux. Philosophique, même. Du Pagnol revisité. L'Assemblée l'avait ovationné.

XIX

LES SECRETS DE FRANÇOIS MITTERRAND

À Europe 1, j'avais perdu mes repères depuis l'arrivée de la gauche au pouvoir. L'ambiance était sinistre, je recevais des lettres d'auditeurs désemparés, mes copains étaient partis. L'opposition ne m'intéressait pas du tout. François Mitterrand s'installait pour un septennat, il envahissait mon esprit. J'ignorais presque tout de lui. Comment vivre pendant sept ans avec un homme que je ne connaissais pas et qui me surprenait chaquc jour ? Écrire sa biographie devenait peu à peu pour moi une évidence. Je prendrais une année sabbatique. J'y avais droit. Déjà cette perspective m'enchantait.

Le 14 juillet 1981, pour la première fois, la tribune présidentielle était installée place de la Concorde, perpendiculaire aux Champs-Élysées, le meilleur endroit en effet pour suivre le défilé depuis l'Étoile. Une idée de Jack Lang, qui a toujours eu le sens de la mise en scène. Du temps de ses prédécesseurs, la tribune était placée à la hauteur du Rond-Point des Champs-Élysées, mais dans un sens latéral. Pour profiter de la revue, les officiels devaient pencher et tourner la tête à s'en donner le torticolis.

Ah, qu'il faisait plaisir à regarder ce jour-là le Président ! Le masque martial, assis très droit dans un lourd fauteuil à accoudoirs dorés qu'il avait fait placer deux mètres en avant de la rangée des officiels pour bien marquer sa prééminence – là où ses prédécesseurs se contentaient d'un très léger décalage. C'est peu dire qu'il prenait très à cœur son rôle de chef des armées. Debout à ses côtés, le ministre de la Défense Charles Hernu, rayonnant et concentré, se penchait souvent vers lui pour lui donner, comme s'il susurrait de tendres aveux, quelques détails sur le matériel et les régiments qui défilaient.

Je me disais : « Vraiment, il ne manque pas d'air ! » Durant vingt-trois ans, François Mitterrand n'avait jamais voté le moindre centime pour le budget de la Défense. Mais dès les premiers jours de son installation, il se présentait comme le plus fidèle adepte de la doctrine gaullienne en matière de défense. À peine élu, rendant visite au Salon aéronautique du Bourget, il se faisait présenter les avions de combat désarmés. Quelques jours plus tard, Charles Hernu se félicitait de vendre des armes. Et bientôt le Président irait jusqu'à déclarer : « La pièce maîtresse de la dissuasion nucléaire, c'est moi. » Il ne s'y était rallié, bon gré mal gré, que trois ans à peine avant d'être élu, entraîné par Charles Hernu qui avait fini par le convaincre. Le 14 juillet 1982, cependant, il décorait Joan Baez, apôtre du pacifisme, de la Légion d'honneur : allez y comprendre quelque chose, braves gens !

Ma décision d'écrire sur lui, je l'avais vraiment prise en juin 1982, au château de Versailles. Le plus célèbre palais du monde prêtait son cadre prestigieux et majestueux au déploiement d'un arsenal inouï d'équipements électroniques : 3 000 journalistes venus du monde entier étaient installés à l'Orangerie. C'est qu'il fallait convaincre les sept grands pays du G7 de la modernité du dessein présidentiel français. Ronald Reagan, Margaret Thatcher, Helmut Schmidt, le Japonais Suzuki, le Canadien Trudeau, l'Italien Spadolini s'enchantaient du décor sans pareil de la galerie des Glaces où le dîner leur était offert. Au milieu des ors et des fastes du Roi-Soleil, François Mitterrand, le menton relevé et le regard souverain, avait dans ce lieu, symbole de tous les privilèges, l'air d'être chez lui. Ce soir-là, c'est un Bourbon qui régalait. Son comportement si naturel et paradoxal – un ministre communiste participait au banquet – m'avait vraiment donné envie d'en savoir plus sur un tel personnage.

Les festivités commencent le vendredi 4 juin, en tout début d'après-midi. Depuis 14 heures, les chefs d'État et de gouvernement arrivent un par un en hélicoptère sur la terrasse du château ; ils sont accueillis à leur descente par un ou une ministre. Un ballet très réussi. Je m'en souviens, des journalistes s'enquéraient auprès de Nathalie Duhamel, chargée de presse à l'Élysée : « Où est le Président ? Va-t-il être en retard et faire attendre ses invités comme d'habitude ? » Dans son livre, Christina Forsne raconte : « Dans la matinée, François m'appelle. Il s'invite à déjeuner. J'ai juste le temps de préparer un ris de veau à la crème et au calvados qui embaume bientôt le deux pièces cuisine qui me sert de nid rue Saint-Louis-en-l'Île. Il arrive… Nous discutons de Baudelaire et du sommet qui va commencer peu après notre dessert[1]. » Les prestigieux invités avaient en effet attendu plus d'une demi-heure que leur hôte daigne arriver. « Il faut donner du temps au temps », disait souvent Mitterrand. Lui en prenait à sa guise.

Michel Jobert, que Mitterrand avait nommé ministre du Commerce extérieur, venait d'annoncer un déficit record de 100 milliards de francs. « Où avez-vous pris ces chiffres ? » s'encolérait Alain Boublil, conseiller économique à l'Élysée. Michel Jobert me racontera : « À Versailles, Mitterrand croyait à une relance mondiale concertée. Il était persuadé qu'il allait obtenir des Américains une baisse de leur taux d'intérêt et même du dollar. Je ne sais qui lui avait mis cette idée dans la tête. Il me disait : "Soyez gentil avec les Japonais." Je lui répondais : "Taratata." En fait, à Versailles, tout le monde dormait : Reagan dormait, les Japonais aussi, Mitterrand de même. (Peut-être la digestion du ris de veau…) Et puis le soir, nous avons bu de si bons vins. »

En juillet 1982, je quittai donc Europe 1 pour une année. Je commençais à me documenter sur mon sujet. J'étais prise de panique : tout n'avait-il pas été dit sur lui ? « Ce livre sera ce que tu en feras », m'avait dit Albin. Il avait raison. Par chance, en 1982, les contemporains de François Mitterrand étaient encore légion. J'ai adoré mener cette enquête.

Bien sûr, il fallait commencer par l'enfance en Charente, décrire le milieu familial, le décor. C'était une famille catholique dans une région où le protestantisme dominait. Il n'y avait pas de mariage mixte.

1. *François*, *op. cit.*

« Les Mitterrand étaient des vinaigriers, écrasés par les grands du cognac », me racontait le général de Bénouville. François Mitterrand, enfant, à Jarnac, avait connu la lutte des castes avant la lutte des classes. Cela explique peut-être sa rancœur envers l'argent et le capitalisme.

Grâce à mon amie Câline Sassier, j'avais obtenu un rendez-vous avec Lolotte, une cousine issue de germain qui avait passé son enfance à Jarnac, auprès des sept frères et sœurs Mitterrand. Elle me le confirmait : de tous, le petit François, cinquième de la fratrie, était le plus têtu, le plus solitaire et le plus personnel. « Il n'admettait ni autorité ni conseils, ses idées lui tenaient lieu de loi », disait-elle joliment. Un sacré caractère donc ! Je rencontrais Mme Delachenal, la sœur cadette, une dame charmante qui venait chaque semaine à Europe 1 pour faire la promotion du journal *La Croix*. On s'en amusait à la rédaction, à cause de la ressemblance. C'était son frère avec une perruque. Elle m'avait raconté la vie à Jarnac et à Touvent, dans la propriété des grands-parents où un curé venait faire la classe aux enfants et leur enseigner aussi le latin. À quatorze ans, François voulait entrer au séminaire : « Quand j'étais enfant, je me voyais roi ou pape », écrira un jour le premier secrétaire du PS dans son bloc-notes de *L'Unité*. Mme Delachenal n'aimait pas du tout Danielle : « Avec elle, tout ce qui arrive de mal, c'est toujours la faute aux curés ! » Elle me confiait aussi qu'à Noël, lorsque Danielle partait aux sports d'hiver avec les enfants, François assistait à la messe de minuit en compagnie de ses frères et sœurs avec bonheur.

Je me souviens d'un rendez-vous avec le général Jacques Mitterrand, président de la SNIAS, de deux ans plus jeune que son frère. Lui s'affichait volontiers comme un homme de droite. J'étais arrivée avec un quart d'heure de retard, ce qui déplaît toujours aux militaires, et m'en excusais : « J'étais avec Lionel Jospin, le premier secrétaire du PS, une interview pour *Jours de France*. » Il avait rétorqué : « Y a vraiment pas de quoi se vanter. » Il n'appréciait pas du tout la politique économique de son frère, la jugeait dangereuse pour le pays. Le 4 juin 1981, il déclarait publiquement que « les nationalisations n'étaient pas d'une urgence capitale ni d'un intérêt fondamental pour le pays et que les nationalisations à 100 % coûteraient beaucoup trop cher. Il suffirait que l'État se porte acquéreur de 51 % des actions des entreprises privées. » Il me disait aussi : « François n'a jamais rien compris à l'économie. Il prône la justice sociale sans avoir une vision claire de l'état réel du pays. Pour l'intendance, il a toujours eu la tête dans les nuages. »

L'intéressé s'en glorifiait presque, qui aimait plaisanter : « Je n'ai pas connu de supposée crise économique qui ne se soit soldée par une augmentation de la vignette, du timbre et du tabac. »

Sa femme Gisèle, que j'avais rencontrée un soir dans un dîner, m'avait lancé : « Nous, nous avons toujours habité Rive droite », façon de me faire comprendre qu'elle ne votait pas à gauche. Elle non plus n'aimait pas du tout Danielle. Je subodorais que les couples se voyaient assez peu.

J'avais décidé d'écrire ce livre sans rencontrer le Président. Je préférais le découvrir à travers le regard et les témoignages de ses proches et de ceux qui l'avaient connu à différentes périodes de sa vie. Ayant appris que des membres de sa famille m'avaient reçue, il m'avait toutefois demandé de venir le voir à l'Élysée. J'étais arrivée dans mes petits souliers, comme on dit. Pour tenter de l'amadouer, je lui avais avoué mon plaisir de retracer le climat de son enfance, dans ce milieu provincial catholique qui m'était familier. Je lui avouais être très séduite par son grand-père, papa Jules, figure dominante du cercle familial : un homme industrieux, débordant d'idées, moderne et qui parlait anglais. François Mitterrand se montrait à la fois aimable et distancié.

À un moment, je prononçai le mot « ambition ». Aussitôt, il bondit sur son fauteuil et fit bifurquer la conversation sur Mendès France. Il éructait : « On a toujours fait de Mendès une statue intouchable. Jean Daniel a un jour écrit un article intitulé "Le Juste et le Cavalier". Évidemment, le Juste, c'était lui, et moi j'étais le politicien. Mais quel intérêt y a-t-il à faire de la politique si l'on est incapable de rester plus de sept mois et sept jours au pouvoir ? Quand Mendès est devenu président du Conseil, je me suis aperçu qu'il ne connaissait et ne parlait à personne au Parlement, ignorait le règlement de l'Assemblée. Un jour, dans un débat sur l'Indochine, un député s'exprimait à la tribune. Mendès m'avait demandé : "Qui est-ce encore celui-là ?" Je lui avais répondu : "Mais vous ne le connaissez pas ? Voyons, c'est Frédéric-Dupont, l'inamovible député des concierges du VIIe arrondissement." Mendès est devenu président du Conseil grâce à moi, parce que j'ai contribué à la chute du gouvernement Laniel. Et c'est moi qui ai composé son gouvernement. » Lui-même avait obtenu le poste de ministre de l'Intérieur : le numéro trois derrière PMF et Edgar Faure. « Oui, moi je l'ai aidé, et beaucoup, tandis que lui, il m'a trahi. » (Il appuyait fort sur ce dernier mot). François Mitterrand faisait référence à l'affaire des fuites, en 1956, quand une rumeur avait couru selon laquelle un traître assistait au comité de défense nationale et en aurait communiqué les secrets au Parti communiste. Dans les allées du pouvoir, on citait le nom de François Mitterrand. Pierre Mendès France, qui se méfiait de lui, le jugeant trop brillant animal politique, avait demandé à son directeur de cabinet de faire lancer une enquête par la DST. Mitterrand, l'ayant appris, avait téléphoné à Pierre Mendès France qui se trouvait alors à Londres. Il eut la désagréable impression de parler à un interlocuteur embarrassé et incertain. L'affaire allait être rapidement éclaircie et les vrais coupables reconnus et condamnés. Mitterrand n'a jamais pardonné à Mendès de l'avoir soupçonné. Mais de son côté, tous ses proches me l'avaient dit, Mendès avait un solide mépris pour François Mitterrand. Plus tard, l'affaire de l'Observatoire achèvera de lui prouver que Mitterrand était un homme dénué de scrupules.

Je me souviens comme tout le monde des embrassades et des larmes de PMF à l'Élysée le jour de la cérémonie d'investiture en mai 1981. Certains socialistes croyaient y déceler des larmes de joie après cette victoire tant attendue de la gauche. Quelle erreur ! Mendès déjà malade pleurait sur lui-même. Il n'avait participé à aucune réunion du candidat Mitterrand, prétextant, comme en 1965, que son agenda trop rempli le privait du temps nécessaire. Ses larmes étaient donc des larmes de regrets, au crépuscule d'une existence plus riche en prestige qu'en puissance et en pouvoir. À force d'hésiter, l'Histoire avec un grand H lui avait signifié un congé définitif.

À la fin de cette tirade, je sentais que Mitterrand fulminait encore : c'était évident qu'il détestait Mendès. Au moment de partir, il m'avait lâché en guise d'au revoir : « Ne soyez pas trop injuste avec moi, mais peut-être ce livre, vous ne le finirez pas… » Ça n'était évidemment pas la chose à me dire !

J'avais cru qu'il me suffirait d'une année pour venir à bout de la biographie de François Mitterrand. Il m'en fallut deux en réalité. Peut-être les meilleures de ma vie journalistique. Je visitais cinquante ans d'histoire politique de la France. Il était clair pour moi que, sans de Gaulle, le jeune ministre ambitieux de la IVe aurait sans doute fini par décrocher Matignon et devenir l'un de ces éphémères président du Conseil. Il aurait fait carrière. Grâce au Général, il a eu un destin. En lui disant non dès le départ, en prenant une fois pour toutes figure d'irréductible, il a fait le bon choix : ainsi est-il entré dans l'histoire.

En août 1984, j'étais restée à Paris pour terminer mon livre. Je travaillais d'arrache-pied. Tout devait être fini à la mi-septembre, mon éditeur me harcelait. Presque chaque jour à l'époque, je recevais un coup de fil de Jean-Edern Hallier. Lui aussi écrivait sur François Mitterrand : « Je vais tout révéler », me disait-il. Il me demandait où j'en étais, ce qui me terrorisait. Il exhalait une vraie haine envers lui. Pourquoi ? Un jour, en veine de générosité, le premier secrétaire du PS, qui ne pouvait encore distribuer les Légions d'honneur, lui avait décerné le titre de « meilleur écrivain de sa génération ». Un compliment pareil, qui lui aurait valu l'attachement éternel d'un auteur lambda, suscita chez ce Celte fou une passion de mante religieuse. Il espérait être nommé à la tête d'une chaîne de télévision. Il m'affirmait que Mitterrand le lui avait promis. N'ayant pas obtenu ce qu'il voulait, il entendait se venger. Ce fils de général, éborgné par les forceps d'une accoucheuse maladroite, portait un œil de verre qui lui donnait un regard perdu. Le cheveu noir, en bataille, et le nez pointu, il avait toujours l'air d'un loup affamé. Très talentueux, il était prêt à tout pour faire parler de lui, y compris simuler son propre enlèvement par des brigades révolutionnaires.

Il m'appelait donc : « Est-ce que tu parles de Mazarine ? »

Cela peut paraître incroyable aujourd'hui, mais à l'époque, la plupart des journalistes politiques connaissaient l'existence de cette petite fille, tout en ne disant rien, par respect de la vie privée. Il y avait consensus dans la profession à ce sujet. Et chez les directeurs de journaux, par peur des représailles du château. La consigne était motus, ce qui était facile en un temps sans presse *people* et sans réseaux sociaux.

Avec le recul, je peux attester avoir vu Mazarine bébé. Un dimanche ensoleillé de juin 1976, je déjeunais à Saint-Germain-des-Prés avec mon amie Nicole Le Bot, journaliste à l'AFP, au restaurant L'Entrecôtier, en terrasse sur le trottoir. À la table à côté, se trouvait Mitterrand accompagné d'une jeune femme à la longue chevelure brune (Anne Pingeot) et d'un grand adolescent (son frère). Sur la table était posée une poupée brune, une petite fille qui devait avoir quinze ou seize mois. Mitterrand semblait en extase devant elle et se moquait des regards indiscrets qui lorgnaient avec insistance sur ce quatuor. Le premier secrétaire dessinait sur la nappe en papier : « Oh ! un canard ! Oh ! un chat ! » et la petite lui répondait en faisant de petits bruits. C'était charmant. Il avait l'air complètement amoureux de ce bébé. J'ai compris plus tard que je regardais un papa gâteux de sa vendange tardive.

Au printemps 1982, je faisais quelques courses au Bon Marché un samedi après-midi. En sortant, je passais devant un magasin de chaussures pour enfants et regardais la devanture machinalement. Mitterrand était à l'intérieur, avec Mazarine qui faisait des essayages. Un scoop comme on en rêverait aujourd'hui, sauf qu'à l'époque il n'y avait pas de portable pour immortaliser la scène. J'aurais bien téléphoné à un photographe de *Match*. Mais l'hebdomadaire « du poids des mots et du choc des photos » ne l'aurait jamais publiée. Il faudra attendre 1995 pour que le Président, qui allait quitter l'Élysée, autorise *Paris Match* à officialiser l'existence de sa fille cachée. Presque quatorze ans de silence… Invraisemblable de nos jours !

Jean-Edern continuait de m'appeler : « Tu sais que Mitterrand n'a jamais été blessé à la guerre, à l'épaule droite, comme il l'a prétendu, ce qui lui a valu la croix de guerre ? J'ai interviewé huit de ses maîtresses. Elles m'ont toutes affirmé qu'il n'avait pas de cicatrice à l'épaule, mais une verrue ! » Ce qui me faisait rire.

Autre coup de fil : « Tu sais que Mitterrand a un cancer ? Il est très malade, il ne va pas terminer son septennat. » Je lui avais répondu : « Arrête, Mitterrand n'est pas malade. » En novembre 1981, Charles Villeneuve était pourtant arrivé en conférence de rédaction à Europe avec des informations de première main : « Mitterrand est allé au Val-de-Grâce le 7 novembre où, sous le nom de M. Blot, on lui a fait une scintigraphie osseuse et une urographie. Le diagnostic est posé : il a un cancer de la prostate avec des métastases osseuses. »

« Charlie raconte n'importe quoi, m'assurait Alain Duhamel. J'ai vu Mitterrand, il a une sciatique, c'est vrai, cela ne l'empêche pas de jouer au golf tous les lundis matin. »

Pendant des années, Mitterrand allait ironiser devant les journalistes sur son présumé cancer qui se déplaçait. Il donnait le change. En réalité, il se faisait administrer un traitement qui a parfaitement réussi jusqu'en 1992. Le docteur Gubler, un homme étrange avec des rouflaquettes qui lui mangeaient les joues, « un cocher de diligence », moquait André Rousselet, le révélera plus tard dans un livre que maître Kiejman fera interdire. Il disait pourtant la vérité. Pendant plus de dix ans, sur ordre présidentiel, il devra mentir sur les bulletins de santé. Ordre présidentiel. Mon frère François, qui a toujours été très pointu dans le diagnostic médical, me l'avait signalé en regardant les images du pèlerinage annuel de Solutré. Le président en polo avait pris de la poitrine : « Ce sont les effets secondaires du traitement contre le cancer de la prostate. »

La crainte de voir divulguer dans l'opinion l'existence de sa fille cachée et de son cancer réel allait le conduire à faire mettre sur écoute téléphonique par la cellule antiterroriste du commandant Prouteau plus de 150 personnes, entre janvier 1983 et mars 1986. Le procès aura lieu en 2004, huit ans après la mort du Président.

Les coups de fil de Jean-Edern Hallier m'affolaient. Son propre livre allait sortir fin septembre. Je me disais : « Oh là là, c'est la catastrophe ! » Mais à l'époque, aucun éditeur n'avait voulu prendre le risque de l'éditer. Je terminais le mien et cherchais un titre. Comment résumer l'histoire d'un homme élevé chez les curés, imprégné de catholicisme et qui s'était allié aux communistes, ses ennemis sous la IVe République, pour vaincre de Gaulle, en allant jusqu'à prétendre en 1981 : « J'aurais pu être Lénine » ? Mais oui, c'était bien sûr – j'étais en voiture avenue Marceau, arrêtée à un feu rouge, quand l'idée a germé : ce serait *Le Noir et le Rouge*.

Quelques semaines après la sortie du livre, un soir où il était l'invité d'Europe 1, Georges Marchais me dit : « Catherine Nay, si je l'avais lu plus tôt, on n'aurait jamais fait l'union de la gauche avec Mitterrand. Vous décrivez bien quelqu'un qui a été anticommuniste viscéral. » Je lui répondis : « Vous ne me ferez pas croire que le Parti communiste qui a toujours fait des fiches sur tout le monde ignorait d'où venait Mitterrand et ses prises de position passées. » Il en rit et moi aussi…

J'envoyai mon livre *Le Noir et le Rouge* au Président avec cette dédicace : « Pour vous, Monsieur le Président, cette enquête sur un homme que vous connaissez bien. » Il ne m'a jamais répondu. À « Apostrophes », quand Bernard Pivot me demanda : « Qu'attendez-vous du Président ? », je lui rétorquai : « Moi, je n'attends rien. » D'une certaine façon, François Mitterrand avait exaucé mes vœux.

Quelque temps plus tard, son frère Robert m'apprit que le Président n'avait pas apprécié le portrait que j'avais dressé de leur père : un homme introverti, taciturne, presque glacial, et qu'il lui avait demandé d'écrire la vraie histoire de leur famille. Robert s'était exécuté et je constaterai que le portrait qu'il dressait de leur géniteur différait très peu du mien.

Je restai quelque temps sans revoir François Mitterrand. À Europe, ça n'était pas moi qui suivais les voyages présidentiels. Je n'avais donc aucune raison de me trouver face à lui. Jusqu'à ce 25 mars 1988, cinq semaines avant l'élection présidentielle…

François Mitterrand s'était déclaré candidat à sa succession dix jours plus tôt. Longtemps, il avait fait mine d'hésiter, laissant monter le chœur de ses thuriféraires. « Ne nous quitte pas », suppliait le journal *Globe*, le plus branché des mensuels, qui avait tiré pour l'occasion 100 000 exemplaires en décembre. Les artistes devenaient la caution de la campagne pour un deuxième septennat, comme s'ils savaient de science innée ce qui est bien pour la France. C'était une sorte de concours à qui serait le plus inventif et le plus extravagant : « Il me dit que j'existe. Mitterrand est devenu pour moi cette épure parfaite de la pensée », proclamait Pierre Arditi. « Tonton, laisse pas béton », implorait le chanteur Renaud. Le footballeur Dominique Rocheteau le décrivait « en cygne blanc qui voguerait dans un océan de boue sans jamais se salir », etc.

Comment résister à pareille pression quand on supporte de moins en moins le partage du pouvoir, les embuscades et le marquage de la cohabitation ? Depuis quelque temps, Mitterrand ne cessait de décocher des flèches assassines contre le Premier ministre, Jacques Chirac, qu'il affublait de quatre *V* : voyou, vulgaire, velléitaire et versatile. *Le Monde* s'en fit l'écho. Aucun journaliste n'a rapporté que des propos analogues auraient été tenus par ses rivaux Jacques Chirac ou Raymond Barre, mais lui pouvait se le permettre. Il pouvait tout se permettre.

Ce 25 mars, François Mitterrand était invité à Europe 1 pour répondre aux questions de Jean-Pierre Elkabbach et Alain Duhamel. Jacques Lehn, le nouveau directeur (il remplaçait Pierre Barret) et Jacques Abergel étaient venus me voir dans mon bureau pour m'intimer de disparaître. Interdiction de me montrer ! Il ne fallait pas risquer le courroux d'un président qui allait être réélu – tous les sondages l'annonçaient – avant même qu'il ait fait acte de candidature. S'il me voyait, sûr qu'il demanderait ma tête et eux ne pourraient pas la lui refuser. Mon péché ? Avoir écrit un deuxième livre sur lui, que j'avais intitulé *Les Sept Mitterrand*, où je retraçais l'histoire de son septennat, ses volte-face idéologiques et ses deux années de cohabitation avec Jacques Chirac ainsi que ses grandes manœuvres pour le déstabiliser. Le livre avait été jugé par mes confrères très polémique alors que j'avais le sentiment de n'avoir rapporté que des faits.

En arrivant à Europe 1, accueilli par la direction et mes deux confrères interviewers, Mitterrand avait interrogé : « Où est Catherine Nay ? Je voudrais la voir. » On vint me chercher. J'entrai dans la salle où régnait un silence gêné. Le Président répondit à mon bonjour en lançant : « On dit "Ce terrible M. Pasqua[1]", mais moi je pourrais dire "Cette terrible Mme Nay". » Et il avait souri. Peut-être parce que ce livre, au fond,

1. *Ce terrible monsieur Pasqua*, Philippe Boggio et Alain Rollat, Olivier Orban, 1988.

ne le gênait pas… Les Français le plébiscitaient déjà : « Les Français sont un peuple sans mémoire », disait-il souvent. Un travers dont il fut plusieurs fois bénéficiaire. Deux années de cohabitation avaient effacé dans leur tête les revirements des cinq premières années et leur mauvaise humeur d'alors, quand il battait des records d'impopularité.

Alors que la direction l'invitait à rejoindre le studio, il me lança : « Et vous ? Vous ne venez pas ? » Je lui répondis que ça n'était pas prévu. « Eh bien moi, je vous demande de venir… »

J'étais donc entrée dans le studio où j'avais participé à cette interview de prestige. Il me faisait mille grâces en se tournant souvent vers moi, attendant mes questions. À la fin de l'émission, il s'était montré de fort bonne humeur, très agréable avec tout le monde et moi-même. François Mitterrand venait en quelque sorte de me sortir du placard. Un de ces paradoxes comme il les aimait.

XX

ÉDOUARD ET JACQUES, LA SECONDE DOUBLE MÉPRISE

« Quel est pour vous le comble de la misère ?
— La déception. »

En janvier 1988, PPDA avait posé cette question à Jacques Chirac dans une interview pour le *JDD*. Quatre mois plus tard, le 24 avril, premier tour de la présidentielle, question déception, il allait être servi. Les Français ne lui accordaient pas 20 % de leurs suffrages (19,65 %). Talonné par Raymond Barre, il ne fait même pas le plein des voix du RPR (22 %). Une misère comparée aux 34 % de Mitterrand. De quoi être assommé, en effet. Tant d'efforts, durant tant d'années pour un si piètre résultat.

Le pire venait du regard de ses proches. La lueur d'espérance qui, la veille y brillait encore, se métamorphosait sur-le-champ en dépit, commisérations et doutes sur l'avenir : « Les Français n'aiment pas mon mari, » trancha ce soir-là Bernadette Chirac, qui a toujours eu le chic pour dire ce que l'intéressé n'avait pas envie d'entendre.

Une défaite est toujours une petite mort. C'est l'ego qu'on assassine.

Non, Jacques Chirac ne s'attendait pas à un score aussi médiocre. De l'avis de tous, il avait même fait une belle campagne. Des affiches le montraient en chemise, col ouvert, bronzé, comme de retour du Club Med. Une belle gueule tonique, le regard habité, il était censé incarner l'« ardeur », le « courage », la « volonté ». Il était arrivé à maturité, disaient les éditorialistes.

En 1995, une de ses affiches ornait le bureau de Bernadette à l'Élysée. Elle m'avait reçue. Je m'extasiais devant le portrait de son mari : « C'est Cary Grant ! – Ah ! Vous parlez comme ma belle-mère, me rétorqua-t-elle. Elle me disait : "Avec le physique qu'il a, Jacques pouvait avoir toutes les femmes qu'il voulait !" » Une vraie parole de belle-mère.

Au moins deux années durant, Jacques Chirac fut une sorte de présent-absent, retranché dans son Hôtel de Ville. Pendant la cohabitation, il avait continué d'y habiter. Chaque soir, il partait de Matignon comme on quitte son lieu de travail. Après dîner, dans son grand bureau d'où il voyait couler la Seine, il signait les parapheurs. Il était toujours le maire de la capitale.

Au deuxième tour, François Mitterrand était réélu avec 54,01 % des voix, un score plus qu'honorable. Il avait fait campagne sur le thème de la France unie. Il personnifiait l'unité et offrait en programme le ni-ni. Ni privatisation ni nationalisation. Il inventait le ni-nisme. On n'était plus en 1981.

Contrairement à ce qu'il avait laissé entendre à la télévision, le Président, sans attendre la cérémonie d'investiture fixée au 21 mai, avait aussitôt dissous l'Assemblée. Et même demandé aux électeurs – ce qui m'avait sidérée – de lui donner une majorité dont les socialistes n'auraient pas à eux seuls la maîtrise absolue. C'est qu'il en avait soupé, des camarades, qui l'avaient bien lâché quand il était au plus bas dans les sondages à 26 % d'opinions positives seulement. Et Laurent Fabius, « le jeune Premier ministre qu'il avait donné à la France », caracolait, lui, dans les sondages et prenait ses distances avec son mentor auquel il devait tant. « Lui c'est lui, moi c'est moi. » Au soir du Congrès de Toulouse, Fabius disait même que l'homme politique qu'il admirait le plus s'appelait Mendès France... Et s'interrogeait tout haut sur son éventuelle candidature en 1988.

La dissolution avait beaucoup déçu VGE et Raymond Barre le refuznik de la cohabitation. Chacun se serait bien vu ministre, voire Premier ministre, de François Mitterrand. Mais c'est Michel Rocard qui fut nommé à Matignon. À la fin de la campagne, Mitterrand s'était affiché avec lui. Une photo les montrait déguisé en promeneurs sous la pluie. Une image un peu farce. Malgré le peu de sympathie et la maigre considération qu'ils éprouvaient l'un pour l'autre, j'avais compris que ce serait lui le Premier ministre.

Jean-Paul Huchon, son directeur de cabinet, que je voyais souvent, était une mine de renseignements : il me racontait tout de ce qui se passait au sommet du pouvoir. Mitterrand méprisait Rocard. Et lui qui se confondait en compliments, pour amadouer le sphinx ! Une attitude qui lui avait valu le sobriquet de « génie des carpettes ». Les entourages se détestaient ouvertement.

Aux élections législatives, nouvelle déception pour Jacques Chirac. Certes il était personnellement réélu dès le premier tour, mais pour la première fois de son histoire, l'UDF devançait le RPR. Un jeune homme qui commençait à faire parler de lui, Nicolas Sarkozy, s'imposait à Neuilly, la ville dont il était déjà maire au terme d'un hold-up malin opéré au détriment de Charles Pasqua. Édouard Balladur l'emportait au premier tour dans le XVe arrondissement, estimant, cette fois, que cette victoire il ne la devait qu'à lui, et pas à Jacques Chirac, comme il ne s'en cachait pas auprès de moi :

« Vous l'avez compris, Catherine ?

— Oui, bien sûr, monsieur le Ministre d'État. »

À ce plaisir s'en ajoutait un autre pour Édouard : « J'aimerais bien travailler avec vous », lui demandait ledit Nicolas Sarkozy, qu'il croisait dans les couloirs de l'Assemblée nationale. Décidément, ce jeune homme avait du cœur et du jugement.

Les acteurs d'un feuilleton qui allait durer sept ans se mettaient en place.

Qui récolte la défaite sème la tempête. Jacques Chirac s'attendait à de la rébellion chez les siens, puisqu'il n'était plus pour eux le chef capable de les mener au pouvoir. Philippe Séguin tira le premier : « Le RPR a autre chose à dire et à faire que soutenir les candidatures de Jacques Chirac », déclarait-il alors dans une interview au *Nouvel Observateur*.

Tout le monde se posait la question. Ce désastre était-il la faute de Chirac ? ou le fruit de la cohabitation ?

Forcément à l'homme et aux conditions politiques, se disait Édouard Balladur, le théoricien de la cohabitation. Forcément à la stratégie, à la politique libérale, donc à Balladur, se disait de son côté Charles Pasqua. Mais tous les deux pensaient la même chose : « Jacques n'y arrivera jamais ! »

Jacques Chirac a toujours été l'homme le moins vaniteux de la classe politique. Les compliments ? Il ne les supportait pas. Lui en glissait-on un qu'il coupait court d'un sec « Passons à autre chose ». Rien à voir avec François Mitterrand, si accro à l'encens. Pour parler de lui, Chirac adoptait toujours un ton péjoratif et dévalorisant : « À la télé je suis mauvais comme un cochon ! » s'exclamait-il, avec un goût pour l'autodérision frisant le masochisme, ou « J'ai encore dit une connerie ».

Ayant appris qu'il avait arrêté de fumer après son échec à la présidentielle, lui qui grillait Winston sur Winston (les cigarettes de Georges Pompidou), je l'en félicitai : « Vous devez vous sentir mieux, non ? — Pas du tout ! Ça ne m'a rien fait, s'était-il esclaffé, la cigarette ne me manque pas, mon souffle n'est pas meilleur, et pour le poumpoum ça ne va pas mieux. En plus, figurez-vous que ma femme et ma fille ont mis des semaines avant de s'en apercevoir. » Là, je saisissais qu'il était vraiment déprimé.

Chirac et le poumpoum. Dans les années 1989-1990. Jacques Chirac nous avait conviés dans un restaurant antillais du XIIe arrondissement. Un déjeuner Europe 1. Nous étions quatre. Alain Duhamel, Jean-Pierre Elkabbach, Jean-Pierre Joulin et moi. À peine arrivés, il nous avait fait servir de grands verres de punch antillais, lui-même en engloutissant deux sous notre nez, avec volupté. Nous peinions à finir le nôtre. Il poussait à la consommation. « Allez, monsieur Elkabbach, encore un peu de punch, c'est bon pour le poumpoum ! » Même invitation à Alain Duhamel et à Jean-Pierre Joulin. Après qu'il eut tenté de remplir mon verre, je l'avais assuré que, personnellement, je n'avais aucun problème de poumpoum. On avait ri. Un repas très agréable. Le maire de Paris gardait son appétit de Pantagruel. J'étais sortie du restaurant en me cramponnant au bras de Jean-Pierre Joulin, la tête me tournait. Nous étions allés à la pharmacie acheter de l'Alka Seltzer.

Lorsque nous partions à l'étranger avec lui, nous les journalistes étions parqués au fond de l'avion. Mon cher ami et confident Paul Guilbert, journaliste au *Figaro* (que j'appelais chaque jour), suivait tous ses déplacements, ce qui n'était pas mon cas. Ils s'étaient connus à Sciences Po, Chirac et lui. C'était un rituel, pendant le voyage : le Premier ministre le faisait appeler, et Paul le rejoignait à l'avant de l'appareil. Au bout d'une heure ou deux, il revenait. Et les confrères un peu jaloux l'interrogeaient : « Mais que t'a-t-il dit ? » Paul répondait d'un air vague qu'ils avaient évoqué la situation politique et économique du pays dans lequel nous nous rendions. Rien de plus. Donc pas de petites phrases croustillantes, pas de révélations pour donner quelque relief à leur papier. Mais à moi il confiait que Chirac, comme d'habitude, lui demandait : « Alors Paul ça va ? Le crayon se lève toujours ? » Et il éclatait de rire. La gaudriole, parler des femmes, voilà ce qui le délassait. « Celle-là, elle a un frelon dans la culotte ! » Une de ses expressions favorites. Ça l'amusait de parler avec Paul comme s'ils avaient toujours vingt ans. Car c'était une de ses caractéristiques. Chirac mettait les gens dans une case, une fois pour toutes. Et il ne les en sortait plus. Dans sa tête, Paul, son cadet de deux ans, était toujours à Sciences Po. Donc un post-adolescent. Un statut particulier, qui ne lui a d'ailleurs guère profité. Jamais Jacques Chirac ne l'a gratifié d'une interview exclusive pour *Le Figaro*, ni appelé pour lui confier un scoop. Je crois que ça ne lui serait même pas venu à l'idée.

En 1985, Jacques Chirac avait appelé Albin, il voulait le voir d'urgence. Albin l'avait invité à dîner à la maison avec Bernadette. Aïcha avait mitonné un couscous très réussi. Il avait été la féliciter dans la cuisine. L'avait embrassée. Pour elle, un grand événement dans sa vie.

Jacques Chirac proposait à Albin de prendre la tête de la liste RPR dans le département du Nord. Albin acceptait ce challenge. Il avait beaucoup apprécié cette campagne, avec de vraies rencontres sur le terrain. La chaleur des gens du Nord n'était pas une légende. Sa liste était arrivée en tête. Un beau succès !

Ce soir-là, Bernadette était d'assez méchante humeur. Pendant le dîner, elle interrompait souvent la conversation par des « Jacques ! Vous parlez de la victoire possible en 1986, mais je vous préviens, je ne serai peut-être plus là. » Ou encore : « Jacques ! Si je pars, je vous le dis, je ne rendrai pas la bague ! » (de fiançailles, je suppose).

« Laissez, Bernadette, laissez », s'agaçait chaque fois l'interpellé qui, après le dîner, avait pris Albin à part pour continuer la conversation de manière plus tranquille. Entre hommes.

Je me retrouvai en tête-à-tête avec Bernadette.

« Jacques me trompe ! » se plaignait-elle.

Pour la détendre, je lui glissai un « Bernadette, prenez un amant ! Cela donne bonne mine, et c'est bon pour le moral, aussi ! ». Je m'attendais à être envoyée sur les roses, elle se drapant dans sa dignité offensée. Pas du tout ! son visage s'éclaira au contraire : « Il y a un homme que je trouve très séduisant. Il me fait penser à M. Pompidou. C'est Francis Bouygues. »

Je l'encourageai.

Un peu plus tard, lors d'un dîner chez des amis auquel était présent le couple Bouygues, je confiai à Monique : « Mme Chirac trouve votre mari très séduisant ! » Rien de plus, bien sûr. Le hasard voulut que je croise Bernadette peu de temps après. Se souvenant de notre conversation, elle vint me dire : « Je ne sais pas ce que Mme Bouygues a contre moi, mais elle est très désagréable ! »

À la fin du dîner à la maison, Jacques Chirac m'avait glissé : « Venez me voir à la Mairie, j'ai quelque chose à vous demander. » Le lendemain, je prenais rendez-vous avec sa secrétaire particulière, Mme Denise Esnous, une ancienne collaboratrice de Georges Pompidou, qui demeurait son dieu. Quand elle disait « M. Pompidou », son ton était empli d'admiration et de respect. Une forte femme. Un sacré caractère. Elle portait des jupes plissées, un peu évasées, comme des abat-jour. Je l'aimais beaucoup, mais j'étais toujours étonnée de l'entendre parler à M. Chirac comme à un garnement. Une Mère Fouettarde. Il y avait trente questions à régler chaque jour, qui exigeaient une réponse immédiate. Et souvent, Jacques Chirac esquivait. Alors, pour l'obtenir, elle avait trouvé une méthode infaillible et me l'avait racontée. Quand il se rendait aux toilettes, elle le suivait et campait devant la porte (fermée), et l'interrogeait jusqu'à ce qu'il lui réponde. Elle obtenait toujours gain de cause. Jacques Chirac avait-il fini par se lasser d'une telle autorité ? On disait aussi à la Mairie que c'est Claude, sa fille, qui avait obtenu la peau de Denise Esnous, soucieuse d'avoir la main haute sur l'agenda de son père, pour biffer les noms qui ne lui convenaient pas, ou en rajouter.

Justement, que voulait-il donc me demander ? S'il me paraissait possible que Claude entre à Europe 1 comme journaliste. Au service politique. Quelle drôle d'idée ! « Mais comment signerait-elle ses papiers ? De son nom ? — Elle prendrait un pseudonyme, m'avait-il répondu — Mais dans la minute tout le monde saura que c'est elle ! »

Sa requête m'avait émue. C'était celle d'un père très angoissé. Laurence, sa fille aînée qui souffrait d'anorexie, allait si mal. Et Claude, qui voulait partir aux États-Unis « comme si on l'attendait là-bas ! » me disait-il. Il voulait qu'elle reste à Paris auprès de lui. « J'ai besoin d'elle. »

Après la défaite, il lui avait demandé de s'occuper de sa communication à la Mairie de Paris, où peu à peu elle allait se révéler une très bonne professionnelle. Ils étaient partis aux États-Unis ensemble pour étudier les nouveaux moyens de communication, en particulier l'utilisation de promptcurs de chaque côté de la tribune, comme en usaient tous les candidats américains, ce qui permet à l'orateur d'avoir l'air de parler sans notes, en balançant la tête à droite et à gauche. Très naturel. La première fois que j'ai vu Chirac à la tribune user de prompteurs, ce que j'ignorais, j'ai cru qu'il avait fait des progrès incroyables. D'un coup, son discours était devenu plus fluide !

Si Jacques Chirac était sorti déprimé de son échec à la présidentielle, Albin se montrait, de son côté, très mélancolique. Après la défaite, il avait décidé de tirer un trait définitif sur la politique. Garde des Sceaux dans le gouvernement sortant, il avait décidé de faire construire des prisons, ce qui n'avait pas été le cas depuis des décennies. La vétusté des établissements pénitentiaires, qu'il avait visités, l'avait horrifié. « Pas digne d'une démocratie, me disait-il, les hommes ne peuvent en sortir qu'encore plus enragés. Impossible pour eux de s'en sortir, le moment venu, après avoir passé des mois ou des années dans des lieux pareils ! » Il voulait lancer un programme de 15 000 places (lui me disait qu'il en faudrait 50 000). L'État n'ayant pas de moyens, il envisageait de privatiser certains services. La restauration, par exemple. Mais pas question, bien sûr, de privatiser la surveillance.

« Tu veux construire des cinq étoiles pour des voyous ? » l'avait tancé Alain Juppé, le ministre délégué au Budget, d'un ton sec, au Conseil des ministres. Albin était furieux. « Juppé ne comprend rien ! C'est un technocrate, et en plus il est très désagréable ! »

Édouard Balladur avait tranché : ce serait 13 000 places.

Albin avait aussi créé le service central de lutte antiterroriste. La loi du 9 septembre 1986 lui donnait des moyens financiers et des locaux protégés dans l'immeuble de la Cour de cassation. Une loi qui permettait de centraliser toutes les procédures antiterroristes. Il y aurait désormais un seul parquet. Toutes les affaires de terrorisme arriveraient là. Il en avait confié la direction au procureur Alain Marsaud, qui se féliciterait qu'on ait pu régler, tels qu'ils se posaient à ce moment-là, tous les problèmes de terrorisme : Action directe, les Corses, les Basques, le Hezbollah !

Albin devait se réinventer une vie nouvelle. Il voulait être son propre patron. Il se lança dans le textile.

J'avais été très surprise par ce choix, sans doute un fantasme de Lyonnais, ses ancêtres étaient dans la soie. L'une de ses usines se trouvait dans l'Aisne. On la voyait de loin depuis l'autoroute, coiffée d'une haute cheminée. Je lui disais en riant : « Tu pourrais faire écrire ton nom dessus. Ça te ferait une bonne pub ! » Il y avait des machines à tisser qui faisaient quinze mètres de long. Pour moi, des diplodocus. Pendant un temps il eut même trois usines. Albin se disait très heureux au milieu des ouvriers. Hélas, la conjoncture n'était pas très favorable à ce genre d'industrie : les Chinois raflaient déjà tous les marchés avec leurs prix au rabais. Cette aventure l'a occupé pendant une douzaine d'années. Inutile de préciser qu'il n'y a pas fait fortune (un euphémisme !). Sa satisfaction aura été d'avoir donné du travail à tout un village et même au-delà. « Au fond, tu as fait de l'humanitaire ! » lui disais-je.

Déprimé, Jacques Chirac ? En tout cas, pas le genre à s'épancher. Secret. Toujours ! « C'est un homme qui refuse le secours, ou plutôt qui n'appelle jamais, alors qu'il adore se charger des fardeaux des autres avec une gloutonnerie stupéfiante », m'expliquait Maurice Ulrich, son directeur de cabinet, qui était pour lui un conseiller très apaisant.

Oui, aider les autres. Surtout quand ils étaient démunis, affaiblis, et des inconnus pour lui. Sûrement un des meilleurs côtés de Jacques Chirac. Les exemples abondaient, où l'on racontait qu'il s'était démené une journée entière afin de dégotter un chirurgien, un médecin pour une enfant malade, la fille d'une concierge. On l'avait sollicité car il y avait urgence.

Une fin d'année, alors qu'il était à Matignon, Chirac avait demandé à mon ami Jean-Claude Decaux, qui me l'avait ensuite raconté, de financer les colis de Noël pour des maisons de retraite en Corrèze. Il lui avait donné par téléphone la liste des produits qu'il devrait y mettre : des gâteaux, une boîte de foie gras, du miel, des bonbons, du chocolat.

« Vous avez bien noté, Jean-Claude ? Tout y est ?

— Oui, monsieur le Premier ministre, vous pouvez compter sur moi ! »

Une demi-heure plus tard, nouveau coup de fil :

« Je vous ai dit du chocolat : il faudrait à la fois un sac de rochers et à côté deux plaques de chocolat au lait. Parce que les personnes âgées n'aiment pas le chocolat noir.

— C'est noté, monsieur le Premier ministre. »

Et plus tard encore :

« J'ai oublié de vous préciser que le chocolat ne doit pas être aux noisettes, c'est très mauvais pour les dents. »

Vingt minutes après :

« Je viens d'y penser. Il faudrait ajouter de l'eau de Cologne, parce que ça rafraîchit. Mais la même bouteille pour tout le monde, sinon cela créerait des jalousies. »

Et dans l'heure suivante :

« Jean-Claude, il faudra faire très attention que l'eau de Cologne ne fuie pas sur les chocolats ! Et puis ce serait bien que vous ajoutiez un gant de toilette… »

« Le Premier ministre m'a appelé huit fois ce matin », me confiait Jean-Claude en riant. Éberlué tout de même qu'un Premier ministre passe autant de temps à régler un problème de colis.

Dans la conjoncture morose qu'il subissait, Chirac allait avoir tout de même un peu de baume au cœur. Aux élections municipales en 1989, il remporta le Grand Chelem à Paris, comme six ans plus tôt. Balayant, tel un insecte importun, Pierre Joxe, le ministre de l'Intérieur, qui n'avait pas craint d'oser l'affronter. Cela lui faisait d'autant plus plaisir que l'une des premières décisions de ce Joxe-là, en arrivant place Beauvau, avait été d'annuler le projet d'école de gendarmerie à Eygletons, qu'il avait été si content d'annoncer aux Corréziens. Un beau succès. Mais pour la presse, le héros de ces élections s'appelait Michel Noir, le vainqueur de Lyon. Il avait battu le centriste Francisque Collomb (un simple homonyme de Gérard).

Noir s'était fait une réputation un an plus tôt en déclarant : « Il vaut mieux perdre une élection que perdre son âme », pour dire son refus de toute alliance avec le Front national. La gauche l'avait encensé. On aime toujours un adversaire qui accepte de perdre une élection. Et voilà qu'à peine élu, avant même d'avoir fait ses preuves à la mairie de Lyon, les journalistes lui demandaient : « Monsieur Noir, serez-vous candidat à la présidentielle de 1989 ? » Une question que je jugeais bien prématurée. De fait, pendant deux ans, Noir allait faire jeu égal avec Chirac dans la course à la présidentielle, ce qui lui était vite monté à la tête.

Un mois plus tard, le 6 avril, il se faisait le porte-parole des rénovateurs. Ces douze cadets de la droite, mus par une complicité de génération, entendaient faire une liste à part pour les élections européennes du

18 juin. Six RPR : Michel Noir, Philippe Séguin, Alain Carignon, Michel Barnier, François Fillon, Étienne Pinte ; trois républicains : Charles Millon, Philippe de Villiers et François d'Aubert ; trois CDS, surnommés les trois B : Dominique Baudis, François Bayrou et Bernard Bosson.

Je me souviens de Dominique Baudis un dimanche soir à la télévision. Il fallait voir comment cet effronté parlait aux anciens. Il secouait le cocotier, déniait à Giscard le droit de conduire la liste RPR-UDF. Il n'avait pas prononcé le mot, mais c'était la teneur de son propos : Dégage !

L'UDF, qui se moquait pas mal de la fronde des « douze salopards », comme on les appelait, ratifia cependant la candidature de VGE. Et le RPR fit de même. Jacques Chirac y voyait une bonne occasion de se débarrasser de Giscard. Il serait moins gênant à Strasbourg qu'à Paris. Il laissait Édouard Balladur, qui lui en avait soufflé l'idée, l'annoncer à la télévision. Pasqua, qui voulait une liste autonome du RPR pour les européennes, était fou de rage.

À la mi-mars, VGE m'avait demandé de venir le voir, ce qui m'avait beaucoup étonnée. Il cherchait des femmes pour sa liste et me proposait d'y figurer. Mais cette aventure ne me tentait pas du tout. J'étais journaliste et entendais le rester. Je l'avais remercié. « Pour une fois que je vous propose quelque chose », m'avait-il dit. Il semblait déçu. (N'exagérons rien.)

Très vite, le 13 avril, soit sept jours plus tard, les rénovateurs renonçaient à faire leur liste. Et c'est Philippe Séguin qui avait éteint les braises. Pas vraiment glorieux.

Dissidences plus sérieuses qui s'annonçaient : celles de Charles Pasqua, ex-ministre de l'Intérieur, et du même Philippe Séguin, ex-ministre des Affaires Sociales et de l'Emploi. Un tandem redoutable. Séguin, qui plaisait à gauche, savait embarquer les militants avec sa belle voix de baryton basse. Charles Pasqua incarnait la droite. Il était un orateur qui parlait sans notes et emballait la salle en la faisant rire. Tous deux appelaient à un rassemblement nouveau. Officiellement, ils ne mettaient pas en cause l'autorité de Jacques Chirac, concentrant leurs attaques sur Édouard Balladur et Alain Juppé, leurs bêtes noires, responsables, selon eux, d'une dérive néolibérale et européaniste qui conduisait le mouvement gaulliste à se couper de l'électorat populaire. Ils voulaient convaincre Chirac de changer de cap et faire trancher, par les militants, ce choix entre deux lignes politiques lors des assises de février.

En secret, ils espéraient dégommer Juppé et détrôner Chirac, lequel avait très bien compris le sens de leur manœuvre. Charles Pasqua estimait que Chirac lui avait manqué. Il ne supportait pas, après tout ce qu'il avait fait pour lui depuis 1974, qu'au lendemain de la défaite, il ait songé à confier les clés du mouvement à Édouard Balladur, « qui ne fait pas partie de la famille gaulliste ». Chirac n'avait même pas pensé à lui, Pasqua. Toujours cette histoire de cases où Chirac rangeait les gens. Pour lui, Pasqua c'était « oncle Charles », un ancien de chez Ricard, l'inventeur de l'Américano Gancia, qui amusait l'auditoire dans les congrès.

Chirac fut à ce point touché que quelques jours plus tard, il lâchait sur TF1 : « Pasqua c'était un ami. »

Un imparfait, comme on dit dans les manuels de grammaire. Pasqua l'avait reçu comme un deuxième coup à l'estomac. Le lendemain, sur RTL il se fâchait : « Je n'accepte pas que M. Chirac mette en cause notre sincérité. Nous sommes des hommes politiques, nous ne sommes pas des employés. Nul n'est propriétaire du mouvement gaulliste. »

Quant à Philippe Séguin, « un caractériel celui-là », soupirait devant moi Jacques Chirac qui me racontait que ministre des Affaires sociales, Séguin lui remettait sa démission tout le temps, « et même une fois quatre fois dans la même journée ». Chirac ne voyait pas que Séguin souffrait mort et passion que ce soit Juppé, le « meilleur d'entre nous », qui hérite du poste de secrétaire général du mouvement, et pas lui. Pour ces deux-là, tout se résumait à une banale histoire de dépit amoureux.

Mais au moins, leur tentative de putsch avait eu le mérite de faire sortir Chirac de sa léthargie.

Aux assises du RPR au Bourget le 1er février, la ligne Chirac recueillait 68,62 % des voix, la motion Pasqua-Séguin 31,38 % des voix. Tout rentrait dans l'ordre. Jacques Chirac était réélu président par acclamations, Alain Juppé confirmé dans ses fonctions. Nicolas Sarkozy avait choisi son camp. Il soutenait Chirac et avait beaucoup critiqué dans les médias l'opération Pasqua-Séguin.

Je me demandais si Jacques Chirac dans ses nuits d'insomnie refaisait le film de la cohabitation pour tenter d'y repérer ses fautes, les siennes, celles de son gouvernement ? De cela, il n'a jamais fait de confidence à personne. On ne saura donc jamais si Jacques Chirac a regretté de ne pas avoir suivi « mon pif qu'il est grand », lequel en 1984 lui conseillait de ne pas aller à Matignon. Ah ça, il n'en avait pas envie ! Il avait déjà donné avec Giscard, merci ! Il ne lui manquait que le dernier échelon, l'Élysée. Il ne voulait rien d'autre. On ne saura pas s'il fit grief à Édouard Balladur de l'y avoir poussé, après s'être intronisé théoricien de la cohabitation. En 1985, il lui disait déjà : « C'est vous, Édouard, qui devriez aller à Matignon ! » Lequel répondait : « Mais je suis un inconnu ! Et François Mitterrand ne me nommerait jamais ! »

En 1986, Mitterrand n'avait eu d'autre choix que de faire appel à Jacques Chirac. Mais en amont, il avait bétonné le terrain, en changeant le mode de scrutin (outré, Michel Rocard avait quitté le gouvernement Fabius). Ainsi, du fait de la proportionnelle, la droite n'avait obtenu que quatre voix de majorité. Avec deux cent douze élus, le PS s'en sortait bien. Certes cent députés étaient restés sur le carreau, mais avec l'ancienne loi, ils seraient revenus à cent vingt ou cent vingt-cinq.

Le soir des résultats, alors que le rapport de force n'avait jamais été aussi défavorable à la gauche, les socialistes à la télévision se montraient joyeux. Car ils avaient échappé au pire, tandis que les vainqueurs affichaient tous un air dépité. Ils ressemblaient à ces enfants dont on vient de crever le ballon et qui se présentent la ficelle à la main, le regard sidéré. C'est que le Front national entrait dans l'hémicycle avec trente-cinq élus très remuants. Une belle épine dans leur flanc. Les tours de magie de Tonton avaient tiré d'affaire la famille. La révérence était donc au plus haut. Le doute qui s'était installé depuis deux ans s'évanouissait : ils renouaient plein d'allégresse avec le culte mitterrandien.

À la tête du nouveau gouvernement, Chirac laissait, volontairement ou pas, ses ministres s'exprimer sur les ondes à tort et à travers, donnant l'image d'une volière indisciplinée. Tantôt, les ministres centristes rêvaient publiquement d'un messie qui s'appelait Raymond Barre, sapant ainsi l'autorité du Premier ministre. Tantôt, c'était la bande à Léotard qui méditait à haute voix sur l'opportunité et la candidature de leur héros. Le comble fut atteint avec la disparition pendant quatre jours du ministre de la Culture. Dans une interview au *Point*, il venait de qualifier les militants RPR de moines-soldats. Les plus avisés comprenaient « Templiers », c'est-à-dire accapareurs du secret et de la puissance. Les gaullistes étaient fous furieux. Jacques Chirac avait signifié publiquement à Léo de choisir entre son ministère et sa liberté de parole. Mais il était devenu injoignable, y compris par le Premier ministre. Jusqu'au moment où il réapparut…

Je me souviens de ce samedi de Pentecôte 1987 à Fréjus. Les journalistes étaient accourus en nombre, comme si le sort de la France se jouait là. C'était un de ces soirs où l'air tiède et le ciel étoilé font rêver de concorde. Léo était sorti de son silence, enfin ! Et pour dire quoi ? D'une voix douce et sur un ton modeste, il énonçait que non seulement il entendait demeurer au gouvernement, mais qu'il continuerait de parler comme bon lui semblerait. Les militants étaient subjugués par tant d'audace. J'étais, quant à moi, estomaqué par tant de culot. Un sacré pied de nez à Jacques Chirac dont l'autorité venait d'être sapée publiquement. Je m'attendais à une réaction. Que nenni !

Jacques Chirac avait écrasé : « Allez c'est fini Léo, on n'en parle plus ! » Le degré zéro de l'autorité.

Léo venait pourtant d'offrir à Mitterrand une grosse cerise à placer sur son gâteau de pique-nique à Solutré. Chaque année, la presse gravissait derrière lui le sommet de la célèbre roche pour écouter son rituel sermon sur la montagne. Évidemment avait surgi une question sur l'affaire Léotard. « J'ai toujours recommandé aux Premiers ministres, et j'en ai eu trois, de demander aux responsables institutionnels des partis de renoncer à leurs fonctions avant d'entrer au gouvernement. Cela a pu se faire avec Pierre Mauroy et Laurent Fabius, mais Jacques Chirac ne m'a pas écouté. » Un silence et puis : « Mais il est vrai aussi qu'il n'est pas bon de museler les ministres. Ce ne sont pas des robots. Le débat est nécessaire. » À l'évidence, cette affaire lui plaisait beaucoup. Il avait conclu par : « Je ne veux pas voir la France aller de crise en crise. »

Je me demandais si Chirac avait saisi combien il s'était fait avoir comme un bleu – il n'y a pas d'autre mot – par François Mitterrand. Car six mois après son entrée à Matignon, c'est-à-dire en décembre 1986, plus aucun sondage ne laissait augurer sa victoire en 1988. L'explosion étudiante allait très vite offrir à Mitterrand l'occasion de lui porter l'estocade.

Admirons la manœuvre.

Chaque nouvelle législature s'accompagne d'un projet de réforme de l'université. Cette fois c'est un jeune universitaire qui est en charge de la réforme. Alain Devaquet, spécialiste de mécanique quantique, enseigne à Polytechnique et à la Sorbonne. Il connaît les étudiants, il vit parmi eux. Quand il fait adopter son projet en Conseil des ministres le 11 juillet, sans provoquer la moindre observation de François Mitterrand, il est trop tard pour envisager un débat parlementaire immédiat. Personne ne fait d'objection. Présenté au Sénat fin octobre, il est voté dans une quasi-totale indifférence. Le projet est adopté le 30 octobre. Un mois plus tard pourtant, des centaines de milliers de jeunes seront dans la rue, en lutte contre les propositions Devaquet. Le ministre sera contraint de démissionner le 6 décembre, et Jacques Chirac devra retirer le texte le 8.

On sait que ni les syndicats étudiants ni le Parti socialiste, avec l'accord au moins tacite du chef de l'État, ne furent étrangers à un tel retournement de situation. L'idée d'une grande manifestation de rue s'impose, car du côté de l'Éducation nationale, on rêve depuis 1984 de montrer que l'on est aussi puissant et déterminé que les parents de l'école privée. Le 23 novembre, plus de 200 000 personnes, avec à leur tête tous les caciques du PS de Lionel Jospin en passant par Jean-Pierre Chevènement et Michel Rocard, et les anciens Premiers ministres, Fabius et Mauroy, défilent en criant « Augmentez nos salaires ! Diminuez nos horaires ! », ainsi que « Tonton tiens bon, nous revenons ! ».

Cette date ne doit rien au hasard. La veille, comme par inadvertance, François Mitterrand s'était rendu à Auxerre pour célébrer le centenaire du décès de Paul Bert, emblème de l'anticléricalisme le plus résolu. Tous les journalistes rélèveront que le Président est apparu de fort bonne humeur, presque guilleret. Interrogé sur l'agitation qui commence dans les universités et de nombreux lycées et sur la manifestation prévue le lendemain, il répond devant les caméras :

« Mais comment voulez-vous que je me sente déphasé ? » Comment le serait-il en effet ?

Pierre Mauroy m'avait raconté qu'en septembre, alors qu'il rendait visite à Mitterrand, il avait croisé dans les couloirs de l'Élysée le jeune président de SOS Racisme, Julien Dray, un ancien trotskiste qui lui avait lancé : « En France les seules forces révolutionnaires, ce sont les lycéens. » Mauroy comprendra plus tard ce que Dray avait voulu dire.

SOS Racisme, bien implanté dans les lycées, où les élèves arborent bien volontiers l'insigne en forme de main « Touche pas à mon pote », va jouer un rôle important dans l'organisation du mouvement. Ses dirigeants espèrent qu'une manif réussie empêchera le gouvernement de présenter aussi son projet de réforme du code de la nationalité (que préparait Albin).

Simple concours de circonstances ? Alors que François Mitterrand parle à Auxerre s'ouvrent à la Sorbonne les états généraux de l'UNEF-ID, dont le but est d'amender la loi Devaquet. Et il y a du monde. La première à prendre la parole est Isabelle Thomas. C'est elle qui a lancé le premier mouvement de grève à Villetaneuse. Elle est proche de la direction de SOS Racisme. Elle demande le retrait pur et simple du projet Devaquet.

Une nouvelle manifestation est organisée pour le 4 décembre à Paris. La logistique suit. De nombreuses municipalités socialistes accordent des subventions pour assurer les transports, la nourriture et la sono. Vingt-cinq trains spéciaux sont affrétés. La France s'attendrit sur ce mouvement que l'on dit « spontané ». Malheureusement, la manif dégénère. L'encadrement étudiant est débordé par les casseurs et les policiers harcelés finissent par lancer des grenades lacrymogènes. Le lendemain, la Sorbonne est occupée.

Jacques Chirac lance un appel aux jeunes pour les inviter au dialogue avant de s'envoler pour Londres, où se trouve déjà François Mitterrand. À 18 heures, Édouard Balladur, qui assure l'intérim, dessaisit Alain Devaquet et confie le dossier à René Monory, lequel, avec ses airs de Galabru débonnaire, annonce qu'il retire les points litigieux du projet. On croit la crise désamorcée. Las, le pire est à venir. Les affrontements se multiplient. Rue Monsieur-le-Prince, un jeune étudiant français d'origine maghrébine, Malik Oussekine, roué de coups par des voltigeurs motocyclistes de la police, succombe à ses blessures. Il devient sur-le-champ le martyr et le symbole du mouvement. La fête est finie. C'est l'horreur. Absurde horreur. Jacques Chirac doit rentrer précipitamment de Londres, tandis que l'agitation se poursuit au Quartier latin. Le dimanche, François Mitterrand fait dire que si Chirac s'obstine, il est prêt à prendre l'opinion à témoin. Le lundi, Chirac finit, à contrecœur, par s'incliner. « Nous aurons du mal à nous en remettre », commente, lucide, Édouard Balladur.

Le 31 décembre à Brégançon, François Mitterrand pronostique, quant à lui, devant ses amis : « Je crois que vous allez bientôt revenir au pouvoir. »

Bien avant 1986, Jacques Chirac et Édouard Balladur s'étaient réparti les rôles. À cinquante-quatre ans, si son goût pour les chevauchées à travers l'Hexagone demeurait intact, Chirac ne voulait plus s'occuper que des grandes questions : la défense, la politique étrangère. En clair, mettre son nez dans tout ce qui relevait jusque-là du « domaine réservé » du chef de l'État. La cohabitation, croyait-il, l'y autorisait.

Restait à savoir si François Mitterrand accepterait de partager un domaine où il s'était investi avec une évidente délectation. Il aimait dire à la télévision : « M. Bush [ou M. Clinton, ou M. Gorbatchev] vient de me téléphoner. » Flairant le danger, il avait averti à la mi-juillet 1985 que « s'il y avait confiscation de la politique étrangère, ce serait un coup d'État ».

Édouard Balladur, lui, serait ministre d'État (il avait demandé ce titre à Jacques Chirac). Dans son esprit, c'est lui qui gérerait la France et recevrait les doléances des ministres. Il serait une sorte de Premier ministre bis sans Matignon. Les ministres me le confirmaient tous : dans les réunions, il imposait son point de vue sur presque tous les sujets. Dégagé de ce pesant fardeau de l'intendance, Jacques Chirac crut à tort qu'il devait en priorité se donner une stature internationale, en vue de la suite. À peine était-il arrivé à Matignon qu'il se mettait à galoper tel un alezan effronté à travers les chasses gardées présidentielles.

Chaque sommet où devaient se rendre le chef d'État et le Premier ministre devenait une véritable affaire d'État et un vrai casse-tête pour le protocole. Il fallait régler les déplacements, les horaires, les places autour de la table de conférence, les deux têtes de l'exécutif n'empruntant jamais le même avion. Au sommet de Tokyo, François Mitterrand s'était ingénié à mortifier Chirac, arrivé quand tout était déjà signé. D'emblée il était évident que le Président aurait toujours le dernier mot. Le Premier ministre insistait et Mitterrand ne le ratait jamais. Jacques Chirac avait renforcé à Matignon son équipe diplomatique. François Bujon de L'Estang, son sherpa, aimait à plaisanter en se présentant comme « sherpa à grand-chose ».

De l'autre côté, le ministre d'État, ministre de l'Économie, des Finances et des Privatisations se métamorphosait sous nos yeux. Le regard hautain d'un prélat romain, le menton plus rengorgé que jamais, la démarche plus solennelle, Balladur reflétait le contentement de soi. Et gare à qui omettait de l'appeler par son titre. Plus tard, il m'expliquera que c'était de la timidité. Peut-être. Mais quelle mouche l'avait donc piqué ? Il faisait étalage d'une suffisance sans limites. Au RPR, on ne l'appelait plus que le « vice-roi du Pérou ».

Une enquête publiée sur les cent jours du gouvernement Chirac montrait cependant que les mesures décidées par Balladur étaient toutes condamnées par l'opinion : la suppression de l'impôt sur les grandes fortunes, celle de l'autorisation administrative de licenciement, l'abolition du contrôle des prix, la privatisation de TF1... Une vraie politique libérale se mettait en place.

Je me souviens du jour où j'étais venue rue de Rivoli interviewer le ministre d'État pour *Jours de France*. J'y croisai Francis Bouygues, accompagné de son fils Martin. Il venait de se porter acquéreur de la future chaîne TF1. « C'est le plus gros chèque que j'aie jamais signé de ma vie. Trois milliards de francs », soupirait-il après s'être acquitté de la somme. Un grand et lourd moment pour lui.

Au même moment, Europe 1 était aussi privatisée. Jean-Luc Lagardère était revenu. Deux ans plus tôt, Jacques Abergel, constatant que les auditeurs quittaient la station, avait fait appel à Gérard Carreyrou et à Charles Villeneuve pour diriger la rédaction. Grâce à eux, les sondages étaient remontés. Europe 1 égalait presque RTL. Tout le monde était content. Mais il faut dire qu'avec eux, la tonalité de l'information était moins socialiste. Dans la ténébreuse affaire du *Rainbow Warrior*, Charles Villeneuve n'hésitait pas à mettre en cause Mitterrand et Charles Hernu, son ancien ministre de la Défense. Gérard lui aussi intervenait presque tous les jours et me racontait que Bérégovoy l'appelait le soir chez lui pour lui demander de « tempérer ses papiers. Mitterrand n'est pas content, ça va finir par me gêner ! ». Je lui rétorquai : « Mais Pierre, nous faisons notre boulot. » L'affaire avait rebondi quand Edwy Plenel avait révélé dans *Le Monde* la responsabilité directe de Charles Hernu et exigeait sa démission. Mitterrand était cette fois fou de rage : il savait que Plenel tenait ses informations de son ami Pierre Joxe, qui, depuis le ministère de l'Intérieur, avait décidé de gérer l'affaire Greenpeace à sa façon. Laurent Fabius, le Premier ministre de l'époque, qui affirmait n'avoir jamais été informé de rien (ce qu'à Europe 1 Charles Villeneuve contestait), exigeait lui aussi le départ d'Hernu pour se protéger.

Charles Hernu. Je me souviens de ce ministre au teint empourpré qui nous accueillait avec du champagne rosé, quelle que soit l'heure. Le verbe haut, la bourrade fraternelle avec les militaires, c'était un socialiste tendance jovial-démocrate. Il y avait dans son bureau un magnifique tapis de la Savonnerie, et il m'avait avoué qu'il le contournait, n'osant marcher dessus avec ses boots. Il avait joué un grand rôle auprès de François Mitterrand pour fixer la ligne du parti sur les questions militaires et réussi à convaincre ses camarades que le nucléaire et la force de frappe étaient absolument nécessaires. Il venait de se remarier avec une superbe brune, dont il me montrait les photos. Il n'était pas cachotier sur sa vie très privée. Tout allait bien de ce côté-là, m'assurait-il.

Je revois son accablement le jour de sa démission. Mitterrand semblait aussi chagrin que lui. Quelques semaines plus tard, il le décorerait de la Légion d'honneur. Un lot de consolation.

Rue de Rivoli, Balladur exultait. Son bureau était une ruche où se pressaient tous les grands patrons. « Édouard prend son pied, me confiait Alain Juppé, son ministre délégué au Budget, qui entretenait avec son supérieur des rapports détestables. En Conseil des ministres, je n'ai jamais le droit de parler. Il m'interdit d'utiliser les salles à manger du ministère alors qu'elles sont vides. »

Édouard *imperator*.

Jacques Chirac lui faisait-il une observation ? Le ministre d'État rétorquait : « La différence entre vous et moi, Jacques, c'est que je ne fais pas de politique ! » Peu à peu je percevais que son ami Chirac lui tapait sur les nerfs. Lui qui adore téléphoner ne cessait d'appeler Balladur pour un oui, pour un non, du matin au soir et du soir au matin. Le ministre d'État s'en était plaint devant moi. Un jour que j'étais dans son bureau, le téléphone sonne. Édouard décroche : « Allôôôô ? Jacques ? Mais vous êtes où ? Dans un tunnel ? Mais je vous ai déjà dit de ne pas m'appeler quand vous êtes dans un tunnel. Alors rappelez-moi. » Et de raccrocher d'un geste excédé. Pour ne plus être dérangé à tout bout de champ, le ministre d'État m'avait avoué qu'il filtrait les appels.

Très vite, j'avais acquis la conviction que le tandem Chirac-Balladur était la réédition d'une double méprise, après celle que Chirac avait déjà connue avec Giscard. C'est avec ces coups de fil incessants qu'il a fini par persuader Balladur de sa vulnérabilité, autrement dit qu'il n'avait pas les qualités requises pour être président de la République.

Mais de son côté, Chirac refusait de croire qu'Édouard puisse être un rival : « Vous n'avez qu'à le regarder, il ne sera jamais populaire. Vous le voyez sur les marchés, il ne serre jamais les mains, il a horreur de ça ! Et puis, il a toujours mal à la tête. Pour faire campagne, il faut aller chercher les électeurs avec les dents ! Non, il ne sera jamais président. »

« Méfiez-vous tout de même », lui conseillait Juppé.

Les plus fins observateurs notaient que le ministre d'État faisait des progrès rapides. En septembre 1986, il avait accepté de participer « à contrecœur », disait-il, à « L'Heure de vérité ». Pour le rassurer, Chirac lui avait prêté sa maquilleuse. Ce soir-là, les Français avaient découvert le ministre d'État. Il avait fait, comme on dit, un tabac.

« J'ai cru revoir M. Pompidou », s'enthousiasmait Bernadette Chirac.

Quelque temps après, interrogé lors d'un dîner d'État sur une rumeur qui faisait de lui un présidentiable, le ministre décochait prestement un regard oblique en direction du questionneur :

« Ah oui ? » feignit-il de s'étonner d'une voix très *Flûte enchantée*.

« Nous voilà au Français ! Ce "oui" est d'un grand sociétaire », s'exclama un convive. Et le ministre de rosir de plaisir.

Dans toute association de deux hommes, il y en a toujours un qui se fait porter par l'autre, disait le général de Gaulle.

Au lendemain de la défaite de 1988, Édouard Balladur traverse lui aussi une période de désenchantement. Michel Rocard s'envole dans les sondages, François Mitterrand est installé pour sept ans. Que doit-il faire ? Quitter la politique ? Il doit bien se l'avouer : il y a pris goût. Le sort décide pour lui. Il a fait campagne dans le XVe arrondissement, dont les électeurs l'ont élu député au premier tour. C'est alors que des bruits malveillants lui arrivent du RPR, selon lesquels il serait responsable de l'échec de Chirac à la présidentielle, et ça, il ne le supporte pas. « Jacques ne m'a pas défendu, il a manqué de solidarité ! » me dira-t-il. Mais en juin 1988, Chirac était trop occupé à gérer au mieux sa propre survie pour s'intéresser à un autre sort que le sien.

Charité bien ordonnée commençant par soi-même, désormais Édouard ne va plus penser qu'à Édouard. Puisqu'on l'attaque, il va riposter. Puisque personne ne le défend, il va s'en charger. Ce qui donne déjà un but à sa vie. Cet homme aux gestes lents est un tourbillon intérieur. Durant l'été 1988, il s'est installé loin de la Mairie de Paris, dans des bureaux bien à lui, au troisième étage d'un immeuble cossu du boulevard Saint-Germain. Le décor est d'une austérité japonaise. Murs blancs, parquets cirés, mobilier design noir, rien à voir avec les pourpres et les dorures de la Rue de Rivoli.

Il ouvre grandes ses portes aux journalistes, chefs d'entreprise, parlementaires. Sa courtoisie a quelque chose d'enjôleur. On vient le voir aussi pour goûter son humour. Plus rien à voir avec le « vice-roi du Pérou ».

Dès le mois de juillet, il a recruté un jeune énarque passé par l'École navale, au maintien de cavalier, qui lui a été recommandé par Jean-Marie Messier, au cabinet duquel il appartenait. Il s'appelle Nicolas Bazire, il a trente et un ans. Ce jeune homme bien élevé, au regard narquois, lui fait la meilleure impression. En septembre, il devient un permanent au service d'Édouard.

D'abord pour défendre son bilan, Édouard s'est astreint à des devoirs de vacances. Il fait parvenir en septembre une note de conjoncture économique aux parlementaires, chefs d'entreprise les plus éminents, à la presse bien sûr, où, chiffres à l'appui, il démontre que, « dans tous les domaines, depuis 1986, la France a amélioré ses positions par rapport à ses partenaires étrangers ». (Grâce à lui évidemment.)

Depuis juin, il a entrepris une autre démarche. Puisque la cohabitation n'a pas marché, il a décidé d'en faire l'autopsie, sous forme d'un livre-entretien avec Jean-Pierre Elkabbach. Dans la préface, il indique le sens de l'opération : « Si j'écris ce livre, ce n'est pas pour ressusciter le passé, c'est pour préparer l'avenir, car si l'œuvre a été interrompue, un jour il faudra bien la reprendre. » Édouard plaide dans cet ouvrage pour une nouvelle cohabitation.

« À la mi-1989, Jacques Chirac m'a dit : "Édouard se verrait bien Premier ministre, d'ailleurs il ferait un très bon Premier ministre" », me racontait Alain Juppé qui l'avait mis en garde : « Avez-vous songé que s'il devient Premier ministre, il pensera aussitôt à l'Élysée ? Méfiez-vous. »

Mais se méfier de quoi ? Chirac était convaincu qu'Édouard ne serait jamais populaire.

À la mi-1989, Édouard ne pense plus qu'à prendre la tête du gouvernement, le moment venu. Jacques Chirac l'y encourage. Et bientôt, à l'Hôtel de Ville, on se passe le mot : tout doit être fait pour aider Édouard à accéder à Matignon.

Bien sûr, comme avant, Édouard et Jacques s'appellent tous les jours, plusieurs fois, et chaque matin à 7 h 30. Un rituel. Mais Édouard s'avère un peu moins disponible : c'est qu'il travaille désormais pour son propre compte. Les deux hommes ne se préparent plus main dans la main pour retrouver le pouvoir ensemble.

Édouard continue de venir chaque mardi matin à la Mairie de Paris, mais ses passages sont plus brefs. « Vous m'excusez, Jacques. » À l'occasion, il manifeste quelque impatience. On l'entend dire : « Écoutez Jacques, réfléchissez », ou encore : « Mais Jacques vous n'allez pas me mentir tout le temps ! » Il se montre si susceptible qu'il lui arrive de bouder carrément. « J'ai dû lui écrire pour qu'il revienne ! Il était vexé ! » se lamente Chirac.

À partir de 1990, Édouard Balladur s'impose comme l'homme de la deuxième cohabitation, un leader de rechange au RPR.

Il impressionne. Son intérêt se porte au-delà des frontières : quelques jours après la chute du mur du Berlin, le 9 novembre 1989, il publie dans *Le Figaro* un article sur la nécessité de repenser complétement l'Europe. Et le 1er décembre dans *Le Monde*, sous le titre « L'Europe sous la pression allemande », il estime sans ambages que la réunification allemande est inéluctable. Un constat qui apparaît aujourd'hui comme irréfutable, mais qui à l'époque se révèle d'une grande audace. D'autres, et non des moindres (VGE, François

Mitterrand, Roland Dumas), mettront plus longtemps à admettre cette évidence.

En août 1990, l'Irak envahit le Koweït. Jacques Chirac, ligoté par son amitié ancienne avec Saddam Hussein, ne se hâte pas de prendre position dans ce conflit. Il prolonge ses vacances en Sardaigne et laisse s'exprimer l'ex-ministre d'État au nom du RPR. Lors de la session extraordinaire qui se tient le 27 août à l'Assemblée nationale, ses collègues parlementaires se disent impressionnés par sa prestation. Un discours pourtant prononcé avec une grande économie d'effets. Michel Rocard vient en personne le saluer. Le lendemain, *Le Monde* ne tarit pas d'éloges. Édouard a pris une autre dimension.

Ce n'est pas tout. Il joue au fédérateur de l'opposition. Tout le monde a noté qu'il est désormais flanqué, où qu'il aille, de ses « deux Nicolas », comme il les appelle. Sarkozy et Bazire, qui sont devenus les meilleurs amis du monde (le premier se partage entre l'Hôtel de Ville et le boulevard Saint-Germain). Les deux lui servent d'agents recruteurs auprès d'une dizaine de jeunes députés « précohabiteurs » (des RPR, des UDR, des centristes), que Balladur réunit en groupe de travail. Tous sont frappés par sa liberté de ton. Tous sont séduits par sa personnalité et le disent.

En septembre 1990, invité d'Anne Sinclair, il annonce qu'il ne sera pas candidat à l'élection présidentielle de 1995. Surprise : le lendemain, Chirac l'appelle : « Vous ne devez pas dire que vous ne serez pas candidat, Édouard, on verra bien qui est le meilleur », lui reproche-t-il. Une phrase que Mme Esnous a entendue formellement et qu'elle m'a confirmée, car moi je ne voulais pas le croire.

« Eh bien je ne le dirai plus », avait promis Balladur.

Et voilà comment Chirac s'est fabriqué un rival. Si Balladur acquiert peu à peu une place éminente, c'est aussi, nonobstant sa propre ambition, parce qu'on l'y a poussé.

Quelques jours avant les élections, Jacques Chirac donnait soudain le sentiment de flotter. De ne plus être assuré de la justesse de sa stratégie. C'est qu'il entendait à longueur de journée les mises en garde conjuguées de Pasqua, Juppé et Séguin sur le thème : « Si tu ne vas pas à Matignon, c'est Balladur qui sera candidat à la présidentielle. »

De son côté, Édouard lui avait adressé cette mise au point : « Si vous avez envie d'aller à Matignon, vous devez y aller ! Mais sachez que je ne serai pas votre ministre. »

« J'ai entendu Balladur dire cela à Chirac au moins dix fois ! » m'assurait Alain Juppé.

Au printemps 1993, la droite remporte haut la main les élections législatives. 480 députés sur 577. 242 pour le RPR, 207 pour l'UDF. Les socialistes et leurs alliés ne conservent que 67 sièges. Une Bérézina. Le soir du deuxième tour, le vainqueur s'appelle Jacques Chirac. Il s'est tant démené pendant la campagne. Édouard ne se montre pas. Il n'entend pas lui ravir la vedette.

Le lendemain, tout le monde se réunit à la Mairie de Paris : Juppé, Pasqua, Séguin, Messmer et Balladur. Tout le monde se congratule. « On pourrait peut-être parler du gouvernement », suggère Chirac. Édouard s'esquive avec sa formule habituelle : « Vous m'excusez, Jacques. » C'est qu'il a rendez-vous avec Hubert Védrine, le secrétaire général de l'Élysée au Relais

Plaza, dans une chambre louée pour l'occasion. Un secret bien gardé. À 20 heures, François Mitterrand apparaît à la télévision. Il a désigné Édouard Balladur comme Premier ministre. Il le recevra à 21 heures.

Édouard Balladur me raconte la scène : « À la fin de l'entretien, le Président m'a dit : "Vous avez jusqu'à vendredi pour m'apporter la liste de votre gouvernement." » Je lui ai répondu : « Vous l'aurez demain à 18 heures », ce qui l'a fait rire. « Vous n'y arriverez pas ! — Mais si ! »

Le lendemain à 18 heures, ce sera chose faite.

Comme on le sait, une voiture de police précède toujours celle du Premier ministre. Ce jour-là, à leur habitude, les policiers quittent en trombe la cour de Matignon, gyrophares tournant, et s'engouffrent dans la rue de Varenne, brûlant le feu rouge, avant de débouler à toute vitesse sur le boulevard des Invalides. Mais voilà qu'ils s'inquiètent. La voiture du Premier ministre n'est plus dans le rétroviseur. Elle ne suit pas. C'est qu'elle s'est arrêtée au feu rouge. Édouard Balladur, contrairement à ses prédécesseurs, respecte la signalisation. Un Premier ministre n'est pas au-dessus de la loi. Les policiers ne recommenceront pas. Et Édouard Balladur de moquer devant moi « ces Excellences socialistes qui brûlent les feux rouges, comme s'ils partaient d'urgence se faire opérer de l'appendicite ».

Au moment où le Premier ministre part pour l'Élysée, Jacques Friedman quitte l'hôtel Matignon pour la Mairie de Paris où il doit remettre la liste du gouvernement à Jacques Chirac. Lequel découvre que l'équipe de 1993 n'est plus celle de 1986. Édouard Balladur veut marquer son pouvoir dès le premier jour : son gouvernement est le sien.

Majoritaire à l'Assemblée nationale, le RPR se retrouve minoritaire au gouvernement : 16 UDF pour 13 RPR. Les gaullistes ont obtenu l'Intérieur (Pasqua), les Affaires étrangères (Juppé), le Budget (Sarkozy, qui est aussi nommé porte-parole du gouvernement). Les UDF héritent des Finances (Alphandéry), de la Défense (Léotard), de la Justice (Méhaignerie), de la Santé et de la Ville (Simone Veil). « Comme ça on ne parlera plus d'État-UDR », m'explique Nicolas Bazire.

Le coup est rude pour Jacques Chirac, qui découvre cette liste où ont accepté de figurer certains de ses plus proches amis ou collaborateurs, et surtout la lettre du Premier ministre qui l'accompagne : « Merci de tout cœur de votre soutien, sans lui, rien n'aurait été possible, ni hier, ni aujourd'hui. Rien ne le serait demain. Je le sais mieux que quiconque. Veuillez croire, cher Jacques, à ma fidèle amitié. Signé Édouard Balladur. » C'est une reconnaissance de dette plus qu'un engagement sur l'avenir. Jacques Chirac, qui a relu la lettre plusieurs fois, est atterré. À tel point qu'il décommande le dîner prévu le soir même à l'Hôtel de Ville avec les Balladur. Nicolas Sarkozy me racontera qu'il avait dû appeler Claude Chirac pour arranger les choses, et obtenir que le repas soit maintenu.

Ce soir-là, les Balladur se présentent au dîner flanqués de leur chien. Ce qui ne leur était jamais arrivé auparavant et qui choque beaucoup Bernadette, laquelle prévient son mari : « Maintenant, Jacques, ils vont tout se permettre ! »

Le jour même de son entrée en fonction, Édouard Balladur m'avait reçue à déjeuner avec Alain Duhamel : nous avions vu un Premier ministre disert, affable, qui prenait son temps, alors que le menu du déjeuner n'invitait pas à s'attarder à table : pas d'entrée, un poisson avec des légumes vapeur, un sorbet. Le régime minceur. Pas une seule fois, le locataire des lieux n'avait été interrompu par un appel téléphonique d'urgence. Aucun huissier n'était venu lui apporter un pli pour lui annoncer l'arrivée de son prochain rendez-vous. Déjà souverain.

Il nous confirma qu'il avait bien choisi seul ses ministres car il tenait à son indépendance : il n'en fallait pas davantage pour comprendre qu'entre Chirac et lui, les rapports risquaient d'être de moins en moins cordiaux.

Je me souviens d'un autre déjeuner à Matignon. Cette fois nous étions trois, avec Jean-Pierre Elkabbach. Ce dernier avait apporté des pâtes de fruits et offert une cravate au Premier ministre qui le remercia devant nous. Emporté par son élan de générosité, Jean-Pierre lui avait même lancé : « Que peut-on faire pour vous aider ? » Alain avait aussitôt réagi : « Nous ne sommes pas là pour aider le Premier ministre : ce n'est pas notre rôle ! Expliquer sa politique, ça oui. » Mais Jean-Pierre est comme ça, toujours mû par un besoin des connivences avec les hommes au pouvoir, quelle que soit leur étiquette.

Le 28 avril, se tient le conseil national du RPR à l'hôtel Nikko, le premier depuis la formation du nouveau gouvernement. À la tribune, Jacques Chirac est entouré de tous les ministres et du premier d'entre eux, Édouard Balladur, tous pénétrés de l'importance de leur fonction. Jacques Chirac qui se sent sûrement un peu désœuvré, écrit déjà le scénario du futur : il demande aux militants de ne pas s'endormir. « À peine avez-vous posé le baluchon de la dernière campagne, leur dit-il, que je vous convie à le reprendre, pour approfondir nos racines et nous préparer à remporter ensemble dans deux ans la victoire majeure. » Moi je voyais que les ministres, trop contents de l'être, avaient la tête ailleurs.

Le lendemain de cette réunion, Jean-Louis Debré, invité sur radio OFM, évoque le « ticket Balladur-Chirac » pour la future présidentielle. Le lendemain, il croise Édouard Balladur à l'Assemblée nationale, qui le prend à part. « Si vous parlez de la présidentielle, lui lance-t-il, j'aimerais mieux que vous ne me mettiez pas en cause, que vous ne m'y associiez pas. » À ses ministres, il a donné la même consigne : ne pas parler de la future élection. Quelques jours plus tard, Jean-Louis Debré récidive. « Ne parlez pas de moi », l'admoneste un Balladur très fâché.

« De ce jour je n'ai plus existé pour lui, constatera Debré. Il ne me regardait plus. »

En mai, les Français offrent au Premier ministre un vrai moment d'extase : 75 % d'opinions favorables. Qui avait prédit qu'il ne serait jamais populaire ? Il séduit les Français, il incarne les valeurs qui rassurent : la famille, l'honnêteté, la modération des sentiments, l'effort, le dialogue social, le respect des institutions. C'est un Premier ministre qui tranche avec le passé. Sur la fin, il y avait eu vraiment trop d'histoires chez les socialistes. Ils faisaient penser à ces familles où, d'un coup, rien ne va plus. Après la sanction du corps électoral désorienté, le suicide, le 1er mai, de Pierre Bérégovoy venait d'ajouter le drame à la défaite. Édouard symbolisait le retour de l'ordre dans la maison.

Quand la Sofres demande aux Français : « Quel serait le meilleur président ? », Édouard Balladur recueille 54 % d'avis positifs contre 38 % pour Jacques Chirac. De quoi donner des idées à qui s'interdisait jusqu'ici d'évoquer le sujet !

Si bien qu'entre Édouard et Jacques, les choses ne tardent pas à se gâter. Ce dernier téléphone à tout bout de champ sur l'interministériel, appelle plusieurs fois par jour Nicolas Bazire, conseille les ministres, « Alors que moi je ne les appelle jamais, je les laisse travailler », soupire Édouard.

Pendant ce temps, Philippe Séguin tire un coup de bazooka sur Matignon. Lors d'un colloque dans les Hauts-de-Seine, il prend ses distances avec la politique économique d'Édouard Balladur, qu'il qualifie de Munich social. Le mot fait mouche. Et le message est clair : dès que Balladur quittera Matignon, le moment sera venu d'une autre politique. Or tout le monde sait que Jacques Chirac a poussé avec succès Philippe Séguin à la présidence de l'Assemblée.

Édouard Balladur espérait que Jacques Chirac désavouerait Séguin, mais la condamnation ne vient pas. « Chirac fragilise mon action », déplore-t-il, sans doute secrètement ravi de ce grave manquement qui le délivre du pacte non écrit censé le lier au maire de Paris.

Jacques Chirac me confiera que Nicolas Bazire l'a appelé pour lui dire : « Le contrat est rompu. »

En juin 1993, au plus fort de l'été, rien ne va plus entre Édouard et Jacques. Le franc, victime d'une fièvre spéculative, subit des attaques sur le marché des changes. Des rumeurs circulent sur une éventuelle sortie du franc du système monétaire européen. Il atteint son cours plancher par rapport au deutsche mark. D'autres monnaies sont fragilisées. Le risque d'explosion du système est réel. Le 1er août, une solution inédite est imaginée par les ministres des Finances des douze et les gouverneurs des banques centrales. Dès le lendemain, les marges passent à plus ou moins 15 % par rapport au cours pivot. La spéculation est jugulée, le franc n'est pas dévalué, le SME est sauvé. Dans l'opposition, Jean-Pierre Chevènement dénonce dans ce compromis une dévaluation camouflée.

Édouard Balladur juge que Chirac, en cette circonstance, s'est montré bien peu solidaire. D'autant qu'au même moment, Giscard et Barre ne ménagent pas leurs critiques, déplorant « une décision en contradiction avec la poursuite de l'union monétaire de l'Europe ».

Le 27 septembre, les députés gaullistes se retrouvent à La Rochelle, pour leurs journées parlementaires. À leurs yeux, il y a désormais deux présidentiables au RPR. Ce jour-là, dans le hall de l'hôtel, les journalistes sont happés par les responsables du service de presse de Jacques Chirac qui brandissent joyeusement *Le Journal du dimanche* : « Vous avez vu, il (Balladur) a perdu 4 points dans les sondages », claironnent-ils. Dans leur discours, bien entendu, les deux hommes se montrent fort civils l'un envers l'autre. « Je sais que je peux compter sur vous tous et sur Jacques Chirac », explique Édouard Balladur tandis que son rival s'efforce de paraître conciliant : « Ceux qui s'inquiètent à l'idée que la discorde pourrait s'introduire entre

Édouard et moi peuvent être rassurés, ceux qui s'en réjouissent seront déçus. » Mais personne n'est dupe.

Pour clôturer cette journée, les services de presse conjoints de Matignon et de la Mairie de Paris ont imaginé une petite mise en scène : Édouard et Jacques iront marcher côte à côte sur le quai du port. Ils se promèneront comme deux amis, désireux de prendre l'air, de discuter ensemble, sous l'œil de cinquante caméras. Le Premier ministre s'est prêté à ce stratagème. Mais dans l'avion du retour, on le sentirait fort courroucé.

Justement, le retour… Balladur avait prévenu tout le monde qu'il repartirait à 15 heures pour Paris, où d'autres tâches l'attendaient. Ponctuel comme à son habitude, à 14 h 30 précises il quitte la table du déjeuner avant même que l'on ait apporté le dessert, entraînant à sa suite Jacques Chirac, Charles Pasqua et les journalistes qui avaient été conviés à les accompagner. Un cortège de voitures achemine tout ce monde vers l'aéroport.

Pour ponctuer cette journée déjà chagrine, on assiste alors à un curieux ballet. Sur le terrain balayé par les vents mauvais, trois avions attendent. Un gros, un moyen et un plus petit. Arrivé le premier, Édouard Balladur prend place dans le plus gros sans se retourner. Arrivé après lui, Jacques Chirac s'engouffre dans le second d'où il redescend aussi vite qu'il y est monté, les hôtesses lui ayant indiqué que c'était celui de Charles Pasqua, le ministre d'État, ministre de l'Intérieur. Le sien étant le plus petit, il devra attendre que les deux premiers avions aient pris leur départ avant de pouvoir s'envoler à son tour.

Ainsi, ceux qui avaient été si longtemps ses lieutenants venaient de lui passer devant. Une scène d'une tristesse infinie. Quel symbole ! C'est après avoir assisté à cette scène que j'avais décidé de raconter dans un livre l'histoire de Jacques et Édouard, *Le Dauphin et le Régent*.

En cet automne, les feuilles mortes se ramassaient à la pelle. Une amitié de trente ans prenait des airs de bois mort. Pour la première fois depuis treize ans, Balladur ne souhaiterait pas son anniversaire à Jacques Chirac. Chaque jour éclatait un nouvel incident et les députés étaient invités par fournées à déjeuner à Matignon.

« Je n'ai que quatre ministres fidèles : Juppé, Toubon, Alliot-Marie et Romani », me disait Jacques Chirac. Il avait déjà intégré le fait qu'avec Pasqua la séparation était possible. Mais en raison de leur passé commun chez Pompidou, il avait encore du mal à imaginer qu'il en irait de même avec Balladur. Pourtant, lors de leur déjeuner du mardi, Jacques et Édouard ne se regardaient plus en face.

C'est seulement quelques jours avant Noël que Jacques Chirac accepte enfin l'idée qu'Édouard et lui sont désormais concurrents. Le dimanche 20 décembre, François Léotard et Simone Veil se déclarent favorables à la candidature d'Édouard Balladur. Jacques Chirac en est désormais persuadé : le chef du gouvernement vient de lancer sa campagne présidentielle. Les sondages lui sont toujours favorables. Il est l'homme de l'année.

À Noël, les dernières illusions s'envolent. Jacques Chirac me raconte qu'ayant téléphoné à Chamonix pour souhaiter une bonne année au Premier ministre, son épouse lui répond : « Édouard est à la messe !

Il vous rappellera. » Naturellement, Édouard n'a jamais rappelé.

Le 7 février 1994 ont lieu les obsèques du président ivoirien Houphouët-Boigny. Édouard Balladur m'a invitée à faire le voyage dans son avion. Il a pris place à l'avant, en compagnie de Pierre Messmer et de plusieurs ministres. Jacques Chirac, également convié, a choisi de s'installer au fond. Et nous, les journalistes, allons de l'un à l'autre. Je me souviens du regard noir que nous lançait le Premier ministre lorsqu'il jugeait que nous avions passé trop de temps avec Chirac. Lors de la cérémonie des funérailles dans la cathédrale de Yamoussoukro, le fief du président défunt, nous les journalistes sommes parqués sur une tribune surplombant l'autel d'où l'on peut voir la Françafrique au grand complet. Ainsi que François Mitterrand, Giscard, Jacques Delors, Pierre Messmer, Jacques Chirac, et une kyrielle de ministres des temps plus anciens. Quel spectacle ! Le soleil de la savane entrait dans la cathédrale à travers les vitraux, formant comme une pluie de confettis multicolores. La liturgie catholique romaine se mêle aux chants baoulés entonnés par une immense chorale, conjuguant la pompe traditionnelle avec une gaieté qui transporte l'âme. À l'issue de la cérémonie se tient un cocktail où les chefs d'État africains entourent Pierre Messmer. C'est lui le héros du jour. On sent tout le respect que leur inspire ce dernier gouverneur qui a tant œuvré pour leur indépendance.

Jusqu'à la fin 1994, et même un peu au-delà, personne n'aurait sérieusement parié sur les chances de Jacques Chirac. Le 12 décembre, Charles Pasqua, qui a sous le coude les rapports des RG, l'appelle pour lui dire : « Un conseil d'ami : ne te présente pas ! » Les sondages sont catastrophiques. Nicolas Sarkozy, qui réunit à la fin de l'année les députés ralliés, leur explique qu'Édouard Balladur pourrait même être élu au premier tour.

Jacques Chirac qui s'est déclaré candidat le 4 novembre est en effet au plus bas des intentions de vote. « Si les sondages demeurent aussi mauvais fin février, je serai le seul à pouvoir lui dire de se retirer », me confie alors Alain Juppé.

Au dernier trimestre de l'année 1994, parcourant la France pour la promotion de mon livre, je constate que dans les salles où je vais, l'assistance est à 75 % pour Balladur, mais qu'il y a 25 % de chiraquiens toujours très fervents.

Un nouveau venu fait son apparition dans l'entourage du maire de Paris. Un grand et beau jeune homme, svelte, alluré, et allumé, écrivain et poète à ses heures, dont Claude Chirac s'est entiché. Il dirige le cabinet d'Alain Juppé au ministère des Affaires étrangères et s'appelle Dominique de Villepin. Chaque matin, il participe aux réunions qui se tiennent au QG du candidat Chirac, place d'Iéna. On voit bientôt son importance grandir. Il donne son avis sur tous les sujets, privant les autres d'oxygène. Il multiplie les rencontres avec les journalistes, les bichonne, les conditionne, les appâte avec ses formules à l'emporte-pièce. Plus les sondages sont favorables à Balladur, plus il leur explique qu'ils annoncent en fait la victoire de Chirac. Il ose même cette formule : « Les balladuriens, on va les baiser avec du gravier. » Car tel est son langage, et il fait rire tout le monde.

Jacques Chirac, pendant ce temps, sillonne la France pour dénoncer ce mal français, la fracture sociale. Évoque-t-on devant lui Balladur ? Il continue d'affirmer avec certitude qu'il ne se présentera pas… Quand on le visitait, on s'inquiétait pour lui. Il nous rembarrait : « Moi je suis en train de composer la liste de mon gouvernement ! » Jusqu'au 18 janvier 1995. Ce jour-là, depuis son bureau de l'hôtel Matignon, le Premier ministre fait à son tour acte de candidature. Le style de sa déclaration, sous les ors de Matignon, conforte Chirac dans sa conviction de l'emporter. Balladur, assis sur une chaise trop basse, y est apparu tristounet, morne, coincé, engoncé. Un vrai ratage.

L'épreuve du feu, le Premier ministre l'a pourtant subie avec succès un mois plus tôt. Le jour de Noël, un avion d'Air France a été pris en otage sur l'aéroport d'Alger par des islamistes algériens. Ils menacent de faire sauter l'appareil rempli de passagers. Balladur décide de faire rentrer l'avion à Marseille, sur l'aéroport de Marignane. Pas question de négocier. C'est lui qui donne l'ordre aux gendarmes du GIGN de passer à l'action. Les téléspectateurs ont même pu assister à l'assaut en direct grâce aux caméras infrarouges. Les terroristes sont abattus, aucun passager n'a été tué, seul un membre de l'équipage a péri. Balladur a montré son sang-froid, et les sondages ont bondi en sa faveur. À tel point que six jours avant sa déclaration de candidature, *Le Monde* publie à la une un article de Jérôme Jaffré, le directeur des études politiques de la Sofres, intitulé : « Pour l'opinion, l'élection présidentielle est déjà jouée ». Sa conclusion : « Si M. Balladur est élu, on pourra dire que l'élection présidentielle était jouée avant même d'être écrite. »

Cet article fait évidemment grand bruit, provoquant l'ire des chiraquiens. Philippe Séguin le commente à sa manière lors d'un meeting à Bondy : « Le vainqueur a déjà été désigné, proclamé, fêté, encensé, adulé ! Il est élu ! Ce n'est plus la peine de vous déranger. Circulez ! Y a plus rien à voir ! » Et les militants de huer Balladur.

Dominique de Villepin peste devant les journalistes, assure que Balladur ne sera jamais élu : « Il gère la France comme s'il tenait un morceau de cake entre deux doigts. Or la France, il faut lui prendre le bassin à bras-le-corps. » Il adore ce type d'images, Dominique de Villepin.

Jusqu'en février 1995, Édouard Balladur fait la course en tête. Et soudain, à la mi-mars, il perd dix points en quinze jours. La campagne, comme il arrive souvent, vient de prendre un vilain tour. Voilà qu'on parle gros sous. Le 8 mars, *Le Canard enchaîné* révèle que le revenu net imposable du Premier ministre s'est élevé à sept millions de francs entre 1991 et 1993. Balladur, comme l'avait fait avant lui Georges Pompidou, a liquidé ses valeurs mobilières en entrant à Matignon dans un louable souci d'honnêteté et de transparence. Mais les Français découvrent que le favori des sondages possède beaucoup de biens. Davantage que Jacques Chirac. Selon leurs déclarations de patrimoine imposable : plus de 21 millions de francs pour Balladur, plus de 7 millions pour Chirac.

Les Français sont ainsi faits – héritage de la méfiance catholique à l'égard de l'argent, conjugué à la dénonciation socialiste et marxiste de la richesse –, ils n'aiment pas les hommes politiques trop fortunés, les soupçonnant, à tort ou à raison, de sombres trafics.

Ce même 8 mars, on apprend aussi que le Premier ministre a perçu, alors qu'il était député et conseiller de Paris, un salaire de 100 000 francs par mois, en tant que conseiller pour les affaires internationales du président de la Générale des services informatiques (GSI), une entreprise qu'il avait dirigée une quinzaine d'années plus tôt. À quelles prestations, à quel travail réel correspondait un tel salaire ? La presse s'interroge. Les rumeurs enflent. Balladur a beau expliquer qu'il a respecté la loi, nombre de carrières politiques ont été brisées pour moins que cela.

Interrogé sur la chaîne LCI par Guillaume Durand, Balladur affiche une mine et un comportement de grand blessé. Être contraint de parler d'argent, du sien, lui paraît un exercice d'une impudeur effrayante.

Il ne faut pas confondre « transparence » et « exhibitionnisme », déclare alors Nicolas Sarkozy, le porte-parole de la campagne, qui commence à comprendre que les choses tournent mal.

Quand un favori se met à décrocher, il est fréquent que sa chute s'accélère, surtout s'il ne mène pas campagne, minute après minute, jour après jour, avec détermination. Cela, Jacques Chirac sait le faire mieux que personne. Édouard Balladur, pourtant bien conseillé par le même Nicolas Sarkozy, manque d'expérience et d'entraînement. L'espoir change donc de camp, et le combat, d'âme.

Et l'imprévisible se produit. Au premier tour, Jacques Chirac, avec 20,84 % des voix, devance, quoique de peu, Édouard Balladur qui en obtient 18,5 %. Le Premier ministre doit faire le deuil de son rêve élyséen. Il ne peut que s'incliner et appeler ses électeurs à voter pour celui dont la victoire semblait si improbable quelques mois plus tôt.

Comme l'élection de François Mitterrand en 1981, celle de Chirac arrive après deux échecs successifs. Au terme d'une course d'obstacles comme n'en connaîtra plus par la suite aucun de ses successeurs, lesquels, de Nicolas Sarkozy à François Hollande et Emmanuel Macron, auront des réussites plus précoces. D'une certaine manière, c'est la fin de la période la plus romanesque de l'histoire de la Ve République, celle de ses grands monstres sacrés. Mais l'époque qui allait s'ouvrir, tout aussi passionnante à observer, garderait sa part de surprises et de rebondissements spectaculaires. Rien ne se passe jamais comme prévu en politique.

Remerciements

Je tiens à dire mes remerciements chaleureux à Jean-Luc Barré. Sans sa constance, son enthousiasme, sa patience, je n'aurais sûrement jamais écrit ce livre.

Merci à Agnès Hirtz pour sa disponibilité, sa bienveillance, son aide qui me fut si précieuse.

Merci à Marie Grée qui m'a accompagnée cet été avec tant de gentillesse.

Merci à Charlotte de Prémare pour son efficacité souriante.

TABLE DES MATIÈRES

L'inconnue du train 9

PREMIÈRE PARTIE

I. La maison où le malheur n'entrait pas 15
II. Apprentissages 43
III. Le bonheur est à *L'Express* 71
IV. La coccinelle bleue 85
V. « De Gaulle, c'est fini » 125
VI. Un monde enchanteur 149
VII. Les diaboliques 165
VIII. Le bonheur n'est plus à *L'Express* 183
IX. La maladie de Georges Pompidou 195
X. Le roi de la com 205
XI. Chaban, c'est magique 215

DEUXIÈME PARTIE

XII. Giscard, le pouvoir en spectacle 237
XIII. Un western 289
XIV. Europe 1, une famille 307
XV. Rond-point des Champs-Élysées 329

XVI. Le folklore socialiste 351
XVII. La monarchie mitterrandienne 375
XVIII. De l'art du bon sens et de la mesure 397
XIX. Les secrets de François Mitterrand 405
XX. Édouard et Jacques, la seconde double méprise 421

Remerciements 467

La photocomposition de cet ouvrage
a été réalisée par
GRAPHIC HAINAUT
30, rue Pierre Mathieu
59410 Anzin

Imprimé en France par CPI
en décembre 2020
N° d'impression : 3041398

Pocket – 92 avenue de France, 75013 PARIS

S31265/01

Catherine Nay

Catherine Nay effectue toute sa carrière dans le journalisme politique, à *L'Express* d'abord, puis à Europe 1 à partir de 1975, où elle travaille encore aujourd'hui en tant qu'éditorialiste. Elle a publié *Le Noir et le Rouge* (1984, prix Aujourd'hui), *Le Dauphin et le Régent* (1994) et *Un pouvoir nommé désir* (2007) aux Éditions Grasset. En 2019, le premier volume de *Souvenirs, souvenirs...* a paru chez Robert Laffont.